O Significado
Da Mudança
Educacional

Autor

Michael Fullan é professor de políticas públicas no Ontario Institute for Studies in Education na Universidade de Toronto. Reconhecido como uma autoridade internacional em reforma educacional, trabalha com formação, consultoria e avaliação para projetos de mudança ao redor do mundo. Suas ideias para administrar a mudança são usadas em muitos países, e seus livros foram publicados em muitas línguas.

Fullan dirigiu a equipe que avaliou durante quatro anos – de 1998 a 2002 – a National Literacy and Numeracy Strategy na Inglaterra. *Leading in a culture of change*, a trilogia *What's worth fighting for* (com Andy Hargreaves), a trilogia *Change forces, The moral imperative of school Leadership, Leadership and sustainability: Systems thinkers in action, Breakthrough* (com Peter Hill e Carmel Crévola), *Learning places* (com Clif St. Germain) e *Turnaround leadership*. Pela Artmed tem publicado, juntamente com Andy Hargreaves, *A escola como organização aprendente*, 2000.

F965s Fullan, Michael.
O significado da mudança educacional / Michael Fullan ; tradução Ronaldo Cataldo Costa. – 4. ed. – Porto Alegre : Artmed, 2009.

304 p. ; 23 cm.

ISBN 978-85-363-1797-7

1. Educação. 2. Inovação educacional. I. Título.

CDU 37

Catalogação na publicação: Renata de Souza Borges CRB-10/Prov-021/08

Michael Fullan

O Significado da Mudança Educacional

QUARTA EDIÇÃO

Tradução:
Ronaldo Cataldo Costa

Consultoria, supervisão e revisão técnica desta edição
Luciana Vellinho Corso
Professora assistente na Faculdade de Educação da UFRGS
Doutoranda em Educação, UFRGS

2009

Obra originalmente publicada sob o título *The New Meaning of Educational Change*, 4th Edition
ISBN 978-0-8077-4765-0

©2007 by Teachers College, Columbia University

First published by Teachers College Press, Teachers College, Columbia University, New York, New York USA. All Rights Reserved.

Capa: *Gustavo Macri*

Preparação do original: *Edna Calil*

Supervisão editorial: *Mônica Ballejo Canto*

Editoração eletrônica: *Luciane Delani*

Reservados todos os direitos de publicação, em língua portuguesa, à
ARTMED® EDITORA S.A.
Av. Jerônimo de Ornelas, 670 - Santana
90040-340 Porto Alegre RS
Fone (51) 3027-7000 Fax (51) 3027-7070

É proibida a duplicação ou reprodução deste volume, no todo ou em parte, sob quaisquer formas ou por quaisquer meios (eletrônico, mecânico, gravação, fotocópia, distribuição na Web e outros), sem permissão expressa da Editora.

SÃO PAULO
Av. Angélica, 1091 - Higienópolis
01227-100 São Paulo SP
Fone (11) 3665-1100 Fax (11) 3667-1333

SAC 0800 703-3444

IMPRESSO NO BRASIL
PRINTED IN BRAZIL

Para quatro garotos
e uma garota.

Prefácio

Esta quarta edição de *O significado da mudança educacional* é diferente, já que é mais voltada para a ação, além de conter mais da minha própria avaliação e interpretação do que está acontecendo. Começo com um parágrafo dos prefácios de cada uma das três edições anteriores. Isso dá uma ideia de como a mensagem básica evoluiu no último quarto de século.

Na edição original (1982), escrevi:

> A questão de interesse central neste livro não é quantas políticas novas foram aprovadas ou quantos programas foram desenvolvidos, mas o que mudou verdadeiramente na prática – se algo mudou – como resultado dos nossos esforços, e como sabemos quando vale a pena mudar? O que podem os professores, administradores ou legisladores fazer quando sabem que algo está errado em nossas escolas? Será que rejeitar um programa educacional proposto pode ser mais progressista que aceitá-lo? Por que tantas vezes não sabemos como colocar um programa novo em prática?

Na segunda edição (1991):

> É essencial entender o pequeno quadro e o quadro mais amplo. Devemos saber como será a mudança do ponto de vista do professor, do estudante, dos pais e dos administradores se quisermos entender as ações e reações dos indivíduos e, se quisermos compreender o quadro mais amplo, devemos continuar a agregar conhecimento a essas situações individuais, com um entendimento dos fatores organizacionais e institucionais que influenciam o processo de mudança nas interações entre departamentos governamentais, universidades, federações de professores, sistemas escolares e escolas.

Na terceira edição (2001):

> Muita coisa aconteceu na década que se passou desde a última edição. A "hipótese do significado" foi profundamente confirmada. . . Os avanços na ciência cognitiva fazem do significado a base para a nova pedagogia do construtivismo. A teoria do caos ou da complexidade nos leva inevitavel-

viii   Prefácio

mente à conclusão de que trabalhar com "coerência" é a chave para lidar com as demandas fragmentadas de agendas de reforma sobrecarregada.

O que há de novo agora? Mais coisas aconteceram para aprofundar a nossa compreensão da mudança educacional nos seis anos desde a edição anterior do que nos vinte anos entre a primeira e a terceira edições. O significado sempre envolveu o fazer. O trabalho em que estamos envolvidos atualmente tem uma firme base de conhecimento porque se baseia profundamente na ação. As iniciativas são mais ambiciosas, mais abrangentes e mais difíceis. Devido à forte natureza aplicada desse trabalho, as visões são mais robustas e mais precisas. A teoria e a prática estão mais fundidas, para benefício de ambas.

Ainda não quebramos o código de como ir além da porta da sala de aula em uma escala ampla, mas as questões são mais instigantes e as forças mobilizadas nessa busca são mais poderosas e cada vez mais difíceis de ignorar.

A questão básica nesta edição é como combinar o "significado" e a "ação" para alcançar uma melhora contínua em uma escala sustentável nunca antes experimentada. O que há de "novo" são fortes conceitos ativos em combinação: capacitação, aprendizagem dentro do contexto, capacitação lateral, sustentabilidade e líderes sistêmicos em ação – líderes em todos os níveis envolvidos em mudar o sistema, mudar seu próprio contexto. Todos esses conceitos novos e poderosos se tornarão mais claros no decorrer do livro.

O que é "ruim" é a superdosagem de padrões e avaliação (a incapacidade de chegar ao equilíbrio certo entre a avaliação e a capacitação); a incapacidade de penetrar na sala de aula; comunidades profissionais de aprendizagem superficiais; e a incapacidade em muitos países de reduzir a disparidade entre estudantes e escolas de maior e menor desempenho. De fato, em alguns dos países mais ricos, há um aumento na disparidade de renda e educação – um perigoso sinal de que a sociedade está piorando.

O trabalho sobre o significado da mudança educacional tem se beneficiado bastante com o número e a variedade crescentes de acadêmicos, legisladores e profissionais que têm se unido para criar uma mudança substancial, pois sabem como ir ainda mais além. Tenho o privilégio de participar de uma rede mundial de pessoas que estão moral e intelectualmente comprometidas com a melhora educacional. Isso é um ótimo trabalho, tornado ainda mais significativo pelo esforço coletivo em todos os cantos do globo. Gostaria de agradecer às, literalmente, centenas de colegas e amigos que participaram e ainda participam dessa jornada. O que aprendi está contido na miríade de ações e interações que tive nos últimos 40 anos.

Neste livro, planejo mostrar que a base de conhecimento da mudança está se tornando mais profunda e acessível, e que ela é absolutamente indispensável para liderar na ubiquidade inexorável da inovação e da reforma. A resposta para a complexidade social endêmica é que os indivíduos, especialmente em suas interações com outras pessoas, se guarneçam de conhecimento do processo de mudança, envolvam-se em ações reflexivas e testem aquilo que sabem contra o conhecimento cada vez maior na literatura sobre a mudança.

O significado da mudança será sempre "novo", pois é uma atividade humana que é eternamente dinâmica. A mudança educacional tem significado porque segue um propósito moral e o faz considerando o melhor conhecimento sobre as questões críticas da atualidade. Acima de tudo, quando funciona, ela o faz porque motiva "um milhão de agentes de mudança" para encontrar significado na ação coletiva para melhorar a humanidade. Um trabalho significativo, baseado na ação, nunca acabado – pode-se despender uma vida!

Sumário

Prefácio vii

Parte I: COMPREENDENDO A MUDANÇA EDUCACIONAL

1. Uma breve história da mudança educacional 15
2. O significado da mudança educacional 30
3. Visões do processo de mudança 48
4. Causas e processos da fase inicial 68
5. Causas e processos das fases de implementação e continuação 85
6. Planejar, executar e administrar a mudança 104

Parte II: MUDANÇA EDUCACIONAL NO NÍVEL LOCAL

7. O professor 123
8. O diretor 145
9. O aluno 157
10. Os pais e a comunidade 173
11. O administrador distrital 189

Parte III: MUDANÇA EDUCACIONAL NOS NÍVEIS REGIONAL E NACIONAL

12. Governos 213

13. A preparação profissional de professores 237

14. A aprendizagem profissional de educadores 254

15. O futuro da mudança educacional 268

Referências 273

Índice 285

PARTE I

Compreendendo
a Mudança Educacional

1
Uma breve história da mudança educacional

*Tudo deve mudar, em um momento
ou outro, ou teremos uma sociedade estática.*

Calouro universitário anônimo,
em um teste de proficiência na língua inglesa.

Uma pessoa alega que as escolas estão sendo bombardeadas pela mudança, outra observa que não há nada de novo sob o sol. Um legislador acusa os professores de serem resistentes à mudança, e um professor reclama que os administradores introduzem mudanças para seu engrandecimento pessoal, e que não sabem o que é necessário e não entendem a sala de aula. Um pai se mostra exasperado com uma nova prática de leitura e pela falta de relevância da educação para se conseguir um emprego. Alguns argumentam que reestruturar as escolas é a única resposta, enquanto outros dizem que isso não passa de um sonho delirante, que desvia a nossa atenção das mudanças que são desesperadamente necessárias no currículo básico. Um professor universitário está convencido de que as escolas são apenas um reflexo da sociedade, e não se pode esperar que elas tragam mudanças, enquanto outro está igualmente convencido de que as escolas ficariam melhores se os superintendentes e diretores tivessem mais "visão" como líderes educacionais, e os professores fossem mais motivados a aprender novas abordagens para melhorar o currículo. Um governador dedica-se a tentar aprovar novas leis de reforma educacional, e um diretor pensa que "isso também passará". As escolas *charter** são simultaneamente louvadas por terem salvo o dia e criticadas

---

* N. de R.T. Nos Estados Unidos o modelo de escolas *charter* foi desenvolvido para atender aos desapontados com a qualidade da escola pública. Foram abertas novas instituições e, em alguns casos com currículos específicos, enfatizando o aprendizado de artes, ciências ou línguas estrangeiras. Estas escolas recebem fundos públicos, mas são administradas localmente de maneira privada, em geral por organizações sem fins lucrativos. Existem aproximadamente 4 mil escolas *charter* nos EUA, atendendo a mais de 1 milhão de alunos do ensino fundamental e médio.

por destruírem o sistema de educação pública. Entidades comerciais assumem o controle de distritos escolares e alegam que podem fazer um trabalho melhor. Os estados aprovam legislações severas para corrigir as "escolas fracassadas" e os "distritos escolares fracassados" com intervenções invasivas visando corrigir as coisas. Acredita-se que a reforma baseada em padrões seja a resposta para as suas aflições.

Entre todas essas dificuldades, agentes em todos os níveis questionam como podem institucionalizar cada vez mais programas, enquanto os professores pensam que são esses mesmos promotores da mudança que deveriam ser institucionalizados, e não seus programas. Os estudantes são distraídos demais por uma variedade de outras questões para prestar muita atenção a toda essa turbulência.

O que temos aprendido com essas tentativas absortas e confusas de reforma? De maneira notável, a história da mudança educacional intensiva tem pouco mais de meio século. Não posso falar muito dos anos de 1950, que foram relativamente calmos na maior parte da década. O grande acontecimento inicial, conforme observa Miles (1993), foi o treinamento pelos National Training Laboratories (NTL) para habilidades de grupo, reflexão compartilhada, diagnóstico e ação. Na maior parte, essas experiências foram laboratoriais, separadas das questões instrucionais cotidianas e do funcionamento das escolas.

Dizer que o NTL e projetos afins tiveram pouco impacto não significa dizer que eles estavam no rumo errado. Hoje, por exemplo, está abundantemente claro que uma das chaves para o sucesso na mudança é a *melhora dos relacionamentos* (Fullan, 2001) – precisamente o foco no desenvolvimento de grupo. De qualquer maneira, conforme veio a acontecer, essas primeiras tentativas representaram simples remendos. Havia muito mais a fazer para que a educação desempenhasse um papel importante no desenvolvimento da sociedade.

A primeira tentativa fracassa

Não é preciso acreditar que o Sputnik foi a causa literal da mudança em grande escala nos Estados Unidos pós-1957, ou que novas ideias surgiram na década de 1960, ou que os Estados Unidos eram o único país envolvido em uma reforma educacional nacional, para saber que havia algo diferente no ar década de 1960. Elmore (1995, p. 7) comenta sobre o "período progressista" de antes da década de 1950:

> O mais interessante sobre o período progressista, em comparação com outros períodos de reforma educacional, é que os seus objetivos incluíam tentativas explícitas de mudar a pedagogia, juntamente com uma base intelectual e prática relativamente forte. Intelectuais renomados – John Dewey, em particular – desenvolveram ideias sobre como as escolas poderiam ser diferentes.

O significado da mudança educacional   17

Os reformistas progressistas acreditavam, segundo Elmore, que, na maior parte, "as boas ideias andariam a seu bel-prazer" para as escolas e salas de aula (p. 18). A estratégia, dizia Elmore, "voltava-se para dentro, para a criação de ambientes exemplares" (p. 11), particularmente ao longo do tempo. O resultado:

> Podemos criar muitos exemplos de como a prática educacional pode ser diferente, mas podemos criar poucos exemplos, se algum, de grandes números de professores envolvidos nessas práticas nas grandes instituições projetadas para proporcionar educação para a maioria das crianças. (p. 11)

Apesar desses fracassos, e ignorando suas lições, o governo federal dos Estados Unidos lançou uma grande série de iniciativas nacionais de reforma curricular no final das décadas de 1950 e 1960. Já chamei essa época de a "era da adoção" da reforma, pois o objetivo era buscar as inovações fora, como se inundar o sistema com ideias externas fosse levar às melhorias desejadas. Quantidades imensas de dinheiro foram colocadas em grandes reformas curriculares, como PSSC Physics, BSSC Biology e MACOS Social Sciences, bem como em inovações organizacionais do tipo escolas com plano aberto, horários flexíveis e ensino em equipe.

No início dos anos de 1970, havia muitas evidências de que a produção era minúscula, restringindo-se a exemplos isolados. *Behind the classroom door* de Goodlad, de Klein e colaboradores (1970), *The culture of the school and the problem of change,* de Sarason (1971), e *Implementing organizational innovations,* de Gross, Giacquinta e Bernstein (1971) atestavam a ausência de mudanças em sala de aula. O termo *implementação* (ou, de forma mais precisa, *implementação fracassada*) entrou para o vocabulário da reforma e, na primeira revisão importante da pesquisa, Fullan e Pomfret (1977) documentaram o grande fracasso da reforma. Colocar as ideias em prática era um processo muito mais complexo do que as pessoas acreditavam.

Elmore (1995) afirma que esses modelos não captavam

> o complexo processo pelo qual as decisões curriculares locais são tomadas, as relações políticas e comerciais arraigadas e institucionalizadas que fundamentam os livros didáticos existentes baseados no currículo, os fracos incentivos que atuam sobre os professores para mudar suas práticas em suas rotinas de trabalho cotidianas e os extraordinários custos de fazer mudanças duradouras e de grande escala, sobre o modo como se constrói o conhecimento nas salas de aula. (p. 15)

Houve muita pressão e incentivos para se tornar inovador, e isso fez com que muitas escolas adotassem reformas para as quais não tinham capacidade (individualmente ou em âmbito organizacional) e tampouco poderiam colocar em prática. Desse modo, as inovações eram adotadas na superfície, alterando-se uma parte da linguagem e da estrutura, mas não a prática de ensino.

Outra importante força para a reforma no mundo ocidental na década de 1960 estava nas várias formas de movimentos de direitos civis, que identificavam inúmeras desigualdades. Várias iniciativas nacionais ao redor do mundo concentravam-se em indivíduos em situação de desvantagem. Acreditava-se que o sistema educacional era um dos principais veículos da sociedade para reduzir a desigualdade social. À complexidade intrínseca de mudar a própria prática, acrescentava-se a enorme dificuldade de lidar com a estrutura de poder existente e superar o preconceito e a ignorância sobre a etnia, a classe, o gênero e todo tipo de diferenças. Também não havia muitas evidências de que as vidas dos desprivilegiados tivessem melhorado, mesmo nos casos em que havia esforços claros para tal (Oakes et al., 1999; Oakes e Lipton, 2002). E onde houve ganhos, foi em casos isolados, aparentemente sem chances de serem disseminados.

Não houve muito progresso desde a década de 1960, apesar do interesse renovado na década de 1980 por uma reforma em grande escala, concentrada na contabilização. A *pressão* pela reforma aumentou, mas não no nível da realidade. As boas notícias são que existe um sentido crescente de urgência em relação à necessidade de uma reforma em grande escala, uma compreensão maior da complexidade em alcançá-la, e mesmo alguns exemplos de sucesso parcial. A má notícia é que, em alguns países, como nos Estados Unidos, estamos perdendo terreno – a disparidade econômica e educacional tem-se ampliado pelo menos desde o ano de 2000 (Berliner, 2005; Education Trust, 2005; Fullan, 2006). Atualmente, sabemos o que precisa ser feito, mas não há um sentido de urgência ou o compromisso estratégico para fazer o difícil trabalho de realizar uma reforma sustentável e de grande escala.

Hoje, as razões para a urgência da reforma são familiares. A sociedade global é cada vez mais complexa, exigindo cidadãos educados que possam aprender continuamente e que possam trabalhar com a diversidade, em âmbito local e internacional. Embora a fonte da culpa varie, uma conclusão inegável é que o sistema educacional e seus sócios não conseguiram produzir cidadãos que possam contribuir e se beneficiar com um mundo que oferece oportunidades enormes e dificuldades igualmente complexas para encontrar o próprio caminho dentro delas. Rohlen (1999) faz esse argumento de forma convincente em sua análise do *"software* social para uma sociedade de aprendizagem", dizendo que:

> Em essência, a mensagem é que nossas escolas devem ensinar processos de aprendizagem que se encaixem melhor na maneira como o trabalho está evoluindo. Acima de tudo, isso significa ensinar habilidades e hábitos mentais que são essenciais para a resolução de problemas, especialmente quando muitas mentes devem interagir. (p. 251-252)

O significado da mudança educacional 19

Estamos começando a ver as consequências de grande escala do fracasso da reforma – o aumento nos custos para a saúde e o bem-estar, a prosperidade econômica em risco e a coesão social da sociedade enfraquecendo a níveis perigosos.

Por essas razões, assistimos a um aumento na intensidade das tentativas de reforma de grande escala na década de 1990, e ainda mais atualmente. Hoje em dia, pode-se concluir com certeza, como ilustrarei no decorrer deste livro, que a reforma em grande escala voltou. Somos menos ingênuos do que na última vez que tivemos essa oportunidade, embora a sociedade e, portanto, o problema da reforma tenham se tornado mais complexos.

Os fatores que reforçam o *status quo* são sistêmicos. O atual sistema é sustentado de muitas maneiras diferentes. A prioridade é confrontar o isolacionismo e a privatização dos sistemas educacionais, o que exige uma ação prolongada por muitos anos, para possibilitar, em termos físicos e de atitudes, que os professores trabalhem de um modo natural no planejamento conjunto, na observação da prática dos colegas e na contínua busca, testagem e revisão de estratégias de ensino. A reforma não envolve apenas implementar a última política. Ela significa mudar as culturas das salas de aula, escolas, distritos, universidades, e assim por diante. Existe muito mais na reforma educacional do que a maioria das pessoas acredita. Este livro honra essa complexidade, mas também identifica as ferramentas mais poderosas de reforma à nossa disposição, que devem ter a força para influenciar redes complexas de fatores, mas com a virtude da clareza, senão da simplicidade. Precisamos de estratégias utilizáveis e poderosas para uma mudança visível e poderosa.

Se um respeito saudável e o domínio do processo de mudança não se tornarem a prioridade, mesmo as iniciativas bem-intencionadas de mudança continuarão a atrapalhar aqueles que estão na linha de tiro. A atenção cuidadosa a um pequeno número de detalhes fundamentais durante o processo de mudança, pode resultar na experiência do sucesso, em novos compromissos e na satisfação animadora e energizante pela realização de algo que é importante. De maneira mais fundamental, reduzir o número de fracassos e entender novos sucessos pode levar à revitalização do ensino e da aprendizagem, que é tão necessária na vida de educadores e estudantes hoje em dia.

O problema do significado é central para se tirar sentido da mudança educacional. Para alcançar um significado maior, devemos entender o pequeno quadro e o quadro mais amplo. O pequeno diz respeito ao significado subjetivo ou à falta de significado para indivíduos em todos os níveis do sistema educacional. A negligência da fenomenologia da mudança – isto é, como as pessoas na verdade experimentam a mudança, diferentemente da forma como ela foi proposta – está no âmago da espetacular falta de sucesso da maioria das reformas sociais. Também é necessário construir e entender o quadro mais amplo, pois a mudança educacional, afinal, é um processo sociopolítico. Este livro terá tido êxito ou fracasso na medida em que as pessoas que estão envolvidas em educação conseguirem ler a explicação e concluir que ela faz sentido para o seu contexto individual, possibilitar entender as forças sociais mais amplas que influenciam a mudança, e – acima de tudo – apontar para alguma ação que elas e as pessoas que as rodeiam possam fazer para melhorar a situação imediata.

No processo de analisar os ambientes individuais e coletivos, é necessário entender o "quê" da mudança e o "como" da mudança. Deve-se alcançar o significado em relação a esses dois aspectos. É possível ser claro sobre o que se quer, mas totalmente incapaz de realizá-lo. Ou ser hábil em administrar a mudança, mas não saber quais mudanças são mais necessárias. Para dificultar as coisas, muitas vezes não sabemos o que queremos, ou não sabemos quais são as consequências de uma determinada direção, até que cheguemos lá. Desse modo, por um lado, precisamos ter em mente os valores e objetivos e as consequências associadas às mudanças educacionais específicas e, por outro, precisamos compreender a dinâmica da mudança educacional como um processo sociopolítico que envolve todos os tipos de fatores individuais, da sala de aula, da escola, regiões e nações que atuam de maneiras interativas. O problema do significado diz respeito à maneira como aqueles envolvidos na mudança podem vir a entender o que deve mudar, e como isso pode ser realizado, enquanto entendem que o "quê" e o "como" interagem constantemente e remodelam um ao outro.

Não estamos apenas lidando com um alvo móvel e mutável, estamos representando isso em ambientes sociais. As soluções devem vir pelo desenvolvimento de significados compartilhados. A interface entre o significado individual e coletivo e a ação em situações cotidianas está onde a mudança se mantém ou fracassa.

A reforma em grande escala fracassou na década de 1960 porque se concentrava principalmente no desenvolvimento de inovações e prestava pouca atenção à cultura das escolas e distritos nos quais as inovações ocorreriam. Durante os anos de 1970, a mudança em grande escala tornou-se parte da contracultura, à medida que a área concentrou-se em escolas efetivas e em escolas inovadoras, que se tornaram esporadicamente estabelecidos. A crescente pressão sobre os sistemas educacionais para melhorar em um contexto de competição global levou a maioria dos países a introduzir "esquemas de contabilização"[*] na década de 1980,

---

[*] N de RT. *Accountability* é um termo da língua inglesa, sem tradução exata para o português, que remete à obrigação de membros de um órgão administrativo ou representativo de prestar contas a instâncias controladoras ou a seus representados. É usado em circunstâncias que denotam responsabilidade social, obrigações e prestação de contas. Na administração, *accountability* é considerado um aspecto central da governança, tanto na esfera pública quanto na privada, como a controladoria ou contabilidade de custos.

O significado da mudança educacional 21

sem muita atenção às capacidades que seriam exigidas em todos os níveis dos sistemas para realmente fazer o trabalho da melhora.

À medida que passavam os anos de 1990, alguns países, principalmente a Inglaterra, começaram a prestar maior atenção à necessidade contínua de "pressão e apoio". Na National Literacy and Numeracy Strategy (NLNS), a Inglaterra concentrou-se em algumas prioridades básicas, aumentou a exigência de que as escolas e autoridades locais se concentrassem no ensino diário de alfabetização e matemática em relação ao desempenho do estudante, usou inspeção e avaliação externas para fortalecer a iniciativa, assim como investiu pesado nos materiais instrucionais, na formação profissional e no uso de "agentes de mudança" (consultores, professores especialistas em alfabetização e matemática) em todos os níveis do sistema. Embora as causas e o significado específico dos resultados ainda estejam sendo debatidos, a Inglaterra teve um sucesso considerável (até certo ponto). Entre 1977 e 2001, a porcentagem de crianças de 11 anos que atingiu proficiência em avaliações nacionais de alfabetização e matemática passou de um pouco mais de 60% para 75% (Earl et al., 2003). Isso representa um feito impressionante, pois quase 20.000 escolas fundamentais além de 150 autoridades locais foram envolvidas. Considerando-se ainda o fato de que 75% de sucesso ainda não é suficiente, os resultados mantiveram-se em um platô na Inglaterra por vários anos após 2001 – uma questão que está sendo abordada agora.

Desse modo, a reforma abrangente no âmbito do sistema, como foi o caso na Inglaterra, é promissora, mas ainda não é a resposta. Nos Estados Unidos, a reforma em grande escala foi tratada de maneira diferente na década de 1990, pelo desenvolvimento de modelos de reforma escolar abrangente, às vezes chamados de modelos de reforma no âmbito escolar. Os modelos de reforma no âmbito da escola visam proporcionar inovações comprovadas que as escolas deveriam adotar para melhorar o desempenho estudantil, especialmente entre escolas desprivilegiadas e de desempenho baixo. O patrocinador mais proeminente dos modelos de âmbito escolar na última década foi a New American Schools (NAS) – uma organização privada, sem fins lucrativos, cuja missão é ajudar as escolas e os distritos a elevar o desempenho dos estudantes. Desde a sua criação, a NAS já se envolveu em uma fase de desenvolvimento (1992-1993), uma fase de demonstração (1993-1995) e uma fase de ampliação (1995-2002).

A experiência de uma década (1991-2001) com modelos de reforma em âmbito escolar foi avaliada pela Rand Corporation (Berends, Bodilly e Kirby, 2002; Berends et al., 2002) e por pesquisadores independentes como Datnow e colaboradores (Datnow, Hubbard e Mehan, 2002; Datnow e Kemper, 2003). A principal conclusão da pesquisa da Rand Corporation foi que "a hipótese inicial de que, com a adoção de um modelo em âmbito escolar, uma escola poderia melhorar o seu desempenho não foi comprovada" (Berends, Bodilly e Kirby, 2002, p. xxxvi).

Quando os legisladores entenderam que os modelos de âmbito escolar não eram a resposta, eles gravitaram para métodos mais diretos para mudar o sistema. Grande parte desse novo trabalho é apresentada nos capítulos deste livro e, por isso, não discutiremos as estratégias pós-2000. Na maioria das jurisdições, esse trabalho envolve elevar a aposta por meio de intervenções intrusivas baseadas na contabilização. A lei No Child Left Behind (NCLB) dos Estados Unidos é um exemplo, assim como a agenda Every Child Matters (ECM) da Inglaterra. Nas palavras deste livro, as políticas e estratégias empregadas ainda não inspiraram um "significado" amplo por parte da quantidade de pessoas que seriam necessárias para que houvesse sucesso. Deixe-me formular o problema.

Os principais dilemas na reforma em grande escala são uma variação daquilo que chamo de "o problema do rígido demais/frouxo demais". A mudança de cima para baixo não funciona porque não consegue obter um grau adequado de apropriação, comprometimento ou mesmo clareza sobre a natureza das reformas. A mudança de baixo para cima – conhecida como "deixe mil flores desabrochar" – não produz o sucesso em nenhuma escala. As mil flores não desabrocharam e, as que o fizeram, não eram perenes! As estratégias que são necessárias têm um "viés de ação" e buscam isso reconciliando e combinando as forças de cima para baixo e as de baixo para cima visando à mudança. Em nosso trabalho, chamamos essa estratégia de *capacitação com um foco em resultados* (Fullan, 2005, 2006; Fullan, Hill e Crévola, 2006). Veremos muitos exemplos práticos e de grande escala para essa estratégia no decorrer dos capítulos.

Portanto, a busca pela reforma de grande escala e bem-sucedida continua. Nesta breve história da mudança educacional, deixe-me fazer um último comentário. Existe uma distinção importante a ser feita entre a *inovação* e *a capacidade inovadora*. A primeira diz respeito ao conteúdo de um determinado programa novo, enquanto a segunda envolve as habilidades de uma organização para manter uma melhora contínua. Ambas são de interesse para nós. Pode-se enfocar produtivamente uma determinada inovação e acompanhar o seu caminho de sucesso ou fracasso. Também se pode começar com a cultura de uma escola, distrito ou outro nível do sistema, e analisar o quanto é inovadora. Fazemos os dois neste livro, embora prefira enfatizar a maneira como as instituições podem se tornar inovadoras de um modo sustentável. De fato, houve uma mudança, ao longo das quatro edições, da inovação para a capacidade inovadora, e esta edição atual dá continuidade à tendência e a aprofunda.

O significado da mudança é um daqueles conceitos intrigantes que parecem senso comum, mas que nos escapa quando o perseguimos em uma escala maior. A razão por que ele é tão difícil de captar é que, no final das contas, a reforma de grande escala diz respeito ao significado *compartilhado*, indicando que ela envolve simultaneamente a mudança individual e a social. A mudança socialmente significativa em tempos complexos sempre será intrinsecamente difícil de realizar.

O plano do livro

Não pretendo pesquisar o conteúdo ou substância de todas as últimas inovações e reformas educacionais. Contudo, uso uma ampla variedade de inovações específicas para explicar o significado prático da mudança educacional. Incluídas nos estudos que revisei, existem mudanças em diversas áreas curriculares (p.ex., alfabetização, matemática, ciências, estudos sociais), computadores, aprendizagem cooperativa, educação especial, reestruturação escolar, formação de professores, inovações em âmbito escolar, reforma distrital, políticas nacionais, e assim por diante. As mudanças com início local estão bem representadas, juntamente com aquelas nos níveis da província/estado e nação.

O livro é dividido em três partes principais: Entendendo a mudança educacional (Capítulos 1 a 6) proporciona uma síntese detalhada de como a mudança educacional funciona. Começamos este capítulo com um breve histórico da mudança para ter uma ideia do terreno. Continuamos esta jornada no Capítulo 2, que trata da realidade subjetiva de lidar com a mudança, a mudança involuntária e a mudança desejada, e explicita a realidade objetiva daquilo que queremos dizer quando falamos que algo mudou. Esse capítulo define o que é a mudança. O Capítulo 3 é novo no livro, introduz a dinâmica da mudança e oferece novas visões do funcionamento interno de processos de mudança bem-sucedidos e malsucedidos – ideias essenciais para os capítulos restantes do livro.

O Capítulo 4 identifica os principais fatores relacionados com a adoção ou com decisões de iniciar mudanças. Existe uma variedade de razões por que indivíduos ou grupos decidem se envolver em uma mudança – prestígio pessoal, interesses pessoais burocráticos, sensibilidade política e preocupação em resolver uma necessidade insatisfeita. Este capítulo levanta questões sobre como e por que se tomam decisões sobre determinadas mudanças educacionais. A maneira como tais decisões são tomadas influencia muito o que acontece no estágio de acompanhamento ou implementação.

A implementação e a continuação (ou o nível em que a mudança realmente ocorre e é mantida) são o foco do Capítulo 5. Como a implementação refere-se àquilo que realmente acontece na prática (ao contrário do que deveria acontecer), ela é um tema central que se repete ao longo do livro. A história da pesquisa sobre a implementação não é agradável. Ela mostra que as tentativas planejadas de mudança raramente dão certo como se pretendia. Como dizem os velhos ditados: "Há mais coisas entre o céu e a terra do que pode supor a nossa vã filosofia", "A prova está no pudim"* e "O inferno está cheio de boas intenções". Os motivos nobres são ainda mais problemáticos do que quando tentamos levar os outros ao paraíso juntamente conosco –

---

* N. de R.T. O ditado original é: "A prova do pudim está quando o comemos" significando que a qualidade de algo só pode ser julgada quando testada ou posta em uso.

quando a mudança social está em jogo, em vez de uma mudança individual. De fato, mostrarei que, ironicamente e de muitas maneiras, quanto mais comprometido um indivíduo estiver com uma forma específica de mudança, menos efetivo ele será para levar os outros a implementá-la. Embora os ditados citados existam há muito tempo, foi só nos últimos 30 anos que os educadores começaram a entender que "a prova não está no pudim, mas na prática", ou seja, a maneira como a mudança é posta em prática determina em um grau amplo como ela se sairá. Como veremos, algumas das evidências mais recentes indicam que é possível melhorar na forma de planejar e implementar não apenas inovações específicas, mas reformas políticas mais complexas. Certamente, há uma clareza maior em relação a quais fatores devem ser abordados e como abordá-los.

Os Capítulos 4 e 5 abrangem o processo de mudança: desde como as mudanças são iniciadas a como elas são postas em prática e são institucionalizadas. O que acontece em um estágio tem poderosas consequências para os estágios subsequentes. Na análise final, o Capítulo 5 oferece uma síntese da dinâmica de como as mudanças educacionais são ou não são implementadas e acabam institucionalizadas ou não.

Uma coisa é conhecer os eventos e as situações que causam mudanças ou impedem que estas aconteçam, mas saber o que fazer com isso é uma questão totalmente diferente. O Capítulo 6 mergulha nas questões complexas de planejar e lidar com a mudança educacional. Paradoxalmente, e de todo condizente com a mensagem deste livro, o planejamento diz mais respeito a fazer (o fazer reflexivo) do que ao planejar antes de agir. Defendo um viés de ação não apenas porque estou comprometido com a mudança em teoria, mas também porque é somente por meio da ação que passamos a entender e desenvolver as habilidades e a clareza para tornar a mudança bem-sucedida. O Capítulo 6 aborda a instigante questão do "problema das vias" – de que saber o que constitui o sucesso não é a mesma coisa que alcançá-lo em uma nova situação. Muitas tentativas de mudança fracassam porque não se faz nenhuma distinção entre as teorias da mudança (aquilo que causa mudanças) e as teorias do mudar (como influenciar essas causas). E quando as soluções são experimentadas, elas em geral criam seus próprios problemas, que são mais graves que os originais. O Capítulo 6 contém exemplos de fracasso e sucesso na mudança planejada.

A Parte I, portanto, apresenta um modelo geral para pensar e fazer algo a respeito da mudança educacional. Ela mostra, de maneira incidental, que as estratégias "racionalmente planejadas" não são tão racionais quando se trata de lidar com pessoas e com o problema do significado. A Parte I não diferencia em detalhes o que tudo isso significa para o professor, o diretor, os pais, e assim por diante. Essa é a função da Parte II, Mudança Educacional no Nível Local, composta de cinco capítulos (7 a 11), nos quais analiso o que se sabe sobre o papel de pessoas em

O significado da mudança educacional 25

diferentes posições nos níveis da escola local e do distrito escolar. Em cada caso, considero o corpo de pesquisas (particularmente as evidências concretas e experimentais) sobre um determinado papel para responder a dois conjuntos de questões. O primeiro diz respeito ao significado da mudança para pessoas no papel em discussão – qual é a sua experiência em relação ao processo de mudança educacional. Assim, quando adquirimos um certo grau de compreensão do significado da mudança para indivíduos designados para determinados papéis, o segundo conjunto de questões é direcionado para gerar ideias para o que se pode ou deve fazer a respeito. Essas diretrizes variam desde sugestões gerais a etapas específicas a serem adotadas, dependendo das circunstâncias.

Os cinco capítulos da Parte II são projetados de modo que indivíduos nesses papéis possam adquirir uma compreensão maior de seu lugar no contexto das mudanças em seu entorno. Tais capítulos também proporcionam aos indivíduos em uma dada posição a aquisição de um entendimento das realidades das pessoas em outras posições para que, assim, tenham uma visão mais clara da sociologia da mudança educacional na sociedade como um todo.

Os Capítulos 7 a 9 examinam a mudança dentro da escola, analisando os papéis de participantes fundamentais e suas relações organizacionais. Como a implementação é a essência da mudança, acredita-se que o professor seja central como implementador. O Capítulo 7 examina a situação concreta do professor e mostra que a mudança é apenas um entre muitos problemas que o professor enfrenta – as condições para a mudança, bem como as estratégias empregadas por legisladores e administradores centrais, proporcionam muito mais desincentivo do que incentivo. Sociologicamente falando, poucos de nós, se colocados na situação atual dos professores, seriam motivados ou capazes de realizar mudanças efetivas. As estratégias óbvias parecem não funcionar. Na maioria das vezes, a formação profissional de professores tem sido ineficiente e um grande desperdício. Com base nos capítulos anteriores, o Capítulo 7 explica por que muitas abordagens de mudança não funcionam para professores, e sugere algumas soluções. Nos últimos anos, houve grandes novos avanços no conhecimento em relação ao entendimento das comunidades profissionais de aprendizagem e da função que elas desempenham de "reculturar" o papel dos professores na melhora.

Mais falatório do que pensamento foi dedicado ao papel fundamental do diretor como guardião ou facilitador da mudança. Todavia, as evidências de pesquisas acumulam-se, e ainda resta muito a fazer para decifrar o papel da liderança escolar. O Capítulo 8 descreve a situação do diretor e seu papel atual em facilitar ou inibir a mudança. Como antes, para entender o que é, analisamos evidências e situações específicas. Somente por meio da especificidade poderemos avançar além das generalidades nas qualidades da liderança encontradas em grande parte da lite-

26 Michael Fullan

ratura. Ao derivar implicações para qual pode ou deve ser o papel do diretor, a ênfase será posta na formulação de diretrizes específicas que lidem com toda a realidade que o diretor enfrenta. O diretor é absolutamente fundamental no que envolve desenvolver a "capacidade escolar" para administrar a mudança. Ironicamente, quanto mais for reconhecida a importância vital do diretor, mais teremos sobrecarregado o cargo que ele ocupa. Atualmente, o problema é descobrir como é possível apoiar os diretores para que se tornem os principais agentes da mudança.

As pessoas enxergam os estudantes como os beneficiários potenciais da mudança e pensam nos resultados para o desempenho, habilidades, atitudes e na necessidade de diversas melhoras para o bem das crianças. Raramente elas pensam nos estudantes como *participantes* de um processo de mudança. Em consequência, existem evidências limitadas em relação àquilo que os estudantes pensam sobre as mudanças e seu papel em relação a elas. É interessante e importante tentar desenvolver o tema de qual é o papel dos estudantes, e qual poderia ser. Naturalmente, haverá diferenças conforme a idade dos alunos, mas o Capítulo 9 discutirá o possível significado da mudança para crianças e adolescentes. Felizmente, tem-se prestado cada vez mais atenção à "voz" e à participação dos estudantes na reforma escolar.

Os dois capítulos restantes da Parte II abordam o contexto local das escolas, ou seja, os pais/comunidade e a infraestrutura distrital[*]. No Capítulo 10 analisam-se os papéis dos pais, comunidades e conselhos escolares. O problema do significado é sobremaneira agudo para tais grupos, que estão vitalmente preocupados e são responsáveis por decisões educacionais, mas que muitas vezes têm conhecimento limitado. Materiais de estudos de casos e outras pesquisas serão usados para esclarecer o que as comunidades fazem frente a questões que envolvem iniciar, rejeitar, amparar ou bloquear determinadas mudanças em suas escolas, e ilustrarão o dilema que as escolas enfrentam em relação ao envolvimento dos pais nas decisões relacionadas com as mudanças. Responderei, em especial, às questões sobre o papel de cada um dos pais na instrução, na tomada de decisões e em sua relação com a escola e a educação de seus filhos.

Existe uma quantidade considerável de evidências de que o superintendente e outros administradores distritais[**] são tão cruciais para determinar a mudança dentro do distrito quanto o diretor é dentro da escola. Mais uma vez, será necessário analisar evidências que nos permitam determinar de que maneiras isso é especialmente verdadeiro. O que faz o administrador

---

[*] N. de R.T. Distritos escolares são uma forma especial de distrito em diversos países, como nos Estados Unidos e no Canadá. Os distritos escolares são responsáveis pela administração de todas as escolas públicas em uma mesma dada região. Um distrito escolar é um corpo político e único, semelhante ao de uma cidade ou a de um condado, com o poder de cobrar impostos, por exemplo.

[**] N. de R.T. Ver Capítulo 11.

O significado da mudança educacional   27

distrital? Qual é o verdadeiro processo dos eventos e quais são os resultados? À medida que aumentou o interesse na reforma em grande escala, o papel dos distritos recebeu maior atenção. O objetivo é envolver *todas* as escolas do distrito na reforma atual, e não apenas algumas. No Capítulo 11, discutimos estudos de caso sobre distritos escolares que fazem isso.

Como a Parte II analisa o que acontece no âmbito local, os quatro capítulos da Parte III voltam-se para os níveis regional e nacional. Se quisermos entender as realidades da mudança local, devemos descobrir como as agências da sociedade, para o bem ou para o mal, influenciam a mudança nas escolas. O papel das agências governamentais representa outro dilema para entender a mudança educacional. Por um lado, reformas sociais importantes não seriam lançadas sem o apoio federal ou estadual. Por outro, as reformas externas muitas vezes não têm êxito e são consideradas interferências na autonomia local. Hoje temos evidências suficientes de iniciativas de mudanças governamentais desde 1960 para entender por que essa fonte de reforma é necessária, por que ela muitas vezes não funciona e quais são as implicações de se alterar a abordagem. Princípios comuns e resultados de pesquisas serão usados para analisar como as agências nacionais e estaduais funcionam no campo da educação. O Capítulo 12 avalia essas questões e formula diretrizes para a ação governamental. Em comparação com a edição anterior do livro, atualmente podemos ser mais exatos em relação ao papel dos governos na reforma em grande escala. Temos exemplos em andamento que representam o uso deliberado da base de conhecimento sobre a mudança para realizar grandes reformas.

Nos Capítulos 13 e 14, analisamos a formação e o desenvolvimento profissional continuados do pessoal escolar. Nada é mais central à reforma do que a seleção e o desenvolvimento de professores e administradores. A preparação inicial de professores, incluindo a indução, é competência do Capítulo 13. A formação básica de professores não os prepara para as complexidades da mudança educacional. E até recentemente, a condição e o potencial do professor iniciante eram ignorados. Embora a reversão dessas tradições ainda não esteja em evidência, apresentarei dados consideráveis para demonstrar que a formação do professor está recebendo parte da atenção crítica que merece.

O desenvolvimento profissional para professores e administradores ao longo da carreira, que discuto no Capítulo 14, não tem se saído muito melhor. A capacitação no local de trabalho ou o desenvolvimento contínuo da equipe voltados explicitamente para a mudança fracassaram, na maioria dos casos, pois são esporádicos, descontínuos e desconectados de qualquer plano de mudança que aborde o conjunto de fatores identificados nos capítulos anteriores. Os fatores que atingem a mudança atuam em interação e devem ser tratados como tal. As soluções direcionadas para qualquer fator individual terão o mínimo impacto. Os Capítulos 13 e

14 analisam avanços recentes na área de preparação e desenvolvimento de educadores, assim como afirmam que tais avanços devem estar relacionados com outras estratégias que se concentrem em mudar as culturas ou condições de trabalho dos educadores.

No último capítulo do livro (15), reflito sobre o problema da mudança no contexto de tendências e expectativas futuras de mudança educacional. De muitas maneiras, hoje sabemos o que funciona. Infelizmente, essa formulação é, em parte, uma teoria da mudança, em vez de uma teoria do mudar – saber o que funciona em certas situações não significa que podemos fazê-lo funcionar em outras. Todavia, a base para se ter esperança está em algum ponto entre a ingenuidade da década de 1960, o ceticismo da de 1970, os sucessos parciais das de 1980 e de 1990, bem como o entendimento racional da década de 2000 de que isso será muito mais difícil do que pensávamos. Indo além da esperança, este livro identificará e apontará ações que cada um e todos nós podemos buscar em relação a melhoras significativas.

Perspectivas para a reforma

Aprendemos ao longo da última década que o processo de reforma educacional é muito mais complexo do que havia sido previsto. Mesmo sucessos aparentes têm falhas básicas. Por exemplo, em nosso trabalho de desenvolvimento, estávamos interessados em quanto tempo levaria para que uma escola ou distrito de desempenho fraco se transformasse em um sistema com um desempenho melhor. Na terceira edição, concluí que é possível transformar uma escola fundamental em aproximadamente três anos, uma escola do ensino médio em aproximadamente seis anos e um distrito escolar (dependendo do tamanho) em aproximadamente oito anos (Fullan, 2001). Seis anos depois, pode-se dizer com segurança que, com base em nossa experiência recente, usando o mais novo conhecimento sobre a mudança, é possível cortarmos essas taxas pela metade. Todavia, ainda não estamos falando de mudar o sistema como um todo.

A principal razão pela qual a mudança não acontece em qualquer escala, e não se mantém quando ocorre, é que a infraestrutura é fraca, não ajuda, ou atua com propósitos paradoxais. Quando falo de infraestrutura, quero dizer as camadas acima da unidade em que estamos nos concentrando. Em termos de níveis sucessivos, por exemplo, um professor não pode manter a mudança se estiver trabalhando em uma cultura escolar negativa. Da mesma forma, uma escola pode iniciar e implementar mudanças, mas não pode sustentá-las se estiver atuando em um distrito que não ajude, e o distrito não pode avançar se trabalhar em um estado que não ajuda a sustentar a reforma.

O significado da mudança educacional   29

É por essa razão – a necessidade de uma reforma sustentável e no âmbito do sistema como um todo – que recentemente voltamos nossa atenção para a reforma em três níveis: o que deve acontecer no nível da escola local e da comunidade, como um dos três níveis; no distrito, como o nível do meio; e no nível estadual ou nacional, como o nível final (Barber e Fullan, 2005; Fullan, 2005).

Também estamos envolvidos atualmente em tentativas de realizar reformas em três níveis. Por exemplo, em Ontário, no Canadá, estamos diretamente envolvidos no uso da base de conhecimento para transformar todo sistema escolar, a começar pela alfabetização e matemática, até a idade de 12 anos (Fullan, 2006). Em um trabalho afim, Fullan, Hill e Crévola (2006) estudaram um modelo amplo para chegar a resultados notáveis (95%+) para todos os estudantes. Também levantei questões mais fundamentais identificando desigualdades de renda e educação como a verdadeira agenda da reforma (Fullan, 2006). Em *Turnaround leadership*, argumento que a maioria das tentativas de transformar as escolas fracassadas, na melhor das hipóteses, alcança resultados superficiais e não-sustentáveis.

Acredito que estamos mais próximos do que nunca de saber o que deve ser feito para envolver todas as salas de aula e escolas em uma reforma contínua. Saber o que deve ser feito, como este livro demonstra amplamente, não é a mesma coisa que fazer. A chave está no significado, mas apenas se for compartilhado. E não se pode obter um significado compartilhado sem ação proposital em muitas frentes.

2
O significado da mudança educacional

Se não há sentido neles, isso livra o mundo de um incômodo, você sabe, não precisamos procurar um.

Rei de copas, em *Alice no país das maravilhas*, após ler o poema absurdo do Coelho Branco

Estamos tão acostumados com a presença de mudanças que raramente paramos para pensar o que a mudança realmente significa quando a estamos vivenciando no âmbito pessoal. Mais importante, quase nunca paramos para pensar o que ela significa para outras pessoas ao nosso redor que possam estar em situações de mudança. O ponto crucial da mudança é como os indivíduos entendem essa realidade. Subestimamos imensamente o que a mudança significa (o tema deste capítulo) e quais fatores e processos a explicam (Capítulos 4 e 5).

O processo de esclarecimento que me proponho a seguir neste capítulo tem quatro partes. A primeira tarefa é considerar o problema mais geral do significado da mudança individual na sociedade como um todo, e não apenas confinado à educação. Em segundo lugar, discuto o significado *subjetivo* da mudança para os indivíduos envolvidos com a educação. Em terceiro, organizo essas ideias de forma mais abrangente para chegar a uma descrição do significado *objetivo* da mudança, que, de um modo mais formal, visa entender os componentes da mudança educacional. O teste da validade dessa descrição objetiva será, de fato, se ela organiza e faz sentido na confusão e na complexidade das realidades subjetivas dos educadores. Em quarto, e como uma ligação com o resto do livro, abordo as questões críticas do significado compartilhado e da coerência dos programas. Finalmente, gostaria de enfatizar logo de início que o significado tem dimensões morais e intelectuais. Para fazer a diferença nas vidas de estudantes, é necessário ter interesse, comprometimento e

O significado da mudança educacional   31

paixão, bem como conhecimento intelectual para fazer algo a respeito. O propósito moral e o conhecimento são as duas principais forças motrizes do sucesso da mudança.

O problema geral do significado da mudança

Os títulos de alguns dos relatos de mudança individual e organizacional e da realidade na sociedade moderna nos proporcionam uma introdução sucinta para o problema: *Loss and change* (Marris, 1975), *Beyond the Stable State* (Schön, 1971), *The social construction of reality* (Berger e Luckmann, 1967), *Thriving on chaos* (Peters, 1987), *Riding the waves of change* (Morgan, 1989), *The fifth discipline* (Senge, 1990), *Only the paranoid survive* (Grove, 1996), *Competing on the edge* (Brown e Eisenhardt, 1998), *Leadership on the line* (Heifetz e Linsky, 2002), *Change without pain* (Abrahamson, 2004) e *Hard facts, dangerous half-truths and total nonsense* (Pfeffer e Sutton, 2006).

Embora haja uma diferença entre a mudança voluntária e a imposta, Marris (1975) afirma que *toda* mudança real envolve perda, ansiedade e luta. Não reconhecer esse fenômeno como natural e inevitável significa que tendemos a ignorar importantes aspectos da mudança e interpretar outros incorretamente. Conforme afirma Marris no início do seu livro, "depois que as ansiedades da perda foram compreendidas, a tenacidade do conservadorismo e a ambivalência das instituições transicionais se tornaram mais claras" (p. 2).

Segundo Marris, "independentemente de se buscar a mudança ou resistir a ela, e de ela acontecer por acaso ou por projeto; independentemente de a enxergarmos do ponto de vista dos reformistas, ou daqueles que estes manipulam, de indivíduos ou instituições, a resposta é caracteristicamente ambivalente" (p. 7). Sempre há reação às novas experiências, no contexto de alguma "construção segura e familiar da realidade", fazendo com que as pessoas sejam capazes de atribuir significado pessoal às experiências, independentemente do quanto possam ser significativas para os outros. Marris não considera esse "impulso conservador" incompatível com o crescimento: "Ele visa consolidar habilidades e vínculos, cuja posse segura proporciona a garantia de dominar algo novo" (p. 22).

A mudança pode ocorrer porque é imposta a nós (por eventos naturais ou pela reforma deliberada) ou porque participamos voluntariamente dela ou até damos início a mudanças quando encontramos insatisfação, incoerência ou intolerância em nossa situação atual. Em ambos os casos, o significado da mudança raramente ficará claro no início, e a ambivalência permeará a transição. Nenhuma inovação "pode ser assimilada a menos que seu *significado* seja compartilhado" (Marris, 1975, p. 121, ênfase do autor).

Cito um longo trecho de Marris (1975), que é bastante revelador e fundamental para o nosso tema.

> Ninguém resolve a crise de reintegração em nome de outra pessoa. Cada tentativa de pré-esvaziar o conflito, argumentar, protestar com um planejamento racional, somente será abortiva: por mais razoáveis que sejam as mudanças propostas, o processo de implementá-las ainda deve permitir que o impulso de rejeição se liberte. Quando aqueles que têm poder para manipular mudanças agem como se apenas tivessem que explicar, e quando suas explicações não são aceitas, desdenham da oposição como ignorância ou preconceito, eles expressam um profundo desprezo pelo significado das vidas das outras pessoas. Pois os reformistas já assimilaram essas mudanças para seus fins, e fizeram uma reformulação que lhes faça sentido, talvez por meses ou anos de análise e debate. Se eles negarem aos outros a chance de fazer o mesmo, eles os tratarão como marionetes penduradas pelos fios de suas próprias concepções. (p. 166)

Schön (1971) desenvolveu essencialmente o mesmo tema. Toda mudança real envolve "atravessar as zonas de incerteza . . . a situação de estar no mar, de estar perdido, de confrontar mais informações com as quais se pode lidar" (p. 12). O "conservadorismo dinâmico" na formulação de Marris e Schön não é simplesmente um fenômeno individual, mas um fenômeno social. Os indivíduos (p.ex., professores) são membros de sistemas sociais (p.ex., escolas) que têm significados compartilhados.

> O conservadorismo dinâmico, de nenhum modo, pode ser atribuído à estupidez dos indivíduos dentro de sistemas sociais, embora sua estupidez costume ser evocada por aqueles que tentam introduzir mudanças. O poder dos sistemas sociais sobre os indivíduos somente se torna compreensível, creio eu, se enxergarmos que os sistemas sociais proporcionam um arcabouço de teorias, valores e tecnologias relacionadas que proporcionam aos indivíduos tirarem sentido de suas vidas. As ameaças ao sistema social ameaçam esse arcabouço. (Marris, 1975, p. 51)

As implicações dos princípios e ideias descritos por Marris e colaboradores são profundas em relação à nossa compreensão da mudança educacional em dois sentidos – um envolvendo o significado da mudança, e outro relacionado com o processo de mudança. No resto deste capítulo, começo a aplicar esses princípios a exemplos específicos do significado da mudança educacional, introduzindo conceitos relacionados com diferentes dimensões e graus de mudança. Nos Capítulos 4 a 6, as implicações para o manejo da mudança serão documentadas em uma análise de um grande corpo de evidências sobre as causas e processos de mudança.

A mudança real, seja desejada ou não, representa uma experiência pessoal e coletiva séria, caracterizada por ambivalência e incerteza. Se a mudança funciona, ela pode resultar em um sentido de domínio, realização e crescimento profissional. As ansiedades da incerteza e as alegrias do domínio são centrais para o significado subjetivo da mudança educacional e para o seu sucesso ou fracasso – fatos que não têm sido reconhecidos ou entendidos na maior parte das iniciativas de reforma.

O significado subjetivo da mudança educacional

Os detalhes das fenomenologias múltiplas dos diferentes papéis envolvidos no empreendimento educacional serão abordados em cada um dos capítulos relevantes nas Partes II e III. Aqui, meu propósito é estabelecer a importância e o significado da realidade subjetiva da mudança. Para ilustrar, usarei exemplos tirados do mundo do professor, mas o leitor deve ler o Capítulo 7, para um tratamento mais completo da situação do professor, e outros capítulos sobre as diversas realidades de outros participantes relevantes.

A realidade subjetiva cotidiana dos professores foi muito bem descrita por Cohen e Hill (2001), Huberman (1983), Lortie (1975), Rosenholtz (1989), Ball e Cohen (1999), Spillane (1999, 2004) e Stigler e Hiebert (1999). O quadro é de desenvolvimento limitado da cultura técnica: os professores não têm certeza de como podem influenciar os alunos, e mesmo de se estão sequer tendo alguma influência. Eles observam os estudantes como indivíduos em circunstâncias específicas que são influenciados por forças múltiplas e diferentes, para as quais não é possível generalizar. As decisões relacionadas com o ensino muitas vezes são tomadas de forma pragmática, como tentativa e erro, com pouca chance de reflexão ou pensamento com uma base racional. Os professores devem lidar com perturbações diárias constantes, dentro da sala de aula, como controlar conflitos disciplinares e interpessoais e de fora da sala de aula, como coletar dinheiro para eventos escolares, dar avisos e lidar com o diretor, os pais e a equipe da administração central. Os professores devem fazer o trabalho diário, cujas recompensas são alguns dias bons atingindo o currículo, ensinando uma lição e tendo um impacto sobre um ou dois alunos individuais (histórias de sucesso). Eles sentem constantemente uma crítica falta de tempo. E existem poucas oportunidades de aprendizagem intensiva e contínua para os professores, individualmente ou em conjunto, para adquirir com profundidade novos conceitos e habilidades.

Com base em suas próprias investigações e revisões de outras pesquisas, Huberman (1983) sumariza a "pressão da sala de aula", que exerce influência diária sobre os professores.

- A pressão por *imediatez e concretude*: os professores participam de um número estimado de 200 mil interações por ano, a maioria delas espontâneas e que exigem ação.

34 Michael Fullan

- A pressão por *multidimensionalidade e simultaneidade*: os professores devem executar uma variedade de operações simultaneamente, fornecendo materiais, interagindo com um aluno e monitorando os outros, avaliando o progresso, prestando atenção em necessidades e comportamentos.
- A pressão para *adaptar-se a condições inconstantes ou imprevisibilidade*: tudo pode acontecer. As escolas são reativas, em parte porque devem lidar com estímulos instáveis – as classes têm diferentes "personalidades" a cada ano; uma lição bem-planejada pode fracassar; o que funciona para uma criança é ineficaz para outra; o que funciona em um dia pode não funcionar no dia seguinte.
- A pressão por *envolvimento pessoal com os estudantes*: os professores descobrem que devem desenvolver e manter relacionamentos pessoais e que, para a maioria dos estudantes, uma interação significativa é um precursor da aprendizagem acadêmica. (p. 482-483, ênfase no original).

Essa "pressão da sala de aula", segundo Huberman, afeta os professores de diversas maneiras diferentes: atrai seu foco para os *efeitos do dia-a-dia* ou uma perspectiva de curto prazo; *isola-os de outros adultos*, especialmente de interações significativas com os colegas; *esgota a sua energia*, bem como *limita suas oportunidades de reflexão*.

Além desses fatores cotidianos que inibem a aprendizagem por parte dos professores, a maioria das estratégias de reforma concentra-se em estruturas, requisitos formais e atividades baseadas em eventos, envolvendo, por exemplo, sessões de desenvolvimento profissional. Elas não enfocam diretamente as culturas existentes, dentro das quais é possível adquirir novos valores e práticas. Conforme já comentei em outros textos (Fullan, 1993), a *reestruturação* (que pode ser feita por decreto) pode se repetir muitas vezes, ao passo que a *reculturação* (a maneira como os professores passam a questionar e mudar suas ideias e hábitos) é que é necessária.

Seis estudos recentes, entre muitos que eu poderia ter selecionado, mostram que aprofundar a reculturação é muito mais difícil do que se pensava antes (Ball e Cohen, 1999; Cohen e Hill, 2001; Cross City Campaign for Urban School Reform, 2005; Oakes et al., 1999; Stigler e Hiebert, 1999; Timperley e Parr, 2005).

Ball e Cohn (1999) e Cohen e Hill (2001) falam da superficialidade persistente da aprendizagem para os professores: Embora se gaste uma grande quantidade de dinheiro com capacitação profissional nos Estados Unidos, a maior parte é gasta em sessões e *workshops* que costumam ser intelectualmente superficiais, desconectadas de questões profundas relacionadas com o currículo e a aprendizagem, fragmentadas e nada cumulativas" (Ball e Cohen, 1999, p. 3-4). Os professores também não se saem muito melhor no trabalho, afirmam Ball e Cohen: "A aprendizagem dos professores costuma ser vista como algo que acontece naturalmente com

O significado da mudança educacional   35

a experiência ou como resultado de capacitação em certos métodos ou currículos" (p. 4).

O estudo de Cohen e Hill (2001) sobre uma iniciativa de uma década para mudar e melhorar o ensino de matemática na Califórnia é mais um exemplo. Eis a conclusão:

> A política foi um sucesso para alguns professores e estudantes da Califórnia. Ela levou à criação de novas oportunidades para os professores aprenderem. Os professores puderam trabalhar juntos em problemas sérios do ensino e da aprendizagem curriculares em comunidades profissionais de curta duração. A política também ajudou a criar coerência entre os elementos do currículo, a avaliação e oportunidades de aprendizagem para certos professores. Essa coerência é bastante rara em meio à tempestade que geralmente assola as escolas públicas norte-americanas. Somente uma parcela modesta de professores da Califórnia – *apenas aproximadamente 10% – sintetizou as experiências.* (p. 9, ênfase do autor)

Cohen e Hill também observaram que as normas de cooperação entre os professores eram fracas, e que a cooperação não resultava necessariamente em melhoras. Ela deve ser concentrada e sustentada – um argumento que fazemos detalhadamente em *Breakthrough* (Fullan et al., 2006). O resultado para a vasta maioria dos professores é falta de consistência e coerência, com poucas oportunidades para aquilo que Ball e Cohen, assim como Cohen e Hill, chamam de investigação baseada na prática e ensino para o entendimento, nos quais a avaliação, o currículo e as oportunidades para os professores aprenderem a conectar a avaliação e a instrução são continuamente evidentes.

O livro *The teaching gap* de Stigler e Hiebert (1999) é ainda mais revelador, pois baseia-se em videoteipes de uma amostra internacional de professores de matemática do nono ano. As aulas de matemática foram filmadas em 231 salas de aula: 100 na Alemanha, 50 no Japão e 81 nos Estados Unidos. Matemáticos e professores de matemática experientes analisaram o conteúdo com relação ao seu potencial para ajudar os alunos a entender a matemática, conforme avaliação em um teste cego[*]. Os resultados mostram que 89% das aulas norte-americanas continham conteúdo de nível baixo, em comparação com 34% na Alemanha e 11% no Japão. Analisando as salas de aula norte-americanas mais profundamente, Stigler e Hiebert observam que os professores norte-americanos disseram que estavam familiarizados com os *Padrões Profissionais para o Ensino de Matemática* do Conselho Nacional de Professores de Matemática (que é uma visão bem desenvolvida de como o ensino de matemática deve mudar para aumentar

---

[*] N. de R.T. Ferramenta de pesquisa usada para evitar a contaminação (bias) na pesquisa. Por exemplo, ao comparar diferentes marcas de produtos, os consumidores, usualmente, escolhem uma determinada marca. No entanto, em testes cegos, a identificação da marca é ocultada, e os consumidores podem vir a optar por uma marca diferente.

36 Michael Fullan

a compreensão dos alunos). Apesar da aparente familiaridade dos professores com os padrões, Stigler e Hiebert afirmam:

> Quando assistimos aos vídeos, encontramos poucas evidências de reforma, pelo menos da forma pretendida por aqueles que haviam proposto as reformas . . . [além disso], o ensino segundo a reforma, conforme a interpretação de alguns professores, pode ficar pior do que aquilo que faziam antes na sala de aula. Os professores podem interpretar a reforma incorretamente e mudar aspectos superficiais – por exemplo, fazem mais trabalho em grupo; usam mais elementos concretos, cálculos e problemas do mundo real; ou incluem escrita na lição – mas não alteram a sua maneira básica de ensinar matemática. (p. 106-107)

Considere o estudo de Oakes e colaboradores (1999) sobre escolas das séries intermediárias* que implementaram a agenda dos Turning Points da Fundação Carnegie, visando criar escolas interessadas e intelectualmente produtivas para pré-adolescentes. Oakes e colaboradores observam que os educadores muitas vezes se apressam em adotar novas estruturas e estratégias sem considerar as suas implicações mais profundas. Conforme observou um líder local:

> As pessoas se lançam às práticas. Elas dizem que "os Turning Points envolvem formar equipes". Bem, por que estamos formando equipes? Qual é o propósito das equipes? "Bem, envolve ter equipes". E o currículo interdisciplinar? "Está bem, faremos o currículo interdisciplinar". Mas por que estão fazendo? Quais são os propósitos disso? Qual é o seu sistema de crenças em relação à razão para se ter um currículo interdisciplinar? Elas nunca farão essa discussão, a menos que alguém faça perguntas que iniciem esse diálogo. Acho que dissemos: "essas são as melhores práticas para as séries intermediárias". Então, todos pulam no trem e as executam sem realmente pensarem sobre o processo de mudança e em como fazer essa mudança acontecer. E algumas pessoas pensam que, como mudaram a estrutura, já estão lá. (p. 242)

Os estudos de caso da Cross City Campaign for Urban School Reform (2005) sobre a reforma distrital em Chicago, Milwaukee e Seattle corroboram substancialmente o tema desta seção. As estratégias de mudança implementadas parecem ter todos os elementos do sucesso: um grande influxo de dinheiro; um foco no currículo e na instrução (especialmente em relação a alfabetização, matemática e ciências); capacitação profissional substancial para professores e diretores e grande apoio político do prefeito e de outros líderes da comunidade. O que se viu foi desanimador. A conclusão dos três estudos de caso, nas palavras dos autores, foi:

> Os três distritos que estudamos haviam descentralizado os recursos e a autoridade para as escolas, e haviam feito grandes mudanças organizacionais

---

* N. de R.T. Séries correspondentes a 6ª, 7ª e 8ª séries do ensino fundamental brasileiro.

O significado da mudança educacional   37

para facilitar os seus ambiciosos planos de melhora. A infeliz realidade para muitos diretores e professores que entrevistamos é que os distritos não conseguiram mudar e melhorar a prática em uma escala maior. (p. 4)

Dito de outra forma, as estratégias empregadas, apesar de refletirem de muitas maneiras o estado-da-arte da base de conhecimento sobre a mudança, não tiveram força suficiente para criar um novo significado, habilidades e comprometimento que fossem compartilhados entre um grande número de educadores.

Um problema particularmente revelador envolvendo o significado ou, mais precisamente, diferentes mundos de significados, é visto na pesquisa de Timperley e Parr (2005) sobre a iniciativa nacional de alfabetização da Nova Zelândia. A essência da mudança, segundo os autores, gira em torno de três conceitos (que são conhecidos dos leitores de *O significado da mudança educacional*): crenças e valores, conhecimento e habilidades, e resultados. O estudo demonstra que a "teoria da mudança" do governo com relação à geração de novas crenças, conhecimentos e resultados era diferente das concepções das escolas. Mais problemático ainda foi o fato de que a estratégia de mudança empregada não conseguiu conectar esses dois mundos diferentes e, assim, não teve resultados positivos. Nada disso representa tanto uma crítica aos professores, mas sim um problema com o modo como a mudança é apresentada, e em especial, a falta de oportunidade para que os professores se envolvam em um questionamento mais profundo e uma aprendizagem mais sólida. Como resultado, o professor típico não compreende a reforma *significativa*, em favor de uma reforma episódica e superficial que só piora as coisas.

Em suma, não há razão para os professores acreditarem no valor das mudanças propostas, e existem poucas iniciativas (e grandes custos) para descobrir se uma determinada mudança valerá a pena. A observação de House (1974) há mais de 30 anos ainda se mantém.

> Os custos pessoais de experimentar as inovações geralmente são elevados . . . e raramente existe qualquer indício de que as inovações valem o investimento. As inovações são atos de fé. Elas exigem que se acredite que frutificarão e valerão o investimento pessoal, geralmente sem esperança de retorno imediato. Os custos também são elevados. A quantidade de energia e de tempo necessária para aprender as novas habilidades ou papéis associados à nova inovação representa um índice da magnitude da resistência. (p. 73)

Outros estudos de tentativas de mudança mostram que nem todos os professores experimentam sequer o conforto da falsa clareza. Gross e colaboradores (1971) e Huberman e Miles (1984) afirmam que objetivos abstratos, combinados com uma ordem para que os professores os operacionalizem, resultam em confusão, frustração, ansiedade e abandono da iniciativa. Desse modo, a falta de clareza ocorre quando as pessoas *pensam* que mudaram, mas apenas assimilaram os ornamentos superficiais da nova prática. Quando inovações nebulosas são experimentadas em condições que não sustentam o desenvolvimento do significado subjetivo da mudança, o resultado é uma dolorosa falta de clareza.

A falta de foco e de clareza representa aquilo que chamei de solução "frouxa demais". Lidar diretamente com esse problema, como muitas jurisdições fazem, com uma reforma baseada nos padrões, leva-nos à solução "rígida demais". Veja, por exemplo, o relato devastador de McNeil (2000) sobre o impacto da testagem padronizada no Texas, ou a dissecação igualmente clara de Popham (2004) sobre os efeitos tóxicos da Lei No Child Left Behind* em sua forma atual.

Chegaremos às soluções mais adiante, mas é suficiente dizer aqui que as estratégias existentes não alcançam o significado e a motivação dos professores em seu cotidiano. Neste estágio, tiro duas conclusões básicas. Em primeiro lugar, a mudança sempre fracassará até que encontremos um modo de desenvolver infraestruturas e processos que envolvam os professores no aprimoramento de novos conhecimentos, habilidades e compreensões. Em segundo lugar, não estamos falando de significados superficiais, mas de um significado profundo sobre novas abordagens de ensino e aprendizagem. O significado não virá facilmente com esse objetivo e com as culturas e condições existentes.

A realidade objetiva da mudança educacional

As pessoas não entendem a natureza e as ramificações da maioria das mudanças educacionais. Elas se envolvem de forma voluntária ou involuntária e, em ambos os casos, sentem ambivalência em relação ao significado, forma ou consequências. Já afirmei que existem diversas coisas em jogo – mudanças em objetivos, habilidades, filosofia ou crenças, comportamentos, e assim por diante. Do ponto de vista subjetivo, esses diferentes aspectos são experimentados de maneira difusa e incoerente. A mudança muitas vezes não é concebida como algo *multidimensional*. Do ponto de vista objetivo, é possível esclarecer o significado de uma mudança educacional identificando e descrevendo as suas dimensões separadas. A ignorância dessas dimensões explica o número de fenômenos interessantes no campo da mudança educacional, por exemplo: por que certas pessoas aceitam uma inovação que não entendem? Por que alguns com-

---

* N. de R.T. Nenhuma criança deixada para trás – Lei dos Estados Unidos que busca melhorar os padrões de confiabilidade e de responsabilidade das escolas e distritos escolares e dar aos pais maior flexibilidade na escolha das instituições em que querem matricular seus filhos. Esta lei tem como objetivo que todos os alunos, independente de raça, etnicidade, antecedentes familiares ou deficiência, alcancem padrões acadêmicos altos.

O significado da mudança educacional 39

ponentes de uma mudança são implementados e outros não? E por que as estratégias de mudança negligenciam certos componentes essenciais?

O conceito de realidade objetiva é um conceito enganoso (ver Berger e Luckmann, 1967). A realidade sempre é definida por indivíduos e grupos. Porém, os indivíduos e grupos interagem para produzir fenômenos sociais (constituições, leis, políticas, programas de mudança educacional), que existem fora de qualquer indivíduo. Também existe o perigo de que a realidade objetiva seja apenas o reflexo dos produtores da mudança e, assim, seja uma simples versão glorificada de *suas* concepções subjetivas. Conforme afirmam Berger e Luckmann (1967), podemos reduzir esse problema seguindo a prática de fazer perguntas duplas: "Qual é a concepção de realidade existente em uma determinada questão?", seguida rapidamente por "quem disse isso?" (p. 116). Tendo essa questão em mente, voltamos agora para a possibilidade de definir a mudança educacional.

O que é a mudança na prática?

A implementação da mudança educacional envolve uma "mudança na prática". Mas o que isso quer dizer exatamente? Embora a mudança na prática possa ocorrer em muitos níveis – por exemplo, o professor, a escola, o distrito escolar – usarei como exemplo o nível da sala de aula ou do professor, pois esse nível é mais próximo do ensino e da aprendizagem. Quando perguntamos quais aspectos da prática atual seriam alterados se certas mudanças educacionais fossem implementadas, a complexidade em definir e realizar uma mudança real começa a vir à tona. A dificuldade é que a mudança educacional não é uma entidade única, mesmo que mantenhamos a análise no nível mais simples de uma inovação em uma sala de aula. A inovação é *multidimensional*, e existem pelo menos três componentes ou dimensões em jogo na implementação de qualquer novo programa ou política: (1) o possível uso de materiais novos ou *revisados* (recursos instrucionais como materiais ou tecnologias curriculares); (2) o uso possível de novas *abordagens de ensino* (i.e., novas estratégias ou atividades de ensino); (3) a possível alteração de *crenças* (p.ex., premissas e teorias pedagógicas subjacentes a certas políticas ou programas novos).

Todos os três aspectos da mudança são necessários, pois, juntos, representam o meio para alcançar um determinado objetivo educacional ou conjunto de objetivos. Se eles alcançam o objetivo ou não já é outra questão, que depende da qualidade e adequação da mudança para a tarefa proposta. Meu argumento é o lógico, de que a mudança deve *ocorrer na prática* nas três dimensões para que tenha uma chance de afetar o resultado. Conforme observam Charters e Jones (1973), se não prestarmos muita atenção a se a mudança realmente aconteceu na prática, corremos "o risco de avaliar não-eventos".

Fica claro que qualquer indivíduo pode implementar nenhuma, uma, duas ou todas as três dimensões. Um professor pode usar novos materiais ou tecnologias curriculares sem alterar a abordagem de ensino, ou pode usar os materiais para alterar alguns comportamentos relacionados com o ensino, mas sem entender as concepções ou crenças subjacentes à mudança.

Antes de nos voltarmos a alguns exemplos das dimensões, três dificuldades devem ser mencionadas. Em primeiro lugar, na identificação dos três aspectos da mudança, não existe uma premissa sobre quem desenvolve os materiais, define as abordagens de ensino e decide sobre as opiniões expostas, ficando em aberto se eles serão feitos por pesquisadores, um criador de currículos externos, ou um grupo de professores (ver Capítulos 4 e 5). Em segundo lugar, e parcialmente relacionado, há um dilema e uma tensão na literatura da mudança educacional, em que duas ênfases ou perspectivas diferentes ficam evidentes: a perspectiva da fidelidade e a perspectiva da adaptação mútua ou evolucionista. A abordagem de mudança da fidelidade, conforme o nome indica, baseia-se no pressuposto de que já existe uma inovação desenvolvida, e a tarefa é fazer os indivíduos e grupos de indivíduos implementarem-na fielmente na prática – ou seja, usá-la como ela "deve ser usada", conforme pretendia o seu criador. A perspectiva da adaptação mútua ou evolucionista enfatiza que a mudança muitas vezes é (e deve ser) resultado de adaptações e decisões feitas pelos usuários, à medida que trabalham com certas políticas ou programas novos, e a política ou programa e a situação do usuário determinam o resultado mutuamente. Em terceiro lugar, podemos ver que é muito difícil definir de uma vez por todas exatamente quais são as dimensões objetivas da mudança, com relação aos materiais, abordagens de ensino e crenças, pois podem ser transformados, desenvolvidos ou alterados durante a implementação. Entretanto, existe valor em conceituar a mudança (para defini-la ao longo do tempo) em termos das três dimensões. Alguns exemplos ilustram essa questão.

Ao se considerarem exemplos, deve-se reconhecer que as inovações ou programas individuais variam em termos das mudanças significativas nas três dimensões que acarretam em relação às práticas atuais de certos grupos de indivíduos, mas sugiro que a maioria das inovações educacionais existentes no campo envolve mudanças substanciais nesses critérios. De fato, as inovações que não incluem mudanças nessas dimensões provavelmente não são mudanças significativas. Por exemplo, o uso de um novo livro-texto ou materiais sem qualquer alteração nas estratégias de ensino é uma mudança pequena, na melhor hipótese. Colocada em relação ao tema deste livro, a mudança real envolve mudanças em concepções e comportamentos, que é a razão por que é tão difícil de alcançar.

Diversos exemplos podem ser usados para ilustrar a realidade objetiva das dimensões da mudança. Usarei três exemplos – um com um currículo no âmbito estadual para línguas, um para educação aberta e um relacionado com as novas descobertas da ciência cognitiva. Considerar essas inovações à

O significado da mudança educacional   41

luz da dimensão nos coloca em melhor posição para discutir a adequação do conteúdo da mudança, pois podemos argumentar de forma concreta.

Simms (1978) realizou um estudo detalhado em uma das províncias do Canadá sobre o uso de um programa de línguas para o ensino fundamental. Alguns dos principais objetivos do programa são colocados da seguinte maneira:

- Desenvolver as competências dos estudantes para receber informações (de forma crítica) ouvindo, lendo, assistindo, tocando, provando e cheirando.
- Entender o processo de comunicação, assim como seu papel como receptores, processadores ou *expressers*[*] nesse processo. (Citado em Simms, 1978, p. 96)

As três dimensões de mudança potencial podem ser ilustradas em referência ao documento básico. Por exemplo, as implicações para as *crenças* pedagógicas estão contidas no seguinte parágrafo:

> O foco básico é na criança como um usuário flexível da língua. Para que a língua seja verdadeiramente útil (funcional), devemos começar com a experiência e a competência atuais da criança, e encaixar o nosso ensino na situação linguística natural, que é uma situação integrada e integral. Deve-se enfatizar que a filosofia em desenvolvimento é de integração total de todos os aspectos da língua. Nesse sentido, a integração refere-se ao tratamento de todas as habilidades de comunicação da forma mais integrada possível. (p. 90-91)

Referências a possíveis alterações em *abordagens de ensino* são apresentadas ao longo do documento. Entre as metodologias de ensino recomendadas, estão oportunidades para o envolvimento ativo da criança, usando uma variedade de recursos e técnicas (assistir, ler, falar, dramatização, mímica, fotografia) e usando "o método indutivo, com frequência, em situações de ensino em grupos pequenos e individuais" (p. 366-367). Não precisamos descrever o conteúdo dos *materiais e recursos curriculares* – a terceira dimensão – mas as dificuldades para esclarecer e realizar mudanças na prática envolvendo a inter-relação entre crenças, abordagens de ensino e recursos devem ficar claras.

Empregando a distinção entre o currículo superficial e a estrutura profunda para analisar a educação aberta, Bussis, Chittenden e Amarel (1976) abordaram o nosso tema. Os autores mostram que os professores de educação aberta diferiam fundamentalmente na forma como usavam as dimensões da educação aberta. Alguns professores atuavam no nível do currículo superficial, concentrando-se em materiais e mantendo os alunos "ocupados". Tentavam abordar os objetivos da educação aberta *literalmente*, mas não compreendiam o propósito subjacente. Por exemplo,

---

[*] N. de R.T. *Expressers* – sem tradução literal. No texto significa aquele que se expressa.

queriam garantir que as crianças estivessem "aprendendo a comparti-lhar os materiais, alternar-se, respeitar as coisas dos outros, e assim por diante – com o foco na manifestação desses comportamentos, em vez de adotarem atitudes concomitantes e entendimento" (p. 59). Esses profes-sores reagiram ao problema da ambiguidade solicitando mais orientação sobre "exatamente o que deve ser abordado". Outros professores desen-volveram uma compreensão básica dos princípios da educação aberta e de atividades concretas que os refletissem, e "conseguiram alternar entre atividades de sala de aula e organização de prioridades, usando um en-contro específico para ilustrar uma questão mais ampla e relacionar priori-dades mais amplas com exemplos específicos" (p. 61). A reflexividade, a intenção e a consciência caracterizavam esses professores, mas não de um modo linear. Por exemplo, eles faziam algo por intuição e depois re-fletiam sobre o seu significado em relação ao propósito geral. Os pressu-postos e as orientações para as crianças variavam de maneira semelhante. Os professores variavam entre aqueles que acreditavam que a capacidade das crianças de escolher não era confiável e era idiossincrática (alguns po-diam, outros não podiam) e aqueles que conseguiam relacionar interesses individualizados com objetivos educacionais comuns no currículo.

Nas páginas de citações de professores e em sua própria análise, Bussis e colaboradores claramente demonstram (embora não usem as mesmas palavras) a natureza das dimensões de mudança em funciona-mento. Alguns exemplos: os professores que consideravam que a educa-ção aberta literalmente cobria o conteúdo disciplinar, mas que não ti-nham uma fundamentação subjacente; aqueles "que eram razoavelmen-te articulados para indicar prioridades para as crianças, mas que eram mais vagos ao descrever as conexões concretas entre essas prioridades e as atividades da sala de aula" (p. 69), e outros ainda que "podem forne-cer materiais ricos à sala de aula, *com base na crença* de que promoverão certas prioridades da aprendizagem" (p. 74, ênfase no original).

Nas palavras de nossas dimensões, é possível mudar "na superfície" endossando certos objetivos, usando materiais específicos e até imitando o comportamento *sem entender especificamente* os princípios e a base racio-nal para a mudança. Além disso, com relação às crenças, é possível valo-rizar e até articular os efeitos da mudança sem entender as suas implica-ções para a prática: "É improvável que a ação baseada na valorização e na fé leve a um aumento ou fortalecimento da compreensão do professor. A base potencial de informações disponível no *feedback* para o professor não é recebida, pois não é reconhecida" (Bussis et al., 1976, p. 74).

O terceiro exemplo diz respeito ao profundo e crescente trabalho da ciência cognitiva. Vimos neste capítulo que as condições para os professo-res entenderem esse novo conhecimento são gravemente limitadas (Ball e Cohen, 1999; Cohen e Hill, 2001; Stigler e Hiebert, 1999; ver também Spillane, 1999). A melhor fonte individual dessas novas teorias está nos

O significado da mudança educacional **43**

volumes publicados pela National Academy Press, com o título *How People Learn* (Bransford, Brown e Cocking, 1999; Donovan, Bransford e Pellegrino, 1999). Donovan e colaboradores sumarizaram os principais estudos sobre estudantes e professores. Com relação aos estudantes:

1. Os estudantes chegam na sala de aula com visões preconcebidas sobre como o mundo funciona. Se o seu entendimento inicial não for mobilizado, eles podem não entender os novos conceitos e informações que são ensinados, ou podem memorizá-los para um teste, mas retornar a suas concepções prévias fora da sala de aula.
2. Para desenvolver competência em uma área de investigação, os estudantes devem: (a) ter uma base profunda de conhecimento factual, (b) entender fatos e ideias no contexto de um arcabouço conceitual, e (c) organizar o conhecimento de maneiras que facilitem a sua recuperação e aplicação.
3. Uma abordagem "metacognitiva" de instrução pode ajudar os estudantes a aprenderem a ter controle sobre a sua própria aprendizagem, definindo objetivos e monitorando o seu progresso.

Com relação aos professores:

1. Os professores devem se basear nos entendimentos pré-existentes que seus estudantes trazem consigo e trabalhar com eles.
2. Os professores devem ensinar os conteúdos profundamente, fornecendo muitos exemplos em que se aplique o mesmo conceito e proporcionando uma base firme de conhecimento factual.
3. O ensino de habilidades metacognitivas deve ser integrado ao currículo em uma variedade de áreas temáticas.

É desnecessário dizer que as implicações para separar as crenças, práticas pedagógicas e materiais de aprendizagem a partir da perspectiva do significado são absolutamente surpreendentes, devido ao nosso ponto de partida. Poderíamos usar outras mudanças educacionais para ilustrar a significância das diferentes dimensões da mudança. Praticamente qualquer mudança programática envolve ou sugere todos os três aspectos, independente de nos referirmos a alfabetização, ciências, programas escola--trabalho, tecnologia, educação infantil, educação especial, reestruturação ou reforma baseada em padrões. O trabalho com o significado e a definição da mudança é mais importante hoje, pois ainda estão sendo experimentadas reformas mais complexas e de maior escala e, assim, existe mais em jogo. A questão é que os programas de mudança educacional têm uma realidade objetiva que pode ser mais ou menos definida em termos de quais crenças, práticas de ensino e recursos envolvem.

Por que se preocupar com todos os três aspectos da mudança? Por que não se contentar em desenvolver inovações de qualidade e proporcionar acesso a elas? A resposta é simplesmente que essa abordagem não reconhece de forma adequada como os indivíduos passam a confrontar ou evitar as implicações comportamentais e conceituais da mudança. A nova política ou inovação, como um conjunto de materiais e recursos, é o aspecto mais visível da mudança, e o mais fácil de empregar, mas apenas de forma literal. A mudança na abordagem de ensino ou no estilo de usar os novos materiais representa uma dificuldade maior quando devem ser adquiridas novas habilidades e desenvolvidas novas maneiras de realizar as atividades do ensino. As mudanças em crenças são ainda mais difíceis. Elas desafiam os valores básicos dos indivíduos, em relação aos propósitos da educação. Além disso, as crenças muitas vezes não são explícitas, discutidas ou entendidas, mas são embutidas no nível de pressupostos não-declarados. E o desenvolvimento de novos entendimentos é essencial, pois proporciona um conjunto de critérios para o planejamento geral e um filtro para separar oportunidades valiosas de aprendizagem de oportunidades não tão valiosas. A questão final, é claro, é o quanto as três dimensões da mudança são essenciais. O uso de novos materiais já pode cumprir certos objetivos educacionais, mas parece óbvio que desenvolver novas habilidades e abordagens de ensino e entender conceitualmente o que e por que algo deve ser feito, e com qual finalidade, representam uma mudança muito mais fundamental e, assim, levará muito mais tempo para se realizar, mas haverá um impacto muito maior quando realizado.

McLaughlin e Miltra (2000) tiraram uma conclusão semelhante com base em seu estudo de três inovações, no qual analisaram o que seria necessário para uma reforma "profunda".

> As experiências dessas três reformas baseadas na teoria enfatizam a questão de que o elemento relevante que deve ser embutido na prática não são as estruturas das atividades, os materiais ou as rotinas da reforma, mas os princípios básicos. O problema para a implementação, então, não é apenas que os professores "aprendam a fazer", mas que eles aprendam a base teórica[...] o conhecimento ausente sobre *por que* estão fazendo o que estão fazendo; a implementação será apenas superficial, e os professores não terão a compreensão de que necessitam para aprofundar a sua prática ou sustentar novas práticas frente às mudanças no contexto. (p. 10, ênfase no original)

Em outras palavras, as mudanças em crenças e na compreensão (princípios básicos) são a base para alcançar uma reforma duradoura. Dito de outra forma, as mudanças citadas por Ball e Cohen, pelo Conselho Nacional de Pesquisa, por Stigler e Hiebert e por McLaughlin e Mitra são revolucionárias porque se baseiam em mudanças fundamentais na concepção, que, por sua vez, se relacionam a habilidades e materiais. Deixarei toda a questão das estratégias de mudança para outros capítulos. É complicado saber como lidar com as concepções (p.ex., crenças) e comportamentos (p.ex., abordagens de ensino), mas algumas das implicações envolvem a necessidade de abordá-los de maneira *contínua* por meio de comunidades de prática e a possibilidade de que as crenças possam ser discutidas efetivamente *depois* que as pessoas tenham pelo menos um pouco de experiência comportamental com as novas práticas.

Em síntese, o propósito de reconhecer a realidade objetiva da mudança está no reconhecimento de que existem novas políticas e programas "por aí", e que eles podem ser mais ou menos específicos em termos do que acarretam para mudanças em materiais, práticas de ensino e crenças. O x da questão está na relação entre esses novos programas ou políticas e as milhares de realidades subjetivas nos contextos individuais e organizacionais das pessoas e em suas histórias pessoais. A maneira como essas realidades objetivas são abordadas ou ignoradas é crucial para o fato de tais mudanças potenciais se tornarem significativas no âmbito do uso e da efetividade individuais. Talvez valha a pena repetir que são necessárias mudanças na prática atual ao longo de três dimensões – em materiais, abordagens de ensino e crenças, naquilo que *as pessoas fazem e pensam* – para que se alcance o resultado pretendido.

O significado compartilhado e a coerência de programas

Até aqui, tenho amenizado as exigências coletivas e organizacionais relacionadas com o significado. Adquirir significado, é claro, é um ato individual, mas o seu valor real para a aprendizagem estudantil ocorre quando o significado *compartilhado* é alcançado entre um grupo de pessoas que trabalha em conjunto.

Há muito se conhece o valor da cooperação e os efeitos debilitantes do isolamento (ver Fullan e Hargreaves, 1992). O estudo de Rosenholtz (1989) sobre o local de trabalho dos professores é um bom exemplo. Essa autora estudou 78 escolas em oito distritos no Tennessee e classificou as escolas como "estagnada", "intermediária" ou "em movimento". A autora descreve a construção subjetiva da realidade pelos professores como parte de suas atividades cotidianas. Seu estudo indica que as escolas cujos professores têm um consenso compartilhado sobre os objetivos e a organização do seu trabalho, são mais prováveis de incorporar novas ideias voltadas para a aprendizagem estudantil. Por outro lado, os professores que trabalhavam em "escolas com pouco consenso" geralmente "tangenciavam a borda da catástrofe sozinhos", aprendendo a lição de que devem carregar a carga da sala de aula sozinhos, sem tirarem proveito uns dos outros. Nesse estudo, o "significado compartilhado" entre os professores e outros caracterizava as escolas que melhoravam constantemente.

Oakes e colaboradores (1999) lembram-nos que as interações entre professores provavelmente serão fracas, a menos que sejam acompanhadas por compromissos morais. Muitos professores em seu estudo apreciavam as oportunidades de compartilhar suas ideias sobre os estudantes.

Mas, a menos que estivessem ligados por um compromisso moral de crescimento, empatia e responsabilidade compartilhada, os professores eram tão provavelmente passíveis de repetir a cultura escolar predominante quanto de mudá-la. A menos que aplicassem a sua cooperação em atividades educativas, interessadas, socialmente justas e participativas, eles continuavam a proteger a sua autonomia na sala de aula, a desconfiar de que a formação de equipes dividiria e balcanizaria o corpo docente e a ter desconfiança da cooperação com pessoas de fora da escola. (p. 285)

Além do comprometimento moral compartilhado, a busca de significado envolve constantemente o refinamento do conhecimento. Nonaka e Takeuchi (1995) falam sobre a importância crítica da criação de conhecimento em organizações bem-sucedidas. Eles observam que as culturas cooperativas via de regra convertem o conhecimento tácito em conhecimento compartilhado por meio da interação. Também veremos em detalhes explícitos nos Capítulos 7 e 8 o que os professores e diretores em certas escolas de ensino fundamental e médio fazem para criar e agir segundo o melhor conhecimento atual sobre o desenvolvimento de comunidades de aprendizagem profissionais.

Finalmente, retorno à questão de como iniciativas múltiplas e fragmentadas criam o problema do significado. Do ponto de vista organizacional, as escolas devem encontrar um meio de obter *coerência* entre as muitas partes do programa. Abordarei essa questão mais adiante nos níveis da escola (Capítulo 8), distrito (Capítulo 11) e estado (Capítulo 12).

O que venho dizendo não tem nada a ver com as *intenções* dos promotores da mudança. Não importa o quanto sejam nobres os motivos, cada indivíduo que é necessário para a implementação efetiva terá preocupações com o significado das novas práticas, objetivos, crenças e modos de implementação. Declarações claras no início podem ajudar, mas não eliminam o problema. O processo psicológico de aprender e entender algo novo não acontece subitamente. A presença ou ausência de mecanismos para lidar com o problema do significado – no início e à medida que as pessoas experimentam novas ideias – é crucial para o sucesso, pois é no nível individual que a mudança ocorre ou deixa de ocorrer. É claro que, ao dizer que a mudança ocorre individualmente, deve-se reconhecer que as mudanças organizacionais, via de regra, são necessárias para proporcionar condições de apoio ou estímulo para promover a mudança na prática.

Talvez a conclusão mais importante deste capítulo seja a compreensão de que a busca de significado moral e intelectual não é apenas para os professores se sentirem melhor, mas está fundamentalmente relacionada com a questão de se os professores têm a energia considerável necessária para transformar o *status quo*. O significado alimenta a motivação, e o conhecimento se alimenta de si mesmo para a continuidade da resolução de problemas. Seus opostos – a confusão, a sobrecarga e um sentido baixo de eficácia – esgotam a energia no exato momento em que ela é mais necessária.

Por enquanto, lidei com o problema do significado em relação ao conteúdo das inovações. Sugeri que os indivíduos e grupos que trabalham juntos devem ter certeza das novas práticas educacionais que desejam implementar (e/ou que alguém mais deseja). Isso é o significado, em relação ao conteúdo e à teoria da prática educacional. A questão de *como* as novas práticas são introduzidas afeta a probabilidade de obter significado em relação à adequação e à exequibilidade de certas práticas educacionais. Isso diz respeito à teoria da mudança como um processo social complexo, no qual as pessoas têm tanta dificuldade para entender o que está acontecendo e por quê. No Capítulo 1, mencionei que a mudança educacional envolve dois aspectos principais: quais mudanças implementar (teorias da educação) e como implementá-las (teorias da mudança). Existem problemas em separar esses dois aspectos, pois eles interagem e moldam um ao outro. Contudo, é importante reconhecer essa distinção para planejar ou analisar as iniciativas específicas de reforma. Em síntese, temos que entender a mudança *e* o processo de mudança.

Quando penetramos a dinâmica da mudança em uma variedade de situações, as coisas se tornam complexas. Com o passar dos anos, e como resultado de iniciativas de mudança cada vez mais fundamentadas e ambiciosas, somos mais capazes de identificar algumas das lições mais detalhadas e criteriosas sobre o que representa um processo bem-sucedido de mudança, avaliado por um impacto positivo sobre a aprendizagem estudantil. No Capítulo 3, discuto essas observações. Independentemente de se estar lidando com um projeto específico de mudança ou de se abordar uma mudança na cultura de uma instituição; de se estar situado local, regional ou nacionalmente – entender a dinâmica dos processos de mudança é absolutamente crucial.

Muitos reformistas fracassaram porque "sabiam" a resposta certa. Os agentes de mudança bem-sucedidos aprendem a ser humildes. O sucesso não significa apenas estar certo, mas envolver grupos e indivíduos diversos que provavelmente terão muitas versões diferentes sobre o que é certo ou errado. O que tentei fazer nesta nova edição é mostrar como podemos avançar nessa complexidade dentro de um período razoável de tempo. A mudança não será realizada da noite para o dia, mas também não pode ser de tempo ilimitado. Precisamos ver um progresso substancial dentro do período de uma eleição, por assim dizer. Então, o que aprendemos nos últimos seis anos sobre processos de mudança bem-sucedidos?

3
Visões do processo de mudança

Você prefere mudar ou morrer?
Deutschman (2005, p. 53)

Pegue cem livros sobre mudança, e todos se resumirão em uma palavra: motivação. Se desejar mais palavras, o cálice sagrado da mudança está em saber em que condições as pessoas se sentem motivadas para mudar (pois estamos falando da reforma em todo o sistema). A resposta não é tão simples quanto gostaríamos que fosse.

Uma coisa é sabida: todos os processos bem-sucedidos de mudança têm um "viés para a ação". Existe uma razão para tanto, a qual está envolvida em várias visões afins. Dewey mencionou-a quando disse que as pessoas não aprendem fazendo, mas *pensando* sobre o que estão fazendo. É claro que isso vai bem ao encontro do nosso "significado". Essencialmente, tudo se resume no que está passando pela cabeça do indivíduo, mas o estímulo vem de novas experiências que nos dão algo novo para pensar e aprender.

Todas as nossas visões estão conectadas com esse fato único – elas partem da ação reflexiva. Isso explica as observações relacionadas, mas contraintuitivas, de que (1) os comportamentos e as emoções mudam antes das crenças – precisamos agir de um novo modo antes de termos visões e sentimentos relacionados com as novas crenças – e (2) o tamanho e a beleza do documento de planejamento estão inversamente relacionados com a quantidade e a qualidade da ação e, por sua vez, com o desempenho estudantil (Reeves, 2006) e (3) a visão ou apropriação compartilhada (que é inquestionavelmente necessária para o sucesso) é mais o *resultado* de um processo de mudança qualitativa do que uma *precondição* para o sucesso. Todas essas visões são incompatíveis com a busca de significado por meio da ação reflexiva (ver também Pfeffer e Sutton, 2000;

O significado da mudança educacional   49

Mintzberger, 2004). O significado subjetivo da mudança para os indivíduos está no centro da questão – algo que Jellison (2006) afirma quando comenta sobre os estágios iniciais do processo de mudança: "os líderes se concentram no futuro e em todos os benefícios que estarão fluindo para eles e para a organização. As pessoas se prendem ao presente, concentrando-se nos custos em vez de nas recompensas da mudança" (p. 42).

Os mistérios da mudança

Se as pessoas tivessem uma opção literal de "mudar ou morrer", você acha que a maioria delas escolheria mudar? Se você acha que sim, pense novamente. Deutschmann (2005) escreve: "O que você faria se uma figura de autoridade confiável e bem-informada dissesse que você teria que fazer mudanças difíceis e duradouras na maneira como pensa e age e que, se não fizesse, morreria em seguida?" As probabilidades científicas de você morrer, continua o autor, são de nove para um, contra você. A pesquisa médica mostra que 80% do orçamento da saúde são consumidos por cinco questões comportamentais: cigarro, bebida, alimentação, estresse e falta de exercício. Deutschmann cita o Dr. Edward Miller, reitor da Faculdade de Medicina e diretor do hospital da Johns Hopkins University, que fala de pacientes com doenças cardíacas graves. Miller diz: "Se você olhar as pessoas após uma cirurgia de ponte de safena, dois anos depois, 90% não mudaram seu estilo de vida. Embora tenham uma doença muito perigosa e saibam que devem mudar seu estilo de vida, por alguma razão não mudam" (p. 2).

Deutschmann cita John Kotter da Harvard Business School, dizendo:

> A questão central nunca é estratégia ou estrutura, mas sempre diz respeito a mudar o comportamento das pessoas". Desse modo, Deutschmann observa: "a sabedoria convencional diz que a crise é um poderoso motivador para a mudança [pense na mudança escolar]. Mas a doença cardíaca grave está entre as crises pessoais mais sérias, e não motiva – pelo menos não o suficiente. Assim como não motiva fornecer às pessoas análises precisas e informações factuais sobre suas situações. (p. 2)

De volta à nossa observação de que as pessoas mudam suas atitudes quando experimentam coisas novas, o que, por sua vez, toca suas emoções, Kotter afirma:

> A mudança de comportamento acontece principalmente quando se fala aos sentimentos das pessoas. Em iniciativas de mudanças bem-sucedidas, as pessoas encontram maneiras de ajudar os outros a enxergar os problemas ou soluções de maneiras que influenciem as emoções, e não apenas o pensamento. (p. 2)

50   Michael Fullan

Deutschmann então oferece outras ideias úteis. O medo, como o de morrer, por exemplo, não é um motivador forte além de seu efeito imediato inicial. De maneira semelhante, nos Estados Unidos, o medo de não fazer "progresso anual adequado", segundo a legislação No Child Left Behind, com suas consequências punitivas crescentes, não é um grande motivador – talvez um pouco, mas apenas em um prazo muito curto (ver Fullan, 2006, para uma análise completa dessa questão).

Para "reformular a mudança", Deutschmann afirma que devemos descobrir como motivar as pessoas, fazendo com que vejam e creiam que podem se sentir melhor (e não, nesse caso, apenas viver mais). A chave, então, é como as pessoas podem se sentir melhor e melhorar.

Se os sentimentos e as emoções são fatores fundamentais, deve-se pensar que um apelo ao propósito moral em situações de fracasso seria um ótimo motivador. Mas não é o caso. Mesmo em circunstâncias extremamente difíceis, o propósito moral em si é insuficiente. Também se deve sentir e ver que existe um meio de avançar.

Segundo Howard Gardner (2004), o mais importante a fazer para mudar a cabeça de alguém é conectar a pessoa com a própria realidade como ponto de partida para a mudança. Ele adverte: "Evite o egocentrismo – seduzir-se pela sua própria interpretação dos eventos. O propósito do encontro de mudança mental não é articular o seu próprio ponto de vista, mas envolver a psique da outra pessoa" (p. 163).

Todas as situações de mudança, conforme mencionei no capítulo anterior, enfrentam o dilema do "frouxo demais/rígido demais". Se uma situação tem um foco muito frouxo, como é o caso, por exemplo, em escolas com necessidade de uma reviravolta, a reação natural é apertar as coisas. As estratégias de comando e controle obtêm resultados nessas circunstâncias, mas apenas por pouco tempo e apenas até um certo grau. Se dissermos que precisamos dar mais espaço às pessoas – fornecer recursos e confiar que elas farão o que é certo – perde-se a pressão para mudar.

Em termos gerais, a solução para motivar os indivíduos é estabelecer a mistura certa de rigidez e frouxidão ou, de forma mais precisa, embutir as duas na cultura interativa da organização. Veremos alguns exemplos práticos de estratégias baseadas nesses princípios nos capítulos ao longo do livro, mas eu gostaria de apontar aqui as ideias básicas. Tais ideias são relevantes para todas as situações de mudança, mas quero enfatizar em especial como podemos elevar os padrões e acabar com a disparidade para todos os estudantes.

Os elementos da mudança bem-sucedida

Com base em nossa experiência nos últimos seis anos, podemos construir um conjunto mais sofisticado de estratégias práticas que mobilizem

O significado da mudança educacional **51**

as forças de mudança – estratégias que não optam entre rigidez e frouxidão, mas que incorporem ambas. Em minha opinião, existem 10 ideias básicas para concentrar nossos esforços e obter um sucesso maior em grande escala.

1. Defina acabar com a disparidade como o objetivo geral.
2. Atente-se inicialmente aos três elementos básicos.
3. Aja com base na dignidade e sentido de respeito às pessoas.
4. Certifique-se de que as melhores pessoas estejam trabalhando com o problema.
5. Reconheça que todas as estratégias de sucesso têm base social, e são voltadas para a ação – mudar fazendo, em vez de um planejamento elaborado.
6. Parta da premissa de que a falta de capacidade é o problema inicial e trabalhe continuamente nessa linha.
7. Mantenha o curso com a continuidade da direção, amparando as lideranças.
8. Construa a contabilização interna ligada à contabilização externa.
9. Estabeleça condições para a evolução da pressão positiva.
10. Use as nove estratégias anteriores para construir a confiança pública.

Um lembrete antes de continuarmos: meus colegas Hargreaves e Fink (2006) dizem que essas formas de lista são uma refeição, e não um *menu*. Assim, você precisa de todas as 10, e não apenas 6 ou 7, pois (para manter a metáfora da refeição) elas produzem uma agenda balanceada de reforma.

Defina acabar com a disparidade como o objetivo geral

Elevar os padrões e acabar com a disparidade não pode ser apenas um *slogan*. Essa frase capta uma variedade de questões que chegam no âmago da maneira como a sociedade funciona. A primeira coisa é entender que é crucial diminuir a disparidade entre aqueles com desempenho alto e baixo – garotos, garotas; grupos étnicos; pobres, ricos; educação especial – pois isso trará muitas consequências sociais. Os nove focos estratégicos restantes atuam no sentido de acabar com a disparidade.

O componente educacional pode e deve ser bastante preciso, devendo concentrar-se em todas as categorias de estudantes e escolas. Por exemplo (conforme discuto no Capítulo 12 sobre governos), das aproximadamente 4 mil escolas fundamentais em Ontário, 497 têm 25% ou mais de estudantes de lares de baixa renda. Essa categorização se chama ponto de corte de baixa renda e baseia-se em dados da Statistics Canada. Na outra ponta da escala, existem 1.552 escolas com um ponto de corte de baixa renda de 0-5%. A província de Ontário tem uma meta atual de alcançar 75% de desempenho em leitura, escrita e matemática para alunos da sexta série. As questões que seriam importantes de avaliar são:

- Das 497 escolas na categoria de baixa renda, quantas alcançam 75% atualmente? O que estão fazendo, para ser tão bem-sucedidas? O que as demais escolas podem aprender com elas?
- Das 1.552 escolas na categoria de alta renda, quais não estão alcançando os 75%? O que pode ser feito para fazê-las progredir? Lembre que estamos falando de elevar os padrões para todos, e não apenas acabar com a disparidade.
- Qual é a disparidade, comparando o desempenho do grupo de baixa renda com o de alta renda, e outros subgrupos? Ela está reduzindo com o tempo?

Devemos lembrar que isso não é apenas questão de estar ciente do objetivo de acabar com a disparidade, mas de trabalhar nele de forma diligente dia após dia, monitorar o progresso e fazer ações corretivas.

Atente-se inicialmente aos três elementos básicos

Você deve trabalhar em diversas partes do problema ao mesmo tempo, mas a única coisa em que você deve se especializar é em alcançar os três elementos básicos até a idade de 12 anos. Os três elementos básicos são a alfabetização, a matemática e o bem-estar dos estudantes (às vezes chamado de inteligência emocional, cidadania, educação para o caráter, escolas seguras). Esses três elementos representam as três pernas do banco da melhora. O bem-estar tem um duplo dever. Ele ampara diretamente a alfabetização e a matemática, ou seja, a saúde emocional está bastante ligada ao desempenho cognitivo. Além disso, ele é uma parte indireta mas grande do objetivo educacional e social de lidar com as consequências emocionais e sociais de fracassar e de ter um baixo *status* social. Nesse sentido, os líderes políticos devem ter uma agenda social explícita de bem-estar, da qual a educação é um forte componente.

A alfabetização não envolve apenas ler as palavras na página, mas inclui a compreensão e a capacidade e alegria de ser uma pessoa alfabetizada em uma sociedade que tanto preza o conhecimento. Saber matemática diz tanto respeito ao raciocínio e à resolução de problemas quanto a ser bom com números e figuras. A base de conhecimento é tal hoje em dia (e está crescendo continuamente) que não existe desculpa em países desenvolvidos para não se alcançar um grau de proficiência acima de 90%. Meus colegas Peter Hill e Carmel Crévola e eu escrevemos um livro que fala sobre como fazer isso, e muitos de nós estão trabalhando na prática com isso em províncias ou estados inteiros (ver Fullan et al., 2006; Fullan, 2006).

O terceiro elemento básico, o bem-estar, é algo que conhecemos bastante, mas em que investimos pouco, embora ajude em quase todo o resto. Um bom exemplo concreto do que estou falando é o programa Roots of Empathy, sediado em Toronto, mas que está se espalhando para todo o mundo (Gordon, 2005). O programa coloca uma mãe e seu bebê com estudantes no ambiente da sala de aula para ensinar empatia às crianças. É um programa estruturado, com seis linhas (neurociência, temperamento, apego, alfabetização emocional, comunicação e inclusão social). O bebê e sua mãe participam da classe (liderada por um instrutor do programa e pelo professor regular) três vezes por mês, de setembro a junho. Os estudantes são instruídos em como observar o desenvolvimento do bebê, aprendem a refletir e se envolvem na interpretação da aprendizagem social e emocional do bebê. As crianças desenvolvem a sua capacidade empática de cuidar. No decorrer de um ano, os casos de *bullying* e agressividade diminuem na escola, a empatia e a inclusão de outros estudantes aumentam, e a alfabetização (ler e escrever) aumenta –, pois o programa trabalha diretamente em tarefas de discussão e escrita, e porque, de maneira indireta, o desenvolvimento emocional aumenta a motivação e o envolvimento necessários para o desenvolvimento cognitivo.

Duas avaliações externas independentes observam que o programa Roots of Empathy ajuda as crianças a desenvolver a capacidade de (1) identificar as emoções dos outros, (2) entender e explicar as emoções dos outros e (3) ser emocionalmente sensível aos outros. Uma avaliação externa concluiu que "as crianças que participam do programa Roots of Empathy, em comparação com outras crianças, apresentam aumentos significativos na compreensão emocional e em comportamentos pró-sociais e reduções significativas em comportamentos agressivos (de fato, as crianças comparáveis apresentaram *aumentos* significativos na agressividade ao longo do ano escolar)" (Gordon, 2005, p. 247). Além disso, "quando as mudanças foram analisadas apenas nas crianças que apresentavam alguma forma de agressividade no pré-teste, observou-se que em 67% das crianças do programa, a agressividade *diminuiu* no pós-teste, ao passo que em 64% das crianças de comparação, a agressividade *aumentou* (p. 248, ênfase no original).

O foco no bem-estar exige mais que o programa Roots of Empathy, mas minha sugestão é aumentar a segurança e o desenvolvimento emocionais como um objetivo básico crucial juntamente com o desenvolvimento cognitivo. De forma clara, com relação ao bem-estar, existe uma variedade de políticas além da escolarização que devem ser perseguidas, variando do cuidado do bebê a melhoras na habitação, na saúde, na criação, no bairro e no emprego.

Em uma visão fundamental e integrada, a Inglaterra abordou o bem-estar das crianças por meio de sua agenda Every Child Matters (2003). Após uma ampla consulta com o público, educadores e, sim, as próprias crianças, a Inglaterra formou a sua nova política em torno de cinco objetivos básicos para crianças: (1) ser saudável, (2) ter segurança, (3) desfrutar e realizar, (4) fazer uma contribuição positiva e (5) ter bem-estar econômico. Indo além da retórica, a Inglaterra substituiu as Autoridades Educacionais Locais (distritos escolares) por Autoridades Locais, dentro das quais são integrados os serviços de saúde, as escolas e agências sociais relacionadas. Os diretores (superintendentes) de educação foram substituídos por novos diretores, chamados Diretores de Serviços da Infância. Esse é um avanço radical e audaz para promover o bem-estar.

Dentro das escolas, minha ênfase nos três elementos básicos – alfabetização, matemática e bem-estar – não significa dizer "não trabalhe em outros objetivos". Porém, os três elementos básicos são uma prioridade e podem atuar em conjunto. Se você conseguir resolvê-los, muitas outras coisas irão para o lugar. De fato, as três metas básicas são os fundamentos essenciais para viver na economia do conhecimento do século XXI.

Aja com base na dignidade e no sentido de respeito às pessoas

Talvez alguns estudantes e professores não mereçam respeito, mas a razão pela qual enfatizo este objetivo é que ele é a chave para os sentimentos das pessoas e, assim, para a sua motivação. Mais uma vez, a lista de 10 itens é uma refeição, e não um *menu*. As 10 estratégias, juntas, ajudarão a desfazer o desrespeito.

Para usar um exemplo extremo, a literatura da pesquisa sobre a violência claramente mostra que o gatilho para os atos de violência ocorre quando as pessoas sentem que são desrespeitadas e ameaçadas com uma perda de dignidade. A brilhante análise de Wilkinson (2005) sobre o impacto da igualdade social sobre as sociedades exemplifica essa questão. Wilkinson cita Gilligan (1996):

> Ainda estou para ver um ato de violência que não tenha sido provocado pela experiência do sentimento de vergonha e humilhação, desrespeito e ridículo, e que não representasse a tentativa de prevenir ou desfazer essa "perda de dignidade" – não importa o quão severa a punição, mesmo que inclua a morte. (p. 110)

Conforme diz Gilligan, o "desrespeito" é tão central à psicodinâmica moderna que foi abreviado com a gíria *"he dissed me"* (ele me des...). A violência está no extremo oposto do espectro do desrespeito, mas não existe dúvida de que os professores e estudantes em escolas reconhecidamente fracassadas se sentem desrespeitados, e isso não os motiva para fazer coisas boas. Mais uma vez, deixemos as soluções detalhadas para os capítulos seguintes. A questão neste capítulo é o que motiva um grande número de indivíduos para investir suas energias para fazer melhoras e trabalhar coletivamente com outras pessoas.

O significado da mudança educacional   55

Uma visão interessante e bastante negligenciada sobre o respeito na profissão docente é a contribuição original de Elizabeth Campbell (2005), que desvendou questões relacionadas com o comportamento antiético entre os professores. Campbell entrevistou professores sobre a sua relação com os colegas no que tange a questões éticas ligadas ao tratamento dos alunos.

> De um modo notavelmente direto, ela afirma que o propósito do seu estudo era "explorar as normas ubíquas de lealdade, não-interferência e solidariedade entre os colegas, que promovem climas escolares nos quais os interesses dos alunos não são necessariamente contemplados". (p. 207)

De maneira irônica, ela observa, com todo o falatório sobre as comunidades profissionais de aprendizagem, uma das normas mais arraigadas do coleguismo

> é aquela que equipara o tratamento ético dos colegas a um tipo de lealdade inquestionável, solidariedade de grupo e uma crença essencial de que os professores, como profissionais, não devem interferir nos negócios de outros professores, criticá-los por suas práticas, ou expô-los ao seu comportamento possivelmente negligente ou prejudicial, mesmo às custas do bem-estar dos estudantes. (p. 209)

Campbell cita diversos exemplos de professores que testemunharam comportamentos antiéticos por parte de colegas, mas que não fizeram nada a respeito. A autora fala de Roger, um professor que viu um colega agredir um aluno fisicamente, de forma intencional, e depois mentir a respeito. O medo que Roger sentia de confrontar um colega o impediu de abordar a questão. Campbell diz que muitos professores em sua amostra passaram a "aceitar que a melhor maneira de evitar problemas nas escolas é não desafiar os colegas em questões de competência e conduta ética e aprender a conviver com a culpa da sua inação" (p. 214). Ou a professora estagiária que lembrou que o professor que a supervisionava passou por um aluno da quinta série que tinha grandes orelhas de abano, e deu um peteleco na orelha do aluno, deixando-a vermelha. O aluno ficou sentado calado à sua mesa, e tudo que o professor disse foi: "Não pude resistir", enquanto o resto da turma ria. Essas normas de lealdade com os colegas servem "para acabar com o diálogo coletivo e reflexivo em vez de iniciá-lo" (p. 215).

Meu argumento aqui é sutil, e serei explícito. Tudo isso diz respeito à dignidade e ao respeito como fonte de motivação. De forma clara, os estudantes que não são respeitados não se sentem motivados para aprender. Jean Rudduck e colaboradores (1996; Rudduck, no prelo) mostram que os estudantes são mais ou menos motivados na medida em que são tratados com respeito (ver também Capítulo 9). Observe que igualmente estou dizendo que o mesmo se aplica aos professores em termos de como eles são tratados pelo mundo externo.

Este capítulo fala da motivação, então a solução não é sair por aí apontando professores que se comportam mal (embora, em casos extremos, isso fosse necessário). Como Campbell, defendo uma solução de base social. O conjunto de recomendações que estou sugerindo neste capítulo serve para criar as condições para a melhora. Também digo, juntamente com Campbell, que a promoção de comunidades profissionais de aprendizagem deve incluir fóruns para que os professores reflitam coletivamente e cooperem nas dimensões éticas e morais do seu trabalho e comportamento. Como esses são fóruns coletivos que não estão ligados ao último incidente específico, eles não devem ser ameaçadores. O comportamento ético claramente se encaixa em minha ênfase no imperativo moral (Fullan, 2003). De fato, um dos três componentes do propósito moral que identifiquei é como tratamos uns aos outros, incluindo "exigir respeito" em relação a expectativas mútuas de contribuir para o aperfeiçoamento da escola (Fullan, 2005). Os outros dois aspectos do propósito moral dizem respeito ao compromisso de elevar os padrões e acabar com a disparidade, e o compromisso dos líderes escolares de melhorar o ambiente social, contribuindo para o desenvolvimento de outras escolas em seu distrito.

As comunidades profissionais de aprendizagem, em outras palavras, não devem se limitar às últimas ideias e inovações, e não devem tampouco ser locais para trocas bem-intencionadas mas superficiais. Especialmente nas escolas, onde as emoções são fortes, tais comunidades devem promover uma troca aberta, na qual os professores possam explorar os elementos da sua própria prática que consideram eticamente sensíveis ou problemáticos. O objetivo é simultaneamente demonstrar empatia pelos professores em circunstâncias difíceis, exigindo e reforçando padrões éticos mais elevados. As escolas que promovem a confiança dessa maneira são mais prováveis de motivar as pessoas ao redor, e são mais prováveis de melhorar. As observações de Bryk e Schneider (2002) em *Trust in schools* são semelhantes. De maneira interessante, os autores observaram que quanto maior a confiança na escola, mais provável será que se aja em relação aos professores que maltratam os alunos.

Assim, não é que nunca se desrespeite um determinado professor, mas que esse não é um bom ponto de partida motivacional. Em casos extremos, deve haver ação disciplinar formal. Porém, para a motivação cotidiana da maioria dos professores, é essencial que haja um amparo social sólido. Os 10 elementos estratégicos usados em conjunto ajudam a separar os professores que realmente merecem ser desrespeitados (ver especialmente aquele sobre a pressão positiva). A vasta maioria dos professores responde a soluções nas quais veem os estudantes motivados e envolvidos pela primeira vez. Quando estão trabalhando com colegas que os apoiam e têm boas ideias, melhor ainda.

É óbvio que a dignidade e o respeito são cruciais para se relacionar com pais oprimidos e da periferia (ver Capítulo 10). À medida que a escola

O significado da mudança educacional **57**

desenvolve capacidades para usar os elementos descritos, aumenta o seu envolvimento com o mundo exterior. A escola do futuro não é autônoma, ela terá muitas formas de envolvimento com o exterior como forma de melhorar o sistema como um todo.

Certifique-se de que as melhores pessoas estejam trabalhando com o problema

Minthrop (2004) e Kanter (2004) mostram que quando as coisas saem erradas e existe pouca ajuda construtiva de fora, os professores e diretores mais talentosos abandonam a cena. Eles têm mais opções, e é depressivo trabalhar em uma escola fracassada, que tenha poucas chances de melhorar. Também temos evidências de que alguns dos mais talentosos nunca aparecem, pois as políticas e práticas funcionam contra o fluxo de professores mais adequados para as escolas em dificuldades (Levin, Mulhern e Schunck, 2005). *O oposto deve acontecer.*

Os professores e diretores mais talentosos são necessários exatamente porque os desafios são maiores. Os governos e distritos podem dar incentivos e outros recursos para que diretores e professores trabalhem em circunstâncias difíceis. Com a combinação certa de estratégias e apoio, as situações problemáticas podem se tornar casos de sucesso, podendo ser aí onde os melhores educadores encontram a sua satisfação. Na Inglaterra, por exemplo, o governo solicitou ao National College of School Leadership para desenvolver uma proposta e um programa para identificar diretores escolares efetivos e formar um núcleo de líderes escolares nacionais, que receberiam incentivos e apoio para trabalhar nas circunstâncias mais difíceis. Essa abordagem também deve fornecer incentivos para atrair os melhores professores para trabalhar com os líderes escolares. A ideia é promover o pensamento de que ajudar a melhorar as situações mais difíceis se torne prestigioso entre o professorado – fazendo com que as pessoas mais eficientes trabalhem no problema. Não estou defendendo essa solução inglesa específica, mas o conceito de trazer os diretores e professores mais talentosos para a cena, em vez de os menos talentosos (a situação encontrada em muitas escolas difíceis), é crítico. Em outras palavras, é preciso inverter o atual sistema de incentivos.

É óbvio que a liderança é crucial em tudo isso. Kanter (2004) capta isso muito bem quando diz que:

> A tarefa fundamental dos líderes é desenvolver confiança antes da vitória, para atrair os investimentos que tornam a vitória possível – dinheiro, talento, apoio, empatia, atenção, esforço ou as melhores ideias das pessoas. (p. 19)

Quando você começa a vencer o problema de acabar com a disparidade, haverá poucos casos de dificuldade extrema. Em países onde essa disparidade não é tão grande, as circunstâncias já são mais favoráveis. Em Ontário, por exemplo, existem apenas 497 (de 4 mil) escolas fundamentais com circunstâncias muito difíceis, aferidas pela porcentagem de estudantes que vivem em situação de pobreza, e algumas dessas escolas estão apresentando um bom desempenho. E se houvesse um esforço concentrado para obter alguns dos melhores educadores, juntamente com uma política forte e recursos para enfrentar a situação? É necessário virar a maré de um modo que se crie um novo ciclo contínuo de vitória.

Devo usar um argumento mais básico aqui. Com as estratégias que estou sugerindo, a habilidade geral do sistema aumenta. A habilidade aumenta no sistema quando o potencial das pessoas é desbloqueado. Algumas podem sair, outras são atraídas para a profissão, e as pessoas motivadas melhoram em seu trabalho.

Reconheça que todas as estratégias de sucesso têm base social e são voltadas para a ação

Wilkinson (2005) mostra que os determinantes mais importantes da saúde (e devo dizer da motivação para fazer coisas boas) são "a natureza da experiência na primeira infância, a quantidade de ansiedade e preocupação que temos, a qualidade de nossos relacionamentos sociais, a quantidade de controle que temos sobre nossas vidas, e o nosso *status* social" (p. 9). Uma estratégia básica, então, deve ser melhorar os relacionamentos. Todas as iniciativas bem-sucedidas de mudança desenvolvem cooperação onde antes não havia. Quando os relacionamentos se desenvolvem, a confiança aumenta, assim como outras medidas do capital social e da coesão social.

Isso representa um desafio difícil, mas os 10 elementos, atuando em conjunto, possibilitam que aconteça. O fato de que todas estratégias de sucesso têm base social é reforçado sempre que desenvolvemos comunidades profissionais de aprendizagem que antes não existiam (Dufour, Dufour, Eaker e Many, 2006; Dufour, Eaker e Dufour, 2005). É por isso que Kanter (2004) identifica a cooperação como um dos três elementos básicos da confiança e dos ciclos de vitória (os outros dois são a contabilização e a iniciativa, que são reforçadas pela cooperação). Para restaurar a confiança das pessoas, diz Kanter, são necessários quatro tipos de ação:

1. Conectar-se de novas maneiras por meio da conversa.
2. Fazer trabalhos importantes em conjunto.
3. Transmitir respeito.
4. Demonstrar inclusão (mostrar que todos fazem parte) (p. 241).

É por isso que Deutschmann (2005), em seu artigo sobre "mudar ou morrer", mostra que a única situação em que pacientes cardíacos melhoraram foi quando o processo de mudança foi "amparado por grupos de apoio semanais" (p. 4). As estratégias de base social podem ajudar com outro grande problema, que todos aqueles que pesquisam a melhora escolar conhecem, mas contra o qual quase ninguém age com alguma intensidade. Estou falando dos conhecidos estudos que mostram que as variações na melhora estudantil são maiores entre as salas de aula dentro de uma mesma escola do que entre escolas diferentes. Quando se computa o papel das qualidades supridas (ou seja, quando se começa a mensurar o valor adicionado pela escola), o maior fator atuante envolve os professores individuais, e eles diferem entre as salas de aula de uma mesma escola.

Em um experimento cuidadosamente controlado, no qual professores foram divididos aleatoriamente entre salas de aula, Nye, Konstantopoulos e Hedges (2004) observaram que

> As diferenças entre os professores [dentro de uma escola] é substancial em comparação com a variância entre as escolas. Em leitura, o componente da variância entre os professores é mais de duas vezes maior que o componente da variância entre escolas da segunda série, e mais de três vezes maior na terceira. Isso sugere que os efeitos de ocorrência natural sobre o professor são maiores do que os efeitos de ocorrência natural observados na escola. (p. 247)

Retornarei em seguida à expressão "de ocorrência natural".

Dito de forma mais completa, a aprendizagem e o desempenho dos estudantes diferem bastante, dependendo se o aluno tiver um professor efetivo ou não. Vale notar que a faixa de efetividade é maior nas escolas com baixo nível socioeconômico. Em escolas com nível socioeconômico baixo e alto, a variância entre os professores é maior que aquela entre as escolas, mas em escolas de baixo nível socioeconômico, *o padrão é mais acentuado*. Conforme colocam Nye e colaboradores, "em escolas de baixo nível socioeconômico, importa mais *qual* professor a criança recebe do que em escolas de nível socioeconômico elevado" (p. 254, ênfase no original).

Para onde tudo isso leva? Vamos juntar três coisas: (1) as variações na efetividade do professor entre as classes dentro de uma mesma escola são grandes e têm mais consequências; (2) essas variações têm ocorrência natural, ou seja, elas persistem se não se fizer nada explicitamente para alterá-las; e (3) todas as estratégias efetivas de mudança têm base social. Como consequência, devemos nos concentrar em reduzir a variação negativa (i.e., mau ensino) dentro das escolas (e, como menciono mais adiante, também, a variação negativa entre as escolas – comparações entre iguais). Desse modo, quanto mais você desenvolver comunidades profissionais de aprendizagem dentro de escolas em que se observam uns aos outros lecionando e trabalha-se com os líderes para fazer melhoras contínuas, maiores serão a consistência e a qualidade do ensino em toda a escola, e todos os estudantes da escola se beneficiarão. E quanto mais se fizer isso, maiores serão o significado compartilhado, os compromissos e as capacidades produzidas. Tudo isso é, no mínimo, mais fácil falar do que fazer.

Para começar com a variância entre as escolas, o objetivo deve ser identificar o que motiva os professores a trabalhar com tal problema. Temos visto que isso será muito mais difícil do que parece. Uma dificuldade é por que tantos professores em toda parte estão descontentes com o seu trabalho, apesar do nível elevado de comprometimento intrínseco a ele. Em outras palavras, precisamos mudar as condições de trabalho para chegar a um nível de motivação real para abrir as portas das salas de aula, inicialmente dentro da escola, para desenvolver qualidade com mais consistência entre as salas de aula e as escolas. À primeira vista, as estratégias baseadas em desenvolver comunidades profissionais de aprendizagem parecem ser a resposta, e defendo o seu valor direcional. Porém, muitas evidências indicam que as comunidades profissionais de aprendizagem (e outras estratégias) não apresentam muita substância e continuidade dentro da sala de aula. Talvez isso aconteça aqui e ali, mas não na escala maior que necessitamos para fechar essa lacuna. Aprendemos com Campbell (2005) como é imensamente difícil mudar as normas de autonomia e lealdade dos professores. O estudo da Cross City Campaign for Urban School Reform (2005), apesar das dezenas de milhões de dólares e de muitas estratégias certas, em última análise não conseguiu atravessar a porta da sala de aula.

Richard Elmore (2004a, 2004b) nos fala há anos que as estratégias atuais não estão conseguindo melhorar a prática instrucional na sala de aula. Elmore lamenta:

> Os educadores equiparam o profissionalismo à autonomia – usar o seu próprio discernimento, exercer o arbítrio, determinar as condições de seu próprio trabalho nas salas de aula e nas escolas. De fato, o profissionalismo fora da educação é exatamente o oposto dessa definição. Os profissionais ganham a sua autoridade social ao não exercerem autonomia, mas seguindo um corpo de conhecimento validado externamente, concordando que têm o seu arbítrio limitado por esse conhecimento, e enfrentando sanções se atuarem fora desse corpo de conhecimento. (2004a, p. 3)

Se a ameaça de morte não motiva pessoas que estão doentes, o que motivaria os professores a mudar? A resposta deve ser um envolvimento profundo com outros colegas e mentores para explorar, refinar e melhorar a sua prática, além de estabelecer um ambiente onde isso não apenas aconteça, mas seja incentivado, recompensado e pressionado para ocorrer. Isso justifica parte da questão de como fazer, mas devemos admitir finalmente que não existe outra maneira. Minha conclusão é semelhante à de Elmore, que comenta sobre o trabalho que está fazendo com profissionais, ajudando-os a penetrar na prática da instrução.

O significado da mudança educacional   61

> A teoria da ação por trás desse processo de analisar a prática deve ser apresentada da seguinte maneira: o desenvolvimento de conhecimento sistemático relacionado com a melhora instrucional de grande escala exige uma mudança na cultura predominante da administração e ensino nas escolas. As culturas não mudam por decreto, elas mudam pela substituição específica de normas, estruturas e processos. O processo de mudança cultural depende fundamentalmente da modelagem de novos valores e comportamentos que se espera que substituam os existentes. (2004a, p. 11)

A única maneira de realizar as mudanças de que necessitamos é por meio de um foco intenso em melhorar a prática da sala de aula. Podemos fazer isso declarando que este é o foco: reduzir a variação negativa com o aumento da consistência. Os professores e líderes terão que correr alguns riscos aqui, uma área poderosa e que está sob controle dos professores: desfazer a autonomia da sala de aula, de modo que se possa alcançar maior consistência em uma prática efetiva. Na verdade, em comparação com o *status quo*, o risco é pequeno. Nesse trabalho mais focado e mais intenso, os professores aprendem todos os dias, e aprendem no contexto. Não existe nada que motive mais as pessoas a fazer mais investimentos de tempo, energia e comprometimento do que crescer em algo que tenha importância. O fracasso pode ser o motivador inicial, mas é o aumento na competência que nos leva a fazer cada vez mais.

Já sugerimos em *Breakthrough* (Fullan et al., 2006) um plano para envolver sistematicamente todas as escolas e sistemas escolares para melhorar a reforma da escola fundamental. Ele exige uma pressão total por uma melhora intensiva e focada de todas as salas de aula e escolas do sistema. Acreditamos que isso ainda possa ser alcançado no nosso tempo de vida.

Meu foco inicial era na variação intraescolar entre classes, mas a grande solução não é apenas a melhora intraescolar. Observamos que a cooperação entre escolas e distritos – que chamamos de capacitação lateral – paga grandes dividendos em relação a conhecimentos novos e compromissos mais amplos (Fullan, 2005, 2006). Essa rede ou estratégia baseada no agrupamento pode ter um dever duplo. O impacto das redes de escolas pode ser usado para reduzir as variações intraescolares entre as salas de aula bem como as diferenças entre as escolas. Devemos nos concentrar em reduzir o que chamo de "variação negativa", quando ocorrer dentro ou entre as escolas.

As estratégias de base social, como a cooperação e o apoio, quando combinadas com os outros nove elementos, tornam-se cada vez mais interativas. Não existe responsabilização maior do que quando ela é reforçada diariamente com colegas que trabalham em problemas importantes, em que a transparência interna e externa sejam evidentes.

Várias de nossas diretrizes reforçam a noção de que a ação proposi-tada é a rota para novas realizações. As estratégias sociais significam que

62   Michael Fullan

a ênfase está em fazer e não no planejamento elaborado. Essa questão é discutida no estudo de Doug Reeves (2006), que mostra que o tamanho do documento do planejamento está inversamente relacionado com a quantidade e a qualidade da implementação! Em uma grande amostra envolvendo 280.000 estudantes e 300 escolas, as escolas foram classificadas segundo 17 indicadores separados em relação à adesão aos requisitos formais do estado ou distrito nos planos de melhora escolar. Os escores foram relacionados com os resultados para o desempenho estudantil:

> A observação surpreendente é que a beleza do plano está inversamente (ou devemos dizer perversamente?) relacionada com o desempenho estudantil. (p. 64)

Entre as escolas que apresentaram conformidade elevada com os requisitos do plano, 25,6% dos estudantes apresentaram escores no nível da proficiência ou acima dela nas avaliações, em comparação com 46,3% para escolas com pouca conformidade com os requisitos do plano.

Isso não é uma mensagem que diga para abandonar todo o planejamento (ver Capítulo 6), mas para reduzir a distância entre o planejamento e a ação – os documentos de planejamento formal são menos importantes do que a implementação, execução e monitoramento (e de fato, interferem neles). Dito de outra forma, o planejamento está embutido no fazer, no *feedback* e na ação corretiva.

Os resultados de Reeves se aproximam de nosso trabalho recente em Ontário, onde estamos implementando uma estratégia para melhorar a alfabetização e a matemática, no âmbito da província para todos os 72 distritos e 4.000 escolas fundamentais. Recentemente, realizamos estudos de caso sobre oito distritos que pareciam ter estratégias sólidas (nas linhas deste livro) e estamos obtendo resultados com base em avaliações trianuais do desempenho estudantil (Campbell e Fullan, 2006). Um dos casos é um conselho francófono perto de Ottawa – Conseil des Écoles Catholique de Langue Francaise du Centre-Est (CECLFCE). Antes do início da nossa estratégia de capacitação, o CECLFCE tinha a prática de solicitar planos de melhora escolar que listassem todas as atividades que seriam realizadas ao longo do ano, resultando em documentos de 50 páginas ou mais – Reeves chama isso de a doença do "documentarianismo". Na nova era, o distrito enfatiza alguns padrões básicos ligados à ação que abordariam o desempenho estudantil. Os planos escritos hoje são breves, menos formais e voltados para a ação, monitoramento, *feedback* rápido e focados para a melhora do ensino, incluindo os professores aprendendo uns com os outros, e as escolas e o distrito trabalhando de forma interativa. Após anos de exigências burocráticas e escores estagnados de desempenho estudantil, o CECLFCE hoje está avançando, com maior desempenho estudantil em cada um dos últimos três anos, e há mais por vir.

Parta da premissa de que a falta de capacidade é o problema inicial e trabalhe continuamente nessa linha

Outra diretriz que se baseia na ação, e é poderosa, é a capacitação. De certo modo, todos os 10 elementos abordam a capacitação, que defino como políticas, estratégias ou ações adotadas que aumentem a eficácia coletiva de um grupo para melhorar a aprendizagem estudantil por meio de novos conhecimentos, melhores recursos e maior motivação por parte de pessoas que trabalham individualmente e juntas.

A ênfase aqui é reduzir o julgamento nos momentos iniciais de um esforço de melhora para trabalhar com a capacitação. Em outras palavras, parte-se do princípio de que uma razão pela qual a situação não está funcionando é que as pessoas não sabem como melhorá-la, ou não acreditam que possa ser melhorada. Nesse estágio, o julgamento não é um bom motivador e não é considerado justo (em estágios posteriores, o julgamento pode ser usado, quando puder ser posicionado como justo). A razão por que queremos despertar a motivação de todas ou da maioria das pessoas é que isso é necessário para o sucesso prolongado – a sabedoria e o comprometimento da multidão.

Essa ênfase na capacitação nos primeiros estágios condiz com o nosso conhecimento sobre como as pessoas mudam. Para garantir novas crenças e expectativas maiores – críticas à melhora – as pessoas primeiro precisam de novas experiências que as levem a crenças diferentes. A revisão de pesquisa sobre os movimentos sociais realizada por Bate, Bevan e Robert (2005) os levou a concluir que "a mudança radical muitas vezes envolve um processo coletivo, inter-relacional e emergente de aprendizagem e entendimento" (p. 24). De forma mais explícita, concluem:

> Assim como mostraram os primeiros estudos sobre a participação de empregados, os trabalhadores não tinham muita propensão a compartilhar antes da experiência da participação; ela vinha depois, e não antes da experiência. Dito de outra forma, as pessoas não podem querer "algo" até que o tenham experimentado. A experiência concreta de participar de um movimento é crucial, e os significados e o valor são formados *após a experiência*, e não antes dela. (p. 31, ênfase do autor)

Essa é outra razão por que agir é mais importante que desenvolver documentos de planejamento elaborados.

Tudo isso condiz com Reeves (2006), com nosso próprio trabalho sobre a mudança (comportamentos mudam antes de crenças) e com os resultados de Pfeffer e Sutton (2000) sobre os obstáculos quando se busca acabar com a distância entre o saber e o fazer. Capacitação primeiro, e julgamento depois – pois é isso que motivará mais pessoas. Aprender no contexto e aprender todos os dias são as chaves. As experiências de capacitação desenvolvem as habilidades, a clareza (quando você se torna mais capacitado, você se torna especificamente mais claro) e a motivação. Como elas são geradas coletivamente, ou seja, compartilhadas pelo grupo, elas se tornam novas forças para a melhora.

Outra razão por que as estratégias de capacitação funcionam é que elas propiciam às pessoas experiências concretas de que a melhora é possível. As pessoas necessitam de provas de que existe alguma realidade nas expectativas maiores. Kanter (2004) diz que discursos inspiradores ou palavras de estímulo não são convincentes, ou pelo menos não por muito tempo:

> "É por isso que as pessoas precisam ganhar [novas experiências que funcionem] – ou algo aproximado – antes que acreditem poder ganhar" (p. 40). A experiência positiva é o maior motivador.

Mantenha o curso com a continuidade da direção, amparando as lideranças

Em situações de desempenho fraco, é necessário apertar o foco com mais controle (mas novamente, com pouco julgamento) no início do processo de mudança. Porém, muitas vezes, existe pouca continuidade para construir com base no sucesso parcial para ir mais fundo (Minthrop, 2004). Manter-se no curso significa que se presta muita atenção ao desenvolvimento da liderança de outras pessoas na organização, no interesse da continuidade e aprofundamento da boa direção.

Os líderes que desenvolvem outros líderes estão no centro da sustentabilidade. Esse é o terceiro princípio de Hargreaves e Fink (2006), que a liderança sustentável se espalha: "Ela sustenta e também depende da liderança dos outros" (p. 95). Esse é o último dos meus oito princípios da sustentabilidade: "a longa alavanca da liderança" (Fullan, 2005, p. 27). É por isso que concluí, por exemplo, que a principal marca de um diretor ao final do seu mandato não é apenas o impacto no balanço do desempenho estudantil, mas, igualmente, quantos bons professores, o diretor deixa, que continuem avançando. Deve-se trabalhar por um bom tempo para realizar isso, e o sistema deve desenvolver políticas de sucessão da liderança com esse objetivo em mente.

Construa a contabilidade interna ligada à contabilidade externa

Richard Elmore (2004b) define a responsabilidade interna em termos de situações em que a responsabilidade individual, as expectativas coletivas e os dados da contabilidade dentro da escola estão alinhados. Dados idênticos parecerão bastante diferentes se a organização tiver a ca-

O significado da mudança educacional   65

pacidade de contabilização interna. Os dados podem ser fortalecedores ou debilitantes. Detalhes, métricas, medidas, análises, gráficos, testes, avaliações do desempenho, boletins e notas são as ferramentas da contabilização, mas não são ferramentas neutras, e não restauram a confiança por si só. O que importa é a cultura que as rodeia. Para os perdedores, esse é mais um sinal de que alguém os observa perto demais, de que não são dignos de confiança e receberão punição. Para os vencedores, elas são meios úteis, até vitais, de entender e melhorar o desempenho. As pessoas usam as ferramentas da contabilização quando estão no controle – quando as informações as fortalecem e as ajudam a vencer (Kanter, 2004).

A contabilização externa não funciona, a menos que seja acompanhada pelo desenvolvimento de contabilização interna. É por isso que a avaliação para a aprendizagem é uma estratégia tão poderosa e tão produtiva (Black et al., 2003; Stiggins, 2005). Ela ajuda as pessoas a esclarecer objetivos e onde elas se encontram em relação à sua expectativa, assim como proporciona uma ferramenta para a melhora, pois relaciona os dados de desempenho com as mudanças no ensino que são necessárias para melhorar o desempenho.

À medida que os educadores conhecem mais a avaliação, eles não apenas se tornam mais confortáveis com certos dados, como também buscam e usam os dados da avaliação. É nesse ponto que a contabilização externa se torna mais aceita, mais transparente e mais fácil de usar para conclusões e julgamentos aditivos.

Estabeleça condições para a evolução da pressão positiva

A pressão positiva é aquela pressão que motiva. Ela é a pressão que funciona em ambos os sentidos – do governo para as escolas e vice-versa – e é a pressão que é considerada justa e razoável. Se algumas escolas apresentam desempenho baixo enquanto enfrentam circunstâncias muito difíceis, os governos são responsáveis (devem ser responsabilizados) por investir em mais capacitação. Se as escolas recebem recursos, elas devem sentir pressão para melhorar. As culturas cooperativas apoiam, mas também controlam, a pressão forte entre os colegas.

A evolução da pressão positiva significa acabar com todas as desculpas. À medida que aumentamos os recursos, novas capacidades e exemplos de outras escolas (semelhantes) que estão tendo mais êxito, e reduzimos as distrações (papelada desnecessária, procedimentos burocráticos ineficazes, relações ruins com os sindicatos e assim por diante), justifica-se fazer julgamentos em relação à situação de escolas com persistente desempenho fraco ou medíocre.

A ideia é ter um sistema para evoluir até onde não haja nenhuma razão legítima para o fracasso. Dito de outra forma, depois que se eliminam todas as desculpas possíveis, a maioria das pessoas considera justo e razoável perguntar se é a qualidade da liderança ou a qualidade do ensino que deve ser culpada em uma determinada situação problemática. Depois que se estabelecem condições em que a vasta maioria das pessoas se sinta motivada para melhorar as coisas, os problemas que merecem crítica se tornam mais óbvios. Em última análise, a pressão positiva será irresistível.

Construa a confiança pública

Você sabe que está tendo sucesso quando a confiança pública aumenta. A confiança não ocorre facilmente antes das realizações. É como o problema do ovo e da galinha: precisamos de apoio para obter um desempenho melhor, e o melhor desempenho mobiliza mais apoio. O contrato social com a sociedade, por um lado, prevê que a educação faça o máximo para reduzir a lacuna do desempenho entre as escolas e subgrupos como parte da criação de uma sociedade mais igual e, por outro lado, que a sociedade invista mais em educação, de forma experimental e provisória no início, mas voluntária depois que o progresso for evidente e contínuo. Uma parte da confiança pública que tenho em mente é local, o resultado direto da formação de parcerias com a comunidade. Outros apoios estão mais ligados à sociedade, como quando as pessoas valorizam o sistema escolar público por seu papel em reduzir a disparidade educacional como uma parte crucial da busca de condições econômicas e de saúde para todos.

Kanter (2004) considera a presença da confiança externa como "uma rede para proporcionar recursos": "vencer ajuda a atrair financiadores, clientes leais, fãs entusiásticos, recrutas talentosos, a atenção da mídia, o apoio de líderes de opinião e vontade política. Continuar a vencer estimula a rede a crescer em tamanho, alcance e magnitude de investimentos" (p. 30). Ou ainda:

> O trabalho final dos líderes está na conexão entre seus grupos e a rede mais ampla que proporciona apoio, lealdade, renda ou capital. Os líderes devem provar para aqueles no círculo mais amplo que seus investimentos são justificados. (p. 341)

Ainda mais direto para nós:

> Os líderes de escolas públicas tiveram que construir a credibilidade com autoridades eleitas, conselhos escolares, pais, associações de bairro e a imprensa, mostrando que os objetivos e necessidades dos atores ajudariam a moldar os planos para mudar as escolas de baixo desempenho. (p. 342)

Para alcançar isso, os líderes devem usar os 10 elementos da mudança bem-sucedida, discutidos neste capítulo, para motivar e obter o envolvimento individual e coletivo de todas as pessoas na organização.

O significado da mudança educacional   67

Isso ajuda a criar as condições necessárias para que a vasta maioria dos professores se sinta motivada para investir no sucesso. Essa motivação é contagiosa, pois literalmente se obtêm mais apoio e pressão, tanto no sentido técnico (conhecimento) quanto no emocional. Recentemente, meu colega Ken Leithwood (2005) realizou uma excelente síntese de pesquisas sobre o tema das condições de trabalho dos professores. Os oito fatores que identificou, que afetam a motivação e o desempenho dos professores, são totalmente compatíveis com a nossa discussão.

1. Um sentido individual de eficiência profissional.
2. Um sentido coletivo de eficácia profissional.
3. Compromisso organizacional.
4. Satisfação com o trabalho.
5. Estresse e esgotamento.
6. Moral.
7. Envolvimento ou falta de envolvimento da escola e dos professores.
8. Conhecimento do conteúdo pedagógico (p. 2).

A relação entre a lista de Leithwood e os meus 10 elementos é que ele está publicando resultados de pesquisa, enquanto eu estou propondo estratégias para *produzir* o resultado positivo de cada um dos seus fatores.

Uma última questão fundamental. Em nossos casos de sucesso, vê--se uma mudança profunda no uso de "meu" para "nosso".

- Na escola, os professores param de pensar sobre a "minha sala de aula" e começam a pensar na "nossa escola".
- Nos distritos, os líderes escolares param de pensar sobre a "minha escola" e começam a pensar nas "nossas escolas ou distritos".
- Entre os distritos, os líderes distritais param de pensar sobre o "meu distrito" e começam a pensar nos "nossos distritos, ou estado ou província".
- Entre estados ou províncias, os líderes estaduais param de pensar sobre o "meu estado" e começam a pensar no "nosso país".

Isso é o "significado em grande escala". E é o que representa o novo significado da mudança. À medida que trabalharmos com os próximos capítulos, pense nesse sentido mais amplo de significado e tenha em mente os 10 elementos da mudança. Muitas grandes ideias se perdem na dinâmica de processos de mudança fracos ou inadequados.

4

Causas e processos
da fase inicial

*As pressões [para mudar] parecem diminuir com o ato
de adoção, seguido pelo começo da implementação.*

Berman e McLaughlin (1979, p. 1)

Não faltam recomendações sobre como os problemas da educação *devem* ser corrigidos. Porém, as soluções continuam sendo a terra prometida enquanto os lados opostos brigam sem entender como começar e como continuar. Este capítulo e o próximo contêm uma descrição do processo de mudança educacional e uma explicação da maneira como ele funciona.

O número e a dinâmica dos fatores que interagem e afetam o processo de mudança educacional são problemáticos demais para serem incluídos em qualquer coisa que se pareça com um modelo plenamente determinado. Sabemos mais sobre os processos de mudança em decorrência das pesquisas realizadas nos últimos 40 anos, as quais mostram que não existem regras imutáveis, mas um conjunto de sugestões ou implicações decorrentes das contingências específicas a situações locais. De fato, Clark, Lotto e Astuto (1984), Huberman e Miles (1984) e eu (Fullan, 1999) sugerimos que a singularidade de cada ambiente é um fator crítico – o que funciona em uma situação pode ou não funcionar em outra. Isso não significa dizer que inexistem diretrizes. Chegaremos a elas. Os resultados de pesquisas sobre o processo de mudança devem ser usados menos como instrumentos de "aplicação" e mais como meios para ajudar os profissionais e planejadores a "entender" o planejamento, as estratégias de implementação e o monitoramento. Também é importante dizer que essa é uma tarefa possível: "As escolas, as salas de aula e os sistemas escolares podem melhorar, e de fato melhoram, e os fatores que facilitam a melhora não são tão exóticos, inusitados ou caros que estejam além do alcance das . . . escolas comuns" (Clark et al., 1984, p. 59).

Existem duas maneiras básicas de olhar a reforma educacional. Uma delas é examinar e acompanhar determinadas inovações para ver como elas se saem, e determinar quais fatores estão associados ao sucesso. Chamaremos isso de *abordagem focada na inovação*. A segunda maneira é inverter a questão e perguntar como desenvolvemos a capacidade inovadora das organizações e dos sistemas de se envolver em uma melhora contínua. Refiro-me a isso como *foco na capacitação*. Essas abordagens não são mutuamente excludentes, e cada uma pode se alimentar da outra. É mais uma questão de qual ênfase se encaixa no interesse do indivíduo em um determinado ponto no tempo. Se você está preocupado com uma determinada inovação, é importante saber projetar uma estratégia que leve em conta cada estágio de desenvolvimento em seu uso. Se você está tentando mudar uma cultura, como estabelecer uma comunidade profissional de aprendizagem, é melhor iniciar com a instituição.

O processo de mudança

Neste capítulo e no seguinte, adotamos o foco na inovação. A maioria dos pesquisadores atualmente considera o processo de mudança em três fases amplas:

- Fase I – também chamada de início, mobilização ou adoção – consiste do processo que conduz e inclui a decisão de adotar ou continuar com uma mudança.
- Fase II – implementação ou uso inicial (geralmente os dois ou três primeiros anos de uso) – envolve as primeiras experiências de tentar colocar uma ideia ou reforma em prática.
- Fase III – denominada continuação, incorporação, rotinização ou institucionalização – refere-se ao fato de a mudança ser ou não construída como uma parte contínua do sistema ou desaparecer por uma decisão de descartá-la ou por atritos que ocorram (ver Berman e McLaughlin, 1977; Huberman e Miles, 1984).

A Figura 4.1 apresenta as três fases em relação com os resultados, especialmente se a aprendizagem estudantil é promovida e se as experiências com a mudança aumentam a capacidade subsequente de lidar com mudanças futuras.

Em termos simples, uma pessoa ou um grupo, por qualquer razão, dá início ou promove um certo programa ou direção de mudança. A direção da mudança, que pode ser mais ou menos definida nos primeiros estágios, avança para uma fase de tentativa de uso (implementação), que pode ser mais ou menos efetiva. A continuação, ou institucionalização, é uma extensão da fase de implementação, no sentido de que o novo programa é mantido além do primeiro ano ou do segundo (ou o modelo de tempo que for escolhido). O resultado, dependendo dos objetivos, pode

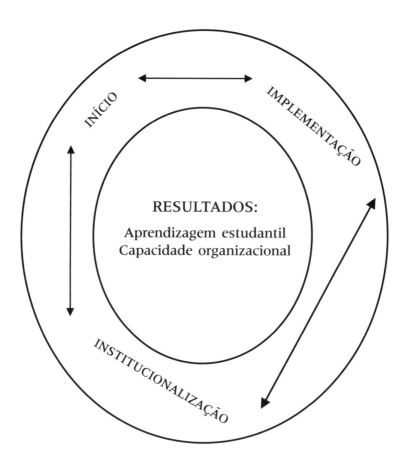

Figura 4.1 Visão simplificada do processo de mudança.

se referir a vários tipos diferentes de resultados e, de um modo geral, pode ser considerado como o grau de melhora escolar em relação a determinados critérios. Os resultados podem incluir, por exemplo, melhor aprendizagem e atitudes estudantis; novas habilidades, atitudes ou satisfação por parte dos professores e outros funcionários da escola; ou maior capacidade de resolução de problemas na escola como organização.

A Figura 4.1 apresenta apenas um quadro geral de um processo muito mais detalhado e complicado. Em primeiro lugar, existem diversos fatores atuando em cada fase. Em segundo lugar, conforme implicam as setas bidirecionais, ele não é um processo linear, mas um processo no qual os eventos em uma fase podem contribuir para alterar decisões tomadas em estágios anteriores, que assim atuam de um modo interativo e contínuo. Por exemplo, uma decisão de usar um determinado programa na

O significado da mudança educacional   71

fase inicial pode ser substancialmente modificada durante a implementação, e assim por diante.

O terceiro conjunto de variáveis, que não são especificadas na Figura 4.1, diz respeito ao alcance da mudança e à questão de quem desenvolve e dá início à mudança. O alcance pode variar de inovações de grande escala desenvolvidas externamente até inovações locais. Em ambos os casos, o professor pode ou não se envolver de modo centralizado no desenvolvimento e/ou nas decisões de continuar. Assim, o conceito de "início" deixa aberta a questão de quem desenvolve ou dá início à mudança. A questão é abordada em várias partes deste capítulo e em capítulos relevantes sobre papéis específicos.

O quarto complicador na Figura 4.1 é que não há como demarcar a perspectiva total do tempo, assim como as subfases, de forma precisa. A fase de início já pode estar em andamento há anos, mas mesmo mais adiante, a tomada de decisões específicas e as atividades de planejamento pré-implementação podem ser demoradas. A implementação da maioria das mudanças leva dois anos ou mais. Somente então se pode considerar que a mudança realmente teve a chance de ser implementada. A linha entre a implementação e a continuação é bastante nebulosa e arbitrária. Os resultados podem ser avaliados em um prazo relativamente curto, mas não devemos esperar muitos resultados até que a mudança tenha tido a chance de estar implementada. Nesse sentido, a implementação é o *meio* para alcançar certos resultados. As avaliações têm valor limitado e podem ser enganosas se fornecerem apenas informações sobre resultados.

Em quinto e último lugar, devido à nossa preocupação com o significado, não se pode pressupor que as pessoas entendam no que estão se metendo quando se toma a chamada decisão de "adoção". Isso vai nos dois sentidos. Se os professores da escola, por exemplo, votam para adotar uma determinada inovação, digamos um modelo de reforma escolar abrangente, eles podem não entender o que não sabem (Datnow, Hubbard e Mehan, 2002; Murphy e Datnow, 2003). De maneira semelhante, se um administrador toma a frente em uma determinada inovação com ambivalência por parte da equipe, pode-se gerar comprometimento durante a implementação. Isso significa dizer que devemos manter a mente aberta em relação ao processo de mudança. De certas maneiras, a mensagem deste livro é que de onde vem a inovação importa menos do que aquilo que acontece durante o processo de mudança. Nossas visões sobre o processo de mudança, discutidas no capítulo anterior, essencialmente defendem um modelo mental de apontar-fogo. Apontar é importante. Deve-se trabalhar com problemas importantes e estabelecer as condições básicas, mas é necessário chegar à ação (fogo) assim que possível, pois é onde o conhecimento, as habilidades, as compreensões e os compromissos são decididos (ver Capítulo 6 sobre planejamento).

72   Michael Fullan

O curso temporal total do início à institucionalização é longo. Mesmo as mudanças moderadamente complexas levam de 2 a 4 anos, enquanto as iniciativas de maior escala podem levar de 5 a 10 anos, com as melhoras prolongadas sendo ainda problemáticas. Um uso maior do conhecimento sobre a mudança embutido em políticas e estratégias reduz a linha do tempo para o início e a implementação. De qualquer maneira, a ideia mais importante na Figura 4.1 é que a *mudança é um processo, e não um evento* – uma lição aprendida de maneira difícil por aqueles que empregam todas as suas energias para desenvolver uma inovação ou aprovar uma lei sem pensar sobre o que pode acontecer além daquele ponto.

Por enquanto, temos falado do que aconteceria se as escolas adotassem uma inovação de cada vez. Essa perspectiva da inovação única pode ser útil para analisar inovações individuais, mas a realidade mais ampla, é claro, é que as escolas tentam lidar simultaneamente com *inovações múltiplas*, ou com uma sobrecarga de inovações. Desse modo, quando identificamos fatores que afetam o início e a implementação, devemos pensar que esses fatores atuam em muitas inovações – e muitos níveis do sistema (sala de aula, escola, distrito, estado, nação). Essa perspectiva de multiplicidade inevitavelmente nos leva a buscar soluções no nível de papéis individuais e grupos, o que farei nos capítulos da Parte II. Isso porque é apenas no nível do indivíduo e dos grupos pequenos que as inevitáveis demandas no trabalho podem ser priorizadas e integradas. Ao mesmo tempo, devemos tentar alcançar um alinhamento maior nas políticas estaduais (ver Capítulo 12), mas jamais prender a respiração esperando que isso ocorra.

O que acontece em um estágio do processo de mudança afeta fortemente os estágios subsequentes, mas também surgem novos determinantes. Como os processos são tão interligados, tentarei identificar uma lista dos principais fatores e descrever a sua influência em cada estágio. As ideias contidas neste capítulo e no Capítulo 5 serão usadas para ajudar a explicar por que os processos de início, implementação e continuação funcionam de tal maneira. Também é preciso entender que todas as três fases devem ser consideradas logo no começo. Quando se inicia a mudança, o planejamento da implementação já deve estar acontecendo. O momento de início é o momento em que o caminho está sendo preparado para a implementação e a continuação.

Fatores que afetam o início

A fase inicial é o processo que conduz e inclui a decisão de continuar com a implementação. Ele pode assumir muitas formas diferentes, desde a decisão de uma única autoridade até um decreto amplo. Em um âmbito geral, podemos pressupor que certas mudanças educacionais são

O significado da mudança educacional   73

introduzidas porque são desejáveis conforme determinados valores educacionais e satisfazem uma dada necessidade mais do que as práticas existentes. Todavia, como já vimos, esse não é o modo como sempre ou geralmente acontece.

Existem infinitas variáveis que potencialmente influenciam o início de um programa de mudança. A Figura 4.2 mostra oito fontes que afetam o início, que foram derivadas da literatura recente. Não afirmo que a lista seja completa, apenas que existem evidências em muitos estudos. A ordem não é importante, embora as diferentes combinações sejam. Por exemplo, a pressão da comunidade combinada com uma orientação para resolução de problemas terá consequências bastante diferentes do que se for combinada com uma orientação burocrática. A principal questão é que as inovações são iniciadas a partir de muitas fontes diferentes e por diferentes razões. A questão da necessidade de mudar pode estar embutida em um ou vários dos fatores, dependendo do ponto de vista adotado.

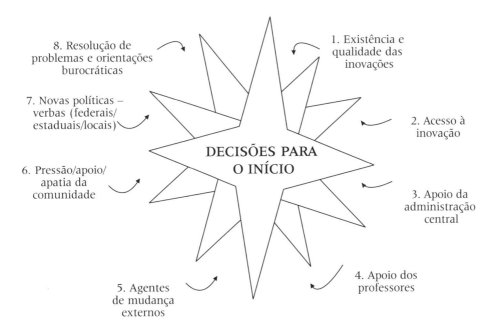

Figura 4.2 Fatores associados ao início.

Existência e qualidade das inovações

Existem inúmeras variedades de inovações educacionais. A questão é quais inovações estão lá fora. Está além dos limites deste livro investigar o mundo de invenções e avanços e, assim, será impossível tirar conclusões sistemáticas baseadas em dados sobre o conteúdo das mudanças existentes. A resposta provavelmente seja que existe todo tipo de inovações, que poderiam lidar com uma ampla variedade de valores, como seria de esperar em qualquer sociedade pluralista ou heterogênea. E esse número está em rápida e constante expansão, em nossa sociedade cada vez mais sofisticada e baseada no conhecimento tecnológico.

Desde 1983, a disputa entre a padronização e a reestruturação produziu mudanças que limitam (ou concentram, dependendo do seu ponto de vista) e liberam as possibilidades de mudança. Em relação à primeira opção, por exemplo, muitos estados começaram a prescrever livros-texto e relacioná-los com testes padronizados (McNeil, 2000; Wise, 1988). A reestruturação de iniciativas também resultou em numerosos esforços locais, bem como diversos projetos nacionais importantes nos Estados Unidos, incluindo o Success for All, o Schools Development Program da Coalition for Essential Schools e muitos outros (ver American Institutes of Research, 1999; Berends, Chun et al., 2002).

Juntamente com a questão de quais inovações existem, há a questão da qualidade dos novos programas. A clareza e a qualidade dos programas têm sido um grande problema desde a explosão em inovações na década de 1960. A situação melhorou no decorrer da última década e meia (i.e., existem inovações de maior qualidade "por aí"), mas também mostra como as decisões sobre inovações são complicadas na prática. Um bom exemplo envolve os modelos de reforma escolar ampla citados anteriormente. Deixarei a conclusão final sobre a reforma escolar ampla para o Capítulo 5, pois essencialmente é uma questão de implementação e impacto. Por enquanto, vamos apenas preparar a mesa.

Os modelos de reforma escolar abrangente visam a proporcionar inovações comprovadas em âmbito escolar. Tais inovações as escolas adotariam para melhorar o desempenho dos estudantes, especialmente entre escolas em situação mais difícil e com baixo desempenho. A New American Schools – uma organização privada sem fins lucrativos cuja missão é ajudar as escolas e distritos a melhorar o desempenho estudantil – defende o desenvolvimento de modelos de reforma escolar. Desde a sua criação, a NAS já incorporou uma fase de desenvolvimento (1992-1993), uma fase de demonstração (1993-1995) e uma fase de ampliação (1995-2002). Além disso, as verbas federais passaram a patrocinar o uso de modelos de reforma para a melhora em âmbito escolar quando o Congresso aprovou o programa Comprehensive School Reform Demonstration (CSRD), em 1997, e o incluiu sob o Título 1. Na legislação original, 13

O significado da mudança educacional   75

modelos de reforma foram listados como modelos recomendados de reforma escolar abrangente, com a sugestão de que as escolas poderiam implementar modelos construídos localmente. Na nova Lei No Child Left Behind, não foram listados modelos de reforma como foco da legislação, sendo incluídos mais princípios em torno de questões ligadas à melhora em âmbito escolar. A experiência de uma década (1991-2001) com modelos de âmbito escolar foi avaliada pela Rand Corporation (Berends, Bodily e Kirby, 2002; Berends, Chun et al., 2002) e por pesquisadores independentes como Datnow e colegas (Datnow et al., 2002; Datnow e Kemper, 2003; Ross, Wang, Sanders, Wright e Stringfield, 1999; Murphy e Datnow, 2003). Seguiremos esses estudos quando analisarmos a implementação.

Um segundo bom exemplo de programas bem-projetados é a descrição de Hill e Crévola (1999) sobre a reforma baseada em padrões, em Victoria, na Austrália, voltada para a alfabetização. Os autores afirmam que a melhora exige que todos os elementos críticos da escola e do sistema escolar identifiquem o que precisa mudar para que atuem efetiva e alinhadamente. Esse modelo abrange:

- Padrões e metas.
- Monitoramento e avaliação.
- Programas de ensino em sala de aula.
- Equipes de aprendizagem profissional.
- Organização da escola e da classe.
- Intervenção e assistência especial.
- Parcerias entre o lar, a escola e a comunidade.
- Liderança e coordenação.

No último ano, tomei o modelo de Hill e Crévola e o transformei em um modelo completo para obter resultados "novos" em alfabetização (ver Fullan, Hill e Crévola, 2006). Podem ser identificados diversos outros exemplos de clareza e qualidade em inovações instrucionais, como Good e Kamisnki (2002) e Tomlinson (1998). A questão aqui não é que as reformas bem-projetadas e programas semelhantes proporcionem a solução (ver a seção final deste capítulo sobre os dilemas do início), mas que o projeto e a qualidade das inovações têm melhorado drasticamente nos últimos poucos anos.

Acesso à informação

Um segundo fator relacionado com o início é a seletividade que ocorre como resultado do acesso diferencial à informação. A primazia do contato pessoal na difusão das inovações é conhecida há anos (Katz, Lewin e Hamilton, 1963) e sua importância para a educação é sintetizada de forma concisa por House (1974, cap. 1). Os administradores distritais e outras pessoas dos escritórios centrais, como coordenadores e consultores, passam grandes quantidades de tempo em reuniões e oficinas em redes profissionais de comunicação entre seus colegas. Uma parte do desenvolvimento de inovações foi a proliferação de redes, parcerias, cooperações e outras agências que transformaram a infraestrutura de oportunidades para ter acesso e trabalhar de forma interativa com outras em temas comuns ao longo de alguns anos. Sem dúvida, nos últimos anos, a *disponibilidade* de redes inovadoras cresceu em saltos, o que não significa dizer que uma quantidade suficiente de escolas as aproveite ou que elas implementem os programas adequadamente.

Além das escolas, os pais e comunidades, especialmente aquelas cujos membros têm educação formal limitada, sofrem uma dupla desvantagem: eles não conhecem e não se sentem confiantes em relação às questões técnicas, e quase não têm contato pessoal (ou tempo e energia para desenvolver contato), mesmo com uma pequena parte do universo educacional. Os conselhos escolares têm responsabilidade mais direta nesse campo, mas também dependem dos administradores centrais.

Finalmente, o acesso a inovações, como é óbvio, mas raramente enfatizado, depende de uma infraestrutura de comunicação – facilidade de transporte, recursos e densidade de população e ideias na área geográfica. Nesse sentido, distritos escolares urbanos e grandes desfrutam de condições favoráveis, enquanto os distritos rurais e pequenos têm condições inferiores.

Em suma, não há dúvida de que o desenvolvimento de inovações continuará a crescer dramaticamente no mundo, e o acesso se tornará cada vez maior. O problema que resta – o tema deste livro – é se os indivíduos e as instituições têm a capacidade de operar efetivamente nesse sistema complexo e confuso.

Apoio de administradores centrais e/ou escolares

O início da mudança raramente ocorre sem alguém que a apoie, e uma das pessoas mais poderosas é o administrador-chefe do distrito, juntamente com a sua equipe, em combinação com o apoio ou uma deliberação do conselho escolar. Em alguns casos, a liderança distrital pode não estar interessada em inovações, e pouca coisa pode acontecer. Porém, quando há interesse, por qualquer razão que seja – uma deliberação do conselho ou um administrador voltado para reformas ou para a carreira – é o superintendente e a equipe central que combinam o acesso, a autoridade interna e os recursos necessários para procurar verbas externas para um determinado programa de mudança e/ou para obter apoio do conselho. Diversos estudos mostram que esse é o caso: o estudo dos agentes de mudança da Rand Corporation (Berman e MacLaughlin, 1997); o estudo intensivo de Berman, McLaughlin e colaboradores (1979) sobre cinco distritos escolares; os estudos de caso de Huberman e Miles sobre 12 distritos (1984); o estudo de LaRocque e Coleman (1989) sobre o etos

O significado da mudança educacional   77

distrital em British Columbia; o estudo de Elmore e Burney (1999) sobre o distrito 2 em Nova York; o estudo de caso de Supovitz (2006) em Duval County, na Flórida; e o nosso próprio trabalho sobre a reforma no âmbito do distrito (Fullan, Bertani e Quinn, 2004; Sharratt e Fullan, 2006). Todos esses estudos mostram que o administrador-chefe do distrito e a equipe distrital são uma fonte extremamente importante de apoio, representação e início de novos programas.

Por exemplo, Huberman e Miles (1984) observaram que "os administradores do escritório central estavam no local de tomada de decisões em onze de doze casos" (p. 55). Nesses resultados, há a mensagem oculta de que os administradores distritais muitas vezes são uma importante fonte de mudanças no âmbito do distrito e favorecem grupos que, de outra forma, seriam negligenciados. No Capítulo 11, também vemos, no caso dos distritos, que o superintendente é crucial para manter o foco nas direções inovadoras que se devem tomar (ou seja, aquelas que estão alinhadas e sintonizadas com a melhora instrucional duradoura para todas as escolas do sistema). Ao mesmo tempo, os superintendentes podem ser uma fonte de sobrecarga se assumirem muitas inovações desconectadas.

Enquanto isso, na escola, o diretor se torna cada vez mais importante. O diretor sempre é o "guardião" da mudança, determinando o destino das inovações que vêm de fora, das iniciativas internas ou do professor. Com o advento da gestão localizada em todo o mundo, cada vez mais trabalho é jogado na porta do diretor. Hoje se espera que os diretores liderem a mudança e, assim, eles se tornaram uma fonte crítica para o processo de início (Marzano, Waters e McNulty, 2005).

Apoio dos professores

Ao mesmo tempo em que os professores, como grupo, têm menos oportunidade de entrar em contato com novas ideias e menos tempo e energia para executar aquelas que vêm a conhecer, a maioria dos professores não inova. De fato, o "paradigma da inovação", que com efeito acompanha o desenvolvimento e a implementação de inovações iniciadas *formalmente*, é tendencioso, pois ignora as milhares de pequenas inovações que os professores individualmente ou em pequenos grupos realizam a cada dia. Existe um forte corpo de evidências que indica que os professores geralmente são a fonte preferida de ideias para outros professores. Por outro lado, são igualmente fortes as evidências que mostram que as oportunidades para os professores interagirem são limitadas, e que quando um ou mais professores dão início a boas ideias, o apoio dos outros é necessário para que elas cheguem a algum lugar.

Quando as escolas estabelecem comunidades profissionais de aprendizagem, os professores buscam constantemente novas maneiras de fazer melhoras. Rosenholtz (1989), como já vimos, mostra que esse é o caso em seu estudo envolvendo 78 escolas, assim como Newmann e Wehlage (1995), McLaughlin e Talbert (2006), e muitos outros. Entretanto, todos esses pesquisadores também concluem que as condições de trabalho dos professores na vasta maioria das escolas não conduzem a inovações prolongadas por parte dos professores (Leithwood, 2005).

Em uma escala mais ampla, os sindicatos nacionais, estaduais e locais de professores, em alguns casos, se tornam fortes defensores da reforma (ver Consortium of Educational Change, 2000; Shanker, 1990). De fato, um sindicato de professores em Toronto deu início à nossa trilogia *What's worth fighting for* (Fullan, 1997; Fullan e Hargreaves, 1992; Hargreaves e Fullan, 1998) e patrocinou-a. Embora seja verdade que, para o público, a maioria dos sindicatos de professores é conhecida pelas reformas que combate, em vez das que defende, eles podem ser iniciadores poderosos quando decidem liderar a reforma.

Vistas em conjunto, essas observações indicam que muitos professores estão dispostos a adotar mudanças no nível da sala de aula individualmente e o farão nas condições certas (p.ex., uma inovação que seja clara e prática, uma administração e um diretor que apoiem, oportunidades para interagir com outros professores, apoio do sindicato e ajuda de fora em termos de recursos). Existem diversos qualificadores: a maioria dos professores não tem informações, acesso, tempo ou energia adequados; e as inovações que adotam, via de regra, são individualistas, de pequena escala e provavelmente não se estenderão a outros professores.

Agentes externos de mudança

Os agentes de mudança ou facilitadores externos ao distrito – ou seja, em papéis regionais, estaduais ou nacionais – desempenham uma função importante ao iniciar projetos de mudança. Muitos papéis nesses níveis são formalmente encarregados da responsabilidade de estimular e amparar a mudança. A importância desses papéis, e em especial na fase de início, foi documentada ao longo de vários anos. O que temos de novo na última década é a presença enorme de fundações sem fins lucrativos e parcerias empresariais. Grande parte do dinheiro e oportunidades inovadoras para reforma em grande escala são possibilitadas por fundações. Ainda assim, uma forte liderança interna na escola ou no distrito é uma variável crucial. Sem liderança interna de qualidade, acaba-se não com uma inovação limitada, mas com o oposto disso – muitas mudanças fragmentadas, descoordenadas, ao sabor do momento, algo que Tom Hatch (2000) captou em seu estudo sobre "o que acontece quando diversas iniciativas de melhora colidem".

Pressão/apoio/oposição/ apatia por parte da comunidade

Como as comunidades variam, e as características dos distritos escolares diferem muito, combinações variadas de fatores resultam em processos diversos de início – um problema perene na compreensão dos processos de mudança. Porém, quando se examinam algumas das principais combinações, é possível entender o paradoxo de que algumas comunidades sustentam a inovação, outras a bloqueiam, a maioria é apática e todas essas condições ocorrem em um dado momento.

De um modo geral, e dependendo das circunstâncias, as comunidades podem: (1) pressionar sobre os administradores distritais (diretamente ou por meio dos conselhos escolares) para "fazer alguma coisa" em relação a um problema, (2) opor-se a certas adoções possíveis das quais ficam sabendo, ou (3) não fazer nada (apoio passivo ou apatia). O significado desses padrões é esclarecido considerando-se algumas evidências.

A mais previsível pressão inicial da comunidade para a mudança deve vir como resultado de mudanças na população. O estudo de Berman, McLaughlin e colaboradores (1979) sobre cinco distritos escolares mostra que grandes mudanças demográficas (crescimento rápido na população ou uma mudança na composição que resulte em diferentes misturas culturais e de classes sociais) levam ao desenvolvimento de iniciativas comunitárias e demandas por mudança. A maneira como as demandas são abordadas depende muito das orientações de resolução de problemas ou das burocráticas, que serão discutidas mais adiante. Em outras palavras, as demandas podem resultar ou não no início de um processo de mudança, dependendo de uma combinação de fatores. Contudo, a questão é que as comunidades podem instigar a mudança educacional. (Em um dos casos de Berman e McLaughlin, por exemplo, o crescimento populacional levou ao ativismo comunitário em um sistema escolar estagnado, à eleição de novos membros do conselho, à contratação de um superintendente inovador e à facilitação da mudança por outros membros importantes da equipe, diretores, professores, e assim por diante.) E, como veremos no Capítulo 10, a sintonia entre as escolas e as comunidades é uma força poderosa para a mudança produtiva.

O estudo de Schaffarzick sobre 34 distritos da área da baía de São Francisco também é bastante revelador. O autor observou que 62% dos casos de decisões curriculares em sua amostra não envolveram a participação de leigos (citado em Boyd, 1978, p. 613). A apatia e a indiferença da comunidade caracterizaram essas decisões. Todavia, nos 19 casos que envolveram conflitos e barganhas, os grupos comunitários quase sempre prevaleceram. Com relação ao papel seletivo das comunidades, Daft e Becker (1978) observaram que aquelas com mais formação educacional apresentaram correlação substancial com a adoção de inovações para estudantes que iam para a universidade, mas as comunidades com menos formação *não* tiveram correlação com uma probabilidade maior de programas que beneficiassem os estudantes no fim do ensino médio. Bridge (1976) faz um argumento semelhante: "É mais fácil organizar os pais, particularmente pais de classes inferiores, a resistir a ameaças percebidas do que organizá--los para realizar objetivos positivos de longo prazo" (p. 370).

Reunindo essas observações, podemos concluir que o papel da comunidade no processo, de início, não é claro, mas é compreensível quando o separamos nos seguintes componentes:

1. Grandes mudanças demográficas criam turbulência no ambiente, que pode levar ao início da mudança ou a conflitos irreconciliáveis, dependendo da presença de outros fatores listados na Figura 4.2.
2. A maioria das comunidades não participa ativamente das decisões relacionadas com a mudança em programas educacionais.
3. As comunidades com maior formação educacional parecem exercer uma pressão geral para que suas escolas adotem mudanças acadêmicas de qualidade. Elas também reagem forte e efetivamente contra as mudanças propostas de que não gostam.
4. As comunidades com menos formação educacional não são tão prováveis de iniciar ou exercer pressão efetiva para que os educadores deem início a mudanças em seu nome, e também são menos prováveis de se opor a mudanças por falta de conhecimento, mas, quando ativadas, também podem se tornar efetivas.

Novas políticas e verbas

Cada vez mais, os governos estaduais e municipais criam novas regras, em especial quanto a reformas baseadas em padrões. De fato, a maior mudança desde a terceira edição deste livro foi a introdução da reforma ordenada pelos governos. Nos capítulos a seguir, analisaremos tais questões em mais detalhes, com relação às suas consequências (pontos fortes e fracos). Como estamos falando de "causas da adoção", devemos apenas observar que os legisladores estaduais e federais dão início a muitos novos programas de mudança social que, de outra forma, nunca seriam adotados formalmente. Muitas iniciativas educacionais importantes são geradas por meio de políticas governamentais e legislação nas áreas de maior necessidade de reforma, como as necessidades especiais, dessegregação, iniciativas de alfabetização e matemática, formação de professores e ações do gênero. De um modo geral, os governos estão se tornando mais insistentes em relação à natureza e à prestação de contas das reformas educacionais. Se acompanhadas por estratégias sólidas (i.e., ações baseadas no conheci-

O significado da mudança educacional   81

mento sólido sobre a mudança), elas podem ter um impacto positivo forte em um prazo relativamente curto, como nos exemplos da Inglaterra e de Ontário, no Canadá, apresentados no Capítulo 12.

Resolução de problemas
e orientação burocrática

A orientação que os distritos escolares adotam para as políticas e verbas externas é outra história. Berman e McLaughin (1977) descobriram há três décadas que as decisões dos distritos escolares relacionadas com a adoção de medidas de mudança se caracterizavam ou por uma orientação oportunista (burocrática) ou de resolução de problemas. Os distritos aceitam verbas e/ou políticas externas, seja como uma oportunidade para obter recursos extras (que usam para outros fins e/ou que representam um ato simbólico de parecer estar respondendo a uma dada necessidade) ou como uma chance de resolver certos problemas locais. Muitas escolas e distritos são, nas palavras de Bryk e colaboradores (1998), organizações "árvore de Natal", nas quais o que importa é implementar novos projetos.

Não sabemos a proporção de solucionadores de problemas *versus* burocratas nos distritos escolares da América do Norte. Pincus (1974) faz-nos crer que as propriedades dos sistemas escolares públicos, enquanto sistemas, os tornam mais burocráticos do que voltados para a resolução de problemas. Pincus alega que, em comparação com firmas competitivas:

1. as escolas públicas são menos motivadas a adotar inovações para reduzir custos, a menos que as verbas assim economizadas sejam disponibilizadas para outras finalidades no distrito;
2. elas são menos prováveis de adotar inovações que mudem a matriz de recursos ou os papéis desempenhadas pelas autoridades habituais (p.ex., que envolvam mudanças comportamentais no desempenho) e
3. são mais prováveis de adotar novos processos de instrução que não alterem significativamente a estrutura, ou de adotar novos contornos na gestão administrativa, pois essas inovações ajudam a satisfazer as demandas do público, sem criar custos pesados (p. 117-118).

Ou seja, com relação ao caráter multidimensional da implementação (ver o Capítulo 2), as escolas são mais prováveis de implementar mudanças superficiais no conteúdo, nos objetivos e na estrutura do que em mudanças na cultura, no comportamento e em concepções do ensino.

Pincus (1974) identifica três fatores favoráveis à adoção:

1. *segurança burocrática*, quando as inovações aumentam os recursos sem exigirem mudanças comportamentais;
2. *resposta a pressões externas* (em que a "adoção" pode diminuir a pressão) e

82   Michael Fullan

3. *aprovação de elites de colegas* (na ausência de critérios claramente definidos de produção, o que é popular entre os profissionais importantes é
o critério determinante) (p. 120).

Desse modo, "as escolas tendem a adotar inovações que promovam a
sua autoimagem" como "atualizadas . . . eficientes . . . profissionais . . .
sensíveis" (p. 122). Dito de outra forma, é relativamente fácil para as escolas *adotarem* inovações complexas, vagas, ineficientes e caras (especialmente
se existe outra fonte pagadora), desde que não precisem *implementá-las*.

Do ponto de vista burocrático, o valor político e simbólico do início
das mudanças para as escolas em geral tem maior significado do que o
mérito educacional e o tempo e os custos necessários para a implementação.
Todavia, o valor simbólico não deixa de ser importante. Essas decisões podem ser necessárias para a sobrevivência política, podem ser os primeiros
passos que estabelecem as precondições para a mudança real na prática,
ou podem representar a única mudança possível em certas situações.

No lado positivo, existem mais exemplos recentes de iniciativas de
resolução de problemas nos níveis escolar, distrital e governamental, como
veremos nos capítulos específicos. Existem duas tendências que exercem
pressão para os sistemas agirem de formas diferentes. Uma envolve as
estratégias de reforma baseada em padrões, que intensificam a pressão e
o apoio com o objetivo de maximizar a implementação, ou seja, essas
estratégias pressupõem que a adoção é apenas o começo. A outra envolve
os casos de capacitação de entidades locais, nos quais o início ocorre no
nível comunitário e alcança as políticas estatais. Em outras palavras, o
objetivo é capacitação nos níveis da escola e do distrito, para que estes
ajam para resolver problemas, em vez de adotarem um modo burocrático. A resposta está em combinar as forças de mudança oficiais e comunitárias, o que atualmente parece ser mais possível (ver a discussão sobre
esse dilema no Capítulo 12).

Os dilemas do início

Apresentamos um amálgama de diferentes fatores que influenciam
o início de projetos de mudança. A mensagem final é que a mudança tem
e sempre terá início em uma variedade de fontes diferentes e em uma
combinação de fontes. Isso representa uma oportunidade constante para
perseguir inovações ou para a imposição de mudanças, dependendo da
inovação e do papel do indivíduo no processo. Conforme mencionei antes, de muitas maneiras, importa menos quem dá início à mudança e
mais qual será a qualidade subsequente do processo de mudança.

Não existe resposta fácil para o que representa uma iniciativa bem-
-sucedida, pois, como em tantos aspectos desse processo, aqueles que

O significado da mudança educacional   83

contemplam uma mudança enfrentam uma série de dilemas. Devemos ter um período mais curto ou mais longo para começar? Devemos buscar o desenvolvimento interno ou importar inovações externas? Devemos trabalhar com voluntários ou com um grupo mais representativo? Devemos usar números grandes ou pequenos? Devemos nos concentrar na instrução ou na organização, ou em ambas? Devemos experimentar grandes mudanças ou começar com mudanças pequenas? Devemos ter bastante participação nos primeiros estágios ou não?

O principal dilema para a liderança no estágio inicial é se devemos buscar o consentimento da maioria antes de continuar ou ser assertivos já no começo. O fato é que há uma grande inércia nos sistemas sociais, que exige muita energia para superá-la. Sabemos que a mudança de cima para baixo não funciona, mas também temos verificado que as iniciativas de baixo para cima não resultam em muita coisa ou, quando têm um começo promissor, muitas vezes não conseguem se conectar com a estrutura da autoridade.

Mesmo quando há necessidade de "vender o produto", a aceitação pode ser superficial e desinformada. Na revisão de programas inovadores de Datnow e Stringfield (2000), os autores observam:

> Em vários dos nossos estudos, observamos que os educadores adotaram modelos de reforma sem pensar em como o modelo se encaixaria nos objetivos, na cultura, nos professores ou nos alunos da sua escola . . . mesmo quando havia oportunidades para obter informações, os educadores raramente faziam escolhas bem-informadas sobre os modelos de reforma.
>
> As decisões políticas, e sobre políticas públicas nos níveis estadual e distrital, também costumam influenciar a adoção de modelos externos de reforma pelas escolas, o que também leva alguns educadores a adotar os modelos de forma rápida e sem considerar adequadamente o grau de "encaixe". (p. 191)

De maneira semelhante, Hatch (2000) observa que a adoção provavelmente refletirá o quanto as campanhas a favor e contra um programa proposto foram efetivas, em vez de demonstrar se uma escola aprendeu o suficiente sobre um programa para fazer uma escolha informada ou ter sucesso na implementação da reforma.

E o que dizer das escolas de desempenho baixo que não fazem nada ou que rejeitam de forma explícita inovações potencialmente efetivas, de modo que nenhuma iniciativa é adotada? Claramente, não se pode permitir que continuem em sua inação com base na visão de que as decisões comunitárias são a única maneira de agir (ver Fullan, 2006).

Nossa resposta temporária a tais dilemas é a seguinte: a capacidade local é desenvolvida na escola (ver Capítulos 7 e 8) até o ponto em que as escolas saibam o que fazer para decidir sobre as melhoras necessárias e executá-las. Atualmente, algumas instituições – a minoria – têm essa capacidade. De modo menos ideal, mas necessário em casos de desempenho baixo persistente ou escolas estagnadas de outra forma, torna-se necessária uma liderança assertiva (incluindo professores-líderes). O diretor ou superintendente pode usar a liderança assertiva, ou de cima para baixo, em duas condições: em primeiro lugar, em situações em que a ideia se mostre boa e, em segundo, quando o início assertivo é combinado com o fortalecimento e com opções à medida que o processo se desdobra. O critério aqui é a motivação *final* de colocar energia na direção da reforma – apropriação, por assim dizer. Porém, observe que a apropriação é algo que se desenvolve com o tempo se as ideias forem boas e se as pessoas tiverem a capacidade e a oportunidade de fazer avaliações informadas, o que podem não conseguir fazer no começo.

Desse modo, o início da mudança representa dilemas difíceis. A relação entre o início e a implementação é levemente estabelecida e interativa. O processo de início pode gerar significado ou confusão, comprometimento ou alienação, ou simplesmente ignorância por parte dos participantes e outros indivíduos afetados pela mudança. Maus começos tornam-se sucessos, dependendo do que é feito durante a implementação. Os começos promissores podem ser desperdiçados por aquilo que acontece depois.

Nesse ponto, sabemos que as decisões relacionadas com o início ocorrem todo o tempo e provêm de uma variedade de fontes. Temos uma leve visão de que, dependendo das fontes, do processo seguido e da combinação de condições contextuais na situação, pode-se prever o que acontecerá após a fase de início. Podemos nos voltar para a próxima fase crítica do processo. A implementação está onde está a ação. As três questões fundamentais são: qual é a relação entre o processo de início e a implementação subsequente? Que outros fatores emergem durante a implementação que determinam quais mudanças ocorrem realmente na prática? E quais são as dinâmicas da continuação ou descontinuação?

5

Causas e processos das fases de implementação e continuação

Bem, o difícil está feito. Aprovamos a política; agora tudo o que você tem a fazer é implementá-la.

Ministro da Educação, ao transmitir o cargo para seu colega

A mudança educacional é tecnicamente simples e socialmente complexa. Enquanto a simplicidade do aspecto técnico sem dúvida é exagerada, qualquer um que se envolva em uma grande iniciativa de mudança entenderá de modo intuitivo o significado e a complexidade da dimensão social. Grande parte do problema da mudança educacional talvez seja menos questão de resistência dogmática e mais questão das dificuldades relacionadas com planejar e coordenar um processo social em níveis múltiplos envolvendo milhares de pessoas.

Conforme descrevi no Capítulo 4, a grande maioria das políticas e inovações dos últimos 35 anos não foi implementada, mesmo quando a sua implementação era desejada. A implementação consiste do processo de colocar em prática uma ideia, programa ou conjunto de atividades e estruturas novas para pessoas que buscam ou esperam mudar. A mudança pode ser imposta externamente ou procurada de forma voluntária; explicitamente definida em detalhes ou desenvolvida e adaptada de forma gradual pelo uso; projetada para ser usada uniformemente ou planejada de maneira deliberada para que os usuários façam modificações conforme suas percepções das necessidades da situação.

Neste capítulo, identifico os atores que afetam o fato de se uma mudança, iniciada ou decidida, acontecerá na prática. Os processos além da adoção são mais intrincados, pois envolvem mais pessoas, e o que está em jogo é uma mudança real (em vez de decisões verbais ou "burocráticas"). Muitas tentativas de mudanças em políticas ou programas concentram-se no desenvolvimento de produtos, legislação e outras mudanças formais, de um modo que ignoram o fato de aquilo que as pessoas fazem ou não fazem ser a variável crucial. Essa negligência é compreensível, pois as pessoas são muito mais imprevisíveis e difíceis de lidar do que as coisas. Elas também são essenciais para o sucesso.

O lado positivo é que a persistência na mudança educacional envolvendo problemas relacionados com pessoas proporcionou maior conhecimento sobre o que leva ao sucesso. Se nos lembrarmos constantemente que a mudança educacional é uma *experiência de aprendizagem para os adultos envolvidos* (professores, administradores, pais, etc.), bem como para as crianças, avançaremos muito na compreensão da dinâmica dos fatores da mudança descritos neste capítulo.

Começaremos reafirmando onde a implementação se encaixa e por que ela é importante. A questão da implementação é: que tipos de coisas deveriam mudar para que uma inovação ou reforma fosse totalmente implementada? Conforme discutimos no Capítulo 2, vários aspectos identificáveis da sala de aula ou da vida escolar seriam alterados. Continuando com a sala de aula, em nome da simplicidade, sugerimos que as mudanças provavelmente ocorreriam em (1) materiais curriculares, (2) práticas de ensino e (3) crenças ou compreensões sobre o currículo e as práticas de aprendizagem. A implementação é crítica pela simples razão de que ela é o *meio* para realizar os objetivos desejados. Lembrando da preocupação de Charters e Jones (1973) sobre o risco de avaliar "não-eventos", a implementação pode acabar sendo inexistente (i.e., não ocorrer nenhuma mudança na direção desejada), superficial, parcial, completa, e assim por diante. Em uma palavra, a implementação é uma variável, e, se a mudança for potencialmente boa, o sucesso (como melhoras na aprendizagem dos alunos ou mais habilidades por parte dos professores) dependerá do grau e da qualidade da mudança na prática real.

Isso não é tão simples assim, mas a lógica do processo de mudança apresentada antes, na Figura 4.1, é essencialmente direta. Independente da maneira como as mudanças são iniciadas, elas avançam (ou não) para alguma forma de implementação e continuação, resultando em certos resultados desejados e/ou não. Neste capítulo, estamos interessados nos fatores e processos que afetam a implementação e a continuação. Nosso objetivo é identificar os fatores críticos que em geral influenciam a mudança na prática e obter noções de como o processo de implementação funciona.

Fatores que afetam a implementação

A ideia da implementação e dos fatores que afetam o uso real parece simples, mas o conceito mostrou ser bastante complicado. Os exemplos de melhoras bem-sucedidas descritos na pesquisa dos últimos 30 anos

O significado da mudança educacional   87

parecem fazer sentido. Cada vez mais, as evidências apontam para um pequeno número de variáveis básicas, embora, como veremos, a questão do que fazer permanece bastante complexa. Os dilemas intrínsecos ao processo de mudança, juntamente com a intratabilidade de alguns fatores, a singularidade de cada ambiente e as variações na capacidade local, tornam a mudança um processo social altamente complexo e sutil. As abordagens efetivas para lidar com a mudança exigem combinar e equilibrar fatores que aparentemente não andam juntos – simplicidade-complexidade simultâneas, frouxidão-rigidez, liderança forte-participação dos usuários, estrutura de cima para baixo ou de baixo para cima, fidelidade-adaptabilidade e avaliação-falta de avaliação. Mais do que qualquer outra coisa, as estratégias efetivas para a melhora exigem um entendimento do processo, um modo de pensar que não pode ser compreendido em nenhuma lista de etapas ou fases a serem seguidas (Fullan, 1985; ver também a série *Change forces*, Fullan, 1993, 1999, 2003).

Devemos ter em mente que estamos interessados em fatores que têm influência causal sobre a implementação rumo a alguma mudança desejada (ou, de forma mais específica, o nível em que os professores e estudantes mudam suas práticas, crenças, o uso de novos materiais e os resultados correspondentes para a aprendizagem). Se um ou mais fatores atuarem contra a implementação, o processo será menos efetivo. Finalmente, devemos evitar pensar em conjuntos de fatores isolados uns dos outros. Eles formam um *sistema de variáveis* que interagem para determinar o sucesso ou o fracasso. A mudança educacional é um processo dinâmico que envolve variáveis que interagem com o tempo, independente do modo de análise envolver fatores ou temas.

A Figura 5.1 lista nove fatores críticos organizados em três categorias principais relacionadas com (1) as características da inovação ou do projeto de mudança, (2) papéis locais e (3) fatores externos. Ao descrever os papéis, tento enfatizar os aspectos que podem ser alterados, e não aqueles que são fixos ou dados. A lista é necessariamente simplificada. Cada fator deve ser "desempacotado" em diversas subvariáveis, como faço nos capítulos seguintes. Neste momento, o objetivo é obter uma visão geral e compreender a dinâmica principal no processo de mudança.

Fatores relacionados com as características da mudança

Começamos com quatro fatores relacionados com as características das próprias inovações, ou seja, necessidade, clareza, complexidade e qualidade. No Capítulo 4, vimos que essas questões não podem ser resolvidas no estágio inicial. Essa falta de resolução continua na fase de implementação e se torna muito mais visível.

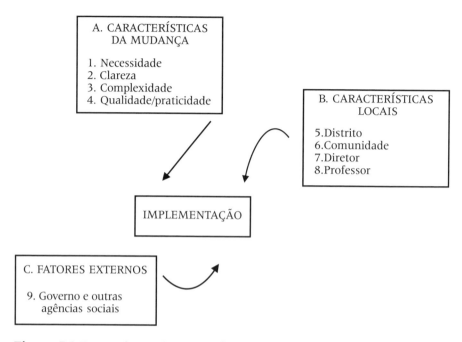

Figura 5.1 Fatores interativos que afetam a implementação.

Necessidade. Conforme já discutido, muitas inovações são experimentadas sem se analisar com cuidado se lidam ou não com as necessidades consideradas prioritárias. Os professores, por exemplo, muitas vezes não enxergam a necessidade de uma mudança proposta. Vários estudos em grande escala nos Estados Unidos confirmam a importância de relacionar a necessidade com as decisões sobre inovações ou mudanças. No projeto *Experimental schools*, Rosenblum e Louis (1979) mostram que "o grau de reconhecimento formal de necessidades não-satisfeitas dentro do sistema escolar" (p. 12) foi um dos quatro "fatores de prontidão" associados à implementação subsequente. O estudo dos agentes da mudança da Rand Corporation (Berman e McLaughlin, 1977) identificou a orientação para resolução de problemas (i.e., a identificação de uma necessidade ligada à escolha de um programa) como um elemento fortemente relacionado com o sucesso da implementação. A questão de determinar se as necessidades são de comum acordo nem sempre é clara. Datnow (2000) fala da adoção de um modelo da New American Schools: "Apesar do fato de a maioria dos professores votar pela mudança, esse voto não foi genuíno, e não se baseou em um processo de investigação crítica das práticas atuais na escola e do que precisava mudar" (p. 167-168).

Assim, a importância da necessidade percebida ou sentida é óbvia, mas o seu papel não é tão claro. Existem pelo menos três complicações. Primeiramente, as escolas enfrentam agendas de melhora sobrecarregadas. Portanto, isso é questão não apenas de se uma dada necessidade é importante, mas também do quanto ela é relevante em relação a outras necessidades. É desnecessário dizer que não é fácil fazer essa priorização entre conjuntos de necessidades, pois as pessoas relutam para abrir mão de seus objetivos, mesmo que não seja realista abordar todos eles. Em segundo lugar, as necessidades muitas vezes não são claras no começo, sobremaneira com mudanças complexas. As pessoas costumam entender as suas necessidades apenas quando começam a fazer coisas, ou seja, durante a implementação. Em terceiro lugar, a necessidade interage com os outros oito fatores para produzir padrões diferentes. Dependendo do padrão, a necessidade pode ser esclarecida ou ofuscada durante o processo de implementação.

Em síntese, o "encaixe" entre um programa novo e as necessidades do distrito e/ou escola é essencial, mas pode não ficar totalmente claro até que a implementação esteja em andamento (ver Bodily, 1998, e Bodily e Berends, 1999, para uma avaliação da New American Schools, que também enfatiza a necessidade de encaixe). De maneira semelhante, Huberman e Miles (1984) lembram-nos que, com esse estágio de implementação, as pessoas envolvidas devem perceber que as necessidades abordadas são significativas *e* que estão fazendo pelo menos algum progresso para satisfazê-las. As primeiras recompensas e alguns sucessos tangíveis são incentivos críticos durante a implementação.

Clareza. A clareza (em relação a objetivos e meios) é um problema perene no processo de mudança. Mesmo quando existe concordância de que algum tipo de mudança é necessário, como quando os professores querem melhorar alguma área do currículo para melhorar a escola como um todo, a mudança adotada pode não ser tão clara em relação àquilo que os professores devem fazer de diferente. Os problemas relacionados com a clareza aparecem em praticamente todos os estudos sobre a mudança, desde os primeiros estudos da implementação, quando Gross e colaboradores (1971) mostraram que a maioria dos professores não conseguia identificar as características essenciais da inovação que estava usando, até os atuais estudos de reformas em que a busca de clareza entre a complexidade permanece sendo um grande problema (Fullan, 2003). E quanto maior for a reforma, maior o problema da clareza. Em suma, a falta de clareza – objetivos difusos e meios não-especificados de implementação – representa um grande problema no estágio de implementação. Os professores e outras pessoas consideram que a mudança simplesmente não é muito clara em relação àquilo que significa na prática.

Existem poucas dúvidas de que é essencial ter clareza, mas o seu significado é sutil. Muitas vezes, ficamos com uma *falsa clareza*, que ocorre quando a mudança é interpretada de uma maneira excessivamente simplificada, ou seja, a mudança proposta envolve mais do que as pessoas percebem ou enxergam. Por exemplo, um livro-texto aprovado pode facilmente se tornar *o* currículo da sala de aula, mas não incorporar aspectos significativos da política ou dos objetivos que supostamente aborda. O uso do livro-texto pode distrair a atenção de comportamentos e crenças educacionais que são críticos para a realização dos objetivos desejados. No Canadá, diretrizes curriculares novas ou revisadas no âmbito das províncias foram rejeitadas por alguns professores, porque diziam que "já estamos fazendo isso", mas esse é mais um exemplo de falsa clareza quando as percepções dos professores se baseiam apenas no objetivo mais superficial e em aspectos temáticos das diretrizes, em detrimento das crenças e estratégias de ensino. De maneira semelhante, muitas diretrizes curriculares no Canadá contêm maior especificidade em seus objetivos e conteúdo do que as diretrizes anteriores, fazendo com que os professores e outras pessoas considerem que elas "finalmente proporcionam direcionamento". Todavia, essas diretrizes podem ser usadas de maneira literal sem o entendimento de que certas estratégias de ensino e crenças subjacentes são essenciais para implementar as diretrizes efetivamente. Pior ainda, os professores que introduzem reformas superficialmente podem na verdade piorar as coisas, conforme Stigler e Hiebert (1999) observaram em sua análise de vídeos de aulas de matemática da oitava série em três países.

Por outro lado, citei evidências de que nem todos experimentam o alívio da falsa clareza. As mudanças obscuras e não-especificadas podem causar muita ansiedade e frustração para aqueles que tentam implementá--las com sinceridade. A clareza certamente não pode ser entregue em uma bandeja, e o fato de ela ser implementada ou não depende do *processo*. A clareza também não é um fim em si: mudanças muito simples e insignificantes podem ser bastante claras, enquanto mudanças mais difíceis e importantes talvez não sejam facilmente compreendidas.

Finalmente, outro dilema na era da padronização é a tentativa de resolver o problema da clareza no começo por meio de soluções prescritas. Hargreaves (2003) rejeita a prescrição, considerando-a simplesmente perigosa: algo que tem qualidades de culto, aplicada principalmente em distritos que atendem comunidades pobres, com as comunidades mais afluentes perseguindo objetivos de aprendizagem mais ricos e mais profundos, enquanto as pobres se atolam na monotonia. Também escrevemos sobre a armadilha da prescrição, mas afirmando que é possível (e necessário) ser mais exato sem ser rígido (Fullan et al., 2006). A chave é trabalhar com clareza ao longo de todo o processo de implementação.

Complexidade. A complexidade refere-se à dificuldade e ao nível de mudança exigido dos indivíduos responsáveis pela implementação. A quantidade verdadeira depende do ponto de partida para cada indivíduo ou grupo, mas a ideia principal é que qualquer mudança seja analisada com relação à dificuldade, habilidade necessária e extensão das alterações em crenças, estratégias de ensino e no uso de materiais. Muitas mudanças, como a educação aberta (Bussis et al., 1976), o ensino de matemática visando à compreensão (Stigler e Hiebert, 1999), as descobertas da ciência cognitiva (Bransford et al., 1999), as escolas efetivas (Sammons, 1999), o envolvimento dos pais (Epstein et al., 2002), e assim por diante, exigem uma variedade sofisticada de atividades, estruturas, diagnósticos, estratégias de ensino e entendimento filosófico para que se alcance a implementação efetiva.

Enquanto a complexidade cria problemas para a implementação, ela pode resultar em mudanças maiores, pois se tenta mais. Berman e McLaughlin (1977) observam que os "projetos ambiciosos tiveram menos sucesso em termos absolutos da porcentagem de objetivos do projeto do que se esperava alcançar, mas geralmente estimularam mais mudanças nos professores do que os projetos que objetivavam menos" (p. 88). As mudanças que de fato ocorreram foram mais completas por causa do esforço extra que o projeto exigia ou inspirava. Segundo disse Berman (1980): "Pouco tentado, nada ganho". Conforme observado em *The return of large scale reform* (Fullan, 2000), estamos vendo reformas ainda mais complexas e ambiciosas, que exigem uma compreensão maior do "quadro mais amplo", assim como do lugar do indivíduo nele. Existe mais a ganhar e, de maneira correspondente, mais a perder.

Em suma, as mudanças simples podem ser mais fáceis de realizar, mas talvez não façam tanta diferença. Já as mudanças complexas prometem realizar mais, representam boas notícias, devido aos tipos de mudanças em andamento nos dias de hoje, mas também exigem mais esforço, e o fracasso cobra um preço mais alto.

Qualidade e praticidade do programa. O último fato associado diretamente à natureza da mudança diz respeito à qualidade e à praticidade do projeto de mudança – se ele é um novo currículo, uma nova política ou uma escola reestruturada. A história da qualidade das mudanças tentadas em relação às outras três variáveis (necessidade, clareza, complexidade) é reveladora. Dizer que a importância da qualidade da mudança é autoevidente é subestimar a maneira como as decisões são tomadas na fase de início (ver Pfeffer e Sutton, 2006). Pode haver um nível inadequado de qualidade e mesmo a simples indisponibilidade dos materiais e outros recursos quando as decisões relacionadas à adoção do projeto são tomadas com base na necessidade política, ou mesmo em relação à necessidade percebida sem tempo para desenvolvimento. Dito de outra forma, quando a adoção é mais importante que a implementação, as decisões muitas vezes são tomadas sem o tempo de preparação ou acompanhamento que é necessário para gerar materiais adequados. Os projetos ambiciosos quase sempre têm motivação política. Como resultado, a linha temporal entre a decisão de iniciar e o início propriamente dito geralmente é curta demais para atender os requisitos da qualidade.

Uma parte do retorno à reforma ambiciosa envolve o entendimento de que a mudança em "grande escala" exige maior atenção à qualidade inicial. Essa atenção ao desenvolvimento e aperfeiçoamento contínuo de inovações "comprovadas" é o que move os programas *Success for all* (Slavin e Madden, 1998), *New american schools* (Kearns e Harvey, 2000) e *National literacy and numeracy* (Barber, 2000; Earl et al., 2003). De muitas maneiras, os grandes projetos curriculares da década de 1960 deram uma má reputação ao papel dos materiais curriculares. Como a implementação era negligenciada, as pessoas concluíam que os materiais curriculares eram menos importantes. Atualmente, temos uma conclusão diferente.

> Para fazer uma reforma em grande escala, não se pode depender da capacidade das pessoas de fazer mudanças substanciais em curto prazo, de modo que é preciso impulsionar o processo com ensino e materiais de treinamento de qualidade (impressos, vídeo, digital). Existe ainda o problema da implementação superficial quando novos materiais estão em uso, ou mesmo quando novas práticas estão em evidência, sem a compreensão mais profunda que é necessária para a implementação substancial e sustentável. Mas avança-se mais e mais rápido produzindo materiais de qualidade e estabelecendo uma infraestrutura interativa de pressão e apoio. Finalmente, os materiais não precisam ser tratados como prescritivos. Muitas avaliações podem e devem ser feitas durante a implementação, desde que sejam baseadas em evidências que relacionem as práticas dos professores com o desempenho dos alunos. (Fullan, 2000, p. 23)

Em suma, é possível, e de fato necessário, combinar mudanças ambiciosas com a qualidade. Tenho afirmado que o que importa é aquilo que as pessoas desenvolvem em suas mentes e ações. As pessoas não aprendem a realizar mudanças complexas simplesmente porque alguém diz ou mostra o que fazer. O significado mais profundo e as mudanças sólidas devem vir com o tempo. A boa mudança é difícil, mas envolver-se em más mudanças ou evitar as mudanças necessárias talvez seja ainda pior para nós. O objetivo, então, é tentar uma reforma substancial e fazê-la trabalhando de forma persistente em níveis múltiplos de significado por intermédio do sistema e ao longo do tempo.

Fatores locais

Esta seção analisa as condições sociais para a mudança, a organização ou o ambiente em que as pessoas trabalham e os eventos e as atividades, planejados e não-planejados, que influenciam o fato de certas tenta-

O significado da mudança educacional   93

tivas de mudança serem produtivas ou não. O sistema escolar local representa um conjunto importante de limitações ou oportunidades situacionais para a mudança efetiva. O mesmo programa pode ser bem-sucedido em um sistema escolar e um desastre em outro. Alguns distritos têm um registro contínuo de realizações inovadoras, enquanto outros parecem fracassar sempre que tentam.

A escola individual pode ser a unidade de mudança, mas a mudança seguidamente resulta de iniciativas sistêmicas que vivem ou morrem conforme as estratégias e os apoios oferecidos pela organização mais ampla. Isso é especialmente verdadeiro em inovações complexas e em níveis múltiplos, onde o que está sendo mudado é a própria cultura organizacional.

O distrito escolar. Temos visto evidências de que as decisões ligadas à adoção muitas vezes são tomadas sem a execução adequada, e que as dificuldades (realidades subjetivas) inerentes ao processo de mudança não estão bem-compreendidas. A maioria das tentativas de mudança coletiva em educação fracassa, e o fracasso significa frustração, tempo desperdiçado, sensações de incompetência e falta de apoio e desilusão. Como a introdução de inovações é um meio de vida na maioria dos sistemas escolares, os distritos acumulam registros de mudanças administrativas. Seja qual for o registro em um dado momento, ele representa uma precondição importante relativa à próxima iniciativa nova. A importância do histórico de tentativas de inovação no distrito pode ser colocada na forma de uma proposta: quanto mais experiências negativas os professores ou outras pessoas já tiveram com tentativas de implementação anteriores no distrito ou em outra parte, mais céticos ou apáticos eles serão para com a próxima mudança apresentada, independente dos méritos da nova ideia ou programa. Os distritos, províncias ou estados, e também os países, podem desenvolver uma incapacidade para a mudança, assim como capacidade para ela.

Nada é mais gratificante do ponto de vista psicológico do que tentar uma mudança que funcione e beneficie os estudantes. O sucesso pode atrair mais sucesso. Se o significado subjetivo da mudança é tão central, é importante enfatizar que as pessoas trazem significados de uma experiência para a outra. Essa história psicológica da mudança é um importante determinante do grau de seriedade com que as pessoas tentam implementar novos programas. Para prever e entender as respostas dos indivíduos e grupos a determinados programas inovadores, deve-se conhecer a sua história passada imediata.

O papel da administração distrital e da equipe central é o tema do Capítulo 11, e temos alguns exemplos muito claros do que contribui para o sucesso no âmbito do distrito (Campbell e Fullan, 2006; Fullan et al., 2004; Sharratt e Fullan, 2006; Supovitz, 2006). Para comentar com brevidade, os professores individualmente e as escolas podem fazer mudanças sem o apoio da administração central, mas não haverá uma mudança no âmbito do distrito. Embora sempre se diga que o superintendente e o diretor são críticos em relação à mudança educacional, apenas recentemente estamos começando a entender de maneira mais específica o que isso significa na prática. Todas as pesquisas citadas no Capítulo 11 mostram que o apoio da administração central é vital para a mudança na prática distrital, e também mostram que o apoio e a aceitação geral de um novo programa em si tem pouquíssima influência sobre a mudança na prática (p.ex., apoio verbal sem implementação). Os professores e outras pessoas sabem o suficiente agora, se é que não sabiam há 20 anos, para não levar a mudança a sério, a menos que os administradores *demonstrem por meio de ações* que deveriam adotar.

Todos os estudos importantes mostram que o processo local de implementação no nível distrital é essencial se o objetivo é levar a uma melhora substancial. O diretor geral e outros administradores estabelecem as condições para implementação até onde apresentam formas específicas de apoio e conhecimento ativo das realidades envolvidas ao tentar colocar uma mudança em prática. Para dizer isso com mais firmeza, os administradores distritais afetam a qualidade da implementação até o nível em que entendem e ajudam a lidar com o conjunto de fatores e processos descritos neste capítulo.

Características do conselho e da comunidade. É muito difícil generalizar sobre o papel de comunidades e conselhos escolares em relação à implementação. Smith e Keith (1971) e Gold e Miles (1981) contam as dolorosas sagas do que acontece quando comunidades de classe média não gostam das inovações que veem em suas escolas. Os conselhos escolares podem afetar indiretamente a implementação, contratando ou despedindo superintendentes orientados para a reforma. As mudanças demográficas colocam cada vez mais pressão sobre as escolas para adotarem, senão implementarem, as novas políticas. Às vezes, grandes conflitos tornam os distritos incapazes de fazer mudanças reais. De certo modo, determinadas decisões relacionadas com a adoção devem ser resolvidas antes de voltar a energia para a implementação. Em situações em que o conselho escolar e o distrito estão trabalhando juntos *ativamente*, podem ser feitas melhoras sólidas, em comparação com conselhos conflituosos ou que não se envolvem (LaRocque e Coleman, 1989). No nível da escola local, conforme veremos no Capítulo 10, praticamente todas as escolas de sucesso na última década têm relacionamentos firmes entre os pais e a escola, os quais se esmeraram em desenvolver (Coleman, 1998; Epstein et al., 2002). Também existe um número cada vez maior de casos em que os conselhos escolares são controlados pelo prefeito ou pelo estado.

Com relação ao papel dos conselhos escolares, a representação de Hess (1999) das "rocas e batedeiras de políticas" está ainda mais próxima da verdade em muitas situações, embora, como eu disse, temos visto alguns exemplos de reforma efetiva no âmbito do distrito: todos os casos de sucesso envolvem sintonia e parceria entre o distrito e o conselho escolar (McAdams, 2006). De todo modo, o papel das comunidades e dos conselhos escolares é bastante variável, desde a apatia ao envolvimento ativo – com este último variando de modos conflituosos a cooperativos, dependendo das condições.

O diretor. Quando mudarmos do nível do distrito para o da escola, o significado da frase "a escola é a unidade ou centro da mudança" ficará evidente. Todas as pesquisas importantes sobre as inovações e a efetividade escolar mostram que o diretor influencia bastante a probabilidade de mudança, mas também indicam que a maioria dos diretores não desempenha papéis de liderança instrucional ou de mudança. Berman e McLaughlin (1977) observam que "os projetos que tinham o apoio *ativo* do diretor eram os mais prováveis de ter bons resultados" (p. 124, ênfase no original) – uma observação replicada várias vezes ao longo dos últimos 30 anos. As ações dos diretores servem para legitimar se uma mudança deve ser levada a sério (e nem todas devem) e para amparar os professores do ponto de vista psicológico e logístico. Berman, McLaughlin e colaboradores (1979) observam que um dos melhores indicadores do envolvimento ativo é se o diretor participa das sessões de treinamento. Se lembrarmos das dimensões da mudança (crenças, comportamento de ensinar, materiais curriculares), podemos especular que, a menos que o diretor adquira um certo grau de compreensão dessas dimensões (não necessariamente como um especialista ou um líder instrucional), ele não conseguirá entender as preocupações dos professores – ou seja, não conseguirá proporcionar apoio para a implementação. Essa compreensão exige interação.

Existe uma abundância de novas pesquisas citadas no Capítulo 8 que descrevem como e por que o diretor é necessário para a implementação. O diretor é a pessoa mais provável de estar em posição de moldar as condições organizacionais necessárias para o sucesso, como o desenvolvimento de objetivos compartilhados, estruturas e climas de trabalho cooperativos, bem como procedimentos para monitorar os resultados. As novas pesquisas revelam que os diretores efetivos ajudam a abordar "inovações múltiplas" trabalhando com a coerência do programa. No Capítulo 8, veremos muitas das ações específicas que os diretores usam para influenciar a melhora – ações bem documentadas nas pesquisas mais recentes (Leithwood et al., 2004; Marzano, Waters e McNulty, 2005).

O mundo subjetivo dos diretores é tal que muitos deles sofrem do mesmo problema para implementar um novo papel de facilitadores da mudança, assim como os professores para implementar novos papéis de ensino: o que o diretor deve fazer *especificamente* para lidar com a mudança no nível da escola é algo complexo, para o qual ele muitas vezes está pouco preparado. Os problemas psicológicos e sociológicos da mudança que o diretor confronta são pelo menos tão grandes quanto os que os professores confrontam. Sem essa simpatia sociológica, muitos diretores se sentem exatamente como os professores: as outras pessoas simplesmente não entendem os problemas que eles enfrentam.

O papel dos professores. As características de cada professor e os fatores coletivos também influenciam a implementação. No nível individual, Huberman (1988) e outros autores observaram que o estado psicológico do professor pode torná-lo mais ou menos predisposto a considerar e agir para melhorar. Alguns professores, dependendo de sua personalidade e influenciados por suas experiências anteriores e o estágio no qual sua carreira se encontra, são mais autorrealizados e têm um sentido maior de eficácia, o que os leva a agir e persistir no esforço necessário para o sucesso da implementação.

O estado psicológico do indivíduo pode ser um traço permanente ou mutável, dependendo do indivíduo e das condições. Diversos pesquisadores observaram que algumas escolas têm uma proporção muito maior de professores orientados para a mudança do que outras, como veremos em nossa análise de comunidades profissionais de aprendizagem nos Capítulos 7 e 8. Parte disso, sem dúvida, acontece por seleção, mas também parece ocorrer que a cultura ou o clima da escola pode moldar o estado psicológico do indivíduo, para bem ou para mal.

Em última análise, são as ações do indivíduo que contam. Como a interação com outras pessoas influencia o que o sujeito faz, o relacionamento com outros professores é uma variável crítica. A teoria da mudança que tem evoluído neste livro aponta claramente para a importância dos relacionamentos entre os colegas na escola. A mudança envolve aprender a fazer algo novo, e a interação é a principal base para a aprendizagem social. Novos significados, novos comportamentos, novas habilidades e novas crenças dependem muito de se os professores estão trabalhando como indivíduos isolados ou estão trocando ideias, apoio e sentimentos positivos sobre o seu trabalho. A qualidade das relações de trabalho entre os professores está bastante relacionada com a implementação. O companheirismo, a comunicação aberta, a confiança, o apoio e a ajuda, o aprendizado no trabalho, a obtenção de resultados e a satisfação moral com o trabalho estão todos intimamente relacionados. Existe uma vasta diferença entre as escolas "pobres em aprendizagem" e as escolas "ricas em aprendizagem" descritas por Rosenholz (1989). Apenas 13 das 78 escolas da amostra de Rosenholz foram classificadas como ricas em aprendizagem, mas representam modelos de ambientes de trabalho que estimulam melhoras contínuas.

Há 25 anos, Little (1981) fez a melhor descrição de como os professores e diretores devem trabalhar juntos para realizar reformas significativas.

O significado da mudança educacional   97

A melhora escolar é alcançada com mais certeza e plenitude quando: os professores se envolvem em *conversas* frequentes, contínuas e cada vez mais concretas e precisas sobre a prática de ensino (e não sobre as características e falhas dos professores, as vidas sociais dos professores, as fraquezas e falhas dos estudantes e suas famílias, e as desastrosas demandas da sociedade sobre a escola). Com essa conversa, os professores constroem uma linguagem compartilhada, adequada para a complexidade do ensino e capaz de distinguir uma prática de um lado e suas virtudes de outro.

Os professores e administradores seguidamente *observam-se* uns aos outros lecionando e proporcionam avaliações úteis do seu ensino (ainda que potencialmente assustadoras). Somente essa observação e *feedback* podem proporcionar *referenciais* compartilhados para a linguagem compartilhada do ensino, e exigir e proporcionar a precisão e certeza que tornam proveitosa a conversa sobre o ensino.

Os professores e administradores planejam, projetam, pesquisam, avaliam e preparam materiais de ensino juntos. As observações mais prescientes permanecem acadêmicas ("apenas teoria"), sem o maquinário necessário para agir sobre elas. Com o trabalho conjunto com os materiais, os professores e administradores compartilham a considerável carga de desenvolvimento exigida pela melhora de longo prazo, confirmam o seu entendimento emergente de sua abordagem e criam padrões crescentes para o seu trabalho, os quais podem se aplicar a eles e a seus alunos. *Os professores e administradores ensinam uns aos outros* a prática de ensinar. (p. 12-13, ênfase no original)

Apenas duas das seis escolas do estudo de Little evidenciaram uma porcentagem muito alta dessas práticas, mas não se observa um quadro mais convincente em relação às condições para desenvolver *significado* por parte dos professores e administradores individuais do que o apresentado no trecho citado. As observações de Little foram premonitórias, pois o desenvolvimento de comunidades interativas de prática mostrou ser uma das principais estratégias de reforma. Nas atuais tentativas de proliferação de comunidades profissionais de aprendizagem, vê-se a manifestação moderna do poder da interação entre professores. As comunidades profissionais de aprendizagem estão se tornando mais proeminentes e definidas de forma mais precisa, como veremos nos Capítulos 7 e 8 (ver também Dufour et al., 2006; Dufour, Eaker e Dufour, 2005).

Fatores externos

O último conjunto de fatores que influenciam a implementação contextualiza a escola ou o distrito escolar dentro da sociedade mais ampla. No Canadá, isso significa principalmente os escritórios do departamento ou o ministério da educação de cada província, faculdades de educação e outras instituições regionais. Nos Estados Unidos, as principais autoridades consistem em departamentos estaduais de educação e agências federais. Agências como os laboratórios e centros regionais de pesquisa e

98   Michael Fullan

desenvolvimento, fundações filantrópicas, universidade e outros parceiros externos também dão suporte à implementação educacional ao redor do país, embora eu não aborde explicitamente os papéis das agências governamentais neste livro.

O que a sociedade mais ampla pensa de seu sistema educacional? As prioridades provinciais, estaduais e nacionais para a educação são estabelecidas conforme as forças políticas e o *lobby* de grupos de interesse, burocracias governamentais e autoridades eleitas. A legislação, as novas políticas e novos programas surgem a partir de preocupações públicas de que o sistema educacional não esteja fazendo um trabalho adequado no ensino de alfabetização e matemática, no desenvolvimento de habilidades relevantes para a carreira no sistema econômico, na produção de cidadãos efetivos, na satisfação das necessidades de crianças em situação de risco – crianças pobres, imigrantes recentes, crianças portadoras de necessidades especiais – e assim por diante. Essas "fontes" de reforma exercem pressão sobre os distritos locais (às vezes ao nível da força) e também proporcionam vários incentivos para mudar na direção desejada. As novas diretrizes da província são estabelecidas como política, sendo aprovada nova legislação federal e estadual aditada ao desenvolvimento de novos projetos com patrocínio nacional. Se a implementação ocorre ou não, vai depender da congruência entre as reformas e as necessidades locais, e de como as mudanças são introduzidas e executadas.

As agências governamentais se preocupam com a política e o início dos programas e, até recentemente, subestimavam imensamente os problemas e processos da sua implementação. Temos um caso clássico de dois mundos inteiramente diferentes – os legisladores de um lado e o profissional local do outro ("mundos divergentes", como os chamam Cowden e Cohen, 1979). À medida que cada lado ignorar o mundo *subjetivo* do outro, a reforma fracassará – e a proporção é grande. A qualidade das relações através desse abismo é crucial para sustentar as iniciativas de mudança quando existe concordância, e para reconciliar os problemas quando houver conflitos entre esses grupos: entre autoridades da província e conselhos escolares, administradores e professores; entre departamentos estaduais e distritos locais; e entre responsáveis por projetos federais e autoridades locais.

A maneira mais franca de colocar o problema é dizer que os sistemas escolares locais e as agências externas não aprenderam a estabelecer uma relação *processual* entre si. A relação se efetiva mais na forma de eventos episódicos do que de processos: solicitações de verbas, relatórios de progresso intermitente sobre o que está sendo feito, avaliações externas – burocracia, e não trabalho prático com pessoas. Mais recentemente, com o aumento na contabilização, na padronização e o monitoramento mais rígido, os departamentos de educação têm tido influência direta na realização de objetivos de aprendizagem específicos (ver o Capítulo 12). Todavia, a falta de clareza em relação aos papéis, a ambiguidade para com as expectativas, a ausência de fóruns interpessoais regulares de comunicação, a ambivalência entre os papéis de autoridade e de apoio das agências externas, e soluções que são piores que os problemas originais combinam-se para erodir a probabilidade de implementação.

As dificuldades na relação entre grupos externos e internos são centrais para o problema e o processo do significado. Quando dois mundos diferentes têm pouca interação, não apenas é difícil compreender o significado, como é quase garantido que haja interpretações errôneas, atribuição de motivos, sensação de ser malcompreendido e decepção em ambos os lados.

As agências governamentais estão cada vez mais cientes da importância e da dificuldade de implementação e estão alocando recursos para esclarecer os padrões da prática, exigir avaliações baseadas na contabilização, estabelecer unidades de implementação, avaliar a qualidade de possíveis mudanças, amparar o desenvolvimento profissional, monitorar a implementação de políticas e abordar outros fatores discutidos neste capítulo.

De qualquer maneira, com o maior foco na reforma de grande escala, algumas agências governamentais estão se tornando mais capazes de combinar as forças de "pressão e apoio" para estimular e executar uma implementação mais forte. Porém, isso é bastante sutil, pois exige integrar perfeitamente a pressão e o apoio (Capítulo 12).

Fatores que afetam a continuidade

A implementação é o grande obstáculo no nível da prática, mas deve-se considerar a questão da continuidade das reformas iniciadas. De certo modo, a continuidade representa mais uma decisão relacionada com a adoção das medidas, que pode ser negativa e, mesmo se for positiva, pode não ser implementada. Berman e McLaughlin (1977) observam que projetos que não foram implementados efetivamente foram descontinuados, como seria de esperar, mas também que apenas uma pequena proporção daqueles que foram bem implementados era continuada além do período em que tinham verbas federais. As razões para a falta de continuidade foram as mesmas que influenciaram a implementação, exceto que seu papel se tornou mais bem definido. A falta de interesse ou incapacidade de financiar "projetos especiais" com verbas do distrito e a falta de dinheiro para o desenvolvimento profissional de novos professores e apoio à equipe para a continuação marcaram o fim de muitos programas implementados. A falta de interesse e apoio do escritório distrital central (p.ex., da parte daqueles que haviam assumido o projeto por razões oportunistas) foi outra razão para a falta de continuidade. De maneira semelhante, no nível da escola:

100 Michael Fullan

> O diretor foi fundamental para a implementação e a continuidade. Depois que acabaram as verbas federais, o diretor influenciou a continuidade de diversas maneiras. Muitas vezes, devido à rotatividade na estrutura original de líderes, os projetos teriam decaído sem esforços ativos do diretor para trazer novos membros para a equipe. Era extremamente difícil que os professores continuassem a usar métodos ou materiais do projeto sem o apoio explícito do diretor. (Berman e McLaughlin, 1977, p. 188)

Berman e McLaughlin identificaram um pequeno número de casos em que a continuidade se manteve. Além dos fatores específicos recém-citados (p.ex., liderança ativa, desenvolvimento profissional), os autores observaram que:

> As autoridades distritais prestaram atenção inicialmente à mobilização de um apoio amplo para a inovação. E após acabarem as verbas federais, os esforços de mobilização foram aumentados para abrir caminho para a transição do projeto de seu *status* especial para a incorporação em áreas fundamentais das operações do distrito: o orçamento, a divisão do pessoal, atividades de apoio ao currículo e o programa de instrução. Em suma, o trabalho de base e o planejamento para sustentar um projeto com agentes de mudança teve a atenção ativa inicial e continuada dos administradores do distrito escolar. (p. 20)

O problema da continuidade é endêmico em todos os novos programas, independentemente de partirem de iniciativas externas ou de serem desenvolvidos internamente. Huberman e Miles (1984) enfatizam que a continuidade ou institucionalização de inovações dependem de a mudança (1) ser embutida na estrutura (por meio de políticas, do orçamento, do cronograma, etc.); (2) gerar, durante a fase de institucionalização, uma massa crítica de administradores e professores que sejam hábeis e comprometidos com a mudança e (3) estabelecer procedimentos para ajudar na fase de continuação (como um grupo de auxiliares capacitados), especialmente em relação ao apoio a novos professores e administradores.

Os problemas com a continuidade, mesmo frente ao sucesso inicial da implementação, persistem até o dia de hoje. Em seu conjunto longitudinal de estudos, Datnow e Stringfield (2000) falam do problema da "longevidade da reforma". Em um estudo de oito escolas que haviam implementado modelos de reforma, apenas três "haviam avançado claramente para a institucionalização de suas reformas" (p. 196). Em outro estudo sobre um distrito, Datnow e Stringfield relatam que:

> No terceiro ano de nosso estudo de quatro anos, apenas uma das treze escolas ainda continuava a implementar os modelos escolhidos de reforma. As reformas terminaram em seis escolas. Um grande desafio à sustentabilidade das reformas ... foi a instabilidade da liderança distrital e a política que a acompanhou. Em 1995-1996, o então superintendente

O significado da mudança educacional 101

promoveu de forma ativa e publica o uso de reformas externas. Durante o seu mandato, o distrito criou o Escritório de Liderança Instrucional para prestar apoio à implementação dos modelos. Todavia, no ano seguinte, a nova administração eliminou esse escritório, e o apoio distrital para muitas das escolas em reestruturação diminuiu de forma dramática. (p. 198)

Todas as pesquisas sobre modelos de reforma em âmbito escolar refletem os problemas da implementação e da continuidade. O principal estudo da implementação de modelos de reforma na primeira década de implementação, de Berends e colaboradores (2002), identifica os principais problemas.

- Em torno de metade dos locais amostrados, estavam sendo implementadas reformas em um nível condizente com os criadores dos modelos.
- A variância intraescolar da implementação foi maior que a variância interescolar, e aumentou com o tempo.
As taxas de implementação de modelos de reforma escolar caíram com o tempo (i.e., ao longo de um período de 5 a 6 anos).
- A capacidade escolar de implementar os modelos variou muito. De forma reveladora, a liderança do diretor, voltada para a instrução e a aprendizagem, foi mais importante para melhorar o desempenho do que os modelos usados. Por exemplo, em San Antonio, não houve diferença no desempenho estudantil em escolas que adotaram modelos de reforma, em comparação com escolas que não adotaram. A liderança do diretor foi associada ao desempenho escolar em ambos tipos de escolas.
- O contexto do distrito foi uma variável crítica em termos da assistência e apoio diretos para as escolas e com relação à introdução de outras iniciativas que conflitavam ou que não estavam alinhadas com os modelos de reforma.
- O contexto estadual agravou o problema do contexto distrital, apresentando muitas exigências de contabilização que conflitavam com a atenção da implementação de modelos de reforma em âmbito escolar e/ou desviavam-se dela.

Em estudos de caso mais detalhados, Datnow e colaboradores (2002) realizaram uma pesquisa longitudinal com 13 escolas que usaram modelos de reforma em âmbito escolar. Ao final de seis anos, apenas 4 das 13 escolas ainda estavam implementando os modelos de reforma escolhidos (sem mencionar questões relacionadas com a qualidade da implementação e o impacto da aprendizagem estudantil), levando os pesquisadores a fazer e a responder a seguinte pergunta: "As reformas que são transplantadas duram? De um modo geral, a resposta nesse estudo foi não" (p. 232).

Uma última advertência: podemos falar sobre a continuação como a terceira fase de um processo de mudança planejado, mas deve ficar claro que o processo não é simplesmente linear e que todas as fases devem ser consideradas desde o começo e continuamente a partir daí. Por exemplo, um dos principais fatores que atrapalham a continuação é a rotatividade administrativa e da equipe. Pouquíssimos programas fazem planos para orientação e apoio no trabalho para novos membros que chegam depois que o programa já começou. Mas eles chegam – rompendo, ainda que de forma involuntária, algo que já é um processo frágil (se usados de forma positiva, podem ajudar a estabelecer a massa crítica para sustentar novos rumos).

Perspectivas sobre o processo de mudança

Como um modo de concluir, vamos revisitar problemas já familiares para se adquirir um significado compartilhado em grande escala. O primeiro é a tendência de simplificar demais. Quando você pensa que tem uma boa ideia, e está enfrentando problemas urgentes, há um grande risco de se decretar a solução. Essas soluções prontas pioram as coisas, pois limitam o currículo e, de fato, tentam controlar o incontrolável. Não existem atalhos para se alcançar um significado compartilhado, mesmo servindo-o em uma bandeja.

Em segundo lugar, mesmo que identifiquemos o conjunto certo de fatores, é difícil localizá-los em novas situações. Esse é o problema dos caminhos. Saber como o sucesso se parece, e mesmo como ele funciona em uma situação, não é a mesma coisa que localizá-lo em outra situação. Para obter por volta de um quarto do sucesso deve-se ter as ideias corretas, e três quartos envolvem estabelecer processos efetivos que identifiquem e desenvolvam a solução adequada para o contexto em questão.

Em terceiro lugar, a implementação e continuação não são apenas problemas técnicos. Mesmo as melhores ideias técnicas, na ausência de paixão e comprometimento, não vão muito longe. Oakes e colaboradores (1999) são bastante claros nessa questão. As escolas que tinham projetos plurianuais, um bom apoio técnico e comprometimento não tiveram êxito ao longo do tempo. Esses autores observam que "a menos que os professores estivessem unidos por um compromisso moral de crescimento, empatia e responsabilidade compartilhada, era tão provável se repetir a cultura predominante na escola quanto mudá-la" (p. 825).

Em suma, as implicações amplas dos processos de implementação e continuação têm diversos componentes inter-relacionados. O primeiro é que o crucial da questão da mudança envolve o desenvolvimento de significado em relação a uma nova ideia, programa, reforma ou conjunto de atividades. O significado tem dimensões cognitivas (conhecimento) e afetivas (moral). Ambas devem ser cultivadas e conectadas. E são os *indivíduos trabalhando juntos em interação com outras pessoas* que devem desenvolver novo significado, e esses indivíduos e grupos são partes insignificantes de um sistema social confuso, complexo, pouco organizado e gigante, que contém inúmeros mundos subjetivos diferentes.

As causas da mudança também são identificadas e compreendidas com mais facilidade quando possuímos uma concepção subjacente do que constitui a mudança como um processo que ocorre ao longo do tempo. Os fatores que afetam a implementação e a continuação se reforçam ou atrapalham uns aos outros, como um sistema inter-relacionado. As teorias da mudança baseadas em fatores únicos estão fadadas ao fracasso. Os argumentos de que a qualidade do produto é mais importante que a atitude do professor, ou de que os professores são mais centrais que os administradores, são infundados. A implementação depende da *combinação* de todos os fatores e temas descritos neste capítulo. As características da mudança, a formação do distrito local, o caráter individual das escolas e professores e a existência e a forma das relações externas interagem para produzir condições para mudar ou não mudar. É preciso uma combinação adequada dos fatores certos – uma massa crítica – para amparar e orientar o processo de reaprender, que diz respeito às necessidades de manutenção de indivíduos e grupos e, ao mesmo tempo, facilita, estimula e impulsiona as pessoas a mudar por meio de um processo de encaixes e começos crescentes ou decrescentes a caminho da institucionalização (ou, se apropriado, rejeição) da mudança em questão.

Desse modo, agora sabemos por que a implementação e a continuação são tão difíceis. Datnow e Stringfield (2000) fazem uma síntese:

> Nossa pesquisa documentou que a adoção, a implementação e a sustentabilidade da reforma, e a mudança escolar de um modo mais geral, não são processos que resultam da ação isolada de indivíduos ou instituições. Pelo contrário, eles resultam das inter-relações de grupos em diferentes contextos, em diversos pontos no tempo. Dessa forma, forças nos níveis do estado e do distrito, no nível da equipe de planejamento e nos níveis da escola e da sala de aula moldam as maneiras como as reformas fracassam ou progridem. (p. 199)

Se a teoria da mudança que emerge neste ponto nos leva a concluir que precisamos de melhores planos de implementação e de planejadores, embarcamos na regressão infinita que caracteriza a busca por uma teoria do "mudar". Para chegar a mudanças mais efetivas, devemos ser capazes de explicar não apenas o que causa a mudança, mas como é possível influenciar essas causas. Para implementar e sustentar programas, precisamos de planos melhores para a implementação e, para obtermos melhores planos de implementação, precisamos saber como mudar o nosso processo de planejamento e execução. Para saber como mudar o nosso processo de planejamento, precisamos saber como produzir melhores planejadores e executores, e assim por diante. Existe alguma dúvida de que planejar, executar e administrar a mudança educacional sejam "a ciência de se virar" (Lindblom, 1959)? Mesmo assim, ainda é uma *ciência,* o que é mais uma maneira de dizer que o Capítulo 6 está pronto para começar.

6
Planejar, executar e administrar a mudança

Poucas estratégias, se alguma, podem ser puramente deliberativas, e poucas podem ser puramente emergentes. A primeira não sugere aprendizagem, e a outra não sugere controle.

Mintzberg (1994, p. 25)

Para o número cada vez maior de pessoas que tenta adotar mudanças educacionais, a "impossibilidade" está se tornando uma palavra corriqueira. Todavia, ser ingovernável não é o mesmo que ser inacessível a influências, e a incapacidade de mudar *todas* as questões que de modo ideal gostaríamos de reformular não leva à conclusão de que *nenhuma* situação pode ser mudada.

A ideia geral do planejamento é projetar estratégias que se concentrem na capacitação com foco em resultados, que tenham um viés para a ação e que refinem e fortaleçam a estratégia por meio da interação íntima com a área, usando decisões baseadas em evidências à medida que se avança. Trato desse tema em três seções: "Por que o planejamento fracassa", "O sucesso é possível" e "Planejar e administrar".

Por que o planejamento fracassa

Praticávamos muito, mas parece que cada vez que começávamos a formar equipes, nos reorganizávamos. Aprendi mais adiante na vida que temos uma tendência de enfrentar qualquer problema com a reorganização, e que ela pode ser um método maravilhoso para criar a ilusão de progresso, enquanto produz confusão, ineficiência e desmoralização.
Gaius Petronius, A.C., citado em Gaynor (1977, p. 28)

Para se entender por que a maioria das tentativas de reforma educacional fracassa, é preciso ir além da identificação de problemas técnicos

O significado da mudança educacional   105

específicos, como a falta de bons materiais, o desenvolvimento profissional ineficiente, ou a falta de apoio administrativo. Em termos mais fundamentais, a mudança educacional fracassa, em parte, por causa das premissas dos planejadores e, em parte, porque a resolução de problemas substanciais é uma busca inerentemente complexa. Estas duas questões serão analisadas nas próximas subseções.

Falhas nas premissas e no modo de pensar em relação à mudança

Existem três razões inter-relacionadas para o fracasso da maioria das iniciativas de planejamento: elas não levam em conta o contexto e a cultura do local, são perigosamente sedutoras e incompletas e, paradoxalmente, enfatizam demais o planejamento em relação à ação. Em uma palavra, as premissas dos legisladores muitas vezes são *hiper-racionais* (Pfeffer e Sutton, 2000, 2006; Wise, 1977, 1988).

Um das fontes iniciais do problema é o compromisso dos reformadores com a implementação de uma determinada mudança desejada. O compromisso com *o que deve ser mudado* costuma estar inversamente relacionado com o conhecimento sobre *como executar um processo de mudança*. De fato, um comprometimento forte com uma determinada mudança pode ser um obstáculo ao estabelecimento de um processo de mudança efetivo e, de qualquer modo, esses são dois aspectos bastante distintos da mudança social. O adágio "onde há vontade, há um caminho" nem sempre é adequado para o planejamento da mudança educacional. Existe uma abundância de vontades, mas elas estão *no* caminho, em vez de apontarem o caminho. Como já vimos, é necessária uma certa dose de visão para proporcionar a clareza e a energia necessárias para promover certas mudanças, mas a própria visão pode atrapalhar se resultar em impaciência, incapacidade de ouvir e coisas do gênero. Dito de um modo mais equilibrado, os promotores da mudança devem estar tão comprometidos e devem ser tão hábeis no *processo de mudança* quanto em relação à mudança em si.

A incisiva crítica de Lighthall (1973) a respeito do famoso estudo de caso de Smith e Keith (1971) sobre o fracasso de uma nova escola fundamental de conceito aberto corrobora a hipótese de que o comprometimento da liderança com uma determinada versão de uma mudança está negativamente relacionado com a capacidade de implementá-la. Lighthall afirma, como faço no decorrer deste livro, que a mudança educacional é um processo de entender as realidades *múltiplas* das pessoas, que são os principais participantes na implementação da mudança. O líder que tem pressupostos sobre como deve ser a mudança e age de maneiras que excluem as realidades das outras pessoas está fadado ao fracasso. Lighthall descreve o primeiro discurso do superintendente Spanman para o corpo docente da escola Kensington.

106   Michael Fullan

> A visita de Spanman à escola Kensington era para fazer uma apresentação para o corpo docente de 21 membros. Seu propósito não era discutir com eles as suas dificuldades na criação de um novo tipo de educação, mas expressar para os professores algumas partes da sua realidade, e não trocar a sua pela deles. Como eram os professores que executariam os objetivos educacionais e transformariam as imagens da sua realidade em ação – ou seja, transformar a sua realidade na deles – e como nenhuma pessoa responde a realidades que não sejam suas, a escolha de Spanman de uma forma de comunicação unidirecional foi prejudicial para si mesmo. Para que a sua realidade se tornasse parte da deles, ele teria que tornar sua uma parte da deles. (p. 263)

Os inovadores que não conseguem alterar suas realidades de mudança por meio de uma troca com possíveis implementadores podem ser tão autoritários quanto os mais firmes defensores do *status quo*. Isso não significa dizer que os inovadores não devam ter convicções profundas sobre a necessidade de reforma ou que devam abandonar suas ideias ao primeiro sinal de oposição. Em vez disso, por razões que devem ficar bastante claras nos Capítulos 2 a 5, os inovadores devem estar abertos para as realidades das outras pessoas: às vezes, porque as ideias dos outros levarão a alterações positivas na direção da mudança, e, às vezes, porque as realidades das outras pessoas exporão os problemas que devem ser abordados na implementação e, no mínimo, indicarão onde se deve começar.

Lighthall (1973) documenta como o superintendente e o diretor em Kensington sempre impunham as suas próprias realidades e como essa postura levou, em um período relativamente curto, a resultados desastrosos. Lighthall observa que:

> Existe uma grande tendência de que, na tentativa de resolver problemas, os indivíduos se precipitem de seus planos privados para a implementação desses planos sem passar pelas realidades necessárias para moldá-los de acordo com os problemas considerados pelos humanos adultos, cuja energia e inteligência são necessárias para implementá-los. (p. 282)

Sarason (1971) diz isso de outra forma: "Uma maneira compreensível, mas inoportuna de pensar confunde o poder (no sentido de um modelo legal ou organizacional) de efetuar mudanças com o processo de mudança" (p. 29). Em suma, uma das principais razões por que o planejamento fracassa é que os planejadores ou tomadores de decisões não conhecem as situações que os possíveis implementadores enfrentam. Assim, introduzem mudanças sem proporcionar um meio de identificar e confrontar as limitações situacionais e sem tentar entender os valores, as ideias e as experiências daqueles que são essenciais para implementar uma dada mudança.

Mas qual é o problema em acreditar que um determinado aspecto da escolarização deva ser mudado? Não seria totalmente racional saber

O significado da mudança educacional 107

que uma certa mudança é necessária, e transformá-la em uma política, quando se está em posição para tal? Além do fato de que muitos dos novos programas não partem de considerações firmes, há outros problemas mais sérios. O primeiro problema é que existem muitas versões opostas do que se deve fazer, com cada grupo de proponentes igualmente convencido de que a sua versão é a correta. Argumentos firmes e mesmo o poder de tomar decisões não abordam todas as questões relacionadas com o processo de implementação. A falácia do racionalismo está na premissa de que o mundo social pode ser alterado por argumentos aparentemente lógicos. O problema, conforme observou George Bernard Shaw, é que os "reformistas têm a visão de que a mudança pode ser alcançada por meio da sanidade bruta".

Wise (1977) também descreve diversos exemplos de racionalização excessiva, como quando os resultados educacionais são minuciosamente prescritos (p.ex., na educação baseada na competência) sem nenhum plano concreto de como alcançá-los. Wise caracteriza o comportamento de certos legisladores como uma ilusão.

> Quando os legisladores exigem, por meio da lei, que as escolas alcancem um objetivo que já não alcançaram no passado, isso é ilusão. Os legisladores agem como se os seus desejos em relação àquilo que o sistema escolar deve realizar, de fato, serão alcançados se simplesmente decretarem. (p. 45)

Wise afirma que, mesmo que sejam desenvolvidas melhores teorias da educação – com objetivos claros, meios de implementação definidos e procedimentos de avaliação estabelecidos –, elas não teriam um grande impacto, pois as escolas, como outras organizações sociais, não atuam em um vácuo racional. Alguns podem até dizer que sim, mas o argumento de Wise é que não, e desejar que isso seja verdade demonstra falta de compreensão sobre a cultura da escola.

O segundo elemento que falta envolve o fato de que os reformadores não tratam o contexto e a cultura locais como algo vital. Micklethwait e Wooldridge (1996) lembram-nos que os legisladores muitas vezes impõem suas ideias sem levar em conta o contexto local, e são suscetíveis a adotar soluções rápidas. Senge e colaboradores (1999) dizem algo semelhante: "A falha básica nas estratégias da maioria dos inovadores é que eles se concentram em suas inovações, naquilo que estão tentando fazer – em vez de tentarem entender como a cultura, a estrutura e as normas mais amplas reagirão aos seus esforços" (p. 26).

Em *What's worth fighting for out there*, Hargreaves e eu (1998) argumentamos que precisamos de uma abordagem de planejamento bastante diferente para os indivíduos ditos resistentes, pois (1) eles podem ter algumas ideias boas e (2) ignorá-los será perigoso se eles estiverem por perto durante a implementação. Em outras palavras, existem razões técnicas e políticas para levar os resistentes mais a sério. Em alguns casos, a resistência pode ser uma fonte de aprendizagem. Os resistentes podem estar certos. Eles podem ter "bom senso" em considerar a mudança um modismo, maldirecionado e inexequível (Gitlin e Margonis, 1995). Desse modo, a resistência à mudança pode ser instrutiva. Conforme observa Maurer (1996):

> Muitas vezes, aqueles que resistem têm algo importante para nos dizer. Podemos ser influenciados por eles. As pessoas resistem pelo que consideram boas razões. Elas podem enxergar alternativas com as quais nunca sonhamos. Podem entender problemas em relação às minúcias da implementação que nunca enxergaremos de nosso pedestal no topo do Olimpo. (p. 49)

Na mesma linha, segundo Heifetz (1994), uma regra contraintuitiva básica se faz necessária para rejeitar "o próprio impulso emotivo de esmagar aqueles na comunidade que levantam questões perturbadoras. Consequentemente, uma autoridade deve proteger aqueles que deseja silenciar. A irritação costuma ser um sinal de oportunidade" (p. 271). É um engano dos diretores apoiar apenas os inovadores que pensem igual a eles. Conforme Elmore (1995), "aparentemente, os pequenos grupos de reformadores auto-selecionados raramente influenciam seus colegas" (p. 20). Eles apenas criam um abismo ainda maior, entre si mesmos e os outros, que acaba se tornando impossível de cruzar. Isso não significa dizer que a resistência deve ganhar o dia, mas que precisamos de estratégias mais poderosas e sensíveis que ajudem a instigar a aprendizagem e o comprometimento que são necessários para a implementação e o impacto prolongado.

Outra falha séria diz respeito à natureza sedutora do planejamento, quando se está buscando uma solução clara para problemas urgentes. Nossa primeira diretriz de ação para os diretores (e todos os líderes) é "afaste-se da falsa certeza" (Hargreaves e Fullan, 1998, p. 105). Em tempos de grande incerteza, existe uma necessidade compreensível (mas perigosa) de saber o que fazer.

Stacey (1996a), o "teórico da complexidade", explica por quê.

> Respondemos ao fato de que as situações são incertas e conflitantes com uma injunção rígida de que as pessoas tenham mais certezas e sejam mais consensuais. . . . Essa negação da incerteza nos permite manter a fantasia de que existe alguém superior no controle e, talvez, de que as coisas melhorarão se simplesmente fizermos o que nos dizem para fazer, e isso nos protege por um tempo da ansiedade. Todavia, como essa resposta defensiva envolve dependência e uma fuga da realidade, ela dificilmente funciona. (p. 7-8)

Os gurus da administração, da liderança e da mudança podem criar tipos especialmente sedutores de dependência. Sua carismática autoridade promete às pessoas uma saída do caos que sentem. Os gurus cultivam discípulos dependentes, em vez de pensadores independentes. Em seu estudo sobre o fenômeno dos gurus, o psiquiatra Anthony Storr (1997)

O significado da mudança educacional   109

observa que isso ocorre porque os gurus precisam da garantia e do sentido de certeza que o fato de terem discípulos lhes proporciona, para que possam enfrentar as suas próprias dúvidas interiores e deixá-las de lado. O que os discípulos tiram da relação é o conforto de alguém que assuma a responsabilidade por suas decisões. De maneira eloquente, Storr adverte que "o carisma da certeza é uma armadilha que prende a criança que existe latente em todos nós". Os discípulos dos gurus modernos, conclui o autor, estão "procurando o que desejam no lugar errado" (p. 223). Creio que é aí que Peter Drucker estava chegando quando disse: "As pessoas procuram gurus porque não sabem soletrar charlatão".

A falsa incerteza também ocorre quando você pensa que tem uma boa ideia, mas ela se mostra incompleta. Nas palavras de Hill e Célio (1998), as teorias da reforma muitas vezes apresentam "zonas de ilusão"; ou seja, para que a reforma tenha êxito, devem acontecer certas coisas "de que a reforma precisa, mas que não pode causar" (p. 2). Em outro trabalho, Hill, Campbell e Harvey (2000) analisam sete propostas diferentes de reforma: baseada em padrões, desenvolvimento docente, modelos da nova escola, descentralização e administração local, escolas *charter*[*], contratos escolares e vales – que representam teorias incompletas e ilusórias da reforma.

Além do problema das inovações múltiplas e desconectadas, Hill, Campbell e Harvey concluem:

> Aprendemos que existe um argumento plausível em favor de cada uma das propostas: todas abordam problemas reais e provavelmente causariam mudanças reais na educação pública se fossem implementadas de forma plena. Porém, também observamos que nenhuma das propostas foi suficiente, pois nenhuma conseguiu trazer todas as mudanças que os seus proponentes pretendem, a menos que outras mudanças que a proposta não previsse ocorressem ao mesmo tempo. Por exemplo, as reformas baseadas na capacitação de professores não criam incentivos para superar a relutância de alguns professores em dedicar tempo e esforço para melhorar o seu conhecimento e habilidades. Na mesma linha as reformas como fiadores não garantem que haverá uma grande quantidade de mantenedores escolares independentes e de qualidade ou que haverá professores e diretores suficientes para administrar essas escolas. (p. 23)

Finalmente, o planejamento fracassa, de maneira paradoxal, porque se coloca uma ênfase excessiva no planejamento e nos planos. Pfeffer e Sutton (2000, 2006) fazem a análise definitiva do problema do planejamento excessivo. Em *The knowing-doing gap* (2000), os autores identificam cinco obstáculos principais à ação, em sua pesquisa sobre empresas, que se aplicam à reforma em sistemas escolares:

---

[*] N. de R.T. Ver nota de rodapé na página 15.

1. *Quando o discurso e o planejamento substituem a ação.* Os pesquisadores encontraram uma tendência nas empresas de tratar o discurso, a coleta de dados e a criação de planos como equivalentes a fazer. Se você acredita em "preparar-fogo-apontar", ou seja, preparar-se, agir e fazer ajustes ao longo do caminho, isso é o equivalente de "preparar-preparar-preparar". Nesse sentido, o tamanho do documento de planejamento ou estratégia está inversamente relacionado com a quantidade e a qualidade da ação.

2. *Quando a memória substitui novas ações.* As pessoas em organizações que não pensam continuam fazendo o que sempre se fez, sem refletir por que estão fazendo aquilo. Desse modo, não questionam as práticas existentes e não reagem a mudanças externas. As decisões são tomadas com base em modelos implícitos, não-testados e imprecisos do comportamento e desempenho.

3. *Quando o medo impede de agir com base no conhecimento.* As abordagens administrativas baseadas no medo pressupõem que, a menos que as pessoas estejam sob pressão e temam por seus futuros, elas não trabalharão de forma diligente. Pfeffer e Sutton observaram duas consequências negativas em organizações que eram governadas pelo medo: (1) o medo levava os empregados a se concentrarem apenas no curto prazo; e (2) criava um foco na sobrevivência individual, e não no bem coletivo. Punir as pessoas por cometer erros leva à ocultação, escolhas seguras de curto prazo e proteção.

4. *Quando a mensuração obstrui o discernimento.* Uma preocupação com a mensuração resulta em sistemas de monitoramento que (a) são complexos demais, com muitas medidas separadas, (b) são altamente subjetivos na implementação, e (3) ignoram elementos importantes do desempenho. Independentemente da intenção, os sistemas complexos de mensuração e monitoramento podem resultar em sobrecarga e confusão. O comportamento das pessoas pode não ser afetado, ou elas podem se sobrecarregar e se desmoralizar, ou ainda pode-se incentivar o comportamento errado.

5. *Quando a competição interna transforma amigos em inimigos.* Quem é o inimigo? As pessoas dentro da firma ou os competidores externos? Se a filosofia administrativa é competição interna, ela (a) promove deslealdade aos colegas e à firma como um todo, (b) atrapalha o trabalho de equipe, e (c) inibe o compartilhamento do conhecimento e a disseminação de boas práticas.

Pfeffer e Sutton (2006) analisam esses problemas de forma mais profunda em seu novo livro sobre a "gestão baseada em evidências". Os autores identificam três tendências básicas prejudiciais: testar superficialmente, processo no qual as organizações usam aspectos superficiais das melhores práticas – o produto – em vez de entenderem a filosofia

O significado da mudança educacional   111

subjacente; fazer o que (aparentemente) funcionou no passado; e seguir ideologias profundas, mas ainda não examinadas. Parece óbvio dizer, porém uma das capacidades básicas que emergiu nos últimos cinco anos é a capacidade de usar dados para orientar decisões, juntamente com o fato de existir um excesso de informações nos bombardeando (ver também Fullan et al., 2006). O difícil de aprender, segundo Pfeffer e Sutton, é a *sabedoria* – "a capacidade de agir com conhecimento sem duvidar daquilo que se sabe" (p. 174).

Falando de educação, Doug Reeves (2006) também considera o planejamento desconectado pior que não fazer nada: "Os documentos de planejamento cuidadosamente preparados são mais que um desperdício de tempo. Eles, de fato, estão inversamente relacionados com o desempenho estudantil" (p. ix). Repetindo os temas discutidos neste livro, Reeves diz que aquilo que funciona para a equidade e excelência é "o monitoramento, a avaliação, os valores, as crenças e a implementação – e não mais uma pilha de documentos com uma linda encadernação" (p. ix).

Problemas complexos

A resolução de problemas complexos de forma contínua é imensamente difícil por causa do número de fatores em jogo. Ela também é complicada porque a condição *sine qua non* da reforma é a melhora das *relações*. De fato, temos que aprender a nos relacionar com aqueles de quem podemos não gostar e que não entendemos, e vice-versa (Fullan, 2001).

Os teóricos do caos e da complexidade colocam isso de um modo melhor.

> A maioria dos livros-texto concentra-se pesadamente em técnicas e procedimentos para o planejamento de longo prazo, na necessidade de visões e missões, na importância e nos meios de garantir culturas compartilhadas, na equação do sucesso com o consenso, na consistência, uniformidade e ordem. Todavia, em ambientes complexos, a verdadeira tarefa da administração é a de administrar e mesmo usar a imprevisibilidade, o confronto com culturas contrárias, a dissensão, os conflitos e as inconsistências. Em suma, a tarefa que justifica a existência de todos os administradores tem a ver com a instabilidade, a irregularidade, a diferença e o distúrbio. (Stacey, 1996b, p. xix-xx)

Dito de forma mais completa (e desanimadora), Stacey (1996b) afirma:
Uma teoria organizacional baseada na complexidade fundamenta-se nas seguintes questões:

- Todas as organizações são teias de circuitos de retroalimentação não-lineares, conectadas com outras pessoas e organizações (seus ambientes) em teias de circuitos não-lineares.
- Esses sistemas de retroalimentação não-lineares conseguem operar em estados de equilíbrio estável e instável, ou nos limites entre

esses estados, que estão longe do equilíbrio, em uma instabilidade conectada à beira do caos.

- Todas as organizações são paradoxos. Elas são levadas à estabilidade pelas forças de integração, controles de manutenção, desejos humanos por segurança e certeza, por um lado, e adaptação ao ambiente, por outro. Elas também são levadas ao extremo oposto do equilíbrio instável pelas forças da divisão e da descentralização, pelos desejos humanos por animação e inovação, assim como pelo isolamento do ambiente.
- Se a organização ceder à atração da estabilidade, ela fracassará, pois será ossificada e não conseguirá mudar facilmente. Se ela ceder à atração da instabilidade, ela se desintegrará. O sucesso está em manter uma organização nos limites entre a estabilidade e a instabilidade. Esse é um estado de caos, uma estrutura dissipativa difícil de manter.
- A dinâmica da organização de sucesso, portanto, tem ciclos irregulares e tendências descontínuas que se encontram dentro de padrões qualitativos. Categorias nebulosas mas reconhecíveis que assumem a forma de arquétipos e modelos.
- Devido à sua própria dinâmica interna, uma organização bem-sucedida enfrenta futuros completamente desconhecidos.
- Os agentes dentro do sistema não podem estar no controle do seu futuro de longo prazo, e não podem instalar estruturas para torná-lo bem-sucedido, nem podem aplicar um raciocínio analítico passo a passo ou planejamento ou controles ideológicos no desenvolvimento de longo prazo. Os agentes dentro do sistema somente podem fazer essas coisas em curto prazo.
- O desenvolvimento de longo prazo é um processo espontâneo de auto-organização, do qual podem emergir novas direções estratégicas. A auto-organização espontânea significa interação política e aprendizagem em grupos. Os administradores devem usar o raciocínio por analogia.
- Desse modo, os administradores criam e descobrem seus ambientes e os futuros de longo prazo das organizações (p. 349).

O lado positivo, ou melhor, a "solução" envolve promover organizações aprendentes. Em seu manual de campo, Senge e colaboradores (2000) argumentam que decretos ou ordens jamais podem resolver problemas complexos, somente uma orientação de aprendizagem pode.

> Isso significa envolver todos no sistema para expressar as suas aspirações, construir a sua consciência e desenvolver as suas capacidades. Em uma escola que aprende, as pessoas que tradicionalmente podem suspeitar umas das outras – pais e professores, educadores e empresários locais, administradores e sindicalistas, pessoas dentro e fora dos muros da escola, estudantes e adultos – reconhecem a sua aposta comum no futuro do sistema escolar e as coisas que podem aprender uns com os outros. (p. 5)

O significado da mudança educacional   113

Realmente complexo! O resto é improvisação.

O sucesso é possível

Reconhecer as limitações do planejamento não é o mesmo que concluir que a mudança efetiva é inalcançável. Porém, para determinar se a mudança educacional planejada é possível, não é suficiente localizar situações nas quais as mudanças pareçam estar funcionando. É preciso encontrar exemplos em que um ambiente tenha sido *deliberadamente transformado* de um estado anterior para um novo estado que represente uma melhora clara. Devemos conhecer as causas e dinâmicas da maneira como a mudança ocorre.

No decorrer da última década, nós e outros autores temos usado a teoria da complexidade e estratégias orientadas para a ação para fazer mudanças em uma escala cada vez maior (Barber e Fullan, 2005; Fullan, 2006; Fullan et al., 2006). Existem diversos exemplos claros de como os distritos escolares e as escolas melhoraram a qualidade da educação por meio de um processo de mudança deliberada. A boa nova é que temos casos bem documentados no âmbito escolar (ver Capítulos 7 e 8), no nível do distrito (Capítulo 11) e recentemente no âmbito estadual (Capítulo 12). Mas existem duas más notícias. Em primeiro lugar, os exemplos de sucesso ainda são a minoria, no sentido de que apenas uma pequena proporção de escolas, distritos e estados teve êxito em suas tentativas. A segunda preocupação é mais perturbadora. Existe razão para crer que os sucessos obtidos com muito trabalho em um período de 5 a 10 anos não se mantêm nas condições atuais. Além disso, as realizações parecem reais, mas não são profundas. Em outras palavras, não se pode esperar que mesmo os casos de sucesso sejam duradouros ou profundos. A sustentabilidade continua sendo problemática, embora tenhamos um controle maior sobre o problema (Fullan, 2005; Hargreaves e Fink, 2006).

Seja como for, a mudança bem-sucedida é possível no mundo real, mesmo em condições difíceis, e é possível identificar muitas das razões para a sua realização. Existem salas de aula, escolas, comunidades, distritos e estados que alteraram as condições para a mudança, para direções mais favoráveis e operacionais. Nem toda situação pode ser alterada, especialmente em determinados períodos de tempo, mas é boa a aposta de que é possível fazer grandes melhoras em muito mais ambientes do que tem acontecido hoje em dia.

Planejar e administrar

Chegamos ao problema mais difícil de todos. O que podemos fazer realmente para planejar e administrar a mudança educacional? Esta seção contém uma síntese das premissas, dos elementos e das diretrizes de ação. Outras implicações específicas para determinados papéis e agências (p.ex., professor, diretor, superintendente e agências federais ou estaduais)

114 Michael Fullan

ficam para os capítulos apropriados nas partes II e III. Em primeiro lugar, introduzo o tópico, indicando algumas das questões básicas, e observando que as recomendações devem variar conforme as diferentes situações em que nos encontramos. Em segundo, faço algumas recomendações para aqueles que acreditam que são forçados a responder e a lidar com mudanças introduzidas por outras pessoas. Em terceiro lugar, a maior parte da seção é voltada para a questão de como planejar e implementar a mudança de um modo mais efetivo.

De um modo geral, existem quatro tipos lógicos de situações de mudança que podemos enfrentar como indivíduos, que são representados na Figura 6.1. Existem muitos papéis diferentes, mesmo dentro de uma única célula, que não podem ser delineados aqui, mas as pessoas geralmente se encontram em quatro situações, dependendo de estar iniciando/promovendo uma mudança ou de estar no extremo receptor, e de estar ou não em posições de autoridade. Começo com a administração, ou o extremo receptor da mudança (células III e IV), pois é a situação mais comum.

		Posição de autoridade	
		SIM	NÃO
Relação com iniciativa de mudança	Iniciador ou promotor	I Planejador (p.ex., legislador)	II Planejador (p.ex., executor)
	Receptor ou respondedor	III Administrador (p.ex., diretor)	IV Administrador (p.ex., professor)

Figura 6.1 Situações de mudança segundo a posição de autoridade e a relação com a iniciativa de mudança.

Administrando a mudança

Aqueles que se encontram na situação de ter que responder a uma determinada mudança não devem pressupor que ela será benéfica ou que será inútil, e isso fica claro na análise anterior. A principal postura inicial deve envolver uma *avaliação crítica*, ou seja, determinar se a mudança é desejável em relação a certos objetivos e se ela é "implementável" – em suma, se ela vale o esforço, pois *será* um esforço se valer alguma coisa. Diversos critérios podem ser aplicados: a mudança aborda uma necessidade pendente? Ela é prioritária em relação a outras necessidades? Ela é informada por algum sentido desejável de visão? Existem recursos adequados (para não dizer ideais) comprometidos com a implementação (como assistência técnica e apoio à liderança)? Se as condições forem razoavelmente favoráveis, pode-se usar o conhecimento do processo de

O significado da mudança educacional   115

mudança apresentado nos capítulos anteriores – por exemplo, solicitando auxílio técnico, oportunidades de interação entre professores, e assim por diante. Se as condições não forem favoráveis ou não puderem ser tornadas favoráveis, a melhor estratégia consiste em aprender o suficiente sobre o processo de mudança para que possamos entender por que ele não funciona e, portanto, em não colocar a culpa em nós mesmos. Também podemos nos confortar com a compreensão de que a maioria das pessoas está na mesma situação de não-implementação. Em suma, o problema é desenvolver suficiente significado frente à mudança, de modo que estejamos em posição de implementá-la efetivamente ou de rejeitá-la, como pode ser o caso.

Aqueles que enfrentam mudanças indesejadas e se encontram em posições de autoridade (célula III) terão que desenvolver mecanismos diferentes daqueles que não se encontram em posições de autoridade (célula IV). Para o leitor que pensa que resistir à mudança representa uma obstinação irresponsável, é importante repetir que programas e reformas não-implementáveis fazem mais mal do que bem quando são experimentados. A ação mais responsável pode ser rejeitar inovações que estejam fadadas ao fracasso e trabalhar seriamente com aquelas que tenham uma chance de sucesso. Além disso, em algumas situações, a resistência pode ser a única maneira de manter a sanidade e evitar o ceticismo total. Na busca por significado em uma determinada situação de mudança imposta, podemos concluir que não existe significado, ou que o problema abordado é apenas um de muitos problemas que devem ser enfrentados (e não o mais estratégico ou importante). A diretriz básica é trabalhar com a coerência, selecionando e conectando inovações, e reduzindo assim a sobrecarga enquanto se aumenta o foco (ver Capítulo 8 sobre como os diretores podem fazer isso, e o Capítulo 11 sobre como os administradores podem fazê-lo).

Devemos nos preocupar especialmente com pessoas em posições de autoridade (a administração intermediária em escritórios distritais, diretores, pessoal governamental em escritórios regionais) que são responsáveis por liderar ou supervisionar a implementação, mas que não querem ou não entendem a mudança – seja porque não foi desenvolvida suficientemente (e literalmente não é compreensível) ou porque eles mesmos não se envolveram nas decisões da mudança ou não receberam orientação ou treinamento adequado. O psiquiatra Ronald Laing capta essa situação naquilo que chama de "nó".

> Há algo que eu não sei
> e que deveria saber.
> Não sei o que é que eu não sei,
> mas deveria saber,
> e sinto que pareço tolo
> por não saber
> e não saber *o que* é que *eu* não sei.

Por isso, finjo que sei.
É muito irritante, pois não sei
o que é que devo fingir saber.
Por isso, finjo saber tudo.

R. D. Laing, *Knots* (1970).

Essa postura certamente é ridícula, e tão dolorosa quanto malsucedida. Claro que ela pode ter êxito no sentido de manter o *status quo*. Dependendo da capacidade do indivíduo de se enganar, ela também pode ser mais ou menos dolorosa. De qualquer maneira, os professores sabem quando uma mudança está sendo introduzida ou tem o apoio de alguém que não acredita nela ou não a compreende. Ainda assim, essa é a posição em que muitos administradores intermediários se encontram, ou se permitem ficar. Aqueles em papéis de autoridade também têm necessidade de significado, no mínimo porque a mudança não terá sucesso se eles não transmitirem o seu significado para os outros.

Planejando e implementando mudanças

As implicações para aqueles interessados em planejar e implementar mudanças educacionais (células I e II) são muito importantes, pois seria melhor para todos se as mudanças fossem introduzidas de maneira mais efetiva. É importante considerar essas implicações segundo dois conjuntos de questões inter-relacionadas: quais *pressupostos* devemos observar em relação à mudança? Como podemos planejar e implementar mudanças de forma mais efetiva?

A recomendação sobre o planejamento e implementação efetivos é consistente. Ela se resume a foco, persistência, implementação, monitoramento, ação corretiva e humildade frente à mudança. A liderança de Reeves (2006) para o modelo de aprendizagem incorpora esses elementos, assim como o meu conjunto de estratégias de "capacitação com foco em resultados", que foi aplicado nos níveis do distrito (Campbell e Fullan, 2006; Sharratt e Fullan, 2006) e do sistema (Fullan, 2006).

Pfeffer e Sutton (2006, Cap. 9) reforçam essas ideias com os seus nove princípios da implementação para o uso da administração baseada em evidências.

1. Trate a sua organização como um protótipo incompleto.
2. Não se vanglorie, atenha-se aos fatos.
3. Conheça o óbvio e o mundano.
4. Enxergue a organização e a si como as pessoas de fora o enxergam.
5. O poder, o prestígio e o desempenho tornarão você inflexível, estúpido e resistente a evidências válidas.
6. A administração baseada em evidências não é apenas para executivos seniores (ela deve permear todos os níveis da organização).

O significado da mudança educacional   117

7. Como todo o resto, você ainda deve vender a ideia.
8. Se tudo mais falhar, retarde a disseminação das práticas negativas.
9. A melhor questão diagnóstica: o que acontece quando as pessoas fracassam?

Em relação ao nono princípio, Pfeffer e Sutton afirmam que "se você olhar como os sistemas mais efetivos do mundo são administrados, o padrão é que quando algo sai errado, as pessoas enfrentam a realidade, aprendem o que aconteceu e por que, e usam o que aprenderam para continuar melhorando" (p. 232).

O planejamento e a implementação dizem respeito à teoria de ação do indivíduo, ou aos seus pressupostos sobre como fazer mudanças efetivas. A mesma ferramenta ou instrumento pode ser um grande sucesso em uma situação, e um fracasso em outra, não pela razão óbvia de que os contextos diferem, mas por causa da filosofia subjacente ou raciocínio das pessoas em posição de autoridade em relação à mudança. Esses pressupostos são fontes poderosas e muitas vezes subconscientes de ações. Quando começamos a entender o que é a mudança, da forma como as pessoas a experimentam, também começamos a ver claramente que os pressupostos dos planejadores da mudança são determinantes extremamente importantes para o fato de as realidades da implementação serem enfrentadas ou ignoradas. A análise da mudança me leva a identificar 10 pressupostos como básicos para uma abordagem bem-sucedida de mudança educacional.

1. Não pressuponha que a sua versão de como deve ser a mudança é a que deve ou pode ser implementada. Pelo contrário, entenda que um dos principais propósitos do processo de implementação é *trocar a sua realidade* sobre como deve ser pelas realidades dos executores e outras pessoas envolvidas, por meio da interação com elas. Dito de outra forma, pressuponha que a implementação bem-sucedida consiste da transformação ou desenvolvimento contínuos das ideias iniciais. Tenha boas ideias, seja inspirador, mas envolva os outros em suas realidades.

2. Pressuponha que qualquer inovação significativa, para que resulte em mudanças, exige que cada executor resolva o seu próprio significado. A mudança significativa envolve uma certa quantidade de ambiguidade, ambivalência ou incerteza para o indivíduo em relação ao significado da mudança. Desse modo, a implementação efetiva é um *processo de esclarecimento*. Também é importante não gastar tempo demais nos estágios iniciais em atividades de avaliação de necessidades, planejamento e definição do problema – as equipes escolares têm tempo limitado. O esclarecimento provavelmente ocorrerá em grande parte por meio da prática reflexiva.

3. Pressuponha que o conflito e o desacordo não apenas são inevitáveis como fundamentais para o sucesso da mudança. Como todos os grupos de pessoas possuem realidades múltiplas, qualquer tentativa de

mudança coletiva necessariamente envolverá conflitos. Os pressupostos 2 e 3 combinados sugerem que todas as iniciativas bem-sucedidas, não importa o quanto forem bem-planejadas, terão dificuldades nos primeiros estágios da implementação. A implementação fácil costuma ser um sinal de que pouca coisa está mudando realmente.

4. Pressuponha que as pessoas precisam de pressão para mudar (mesmo nas direções que desejam), mas que a mudança somente será efetiva em condições que lhes permitam reagir, formar a sua própria posição, interagir com outros executores, obter ajuda, desenvolver novas capacidades e assim por diante. É correto e importante expressar o que você valoriza na forma de padrões de prática e expectativas de contabilização, mas apenas se conectados com oportunidades de capacitação e resolução de problemas.

5. Pressuponha que a mudança efetiva é demorada. Ela é um processo de "desenvolvimento em uso". Linhas de tempo irreais ou indefinidas não reconhecem que a implementação ocorre de forma evolutiva. Pode-se esperar que uma mudança significativa, na forma da implementação de inovações específicas, leve de 2 a 3 anos, enquanto mudanças institucionais podem levar de 5 a 10 anos. Ao mesmo tempo, trabalhe em mudanças na infraestrutura (políticas, incentivos e capacidade das agências em todos os níveis), de modo que ganhos valiosos possam ser sustentados e continuados. Não espere mudanças da noite para o dia, mas pressione em busca de resultados significativos no futuro próximo (dentro de um mandato eletivo, como costumo colocar).

6. Não pressuponha que a razão para falta de implementação é a rejeição direta dos valores incorporados na mudança, ou uma resistência rígida a qualquer mudança. Compreenda que existem diversas razões possíveis: rejeição de valores, recursos inadequados para sustentar a implementação, pouca capacidade, tempo insuficiente e a possibilidade de que aqueles que resistem tenham uma certa razão.

7. Não espere que todos, ou mesmo a maioria das pessoas ou grupos, mudem. O progresso ocorre quando damos passos (p.ex., seguindo os pressupostos listados aqui) que *aumentam* o número de pessoas afetadas. Devemos ir além do alcance do nosso braço, mas não por uma margem tal que nos faça cair de cara no chão. Em vez de sermos desestimulados por tudo que falta para fazer, sejamos estimulados pelo que foi feito em termos de melhoras que resultaram dos nossos atos.

8. Pressuponha que você necessitará de um *plano* que se baseie nos pressupostos anteriores e que aborde os fatores que afetam a implementação. Os modelos evolucionistas de planejamento e resolução de problemas baseados no conhecimento do processo de mudança são essenciais. Lembre da definição de Pfeffer e Sutton (2006) para sabedoria: "A capacidade de agir com conhecimento sem duvidar daquilo que sabe" (p. 174).

O significado da mudança educacional   119

9. Pressuponha que nenhuma quantidade de conhecimento jamais deixará totalmente claro qual ação deve ser tomada. As decisões de agir são uma combinação de conhecimento válido, considerações políticas, decisões imediatas e intuição. Um conhecimento maior do processo de mudança aumentará a base de recursos que podemos usar, mas nunca representará e não deve representar a única base para a decisão.

10. Pressuponha que mudar a cultura das instituições é a agenda verdadeira, não implementar inovações individuais. Dito de outra forma, ao implementar certas inovações, sempre devemos considerar se cada instituição e as relações entre elas e os indivíduos estão se desenvolvendo ou não. O sucesso está na capacidade de mudança seletiva como um recurso sustentável.

Em outras palavras, não se seduza por procurar a bala de prata. Devido à urgência dos problemas, existe mais vulnerabilidade nas soluções rápidas. Mesmo assim, a maioria das soluções externas fracassam. A ideia é ser um consumidor crítico de ideias externas, enquanto se trabalha a partir de uma base para entender e alterar o contexto local. Não existe nenhuma resposta completa "por aí".

Assim, concluímos, como fizeram Mintzberg, Ahlstrand e Lampei (1998), que a "formação de estratégias é um espaço complexo".

> A formação de estratégias envolve um projeto criterioso, raciocínio intuitivo e aprendizagem emergente; ela diz respeito à transformação, bem como à perpetuação; deve envolver a cognição individual e a interação social, a cooperação e o conflito; deve incluir uma análise prévia e aprogramação posterior, assim como negociação durante; e tudo isso deve ocorrer em resposta àquele que pode ser um ambiente difícil. Tente deixar qualquer um desses elementos de fora e veja o que acontece! (p. 372-373)

Está na hora de preencher uma parte desse espaço complexo com pessoas. Os capítulos da Parte II retratam as realidades e possibilidades sociais daqueles envolvidos e afetados de forma mais direta pela reforma educacional.

PARTE II
Mudança educacional no nível local

7

O professor

*Desanimado, deprimido, sentindo-se injustamente
culpado pelos males da sociedade? Você deve ser professor.*

Times Education Supplement (1997, p. 1)

A mudança educacional depende do que os professores fazem e pensam – é simples e complexo assim. Tudo seria tão fácil se pudéssemos legislar mudanças no pensamento. As salas de aula e as escolas se tornam efetivas quando (1) pessoas de qualidade são recrutadas para lecionar e (2) o local de trabalho é organizado de modo a energizar os professores e recompensar as conquistas. Os dois estão intimamente relacionados. As condições profissionalmente gratificantes no local de trabalho atraem e mantêm os bons elementos. Usando a melhora prolongada como critério, este capítulo avança do negativo – a situação da maioria dos professores – até pequenos vislumbres do positivo. Houve progresso, mas o ensino continua sendo uma profissão subdesenvolvida.

As condições do ensino, com algumas exceções, parecem ter se deteriorado nas últimas duas décadas. Reverter essa tendência, conforme argumentarei neste capítulo, deve estar no centro de qualquer iniciativa séria de reforma. O estresse e a alienação do professor atingiram o maior nível de todos os tempos, a julgar pelo aumento em doenças relacionadas com o trabalho e pelo número de professores que deixa ou quer deixar a profissão. A variedade de objetivos educacionais e expectativas para as escolas e a transferência de problemas da família e da sociedade para a escola, juntamente com a imposição de diversas iniciativas de reforma desconectadas, representam condições intoleráveis para um desenvolvimento educacional contínuo e experiências de trabalho satisfatórias.

Começo neste capítulo com uma visão geral de onde a maioria dos professores se encontra. A partir daí, avanço para o fenômeno da introdução da mudança – em nove de 10 casos, um desencaixe grosseiro, no que diz respeito ao mundo do professor. Todavia, a mudança é uma faca de dois gumes e, em um a cada dez casos, veremos o que leva ao sucesso. Também veremos a promessa, e os problemas em estabelecer comunidades profissionais de aprendizagem em grande escala como solução. Finalmente, abordo a questão da encruzilhada do profissionalismo, pois o ensino está em um momento crítico em sua evolução como profissão.

Onde os professores estão

Começar por onde os professores estão significa começar com uma diversidade multifacetada, a sobrecarga e os limites para a reforma, pois essa é a situação para a maioria dos professores. Como veremos, existem exceções notáveis a esse padrão modal que representam uma alusão àquilo que pode acontecer. Todavia, para a maioria dos professores, as demandas cotidianas impedem as melhoras sérias.

De maneira clara, não é possível descrever em algumas páginas as vidas escolares de três milhões de professores em ambientes diversos através da América do Norte, muito menos do mundo. O seguinte relato, escrito por um professor, oferece um retrato complexo que, apesar do exagero da linguagem, capta a experiência de muitos professores do ensino médio:

> Como rotina, os professores devem lecionar diariamente para mais de 140 alunos. Além disso, temos que cuidar do lanche, do ônibus, do corredor, do banheiro. Vamos a reuniões de pais, reuniões de professores, reuniões de capacitação, reuniões curriculares, reuniões do departamento, reuniões de professores locais, reuniões do conselho escolar e conferências estatuais de professores. Ajudamos nas cabines de entrada em jogos de futebol e basquete. Supervisionamos a produção de peças de teatro, jornais, danças, eventos esportivos, debates, torneios de xadrez e cerimônias de graduação da escola. Participamos de viagens com os alunos, indo a prédios importantes, prisões, centros naturais, zoológicos, tribunais. Comemos macarrão e manteiga de amendoim no lanche (e ainda temos que pagar). Vasculhamos armários quando há ameaças de bombas. Supervisionamos treinamentos de incêndio e alertas de furacão. Preenchemos cartões de licença, notas para o diretor, o diretor-assistente, pais e para nós mesmos. Aconselhamos. Acordamos a cada manhã com a consciência de que a maioria dos alunos preferiria estar em algum outro lugar. Além de tudo isso, todos gritam conosco – os legisladores, os pais e as notas dos testes. Para piorar as coisas, os colegas e as universidades ficam irritados, mal-humorados e indignados com a preparação cada vez pior dos estudantes que enviamos para eles. Bem, quem eles pensam que nos ensinou a ensinar? Quanto apoio e prestígio eles conferem a suas próprias escolas de educação? (Wigginton, 1986, p. 191)

A situação dos professores do ensino fundamental é diferente, mas não é melhor. A maioria dos professores urbanos na América do Norte,

O significado da mudança educacional 125

por exemplo, enfrenta cada vez mais a diversidade étnica e linguística, crianças com necessidades especiais, famílias monoparentais e uma variedade desconcertante de expectativas sociais e acadêmicas para a sala de aula. Após conhecer os objetivos para a educação – o domínio de habilidades básicas, o desenvolvimento intelectual, formação para carreira, entendimentos interpessoais, participação e cidadania, enculturação, desenvolvimento do caráter moral e ético, bem-estar emocional e físico, criatividade e autoexpressão estética e autoconhecimento – Goodlad (1984, Cap. 2) concluiu que *queremos tudo*.

Os professores em toda parte estão se sentindo assediados. Na Inglaterra, os professores expressam suas reações à inspeção iminente de sua escola e à detalhada contabilidade burocrática que ela exige.

> Independentemente das críticas que eles fizerem, vai parecer, por mais estúpido que seja, que os últimos 20 anos não serviram para nada. Isso não envolve o progresso que as escolas fizeram nos últimos 15 anos. É "as escolas fracassam". "Diretor demitido". "Tropa de choque entrando". Não importa para onde você vai olhar, vai ver o fracasso das escolas.

> Não quero perder meu otimismo. As pessoas sempre dizem que eu sou otimista, mas estou começando a perdê-lo. Não quero ser negativo, pois gosto de algumas partes, mas me preocupo com o nível de apoio que posso dar aos outros [como supervisor pedagógico] quando os vejo sofrendo cada vez mais. Parece que nos tornamos uns chorões, mas não é isso que somos na verdade. (Jeffrey e Wood, 1997, p. 330)

A introdução ampla nos últimos anos de políticas de "mudança" e requisitos para escolas com dificuldades exacerbou a sina dos professores, sem melhorar as condições para uma reforma mais fundamental e mais sustentável nessas situações. A identificação das escolas fracassadas e a atmosfera de aquário das escolas modificadas, juntamente com a assistência externa, produziram muita agonia e algumas melhoras temporárias, mas não criaram soluções duradouras para os estudantes e professores nas escolas que enfrentam dificuldades (Fullan, 2006; Minthrop, 2004).

As circunstâncias do ensino, incluindo a pressão extra da contabilização, exigem muito dos professores em termos da manutenção diária e das expectativas de sucesso estudantil para todos, e devolvem pouco em relação ao tempo necessário para o planejamento, as discussões construtivas, os pensamento, as gratificações e o tempo de descanso. A tendência central dessas condições, como descreverei nesta seção, é decididamente negativa em suas consequências. (Como os leitores verão, essa observação não significa que sempre devamos acabar com a pressão, mas pede pela busca da medida certa de "pressão positiva" – a pressão que motiva; ver os Capítulos 3 e 12).

Vamos começar três décadas atrás, com um dos estudos mais respeitados e mais citados sobre o que os professores fazem e pensam – o

126   Michael Fullan

estudo clássico de Lortie, chamado *School teacher* (1975). Após revisar as conclusões de Lortie, pergunto: o que, se alguma coisa, mudou com o passar dos anos? Lortie baseou seu estudo em 94 entrevistas com uma amostra estratificada de professores escolares do ensino fundamental e do médio na região da grande Boston (chamada amostra das cinco cidades), questionários para quase 6 mil professores em Dade County, na Flórida, e diversas pesquisas nacionais e locais feitas por outros autores. Seus resultados podem ser sumarizados da seguinte maneira:

1. A formação do professor (ver também o Capítulo 13) não prepara os professores para as realidades da sala de aula, e isso não seria de esperar à luz da subitaneidade da transição. Em setembro, o jovem professor (que era um aluno em junho) assume a mesma responsabilidade que um professor veterano de 25 anos. Para o professor iniciante e o experiente, as questões ligadas ao controle e à disciplina da sala de aula são uma das maiores preocupações. Lortie afirma que, para a maioria dos professores, sempre há uma tensão entre o aspecto controlador e voltado para as tarefas no papel do professor e o aspecto relacional de conectar-se com o aluno.

2. A organização celular das escolas significa que os professores devem enfrentar os seus problemas e suas ansiedades sozinhos, passando a maior parte do seu tempo em distanciamento físico de seus colegas.

3. Em parte por causa do isolamento físico e, em parte, por causa das normas de não compartilhar, observar e discutir o trabalho dos outros, os professores não desenvolvem uma cultura técnica comum. O quadro não é de "colegas que se consideram como um corpo generalizado e viável de conhecimento e prática" (Lortie, 1975, p. 79). De muitas maneiras, acredita-se que aprendizagem do aluno é determinada por fatores fora do controle dos professores (como a origem familiar) ou por influências imprevisíveis e misteriosas. Segundo Lortie, a falta de uma cultura técnica, uma orientação analítica e compartilhamento e reflexão sérios entre os professores cria ambiguidade e provisoriedade: "o trabalho do professor é marcado pela ausência de modelos concretos de emulação, linhas obscuras de influência, critérios múltiplos e controversos, ambiguidade em relação ao momento da avaliação, e instabilidade no produto" (p. 136). O professor é um bom ou um mau professor, ele tem um bom ou um mau dia. Tudo depende.

4. Quando os professores buscam ajuda, a fonte mais efetiva tende a ser outros professores e, em segundo lugar, os administradores e especialistas. Essa ajuda não é frequente e é usada de maneira bastante seletiva. Por exemplo, os professores normalmente não relacionam objetivos com os princípios da instrução e os resultados da aprendizagem para os estudantes. Em vez disso, "eles descrevem os 'truques do negócio' que escolheram – e não concepções mais amplas subjacentes à

prática de sala de aula" (p. 77). Com relação à frequência do contato, 45% dos professores da amostra das cinco cidades dizem não ter "nenhum contato" com outros professores enquanto fazem o seu trabalho, 31% dizem ter "algum contato" e 24% dizem ter "muito contato" (p. 193). Existem indícios de que os professores gostariam de ter mais contato com seus colegas – 54% disseram que um bom colega é alguém que está disposto a dividir (p. 194). Mais uma vez, isso se refere mais aos "truques do negócio" do que aos princípios subjacentes ao ensino e às relações entre o ensino e a aprendizagem.

5. A efetividade do ensino é medida pela observação geral e informal dos estudantes – 50% dos professores na região de Dade County responderam nesse sentido. A próxima escolha mais frequente estava relacionada com os resultados de testes – uma distante proporção de 13,5%. Em suma, os professores contam principalmente com suas observações informais.

6. As principais gratificações mencionadas pelos professores foram aquilo que Lortie rotula como "recompensas psíquicas": "o número de vezes em que lecionei para um grupo de estudantes e eles aprenderam" (p. 104). Mais de 5 mil (86%) dos 5.900 professores em Dade County mencionaram essa fonte de gratificação. A próxima resposta mais frequente – o respeito dos outros – foi selecionada por 2.100, ou 36% da amostra.

7. Lortie também observou que o "sucesso notável com um estudante" aqui e outro ali era a fonte predominante de orgulho (ao contrário de aumentar os escores de testes do grupo inteiro) (p. 121). Para os professores da escola de ensino fundamental e médio, as histórias de sucesso muitas vezes não são visíveis até um ou mais anos depois da graduação, quando um ex-aluno retorna para conversar com um professor. Comparando casos individuais de sucesso com os resultados do grupo, é revelador que 64% dos professores da amostra das cinco cidades tenham mencionado a primeira categoria, e apenas 29% tenham mencionado a segunda, como fonte de satisfação.

8. Um dos sentimentos predominantes que caracterizam o estado psicológico dos professores e o seu modo de lecionar é a *incerteza* – os professores não sabem ao certo se fizeram alguma diferença. A intangibilidade, a complexidade e a distância dos resultados da aprendizagem, juntamente com outras influências (família, amigos e sociedade) sobre os estudantes, tornam a avaliação dos professores acerca de seu impacto sobre os estudantes endemicamente incerta (Lortie, 1975, Cap. 6). Dos professores da amostra das cinco cidades, 64% disseram que tinham problemas para avaliar o seu trabalho, e dois terços disseram que os problemas eram sérios (p. 142).

9. Particularmente relevante para a inovação, quando Lortie perguntou aos professores como eles prefeririam passar o tempo extra de trabalho, se recebessem um presente de 10 horas por semana, 91% dos quase

128 Michael Fullan

6 mil professores em Dade County escolheram atividades relacionadas com a sala de aula (mais preparação, mais trabalho com grupos de alunos, mais orientação). "Também é interessante", escreve Lortie, "que 91% das primeiras escolhas sejam *individualistas*. Todas são tarefas que os professores normalmente fazem sozinhos" (p.164, ênfase do autor). Em segundo lugar, a falta de tempo e a sensação de não ter terminado o trabalho são problemas perenes que os professores experimentam. Interrupções indesejadas ou improdutivas, observa Lortie, "devem ser particularmente irritantes" (p. 177). Entre os professores da amostra das cinco cidades, Lortie observou que 62 das 98 razões para queixas dos professores "envolviam a erosão do tempo ou a perturbação do fluxo de trabalho" (p. 178). Enxerga-se imediatamente como as inovações indesejadas podem ser outra fonte de perturbação.

Desse modo, o que mudou nos últimos 30 anos? Quase nada! Por exemplo, uma década depois, Goodlad e colaboradores (1984) estudaram uma amostra nacional dos Estados Unidos com 1.350 professores e suas salas de aula. Suas conclusões sobre os padrões modais da vida da sala de aula não são inspiradoras.

- O padrão dominante da organização da sala de aula é um grupo com o qual o professor se relaciona principalmente como um todo. Cada estudante trabalha essencialmente sozinho dentro do ambiente de grupo.
- O professor é praticamente autônomo com relação às decisões referentes à sala de aula – selecionando materiais, determinando a organização da classe, escolhendo os procedimentos instrucionais.
- Na maior parte do tempo, o professor está envolvido em ensino frontal, monitorando o trabalho dos estudantes, ou fazendo perguntas. De maneira relativamente rara, os estudantes se envolvem em aprender diretamente uns com os outros ou em iniciar processos de interação com os professores.
- Faltam elogios e correção do desempenho dos estudantes, assim como orientação do professor sobre como fazer melhor da próxima vez.
- Geralmente, os estudantes envolvem-se em poucas atividades na sala de aula – ouvir o professor, escrever as respostas a perguntas e fazer testes.
- Uma grande porcentagem dos estudantes pesquisados parece se contentar passivamente com a vida em sala de aula.
- Mesmo nos anos iniciais, existem fortes evidências de que os alunos não têm tempo para terminar suas lições ou não entendem o que o professor quer que eles façam.
- O professor tem pouca influência ou envolvimento em questões no nível da escola ou outras questões extraclasse. (p. 123-124, 186)

O significado da mudança educacional   129

Goodlad analisa as condições em que os professores trabalham, e o tema do isolamento autônomo se destaca. Embora os professores atuassem de forma independente, "sua autonomia parecia ser exercida em um contexto mais de isolamento do que de diálogo profissional rico" (p. 186). Dentro das escolas, as "relações entre professores para assistência mútua ou melhora escolar cooperativa eram fracas ou inexistentes" (p. 186). A grande maioria disse que nunca havia observado outro professor dando aula, embora 75% em todos os níveis de escolarização disseram que gostariam de observar outros professores no trabalho (retornaremos ao potencial dessa observação mais adiante neste capítulo). Os professores também disseram que não se envolviam em problemas no âmbito da escola. Fora da escola, Goodlad observou que "havia pouca coisa que sugerisse uma troca ativa e contínua de ideias e práticas entre escolas, entre grupos de professores ou entre indivíduos, mesmo nas mesmas escolas" (p. 187).

Alguns anos depois, o estudo de Rosenholtz (1989) acerca de 78 escolas no Tennessee corroborou muitas das observações de Goodlad. Rosenholz classificou a maioria das escolas (65 das 78) como relativamente "estagnadas" ou "pobres em aprendizagem" para os professores e alunos. A autora descreveu que essas escolas apresentavam pouca ou nenhuma atenção a objetivos no âmbito da escola. Elas também se caracterizavam por isolamento entre os professores, pouca aprendizagem no trabalho por parte dos professores, incerteza dos professores sobre o que e como ensinar, e pouco comprometimento com o trabalho e a escola. Essa constelação de fatores atuava nessas escolas como um ciclo vicioso negativo para suprimir o desejo dos professores e alunos por realizações. Rosenholz diz que as "escolas estagnadas" se caracterizam por

> ... pouca conexão com qualquer coisa ou qualquer um. Os professores parecem mais preocupados com a sua própria identidade do que com um sentido compartilhado de comunidade. Os professores aprenderam sobre a natureza do seu trabalho de forma aleatória, e não deliberadamente, tendendo a seguir os seus instintos individuais. Sem uma governança compartilhada, particularmente para lidar com a conduta dos estudantes, o número absoluto de estudantes que chamava a atenção dos professores parecia maior ... os professores falavam de frustração, fracasso, tédio, e conseguiram transferir esses atributos para os estudantes dos quais reclamavam. (p. 208)

Rosenholz explica que o isolamento e a incerteza são associados a ambientes onde os professores conseguem aprender pouco com seus colegas e, portanto, não estão em uma posição firme para experimentar e melhorar.

Avançando mais uma década a partir de Goodlad, encontramos Hargreaves (1994) falando da "intensificação do trabalho dos professores", que aumentou as demandas de um modo implacável.

- A intensificação leva a uma redução no tempo de relaxamento durante o dia de trabalho ...

130 Michael Fullan

- A intensificação leva à falta de tempo para retrabalhar as próprias habilidades e manter-se atualizado com a área.
- A intensificação cria uma sobrecarga crônica e persistente...
- A intensificação leva a reduções na *qualidade* dos serviços, à medida que as arestas são aparadas para economizar tempo. (p. 118-119, ênfase no original)

Mais recentemente, em um estudo de professores em quatro países (Austrália, Nova Zelândia, Reino Unido e Estados Unidos), Scott, Stone e Dinham (2000) observaram que os professores ainda citam as recompensas psíquicas de "ver o progresso das crianças" e "fazer diferença nas vidas dos pequenos", mas também encontraram um tema negativo predominante nos quatro países, que os autores chamaram de "a erosão da profissão" (p. 4). Esse domínio incluiu uma redução no *status* e no reconhecimento da profissão, interferência externa e desprofissionalização do ensino, do ritmo e da natureza da mudança educacional e aumento na carga de trabalho. Nas palavras dos professores:

> Ensinar não é mais como era antes, e o dinheiro não vale o abuso que enfrentamos todos os dias (Austrália).

> Os professores são bombardeados com a burocracia. Passamos tanto tempo preenchendo papéis inúteis que o planejamento, a avaliação e o tempo de ensino são seriamente impactados (EUA).

> Os professores se sentem como se fossem marionetes – outras pessoas mexem nos cordões. Sobra pouca visão na profissão docente – ela tem sido eliminada nos últimos 10 anos (Reino Unido). (p. 8)

Espere aí, você diria, e a presença cada vez maior das comunidades profissionais de aprendizagem? Certamente, elas representam o tipo de direção defendida neste livro. A resposta é sim, mas apenas *potencialmente*, pois elas têm se mostrado difíceis de estabelecer com profundidade e alcance.

A mudança entra

É claro que a mudança já entrou, e a questão é "como podemos lidar com ela e fazer com que traga benefícios para nós e para os outros?" Além de ser inevitável, a mudança é necessária. Ela é importante porque grandes proporções de alunos são alienados, apresentam desempenho fraco ou abandonam a escola. As vidas dos alunos na escola são muito menos do que deviam ser.

Mas estamos falando aqui dos professores. Em um sentido direto, a mudança é necessária porque muitos professores estão frustrados, aborrecidos e esgotados. Os professores de Lortie não tinham acesso a novas ideias e tinham poucas oportunidades de crescimento. Conforme observa

Sarason (1971), "se o ensino não se tornar terrivelmente animador ou interessante para muitos professores, como podemos esperar que eles o tornem interessante para os estudantes?" (p. 166-167).

Em um sentido indireto, os professores devem aumentar a sua capacidade de lidar com a mudança, pois, se não o fizerem, eles continuarão a ser vitimados pela inexorável intrusão de forças externas de mudança.

Analisando as interações dos professores

O isolamento dos professores e seu oposto – o coleguismo – proporcionam o melhor ponto de partida para considerar o que funciona para o professor. Podemos lembrar do Capítulo 5 que, no nível do professor, o grau de mudança estava fortemente relacionado com o nível em que os professores *interagem* com seus pares e com os outros, proporcionando ajuda técnica, apoio e pressão aos colegas. Dentro da escola, o coleguismo entre os professores, medido pela frequência da comunicação, apoio mútuo, ajuda e assim por diante, foi um forte indicador do sucesso da implementação. Praticamente todas as pesquisas sobre o tema mostram que esse é o caso, e faz bastante sentido em termos da teoria da mudança defendida neste livro. A mudança educacional significativa consiste de mudanças em crenças, no estilo de ensinar e nos materiais, as quais *somente* podem ocorrer por meio de um processo de desenvolvimento pessoal em um contexto social. Conforme observa Werner (1980) ao explicar o fracasso do currículo de estudos sociais em Alberta:

> De um modo ideal, a implementação, no mínimo, envolve uma compreensão compartilhada entre os participantes em relação a suposições, pressupostos e valores implícitos em um programa, pois, se os participantes os compreenderem, eles terão uma base para rejeitar, aceitar ou modificar o programa em termos da sua própria escola, comunidade e classe. Colocando o objetivo de outra forma, a implementação é uma construção contínua de uma realidade compartilhada entre membros de um grupo por meio de sua interação dentro do programa. (p. 62-63)

Não há como se evitar a *primazia do contato pessoal*. Os professores precisam participar de *workshops* de capacitação, mas também precisam de oportunidades a dois e em grupo para receber e proporcionar ajuda e, de forma mais simples, *conversar* sobre o significado da mudança. Nessas condições, os professores aprendem a usar uma inovação, bem como a julgar a sua desejabilidade com base em mais informações. Eles se encontram em melhor posição para saber se devem aceitar, modificar ou rejeitar a mudança. Esse é o caso em relação a ideias desenvolvidas externamente e inovações decididas ou desenvolvidas por outros professores. A interação proposital é essencial para a continuidade da melhora.

Felizmente, na última década, as pesquisas proporcionaram um quadro muito mais específico de como a interação propositada atua dentro das escolas bem-sucedidas. O termo-chave é "comunidade profissional de aprendizagem" ou aquilo que chamamos de "culturas de trabalho cooperativas" (Fullan e Hargreaves, 1992). O trabalho mais recente sobre as comunidades profissionais de aprendizagem é especialmente forte, pelo menos no papel (ver Dufour et al., 2006; Dufour, Eaker e Dufour, 2005; Stoll et al., 2006).

Começo com a descrição de Rosenholz (1989) da cultura de trabalho cooperativa dos 13 ambientes de trabalho "em movimento" ou "ricos em aprendizagem" enfocados em seu estudo. A Figura 7.1 contém um sumário adaptado dos principais elementos escolares associados às escolas bem-sucedidas na pesquisa de Rosenholz. Existem outros fatores que influenciam os seis temas, cujas interações são multifacetadas, mas o quadro completo de como as escolas cooperativas funcionam é claro e convincente.

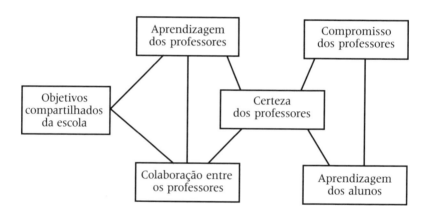

Figura 7.1. Escolas ricas em aprendizagem.

Conforme observa Rosenholz, a incerteza da parte dos professores (ou um baixo sentido de eficácia) e ameaças à sua autoestima são temas recorrentes no seu trabalho (Ashton e Webb, 1986). Em escolas ricas em aprendizagem, comparadas com escolas pobres em aprendizagem, Rosenholz observou que os professores e diretores trabalham juntos em atividades para estabelecer objetivos (ou construção da visão) que "acentuam os objetivos de ensino nos quais os professores devem mirar as suas iniciativas de melhora" (p. 6), e que os objetivos compartilhados servem para concentrar os esforços e mobilizar os recursos em direções de comum acordo. Os diretores e supervisores pedagógicos fomentam o envolvimento docente ativamente: "O comprometimento coletivo com a

O significado da mudança educacional   133

aprendizagem estudantil em ambientes cooperativos direciona a definição da liderança para os colegas que lecionam, além de inspirar o despertar de todo tipo de possibilidades de ensino em outras pessoas" (p. 68). Nas escolas efetivas, a cooperação está ligada a normas e oportunidades de melhora contínua e aprendizagem ao longo da carreira: "Pressupõe-se que a melhora no ensino seja uma busca coletiva, em vez de individual, e que a análise, avaliação e experimentação com os colegas sejam condições em que os professores melhoram" (p. 73). Como resultado, os professores provavelmente confiarão, valorizarão e legitimarão o compartilhamento da experiência, procurarão orientação e irão ajudar dentro e fora da escola. Eles se tornarão professores cada vez melhores em seu trabalho: "Tudo isso significa que é muito mais fácil aprender a ensinar, e aprender a ensinar melhor em algumas escolas do que em outras" (p. 104).

Tornar-se um professor melhor significa ter maior confiança e certeza ao decidir sobre questões ligadas ao ensino e ao envolvimento com problemas. Rosenholtz (1989) observa que

> Quando os professores pedem e oferecem ajuda técnica uns aos outros, e quando a equipe da escola fiscaliza padrões consistentes para o comportamento estudantil, os professores tendem a se queixar menos dos estudantes e pais. Além disso, quando os professores trabalham em conjunto, quando eles mantêm os pais envolvidos e informados sobre o progresso dos seus filhos, quando os professores e diretores trabalham juntos para fiscalizar os padrões de comportamento dos alunos, e quando os professores comemoram suas realizações por meio de *feedback* positivo dos alunos, pais, diretores, colegas e suas próprias experiências, eles tendem a acreditar coletivamente em uma cultura técnica e em sua prática de ensino. (p. 137)

A certeza e o comprometimento dos professores se alimentam mutuamente, conforme observa Rosenholz, aumentando a motivação dos professores para melhorar ainda mais. Todos esses fatores servem para canalizar a energia para o desempenho do aluno. Os professores em escolas ricas em aprendizagem são provavelmente menos capazes de se conformar com novas políticas estaduais ou distritais que consideram malconcebidas ou que desviam a energia das prioridades da sala de aula, e provavelmente mais capazes de avaliar as inovações em termos de seu impacto verdadeiro sobre os alunos.

Newmann e colaboradores (Kruse, Louis e Bryk, 1995; Newmann e Wehlage, 1995) vão ainda mais longe, estabelecendo uma relação entre as comunidades profissionais de aprendizagem, a aprendizagem do professor e o desempenho do aluno. Em essência, seu argumento sobre o funcionamento interno das escolas de sucesso é que as comunidades profissionais fazem a diferença porque, em suas palavras:

- Os professores buscam um propósito claro para toda a aprendizagem dos alunos.
- Os professores se envolvem em atividades cooperativas para alcançar esse propósito.
- Os professores assumem responsabilidade compartilhada pela aprendizagem do aluno.

[E]

- A comunidade profissional de aprendizagem no âmbito da escola afetou o nível de pedagogia autêntica na sala de aula, que, por sua vez, afetou o desempenho dos alunos.
- A comunidade profissional de aprendizagem no âmbito da escola afetou o apoio social para a aprendizagem do aluno, que, por sua vez, afetou seu desempenho. (Newmann e Wehlage, 1995, p. 30, 32)

O que acontece nessas escolas é que os professores, como grupo e como subgrupos, analisam juntos o desempenho dos alunos, relacionam isso com o modo como estão ensinando e então fazem melhoras. Chamamos isso de a necessidade de que os professores se tornem "alfabetizados em avaliação" (Hargreaves e Fullan, 1998; ver também Black et al., 2003; Stiggins, 2005). A alfabetização em avaliação envolve

1. A capacidade de analisar os dados e resultados sobre o desempenho do aluno, e de tirar um sentido crítico de tais informações.
2. A capacidade de agir segundo esse entendimento, desenvolvendo planos de melhora na sala de aula e na escola para fazer as mudanças necessárias para melhorar o desempenho.
3. A capacidade de os professores serem atores efetivos na arena da contabilização, sendo proativos e abertos em relação aos dados do desempenho escolar, e sendo capazes de não se deixar dissuadir no contencioso debate, com consequências sérias, sobre os usos e abusos dos dados de desempenho em uma era de testes.

Nosso modelo detalhado sobre ser continuamente alfabetizado em avaliação está contido em Fullan, Hill e Crévola (2006), mas, por enquanto, vamos continuar no caminho da pesquisa (e do desenvolvimento) sobre escolas cooperativas. Bryk e colaboradores (1998) acompanharam a evolução da reforma no sistema escolar de Chicago. Após 10 anos monitorando os resultados e começando a ver o sucesso em cada vez mais escolas fundamentais, Bryk e colaboradores chegaram à seguinte conclusão:

> Em escolas que fazem mudanças sistêmicas, são estabelecidas estruturas que criam oportunidades para que essas interações ocorram. À medida que os professores desenvolvem um espaço mais amplo na tomada de decisões escolares, eles também podem começar a experimentar novos papéis, incluindo o trabalho cooperativo. Essa reestruturação do trabalho

O significado da mudança educacional   135

dos professores significa uma comunidade profissional crescente, onde os professores sentem-se mais confortáveis para trocar ideias, e onde é provável que surja um sentido coletivo de responsabilidade pelo desenvolvimento do aluno. Essas características da reestruturação sistêmica contrastam com a prática escolar convencional em que os professores trabalham de forma mais autônoma e onde possa haver pouca troca profissional significativa entre os colegas de trabalho. (p. 128)

O trabalho de Bryk e Schneider (2002) em Chicago sobre a "confiança nas escolas" continuou e aprofundou o tema das consequências da cooperação ou de seu oposto. Usando dados longitudinais, eles identificaram a "confiança" como uma variável crucial. Definiram a confiança como algo que consiste em quatro componentes: respeito, competência, respeito pessoal pelos outros e integridade. Os autores observaram como a confiança se apresenta nas relações fundamentais entre diretor-professores, professores-professores, professores-alunos, e profissionais da escola-pais. Como tinham dados de muitos anos, Bryk e Schneider conseguiram avaliar o impacto da confiança alta e baixa. O que descobriram foi que

As escolas que apresentaram níveis elevados de confiança positiva em 1994 foram provavelmente três vezes mais passíveis de serem categorizadas em processo de melhora em leitura e matemática do que as que tinham níveis baixos de confiança ... todas as escolas com níveis baixos de confiança em 1994 e 1997 praticamente não tinham nenhuma chance de apresentar melhoras em leitura ou matemática. (p. 111)

Bryk e Schneider mostram que a confiança relacional facilita as tentativas dos professores de serem inovadores na sala de aula e de envolverem os pais, além de promover a resolução de problemas, criar um sistema de contabilização grupal, assim como criar um recurso moral para melhorar, devido ao "desenvolvimento de fortes vínculos pessoais com a organização e crenças em sua missão" (p. 117).

Resultados praticamente idênticos advêm do estudo aprofundado de James, Connolly, Dunning e Elliot (2006) de 12 "escolas de ensino fundamental bastante efetivas" no País de Gales, no Reino Unido. Os autores observaram que as escolas altamente efetivas que lidavam com estudantes em situação de desvantagem tinham, para usar as suas palavras, uma característica central e seis elementos de apoio. Eles descrevem a característica central como "uma cultura produtiva, forte e altamente inclusiva que se concentra em garantir um ensino efetivo e rico para os alunos e em melhorar e enriquecer ainda mais o ensino para a aprendizagem de todos os alunos" (p. 78-79). As seis características de apoio são: profundidade e intensidade da liderança; o modelo mental de ser fortalecido, proativo e otimista; um *modus operandi* para a equipe de ensino; o envolvimento dos alunos e de seus pais; uma organização e administração bastante eficientes e efetivas; e apoio, validação e valorização mútuos entre a escola e a comunidade. O efeito geral era uma cultura cooperativa altamente motivadora e energizada, na qual as pessoas eram apaixonadas por seu trabalho conjunto e profundamente concentradas em fazer e continuar a fazer mudanças que trouxessem resultados. Particularmente significativo no estudo de James e colaboradores é como a "liderança sistêmica" floresceu nas 12 escolas – liderança na escola, na comunidade, no distrito e em níveis mais amplos. O envolvimento de todo o sistema está no centro da reforma fundamental (Fullan, 2005, 2006).

Estamos recebendo uma mensagem comum aqui, mas o ponto de equilíbrio é que essas culturas fortes e produtivas são difíceis de desenvolver e manter, e permanecem sendo a minoria. Vamos continuar a seguir essa linha de discussão. McLaughlin e Talbert (2001) realizaram um estudo sobre o papel das comunidades profissionais de aprendizagem em 16 escolas do ensino médio na Califórnia e em Michigan. O que observaram foi confirmador e revelador, pois entraram em escolas complexas de um modo mais específico do que outros pesquisadores. Os autores sugerem que existem três padrões de prática de ensino.

1. Reproduzir as tradições da prática (onde ocorre o tradicional ensino baseado no conteúdo, e apenas alunos tradicionais são bem-sucedidos).
2. Reduzir as expectativas e os padrões (onde os professores diluem os conteúdos frente a alunos pouco motivados, que têm sucesso limitado).
3. Inovar para envolver os aprendizes (onde os conteúdos e o ensino são considerados dinâmicos para envolver todos os alunos, o que leva a uma aprendizagem mais eficiente para todos).

Ao reduzir as expectativas, por exemplo, os professores tendem a localizar o problema no aluno, como no seguinte comentário de um professor de matemática:

> Cara, você fica lá sentado pensando como alguém pode ser tão burro ... como eles podem ser tão burros. A criança é onde está o problema atualmente. Não tem nada errado com o currículo. Se eu conseguisse fazer as pessoas quererem aprender, eu poderia ensinar e tudo seria maravilhoso. (McLaughlin e Talbert, 2001, p. 13)

Em comparação, inovar para envolver os alunos significa:

> professores que vão além ou saem dos modelos estabelecidos para o ensino de modo a encontrar ou desenvolver conteúdos ou estratégias de sala de aula que possibilitem que os alunos dominem conceitos temáticos básicos...

> O professor de inglês usa grupos de escrita; o professor de matemática cria grupos de três ["não mais que isso", aconselha]; o professor de ciências quase abandonou os textos para conectar os alunos por meio de projetos de grupo no laboratório. (p. 17, 20)

O significado da mudança educacional   137

De forma compatível com o tema deste capítulo, McLaughlin e Talbert observam que "uma comunidade de prática cooperativa, na qual os professores compartilham recursos de ensino e reflexões sobre sua atuação, parece essencial para a persistência e inovação da prática de sala de aula dos professores" (p. 22). Em outras palavras, os professores que têm sucesso com todos os estudantes, especialmente aqueles que tradicionalmente são desmotivados em relação à escola, estão sempre pensando e compartilhando o que funciona (como os professores japoneses de Stigler e Hiebert [1999]). Mais perto da questão enfocada aqui, esses professores "lecionam em escolas e departamentos com uma forte *comunidade profissional* envolvida em fazer inovações que sustentem a aprendizagem e o sucesso dos alunos e professores" (p. 34, ênfase no original).

De um modo geral, McLaughlin e Talbert observam que a maioria dos departamentos das escolas de ensino médio não têm uma cultura de compartilhar e desenvolver conjuntamente a sua prática. Porém, encontraram algumas exceções, como diferenças entre departamentos *dentro* da mesma escola. Por exemplo, "o departamento de inglês da escola Oak Valley tem a cultura técnica mais forte de qualquer departamento em nossa amostra, enquanto o departamento de estudos sociais da mesma escola é um dos mais fracos" (p. 47). Um professor de inglês veterano da Oak Valley comenta:

> Nossa prática diária é os professores distribuírem amostras de aulas que fizeram, ou uma tarefa que experimentaram, e discutirem o que funcionou ou como poderiam ter feito diferente. Ou um novo professor entra para o grupo e instantaneamente se junta com dois colegas . . . e os arquivos e computadores e tudo mais lhe é oferecido. (p. 50)

Em comparação, os professores do departamento de estudos sociais falam dos "meus materiais", mas nunca mencionam seus colegas como recursos. Mais revelador é o fato de os professores falarem sobre os alunos demonstrando ter pressupostos radicalmente diferentes sobre a aprendizagem. Os comentários dos professores de inglês são uniformemente positivos: "Temos alunos excelentes, cooperativos e existe sintonia com os professores". Um professor de estudos sociais diz: "as crianças – não existe uma busca por conhecimento. Não todas, mas de um modo geral, não é importante para elas. Elas simplesmente não querem aprender". Observe que esses professores estão falando dos *mesmos* alunos!

McLaughlin e Talbert resumem os dois departamentos da escola Oak Valley.

> No departamento de estudos sociais, a autonomia significa isolamento e reforça as normas do individualismo e conservadorismo. No departamento de inglês, a autonomia profissional e uma comunidade forte se reforçam mutuamente, em vez de se oporem. Aqui, o apoio e as interações com os colegas proporcionam aos professores a oportunidade de reconsiderar e

138   Michael Fullan

revisar a sua prática de sala de aula com confiança, pois as normas do departamento são negociadas e entendidas mutuamente. (p. 55)

McLaughlin e Talbert mostram a diferença dramática que essas experiências têm para a motivação e os comprometimentos dos professores com a sua carreira.

Quando os professores dos departamentos de inglês e de estudos sociais da escola Oak Valley nos contaram como se sentiam em relação ao seu emprego, foi difícil crer que eles lecionavam na mesma escola. Os professores de inglês, de todas as orientações pedagógicas, demonstram orgulho por seu departamento e prazer em relação ao seu local de trabalho: "não passa um dia sem que alguém diga o quanto é maravilhoso trabalhar aqui", disse um. Em contrapartida, os professores de estudos sociais, cansados de lutar sozinhos com as tensões da sala de aula, verbalizam sua amargura e falta de investimento profissional. Vários planejam deixar a escola ou a profissão. (p. 83-84)

McLaughlin e Talbert fizeram análises semelhantes, que não precisamos relatar em detalhe aqui. Por exemplo, compararam dois departamentos de matemática de escolas diferentes, um com uma comunidade profissional bem-desenvolvida, e outros afundados no isolacionismo. Entre todas as 16 escolas, observaram apenas três comunidades de aprendizagem em âmbito escolar.

Em suma, departamentos fracos possuem professores desconectados dos seus trabalhos, enquanto departamentos fortes evidenciam professores que se enxergam como aprendizes para a vida toda. E não é qualquer tipo de comunidade de aprendizagem profissional que conta. A cooperação é poderosa, o que significa que ela pode ser tão poderosamente má quanto poderosamente boa. Little (1990) nos advertia sobre esse problema há mais de 15 anos.

O conteúdo dos valores e das crenças dos professores não pode ser considerado óbvio no estudo ou na busca das normas de interação e interpretação entre os professores. Em certas circunstâncias, pode-se esperar que o maior contato entre os professores melhore as perspectivas para o sucesso dos alunos; em outras, promover maior contato entre os professores pode significar intensificar normas desfavoráveis para as crianças. (p. 524)

E

Dito de forma direta, temos, no trabalho cooperativo dos professores, o desenvolvimento criativo de escolhas informadas, ou o reforço mútuo de hábitos mal-informados? O tempo que os professores passam juntos promove o nível de entendimento e imaginação que eles trazem para o seu trabalho, ou os professores simplesmente se validam uns aos outros na

O significado da mudança educacional 139

sua prática atual? Que filosofia e pedagogia os professores refletem quando trabalham juntos? Em que grau o seu conhecimento é explícito e acessível para os outros? Existem cooperações que, de fato, erodem os comprometimentos morais e o mérito intelectual dos professores? (p. 525)

Em um diagrama sumário maravilhosamente instrutivo, McLaughlin e Talbert fazem o mesmo argumento (ver Figura 7.2). As comunidades profissionais fracas são negativas, não importa como sejam representadas. As comunidades docentes fortes podem ser efetivas ou não, dependendo de se trabalham em conjunto para promover descobertas na aprendizagem ou se reforçam métodos que não trazem resultados. Em outras palavras, quando os professores trabalham juntos para reforçar suas práticas negativas e ineficientes, eles acabam piorando as coisas.

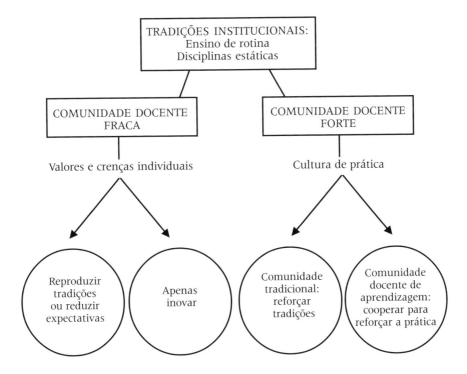

Figura 7.2 Comunidades de prática e o trabalho dos professores do ensino médio.
Fonte: McLaughlin e Talbert, 2001

Desenvolvendo comunidades profissionais de aprendizagem

Agora chegamos à posição de enfocar as comunidades profissionais de aprendizagem. No lado da pesquisa, Kruse e colaboradores (1995) fazem uma análise bastante sucinta, observando que existem cinco elementos críticos subjacentes às comunidades profissionais de aprendizagem efetivas: o diálogo reflexivo, a desprivatização da prática, o foco coletivo na aprendizagem do aluno, a cooperação e as normas e valores compartilhados. A partir daí, os autores identificam dois conjuntos principais de condições. Um é "estrutural" – em particular, o tempo necessário para se encontrar e conversar, a proximidade física, a interdependência nos papéis de ensino, as estruturas de comunicação e o fortalecimento dos professores e autonomia da escola. A outra condição envolve aquilo que Kruse e colaboradores chamam de "recursos sociais e humanos" (ou o que chamamos de cultura) e inclui abertura à melhora, confiança e respeito, uma base de conhecimento e de habilidades, apoio das lideranças e socialização (de colegas atuais e novos). Os autores afirmam, assim como eu, que as condições estruturais são mais fáceis de abordar do que as culturais. E concluem observando que: "A comunidade profissional dentro das escolas tem sido um tema secundário em muitas iniciativas de reforma educacional desde a década de 1960. Talvez esteja na hora de se tornar um grito de guerra entre os reformistas, em vez de um sussurro sem importância" (p. 6).

Bem, ela se tornou um grito de guerra para muitos, e certamente sua popularidade se espalhou, especialmente nos últimos cinco anos. Ela também tem servido para trazer ao primeiro plano duas forças conflitantes: hoje sabemos como as comunidades profissionais de aprendizagem devem ser (e como são na maioria dos casos). Ao mesmo tempo, estamos descobrindo como elas serão difíceis de se estabelecer em uma escala ampla. Antes de passarmos para os detalhes, deixe-me apresentar as minhas três razões para as comunidades profissionais de aprendizagem enfrentarem dificuldades. Essas três razões conspiram para impedir o progresso. Em primeiro lugar, os legisladores não acreditam, não investem ou não se concentram no seu desenvolvimento. De fato, pode-se dizer que certas políticas em voga, como esquemas limitados de contabilização, criam condições que inibem a cooperação (ver Hargreaves, 1994). Em segundo lugar, muitos professores defendem silenciosamente a privacidade, ou seja, eles consideram essa privacidade muito menos arriscada do que abrir as portas da sala de aula, mesmo ou especialmente para os colegas. Em terceiro, e como um amálgama dos dois anteriores, o desenvolvimento em grande escala de comunidades profissionais de aprendizagem é difícil – muito difícil, pois estamos falando de mudar a cultura, uma cultura que existe há pelo menos um século.

Quando analisamos casos reais, a promessa e as limitações das comunidades profissionais de aprendizagem se tornam evidentes. Consi-

O significado da mudança educacional   141

derarei dois recursos aqui (McLaughlin e Talber, 2006; Supovitz, 2006), juntamente com alguns outros que são práticos promissores para desenvolver comunidades profissionais de aprendizagem na prática (Dufour et al., 2006; Dufour, Eaker e Dufour, 2005; Stoll et al., 2006).

Com base em vários dos seus estudos sobre escolas que construíram comunidades profissionais de aprendizagem, McLaughlin e Talbert (2006) mostram que essas culturas servem para desenvolver três funções inter-relacionadas: "Elas constroem e administram o conhecimento; criam uma linguagem e padrões compartilhados para a prática e resultados estudantis; e sustentam aspectos de sua cultura escolar que são vitais para normas mantidas e consistentes e a prática institucional" (p. 5). Embora forneçam exemplos detalhados e claros de comunidades docentes de aprendizagem em ação, que produzem resultados para a aprendizagem dos alunos, McLaughlin e Talbert lamentam: "Por que as comunidades docentes de aprendizagem são raras?" (p. 113). A resposta deles é semelhante à minha (desenvolver essas comunidades representa uma mudança cultural complexa que é difícil de fazer e não é atraente para os legisladores, que querem uma solução rápida), embora eu não pense que eles dediquem suficiente atenção à resistência dos professores em relação a desprivatização da sala de aula.

O ótimo estudo de caso de Supovitz (2006) do distrito escolar de Duval County, na Flórida, que discutiremos no Capítulo 11, apresenta uma outra visão dos perigos das comunidades profissionais de aprendizagem, mesmo quando são promovidas forte e explicitamente ao longo do tempo. O "modelo de implementação" de Duval County consiste de cinco elementos conectados: administração voltada para o desempenho por meio de padrões, escolas seguras, uso de dados, comunidades de aprendizagem e contabilização. Com cinco anos de esforço sustentado e concentrado, o desempenho dos alunos aumentou moderadamente em muitas das 150 escolas de Duval, mas não ficou claro o que a estratégia das comunidades de aprendizagem significou na prática. Em um momento, Supovitz considera a autonomia do professor um fenômeno "bastante assombroso" (p. 123). Não é uma declaração de culpa voltada para os professores quando ele observa que:

> O terreno em que os professores atuam de forma autônoma é tão aberto quanto o deserto do Mohave. Não existem limites atualmente que permitam aos líderes distinguirem formas legítimas e ilegítimas de autonomia do professor. Nesse ambiente, parece que todas as expressões de autonomia são legítimas porque não é possível fazer distinções claras. (p. 123)

Apesar de as comunidades de aprendizagem serem uma estratégia explícita no distrito, e apesar dos muitos mecanismos estruturais para executar estratégias para compartilhar práticas e usar dados para melhorar, após cinco anos, Supovitz observou que "as possibilidades criadas pelas comunidades profissionais de aprendizagem – a rigorosa investigação dos problemas e desafios da prática de ensino e o apoio a essa prática – parecem estar acontecendo apenas em zonas isoladas no distrito" (p. 174).

No que diz respeito às comunidades profissionais de aprendizagem, as declarações firmes e claras do seu valor parecem ser mais normativas (o que deveria acontecer) do que reais, com exceção de alguns poucos casos. Felizmente, a pressão em favor das comunidades de aprendizagem e os recursos para ajudá-las e estimulá-las estão se tornando cada vez mais explícitos. O trabalho de Dufour e colaboradores (2006) é especialmente convincente. Depois de liderar o desenvolvimento de comunidades profissionais de aprendizagem em escolas de ensino fundamental e médio, e estando agora associados a alguns exemplos de sucesso em todos os níveis, eles essencialmente "acabam com todas as desculpas" dos legisladores e profissionais. Seu guia de ação para criar comunidades profissionais de aprendizagem começa com uma definição dos componentes básicos de comunidades que são conhecidas atualmente. Dufour e colaboradores definem as comunidades profissionais de aprendizagem como sendo formadas por seis elementos inter-relacionados: um foco na aprendizagem, uma cultura cooperativa com foco na aprendizagem para todos, investigação coletiva das melhores práticas, orientação para a ação (aprender fazendo), um compromisso com a continuidade da melhora e foco em resultados. Além de mostrar como esses seis elementos funcionam de forma individual e interdependente, Dufour e colaboradores sugerem uma rubrica que visa avaliar a cultura do indivíduo em termos de 12 dimensões (mais detalhado que seis) segundo quatro estágios: pré-inicial, inicial, desenvolvimento e manutenção. O mais importante de tudo, eles aprofundam as realidades de desenvolver culturas cooperativas. Além disso, revelam que o conflito é inevitável e mostram como enfrentá-lo de maneira construtiva. Acima de tudo, seu manual tira duas conclusões – desenvolver e manter comunidades profissionais de aprendizagem é um trabalho bastante árduo, mas não existe desculpa para não fazê-lo.

Outro conjunto de recursos bastante úteis provém de um estudo de comunidades profissionais de aprendizagem realizado na Inglaterra por Stoll e colaboradores (2006). Começando com uma investigação de comunidades profissionais de aprendizagem, Stoll e sua equipe identificaram uma lista de características, que hoje nos é familiar: valores compartilhados, responsabilidade coletiva pela aprendizagem, cooperação concentrada na aprendizagem, aprendizagem coletiva e individual, investigação profissional reflexiva, abertura/redes/parcerias, incluindo a participação, e confiança/respeito/apoio mútuos. Com base em seus resultados, produziram 13 pequenos livretos (geralmente com 10 páginas ou menos) como materiais básicos, variando de "criar e manter uma comunidade profissional de aprendizagem" a "decidir onde você está como

O significado da mudança educacional   143

uma comunidade profissional de aprendizagem" e a "avaliar o impacto de sua comunidade profissional de aprendizagem".

Um último conjunto de advertências. Em primeiro lugar, tenho usado a expressão comunidade profissional de aprendizagem, mas não se engane com isso. Não estou falando de implementar uma inovação ou programa chamado de "Comunidade Profissional de Aprendizagem". Em nosso trabalho, não usamos muito esse nome, preferindo ir direto às culturas de capacitação e cooperativas dentro dos três níveis da escola e comunidade, distrito e estado e entre eles. Portanto, não se engane, a principal questão é transformar a *cultura* das escolas e os sistemas em que elas atuam. Não é uma cultura a ser implementada, mas uma nova cultura a ser desenvolvida.

Em segundo lugar, na disseminação das comunidades profissionais de aprendizagem, observamos que o nome anda muito mais rápido que o conceito, uma observação comum a todas as inovações. O conceito é profundo e exige atenção cuidadosa e persistente na aprendizagem minuciosa, refletindo a ação e a resolução de problemas.

Em terceiro lugar, seria um grave erro pensar nas comunidades profissionais de aprendizagem apenas como um fenômeno intraescolar. Ironicamente, elas não devem se tornar culturas cooperativas isoladas. Sei de mais de um superintendente que lamentou que tinha uma ou mais comunidades, mas que não falava entre seus pares em suas escolas. Como veremos no Capítulo 11, todas as escolas do distrito devem se desenvolver em conjunto. À medida que os distritos promovem culturas cooperativas, a aprendizagem interescolar, ou o que chamamos de capacitação lateral, é crucial. Na reforma de grande escala, *as comunidades profissionais de aprendizagem isoladas são proibidas*. De fato, usamos a capacitação lateral como estratégia para fomentar as comunidades profissionais de aprendizagem em uma escala mais ampla, de modo que, para a transformação do sistema, necessita-se de aprendizagem intraescolar e interescolar.

O profissionalismo na encruzilhada

A docência deve se tornar uma profissão altamente intelectual, além de altamente afetiva. Como ocorre sob circunstâncias sociais e políticas intensas, ela também é uma profissão que exige muita inteligência emocional. A questão é: podem os professores se tornar tão bons assim? Acabamos de responder a essa questão, mostrando que, mesmo as estratégias mais capazes e bem-financiadas não conseguem fazer diferença em salas de aula em qualquer escala. Em nosso último livro, *Breakthrough*, enfatizamos que o ponto de partida para trabalhar rumo a uma solução é o entendimento de que ela não acontecerá *a menos que todo e cada professor esteja aprendendo todos os dias* (Fullan et al., 2006). A aprendizagem pessoal em uma experiência coletiva é a condição *sine qua non* do sucesso em grande escala. Qual é a importância de que *todos* os professores estejam aprendendo o tempo todo? Precisamos apenas refletir sobre as assustadoras observações baseadas nas pesquisas que estudam o impacto de professores individuais sobre o sucesso do aluno: "os alunos que tiveram bons professores três anos seguidos apresentaram um aumento significativo em suas classificações percentuais nos exames estaduais – independente dos fatores socioeconômicos" (Education Commission of the States, 2000, p. 5).

Imagine ter seguidamente três professores pouco competentes! Os professores se encontram em uma encruzilhada, pois a maioria das escolas não representa um local onde os professores aprendem coletivamente a cada dia. A aprendizagem profissional "no contexto" é a única aprendizagem que conta para mudar as salas de aula. Isso não é um *slogan*, mas a essência do *novo significado* da mudança educacional que funcionará para todos. Elmore (2004) compreendeu isso: "a melhora é mais função de *aprender a fazer as coisas certas* nos ambientes onde se trabalha" (p. 73, ênfase no original). O autor conclui, como já discuti anteriormente:

> O problema é que quase não existe oportunidade para os professores se envolverem em uma aprendizagem contínua e sustentada em relação à sua prática nos ambientes em que realmente trabalham, observando e sendo observados por seus colegas em suas próprias salas de aula e nas salas de aula de outros professores em outras escolas que enfrentam problemas semelhantes. (p. 73, ênfase do autor)

Em suma, além de atrair e treinar melhores professores e líderes, devemos mudar as próprias culturas dentro das quais eles trabalham. E isso mostrou ser um problema intratável em qualquer escala. Minha prova para essa conclusão é que aprendemos especificamente e de forma clara há um quarto de século o quão poderosas as culturas cooperativas eram e como elas funcionavam (Little, 1981). Vinte e cinco anos é um longo tempo para ocultar um conhecimento que serve como o próprio código moral da melhora escolar.

Conforme afirma este livro, esse não é apenas um problema individual. É um problema sistêmico, que envolve os professores, de forma individual e coletiva, mas se houver alguma mudança a fazer, *todos estão implicados*. Recentemente, produzimos um conjunto de ideias e técnicas para comunidades escolares gerarem os seus próprios *Locais de Aprendizagem* (Fullan e St. Germain, 2006). A infraestrutura que rodeia os professores também é crítica e, neste ponto, não é muito proveitosa para construir mudanças vigorosas no contexto. Os capítulos subsequentes abordam separadamente cada aspecto dessa infraestrutura mais ampla. Começo com a fonte mais imediata de ajuda ou impedimento – o diretor da escola.

8
O diretor

Os diretores efetivos atacam a incoerência.
Bryk, Sebring, Kerbow, Rollow
e Easton (1998, p. 287)

Esqueça o diretor como chefe da escola por um momento e pense nele como alguém tão pressionado quanto o professor por mudanças desejadas ou indesejadas e muitas vezes incompreensíveis – e, mais ainda, *alguém de quem se espera que lidere essas mesmas mudanças*. A mudança é apenas uma das forças que competem pela atenção do diretor, e em geral não é a mais atraente. E quando é sedutora, como ocorre recentemente, é difícil se concentrar e manter o trabalho necessário para que a reforma seja efetiva. Ainda assim, alguns diretores se envolvem ativamente como promotores ou facilitadores de melhoras contínuas em suas escolas. O diretor está no meio da relação entre os professores, as ideias e as pessoas externas. Como na maioria dos triângulos humanos, existem conflitos e dilemas constantes. A maneira como o diretor aborda (ou evita) essas questões determina, em um nível amplo, se essas relações constituem um Triângulo das Bermudas para inovações.

Uma compreensão do que é a realidade *do ponto de vista das pessoas que desempenham o papel* é um ponto de partida essencial para construir uma teoria prática do significado e resultados das tentativas de mudança. Essa fenomenologia é a contribuição das ciências sociais para se abordar um lamento frequente: "ninguém me entende". No campo da mudança educacional, todos se sentem malcompreendidos. Um dos indicadores mais reveladores e frustrantes das dificuldades na mudança educacional é a experiência frequente dos participantes de ter suas intenções não apenas malcompreendidas, mas interpretadas exatamente ao contrário do que queriam que fossem. Os diretores não terão dificuldade para citar a sua fatia de frustração, pois o papel do diretor tem se tornado dramaticamente mais complexo e sobrecarregado na última década. No lado otimista, pesquisas bastante recentes identificaram alguns comportamentos específicos relacionados com a mudança em diretores que lidam efetivamente com a mudança educacional. É hora de ir além da frase vazia: "O diretor é o guardião da mudança".

Enquanto as pesquisas sobre a melhora escolar se encontram em sua quarta década, a pesquisa sistemática sobre o que o diretor faz realmente e sua relação com a estabilidade e a mudança é algo bastante recente. Algumas das primeiras pesquisas sobre a implementação identificaram o papel do diretor como central para promover ou inibir a mudança, mas não analisaram o papel do diretor de forma profunda ou sob outra perspectiva. Na década de 1990, acumularam-se pesquisas que colocavam os diretores à frente e no centro das mudanças nos níveis da escola e da comunidade. Atualmente, nenhuma iniciativa séria de mudança deixaria de enfatizar o papel fundamental do diretor. A maior parte proporciona desenvolvimento profissional e descrições modificadas do emprego que enfatizam o papel do diretor de liderar a mudança na prática. A ironia é que à medida que aumentam as expectativas, o próprio *papel do diretor* se torna sobrecarregado de um modo que torna impossível cumprir a promessa da reforma ampla e sustentada.

Começo com uma descrição de onde os diretores se encontram neste momento. Depois, analiso a parte do seu papel que mais nos diz respeito – o que os diretores fazem e não fazem em relação à mudança. Na última seção do capítulo, falo sobre a complexidade da liderança e sugiro algumas diretrizes de como os diretores podem liderar a mudança de maneira mais efetiva. Também devo reconhecer que os diretores efetivos compartilham – de fato, desenvolvem – a liderança com os professores. Desse modo, estamos falando na verdade de diretores assistentes, chefes de departamento, coordenadores de série e supervisores pedagógicos em todos os tipos de escolas.

Onde os diretores estão

"A pressão leva a cabeça a pensar", grita uma manchete do *Times Education Supplement* (Pressure drives head to drink; 2000), na Inglaterra. O artigo conta que entre os diretores e assistentes de direção no distrito de Warwickshire (um distrito com 250 escolas), 40% haviam procurado um médico por problemas relacionados com o estresse no último ano, e 30% estavam tomando remédios. Warwickshire foi selecionado, segundo o artigo, porque foi considerado um distrito bem-administrado – um bom patrão!

Com o avanço para a autogestão das escolas, o diretor parece ter o pior de dois mundos. O velho mundo ainda perdura, com expectativas de que ele administre uma escola tranquila e responda a tudo. Simultanea-

O significado da mudança educacional   147

mente, o novo mundo transborda sobre as escolas com demandas desconectadas, esperando que, ao final do dia, a escola esteja apresentando resultados melhores nos testes e, de maneira ideal, se torne uma organização aprendente.

Em *What's worth fighting for in the principalship?* (Fullan, 1997), comentei um estudo sobre 137 diretores e vice-diretores em Toronto. A crescente sobrecarga para os diretores já era evidente há mais de 20 anos: 90% relatavam um aumento em relação aos cinco anos anteriores nas demandas sobre o seu tempo, incluindo novos programas, o número de prioridades e diretrizes do conselho e o número de diretrizes do Ministério da Educação. O aumento nas demandas de tempo envolvia lidar com grupos de pais e da comunidade (92% disseram ter havido aumento), solicitação dos administradores (91%), atividades administrativas (88%), serviços tanto de envolvimento da equipe como para os alunos (81%), serviços sociais (81%) e iniciativas do conselho (69%).

Os diretores e vice-diretores também foram questionados sobre as suas percepções da efetividade: 61% relataram uma *diminuição na efetividade*, apenas 13% disseram que era a mesma coisa, e 26% relataram um aumento. A mesma porcentagem, 61%, relatou reduções na "efetividade da assistência dos superiores imediatos e da administração". Além disso, 84% citaram uma redução na autoridade do diretor; 72% citaram uma redução na confiança na liderança do diretor; e 76%, uma redução no envolvimento do diretor nas decisões no nível do sistema. À questão: "Você acredita que o diretor pode cumprir efetivamente com todas as responsabilidades que lhe são atribuídas?", 91% responderam que "não" (Fullan, 1997, p. 2).

O desânimo que os diretores sentem ao tentar cobrir todas as posições é descrito nas três respostas a seguir, em entrevistas realizadas por Duke (1988) com diretores que estavam pensando em pedir demissão:

> O conflito para mim vem de chegar em casa todas as noites com uma consciência aguda daquilo que não foi feito e sentindo, após seis anos, que eu devia ter uma média melhor do que tenho.
>
> Se você abandonar a direção, pense em todo o "trabalho emocional" que vai perder. Sinto que sou viciado nele e no ritmo da direção – aquelas 2 mil interações todos os dias. Fico ansioso em reuniões porque elas são tão lentas, e eu não estou lá fora interagindo com as pessoas.
>
> A direção é o tipo de cargo onde esperam que você seja tudo para todos. No início, se você consegue, dizem que você consegue ser tudo para todos. E então você sente a obrigação de continuar a fazer algo que, em sua mente, você não é capaz de fazer. E isso causa culpa. (p. 309)

Duke ficou intrigado com a "taxa de evasão" dos diretores após encontrar um artigo que afirmava que 22% dos administradores de Vermont contratados no outono de 1984 haviam deixado os sistemas escolares do

148   Michael Fullan

estado até o outono de 1985. Ao entrevistar diretores sobre por que eles pensavam em pedir demissão, o autor observou que as fontes de insatisfação incluíam as políticas e a administração, falta de realização, sacrifícios na vida pessoal, falta de oportunidades de crescimento, falta de reconhecimento e pouca responsabilidade, relações com subordinados e falta de apoio de superiores. Eles expressaram diversas preocupações com relação ao emprego em si: o desafio de fazer todas as coisas que se espera que os diretores façam, a natureza mundana e tediosa de grande parte do trabalho, o número debilitante de interações pessoais, a política de lidar com diversos grupos e a tendência de preocupações gerenciais superarem as funções de liderança. Duke sugere que as razões por que os diretores estavam pensando em se demitir estavam relacionadas com a fadiga, a consciência das limitações pessoais e a consciência da limitação das opções de carreira. Os diretores tiveram um choque de realidade, "as reações de choque dos novos trabalhadores, quando se encontram em uma situação profissional para a qual passaram anos se preparando e para a qual pensavam estar preparados e para as quais, de repente, descobrem que não estão". Duke conclui:

> As frustrações que esses diretores expressam derivam dos contextos onde trabalham. Seus comentários são uma mensagem clara para aqueles que os supervisionam: os diretores precisam de autonomia e apoio. A necessidade de autonomia pode exigir que os supervisores tratem cada diretor de maneira diferente. Já a necessidade de apoio pode exigir que os supervisores sejam sensíveis à visão de cada diretor sobre o que ele considera significativo ou trivial em relação ao trabalho. (p. 312, ênfase no original)

Não existe dúvida de que as demandas sobre o diretor se intensificaram nos últimos 10 anos, 5 anos, 1 ano. Cada vez mais diretores em quase todos os países ocidentais se aposentam precocemente. Cada vez mais líderes de professores concluem que simplesmente não vale a pena assumir a liderança das escolas.

> Procurado: trabalhador milagroso que posa fazer mais com menos, pacificar grupos rivais, aguentar fofocas crônicas, tolerar níveis baixos de apoio, processar grandes volumes de papel e trabalhar em turnos dobrados (75 noites por ano). Ele terá carta branca para inovar, mas não pode gastar muito, trocar nenhum funcionário ou contrariar nenhum grupo. (Evans, 1995, p. 5)

Será que é um trabalho impossível? Um trabalho que simplesmente não vale a pena, e os custos? Até os alunos notam, como este aluno do ensino médio: "acho que ser chefe não é um bom trabalho. Você tem que dar duro. Tem dias que o chefe parece acabado – desanimado, muito cansado" (Day et al., 2000, p. 126).

No momento, o trabalho do diretor não vale a pena, e é aqui que está a solução. Se os diretores efetivos são aqueles que energizam os professores em tempos difíceis, quem energizará os diretores? Estamos começando a enxergar exemplos mais claros de diretores bem-sucedidos. Essas visões podem ajudar os diretores a se tornarem mais efetivos, ou ainda mais, proporcionam as bases para estabelecer um sistema de recrutamento, estímulo e apoio para líderes escolares responsáveis (ver Capítulo 14).

O diretor e a mudança

Até recentemente, o diretor costumava ser negligenciado na formulação das estratégias de reforma. À medida que se acumulam pesquisas sobre o impacto do diretor, para bem ou para mal, sobre os resultados da reforma, os legisladores começam a incorporar o papel dos líderes escolares na condução das iniciativas de mudança. Isso não tem sido fácil e, de fato, tem ajudado a esclarecer as dificuldades básicas em mudar as culturas escolares. Vamos rastrear a evolução desse interessante fenômeno ao longo da última década, e especialmente nos últimos cinco anos. Não conheço nenhuma escola em mudança que não tenha um diretor que seja bom em liderar o processo de melhora. "Quase todos os estudos sobre a efetividade escolar mostram que a liderança primária e secundária representa um fator fundamental", diz Sammons (1999) em sua grande revisão.

A primeira parte do argumento – consolidar como e por que o diretor é crucial para o sucesso – é apresentada nesta seção. Na seção seguinte, discuto a segunda parte da análise para mostrar os problemas encontrados quando levamos essas observações a sério e tentamos incorporá-las nas estratégias de mudança. Existem diversos estudos de qualidade sobre a liderança escolar em diferentes países que trazem mensagens claras e consistentes, para não dizer fáceis (Bryk e Schneider, 2002; Bryk et al., 1998; Day et al., 2000; James et al., 2006; Leithwood et al., 2004, 2005; Marzano et al., 2005; McLaughlin e Talbert, 2001, 2006; Newmann, King e Youngs, 2000).

Bryk e colaboradores (1998) têm acompanhado a evolução da reforma nas escolas de Chicago desde 1988. Em escolas que apresentaram melhoras com o tempo (por volta de um terço das 473 escolas do ensino fundamental:

> Os diretores trabalharam com o apoio de pais, professores e pessoas da comunidade para mobilizar a iniciativa. Seus esforços concentravam-se principalmente em duas dimensões: primeiro, envolver os pais e a comunidade para fortalecer os laços entre os profissionais da escola e a clientela que atendem; em segundo lugar, trabalhar para expandir as capacidades profissionais de cada professor, promover a formação de uma comunidade profissional coerente e direcionar os recursos para melhorar a qualidade do ensino. (p. 270)

Esses diretores bem-sucedidos tinham (1) uma orientação inclusiva e facilitadora"; (2) um "foco institucional na aprendizagem do aluno";

150   Michael Fullan

(3) "administração eficiente" e (4) "pressão e apoio combinados". Eles tinham uma orientação estratégica, usando os planos de melhora escolar e o foco no ensino para "atacar a incoerência".

> Em escolas que estão melhorando, os professores mais provavelmente dizem que, depois que o programa começa, há um acompanhamento para garantir que ele está funcionando e existe uma continuidade real de um programa para outro. Em nossas pesquisas anteriores, chamamos as escolas com níveis elevados de incoerência de "escolas árvore de Natal". Essas escolas são exemplos conhecidos, por causa da variedade de programas que alardeavam. Porém, muitas vezes, esses programas eram descoordenados e, talvez, até filosoficamente inconsistentes. (Bender, Sebring e Bryk, 2000, p. 441-442)

Na continuação do trabalho em Chicago, Bryk e Schneider (2002) observaram que os diretores são cruciais para construir a "confiança nas escolas", que tem influências dramáticas, tanto diretas quanto indiretas, sobre a efetividade da escola, conforme discutido no Capítulo 7. Eles se referem à *centralidade* da liderança do diretor" no desenvolvimento e manutenção da confiança relacional, que estabelece as condições para o sucesso (p. 137, ênfase do autor), e concluem que "somente quando os participantes demonstrarem o seu comprometimento com esse trabalho [concentrado na melhora] e enxergarem outras pessoas fazendo o mesmo, poderá surgir uma comunidade profissional genuína, fundamentada na confiança relacional. Nesse sentido, os diretores devem tomar a frente" (p. 139).

Outros estudos sobre escolas em processo de melhora são variações desses mesmos temas. No Capítulo 7, vimos os efeitos de comunidades profissionais fortes e fracas nas escolas do ensino médio estudadas por McLaughlin e Talbert. A liderança (ou a falta dela) no nível do departamento e/ou da escola explica uma grande parte dessas diferenças.

> Esses mundos tão diferentes revelam o quanto a liderança e as expectativas do departamento moldam a comunidade docente. O chefe do departamento de inglês mantinha ativamente abertos os limites do departamento, de modo que os professores podiam trazer conhecimento do distrito e atividades profissionais de fora do distrito para a comunidade. Os professores de inglês participavam de reuniões estaduais e nacionais, publicavam regularmente em jornais profissionais e usavam os dias de capacitação profissional para visitar salas de aula de outras escolas. O chefe priorizou o tempo para que os professores compartilhassem seus escritos, discutissem novos projetos e simplesmente conversassem. Os líderes do departamento de inglês ampliaram e reforçaram as expectativas e oportunidades para o desenvolvimento dos professores que o distrito e a escola proporcionava, promovendo um rico repertório de recursos para a comunidade aprender.

O significado da mudança educacional 151

> Nada disso ocorria no departamento de estudos sociais, onde a liderança fiscalizava as normas de privacidade e conservadorismo que Dan Lortie considerava centrais para o ensino na escola. Por exemplo, o chefe de estudos sociais considerava as reuniões do departamento um ritual irritante, em vez de uma oportunidade: "não faço reuniões toda semana, e não faço necessariamente todos os meses". Havia pouco apoio ou incentivo para aprender no departamento de estudos sociais. O chefe marginalizava os professores mais fracos do departamento, em vez de promover ou estimular o seu crescimento profissional. (McLaughlin e Talbert, 2001, p. 107-108)

Lembre, do Capítulo 7, que apenas três das 16 instituições tinham comunidades profissionais no âmbito da escola. Nessas comparações, McLaughlin e Talbert falam do "papel fundamental da liderança do diretor".

> A ausência total de liderança por parte do diretor na Valley High School é um forte modelo da comunidade docente fraca que encontramos nos departamentos da escola. Em contrapartida, a forte liderança encontrada em Greenfield, Prospect e Ibsen foi central para engendrar e manter essas comunidades docentes de aprendizagem no âmbito escolar. Os diretores com escores baixos [em liderança, conforme percebido pelos professores] geralmente são considerados gerentes que proporcionam pouco apoio ou direcionamento para o ensino e a aprendizagem na escola. Os diretores que recebem avaliações altas estão ativamente envolvidos nos tipos de atividades que alimentam e mantêm uma comunidade docente forte. (p. 110)

Em sua revisão mais recente e sistemática de comunidades profissionais de aprendizagem, McLaughlin e Talbert (2006) mais uma vez consideram o diretor central para o sucesso. Os autores mostram que os diretores estão em posição estratégica de promover ou inibir o desenvolvimento de uma comunidade docente de aprendizagem em suas escolas. Eles observam que os diretores efetivos "mobilizam o comprometimento e o apoio do professor para a cooperação", "promovem e desenvolvem recursos de aprendizagem para comunidades de professores" e "amparam transições entre estágios de desenvolvimento comunitário" (p. 56). Desse modo, os diretores também disseminam e desenvolvem líderes por toda a escola, criando assim uma massa crítica de liderança distributiva como um recurso para o presente e o futuro.

Na Inglaterra, Day e colaboradores (2000) escreveram um livro sobre os papéis de liderança em doze escolas que haviam "elevado consistentemente os níveis de desempenho dos estudantes – nesse sentido, elas eram 'escolas melhores' – e todos os professores regentes eram considerados instrumentais para esse fato e para o sucesso geral das escolas" (p. 1). Observamos um refrão que hoje é familiar.

> A visão e as práticas desses regentes se organizavam em torno de diversos valores pessoais relacionados com a modelagem e a promoção do respeito

pelos indivíduos, justiça e igualdade, cuidado pelo bem-estar e o desenvolvimento integral dos alunos e funcionários, integridade e honestidade. (p. 39)

Esses líderes escolares eram "voltados para os relacionamentos", concentravam-se em "padrões profissionais", "olhavam para fora enquanto trabalhavam na escola" (buscavam ideias e conexões em todo o país) e "monitoravam o desempenho da escola". Day e colaboradores concluem:

> Dentro do estudo, também houve amplas evidências de que as pessoas eram consideradas capazes de trabalhar como profissionais, dentro de estruturas claras de valores colegiados, que eram comuns a todos. Havia uma forte ênfase no trabalho de equipe e na participação na tomada de decisões (embora os chefes se reservassem o direito de ser autocráticos). Os objetivos eram claros e de comum acordo, as comunicações eram boas e todos tinham grandes expectativas para si mesmos e para os outros. Todavia, essas culturas colegiadas se mantinham dentro de contextos de organização e contabilização individual, estabelecidos por exigências de normas externas e aspirações internas, que criavam tensões e dilemas constantes, os quais deviam ser administrados e mediados como parte do estabelecimento e da manutenção de culturas efetivas de liderança. (p. 162)

Newmann e colaboradores (2000) confirmam e esclarecem a questão ainda mais, usando o conceito abrangente de "capacidade escolar", que, por sua vez, afeta a qualidade da instrução e a avaliação discente na escola como um todo. A capacidade escolar consiste da efetividade coletiva da equipe, que trabalha em conjunto para melhorar a aprendizagem do aluno para todos. Foram identificados cinco componentes inter-relacionados da capacidade escolar:

1. Conhecimento, habilidades e disposições dos professores.
2. Comunidade profissional.
3. Coerência programática.
4. Recursos técnicos.
5. Liderança do diretor.

Em primeiro lugar, o desenvolvimento profissional relacionado com o conhecimento, as habilidades e as disposições dos professores como membros individuais da equipe é um elemento necessário, mas insuficiente. Óbvio, isso é importante e pode fazer a diferença em salas de aula específicas, mas, a menos que esteja conectado com uma aprendizagem coletiva, não influenciará a cultura da escola. Daí parte o segundo fator, que diz que deve haver desenvolvimento organizacional, pois os recursos sociais ou relacionais são fundamentais para a melhora escolar. Desse modo, a escola deve combinar o desenvolvimento individual com o desenvolvimento de *comunidades profissionais no âmbito escolar*. O desenvolvimento

O significado da mudança educacional 153

individual e coletivo deve ser combinado, para que resulte em um aumento na capacidade escolar.

Todavia, o desenvolvimento individual combinado com comunidades profissionais ainda não é suficiente, a menos que seja canalizado de um modo que combata a fragmentação de diversas inovações por meio de um trabalho com a *coerência programática*, "o nível em que os programas da escola para aprendizagem do aluno e da equipe são coordenados, concentrados em objetivos claros e mantidos por um período de tempo" (Newmann et al., 2000, p. 5). A coerência do programa representa o foco organizacional e a integração. Em quarto lugar, a melhora do ensino exige *recursos* adicionais (materiais, equipamentos, espaço, tempo e acesso ao conhecimento). Finalmente, a capacidade escolar não pode ser desenvolvida na ausência de liderança de qualidade. Posto de forma diferente, *o papel do diretor é estimular os quatro fatores anteriores para melhorar cada vez mais*. Elmore (2000) concorda.

> O trabalho dos líderes administrativos diz respeito principalmente a promover as habilidades e o conhecimento das pessoas na organização, criando uma cultura comum de expectativas em torno do uso dessas habilidades e conhecimentos, mantendo as várias partes da organização unidas em uma relação produtiva entre si e responsabilizando os indivíduos por suas contribuições para o resultado coletivo. (p. 15)

James e colaboradores (2006), cujo estudo revisamos no Capítulo 7, apresentam uma narrativa ainda mais convincente e matizada do papel dos chefes escolares em 12 "escolas fundamentais bastante efetivas" no País de Gales. Sem exceção, dizem James e colaboradores, "todos reconhecem e articulam a importância de proporcionar aos alunos aprendizagem e melhora contínua no ensino da escola" (p. 89). Esses chefes escolares também desenvolviam a liderança em outras pessoas, eram modestos, entendiam o quadro mais amplo e promoviam parcerias com corpos governamentais, autoridades locais e redes além da escola. O papel da liderança, sugerem James e colaboradores, diz respeito "aos comportamentos que proporcionam que os outros assumam o seu papel em relação à principal tarefa definida da instituição" (p. 97).

Meu colega Ken Leithwood tem estudado e desenvolvido lideranças escolares há quatro décadas. A pesquisa atual de Leithwood, Bauer e Riedlinger (2006) em Nova Orleans é um exemplo excelente de como se testam os limites do diretor (se houvesse um teste tornassol para o papel do diretor em condições difíceis, este seria Nova Orleans – antes e/ou depois do furacão Katrina). Os diretores participaram de um programa de bolsas que proporcionava apoio e cultivava a sua liderança ao longo do tempo. Leithwood e seus colegas tiraram 10 lições do estudo com esses diretores:

154 Michael Fullan

1. É possível haver mudanças individuais dramáticas.
2. Uma boa experiência pode dar início a um etos de aprendizagem contínua.
3. É necessário apoio contínuo para que os líderes influenciem a aprendizagem do aluno.
4. A capacitação deve envolver a equipe e o diretor.
5. A ajuda direta e prática na tomada de decisões baseada em dados é especialmente crítica no atual ambiente das políticas públicas.
6. Pratique aquilo que você prega.
7. Com um pouco de dinheiro, faz-se muita coisa.
8. Para um impacto de longo prazo, construa uma comunidade de líderes.
9. Use a comunidade de líderes para manter os líderes bem-sucedidos.
10. Use modelos inspiradores de liderança para recrutar novos líderes.

Leithwood e colaboradores enfatizam que um fator fundamental foi a disponibilidade de oportunidades para "discutir continuamente e analisar programas e práticas, incorporar o *feedback* dos colaboradores, alimentar a rede entre colegas e atuar como o administrador da missão" (p. 23).

Como parte de uma iniciativa multifacetada, conduzida sob os auspícios da Wallace Foundation, Leithwood e sua equipe (2004) recentemente analisaram os estudos existentes para determinar o que sabemos sobre "como a liderança influencia a aprendizagem estudantil". Eles não apenas revisaram o campo da pesquisa, como também fizeram uma "revisão de revisões", consolidando assim uma grande quantidade de pesquisas sobre o tema. Essa revisão abrangente mostrou que os líderes bem-sucedidos tinham três conjuntos de práticas básicas.

1. Estabelecer direções (visão compartilhada e objetivos do grupo, expectativas de desempenho).
2. Desenvolver as pessoas (apoio individual, estimulação intelectual/ emocional, modelagem).
3. Redesenhar a organização (culturas e estruturas cooperativas, construção de relações produtivas com os pais e a comunidade).

O grupo de Leithwood concluiu que a liderança escolar representa um quarto da variação no desempenho estudantil que é explicada por variáveis no nível da escola (as variáveis no nível da escola envolvem um conjunto menor de outros fatores, como a origem familiar).

Em outra revisão minuciosa, Marzano, Waters e McNulty (2005) tiraram conclusões semelhantes. Em *School leadership that works*, os autores analisaram 69 estudos envolvendo 2.802 escolas e aproximadamente 1,4 milhão de estudantes e 14 mil professores. Eles também encontraram uma correlação de 0,25 entre o comportamento de liderança do diretor e o desempenho do aluno, e identificaram 21 comportamentos específicos que influenciavam a aprendizagem do aluno, a maioria deles de

O significado da mudança educacional 155

forma indireta (mas ainda assim, explícita), moldando a cultura e as relações das pessoas dentro da escola e entre a escola e o mundo externo.

Desse modo, deve ficar claro que a melhora escolar é um fenômeno organizacional e, portanto, o diretor, como líder, é a chave. Com toda essa confirmação da literatura e com as muitas tentativas atuais de situar o diretor como líder da mudança, deveríamos pensar que seria fácil fazer progresso. Bem, não é, e é aqui que o progresso significa ir mais fundo no problema e na busca de sua solução.

A complexidade da liderança

Vamos examinar inicialmente três casos em que o papel do diretor foi apresentado como uma parte fundamental da estratégia de mudança. Primeiro, lembramos dos estudos de caso de Chicago, Milwaukee e Seattle realizados pela Cross City Campaign for Urban School Reform (2005). Muito dinheiro e vários dos componentes aparentemente "certos" foram incorporados em uma estratégia distrital plurianual: um foco em alfabetização e matemática, concentração em avaliação para obter dados sobre a aprendizagem, muita capacitação profissional e ênfase nos diretores como líderes instrucionais, com um acompanhamento significativo para a capacitação profissional. O resultado final foi um impacto limitado na sala de aula. Embora estivessem em posição de desempenhar um papel fundamental, "os diretores tinham responsabilidades múltiplas que, muitas vezes, atuavam contra o seu papel de líderes instrucionais" (p. 9).

Com ainda mais proeminência, o papel do diretor foi central para a ocorrência de uma grande reforma em alfabetização e matemática no distrito escolar de São Diego, no período de 1997-2002, que teve um amplo apoio (Hubbard, Mehan e Stein, 2006). A teoria de ação colocava os diretores como "o recurso mais crítico para a orientação profissional e direção instrucional da escola". Chamados para serem os "líderes da instrução", os diretores deveriam passar mais tempo na sala de aula, envolvendo os professores em conversas sobre ensino, e passar menos tempo em questões administrativas, logísticas e financeiras" (p. 75). Os diretores também receberam um considerável apoio direcionado, incluindo trabalho com as relações com líderes instrucionais (que antes cabia aos superintendentes de área, agora voltado para a melhora escolar). Todos os diretores do distrito envolveram-se em visitas com seu líder instrucional, reuniões mensais onde o ensino era o único tema, orientação, grupos de apoio e visitas a outras escolas para observar situações exemplares de prática. Em outras palavras, a estratégia exigiu que os diretores assumissem papéis altamente detalhados e explícitos como agentes de mudança de forma contínua. Ainda assim, foram encontradas grandes dificuldades para relacionar a liderança escolar com a melhora do ensino nas salas de aula. Explicarei isso em seguida, mas, antes, apresento mais um caso.

O estudo de caso de Supovitz (2006), em Duval County, na Florida, é igualmente instrutivo. Mais uma vez, esse é um caso de reforma de cinco anos (neste ponto) no âmbito do distrito, com um firme foco no ensino. Mais uma vez, os diretores foram reconhecidos como atores fundamentais, "integrais para a disseminação da reforma do ensino" (p. 85). Houve uma considerável ênfase e apoio para o desenvolvimento profissional dos diretores em seu novo papel. E, mais uma vez, nada saiu como planejado.

O que aconteceu? Enfim, os legisladores e líderes distritais levaram a sério os resultados de pesquisas sobre o papel dos diretores, mas ainda chegaram a uma rua sem saída. Em minha opinião, existem três explicações básicas. Em primeiro lugar, talvez os distritos tenham entendido mal a estratégia. Eles esperam que os diretores desempenhem papéis que são determinados nos níveis centrais (distrito). Nesse caso, os diretores estão no papel nada invejável de tentar entender a estratégia de outra pessoa. Em segundo, talvez o papel de líder instrucional seja muito mais difícil do que as pessoas imaginem. Desse modo, essa capacidade exige entendimento e habilidades que vão além da preparação e das experiências de capacitação dentro do trabalho da maioria dos diretores. Em terceiro lugar, as novas expectativas foram somadas às tradicionais sem considerar se o novo papel, em sua totalidade, é possível nas atuais condições de trabalho que os diretores enfrentam.

Acredito em uma combinação das três explicações. O efeito líquido é que o papel do diretor está sendo colocado em uma posição impossível. Em suma, as mudanças necessárias para transformar culturas são muito mais profundas do que imaginamos. Os diretores não têm a capacidade de desempenhar os novos papéis e são sobrecarregados por um excesso de responsabilidades que inibem o desenvolvimento e a prática das novas competências – novas obrigações sem que nada seja eliminado. Mudanças difíceis, pouca capacidade, muitas distrações – uma receita para frustração. Em suma, o diretor é essencial, mas ainda não descobrimos como posicionar o seu papel para cumprir a promessa.

O Capítulo 7 e este, em combinação, apresentam uma mensagem poderosa para a reforma escolar. Você lembra do estudo que mostrava que os alunos que tiveram três professores bons em três anos sucessivos se saíram muito melhor? Bem, os alunos de escolas dirigidas por diretores que promovem comunidades profissionais fortes encontram muito provavelmente três bons professores seguidos, independente de ser no mesmo dia ou ao longo dos anos. O problema é que essas escolas são a minoria. Definitivamente, uma tarefa inacabada na agenda da mudança.

9
O aluno

*Por que, em uma sociedade democrática, o primeiro
contato real de um indivíduo com uma instituição
formal deve ser tão antidemocrático?3*

Bowles e Gintis (1976, p. 250-251)

No campo da inovação educacional, é surpreendente o número de vezes que um professor acabará por gritar em desespero: "mas e os alunos?" As inovações e seus conflitos inerentes muitas vezes se tornam fins em si, e os alunos perdem-se em meio à confusão. Quando os adultos pensam nos alunos, eles pensam neles como os beneficiários potenciais da mudança, e pensam em resultados de desempenho, habilidades, atitudes e empregos. *Eles raramente pensam nos alunos como participantes em um processo de mudança e de vida organizacional.* Embora a pesquisa na década de 1980 tenha começado a enxergar os alunos como participantes ativos de sua própria educação, e tenha se tornado mais claro o que devia ser feito, pouca coisa aconteceu de verdade para melhorar o papel dos alunos como membros da escola como uma organização.

Neste capítulo, continuo a perseguir o principal tema do livro. A mudança educacional, acima de tudo, é um fenômeno relacionado com as pessoas, para todo e cada indivíduo. Os alunos, mesmo os pequenos, também são pessoas. A menos que tenham algum papel significativo (para eles), a maior parte das mudanças educacionais, ou a maior parte da educação, fracassará. Peço que o leitor não pense que os alunos devem dirigir a escola, mas que considere a seguinte questão: o que aconteceria se tratássemos os alunos como alguém cujas opiniões importam na introdução e na implementação de reformas nas escolas? Se o significado tem importância para o sucesso dos professores e diretores, não é necessária muita imaginação para se entender que o significado é central para o sucesso do aluno. *Envolvimento* é a palavra-chave. Toda educação bem-sucedida acaba envolvendo os corações e as mentes dos alunos. Uma coisa era tentar isso quando apenas 50% da população de alunos passavam para o próximo nível de formação, mas uma questão muito mais complexa ocorre quando tentamos envolver 95% ou mais dos alunos em uma aprendizagem significativa.

Houve pouco progresso desde a primeira edição deste livro, em 1982, no que diz respeito a se tratar o aluno como um membro sério da escola. Enquanto os cientistas cognitivos e os sociólogos defendem um papel mais fundamental para o aluno em sua aprendizagem, este permanece sendo apenas um potencial a ser realizado. Para esclarecer o argumento, os cientistas cognitivos afirmam que, tradicionalmente, o ensino tem "se concentrado de forma excessivamente limitada na memorização de informações, não perdendo tempo com o pensamento crítico, o entendimento conceitual e o conhecimento aprofundado dos conteúdos" (National Research Council, 1999, p. 25). O ensino e a aprendizagem em busca de um entendimento profundo (de modo que os aprendizes possam aplicar de forma crítica aquilo que sabem para compreender e abordar novos problemas e situações) se tornou o objetivo dessa pedagogia nova e radical (Bransford et al., 1999; Gardner, 1999).

Ao mesmo tempo, mas atuando de maneira totalmente diferente, os sociólogos há muito afirmam que as escolas reproduzem um *status quo* hierárquico, de um modo que na verdade aumenta o abismo entre indivíduos abastados e indivíduos em dificuldades econômicas. Essa circunstância desigual, dizem, está profundamenta arraigada nas estruturas e culturas da sociedade, manifestando-se nos sistemas escolares (Oakes et al., 1999). O terreno comum para os cientistas cognitivos e sociólogos diz respeito à *motivação e aos relacionamentos*, ou seja, somente quando a escola atua de uma forma que conecta os alunos de um modo relacional em uma experiência relevante, envolvente e digna, é que haverá aprendizagem substancial. O fato de apenas uma pequena proporção de estudantes se envolver é uma medida da seriedade do problema.

Para colocar a questão de maneira diferente, quanto mais os sistemas de contabilização se concentram apenas no desempenho cognitivo, maior será a lacuna entre os alunos que se saem bem e os que se saem mal. Isso ocorre porque o principal problema com os alunos desinteressados é que eles não têm uma conexão pessoal significativa com os professores e outras pessoas na escola. Em outras palavras, eles não possuem a capacidade motivacional para se envolver na aprendizagem. De maneira incidental, é por isso que o desenvolvimento emocional das crianças deve acompanhar o desenvolvimento cognitivo. Os estudantes emocionalmente desenvolvidos têm habilidades individuais e sociais que possibilitam que eles se envolvam de uma forma motivada com os outros

O significado da mudança educacional   159

alunos, o que é a rota para um desempenho cognitivo maior (ver Gordon, 2005). É claro que a inteligência emocional é um objetivo desejável por si só, pois produz cidadãos melhores que conseguem funcionar bem em um mundo complexo e estressante (Goleman, 1995, 1998).

Em suma, devemos combinar as ideias dos cientistas cognitivos, que têm trabalhado no problema de como envolver todos os alunos, com os *insights* dos sociólogos, que mostram como as relações de poder na escola devem ser alteradas se quisermos fazer um progresso substancial nessa agenda. Quando essas duas forças são integradas na cultura das comunidades profissionais de aprendizagem, os educadores nesses tipos de escolas atuam, de fato, como "agentes morais da mudança", ou, na expressão de Oakes e colaboradores (1999), como educadores com "paixão pelo bem público". Mas onde estão os alunos nessa equação? Iremos discutir dois aspectos do envolvimento do aluno no contexto de *reconstituir a cultura da sala de aula* e *reconstituir a cultura da escola*.

Onde os alunos estão

A pesquisa sobre as experiências de alunos é limitada e dispersa em muitos campos. A disseminação e a continuidade desse trabalho tem tido o grande apoio do ótimo *International handbook of student experience in elementary and secondary schools*, organizado por meu colega Dennis Thiessen (no prelo). Com 28 capítulos e mais de 1.300 páginas, o manual reúne o que sabemos no estágio atual. Ele mostra a falta de atenção, de maneira substancial, ao envolvimento do aluno, mas também a promessa de uma linha de pesquisa que traga o aluno à vida. Thiessen começa com a conclusão de Erickson e Shultz (1992), que se concentram nas experiências dos alunos e no currículo. Nessa pesquisa, os alunos são apresentados *"agindo* na sala de aula, em vez de *pensando, pretendendo* e *demonstrando interesse"* (p. 480, ênfase no original). Erickson e Schultz concluem:

> Em suma, não foi realizada praticamente nenhuma pesquisa que coloque a experiência dos alunos no centro da atenção. Não enxergamos os interesses dos alunos e seus medos conhecidos e desconhecidos. Não enxergamos o interesse mútuo dos alunos e professores ou o que o aluno e o professor pensam ou fazem durante esse interesse mútuo. Se o aluno está visível em um estudo, ele geralmente é visto pela perspectiva dos interesses e modos de enxergar do educador adulto, ou seja, como um fracasso, um sucesso, motivado, competente, desmotivado, respondendo, ou entendendo de forma incorreta. Raramente, a perspectiva do aluno é explorada. São necessárias muitas pesquisas para revelar os tipos de variações na experiência do aluno que podem ser obtidas em cada disciplina e entre as disciplinas e em cada série e entre as séries. De fato, estamos sugerindo aqui que a evolução da experiência do aluno com o currículo deve ser estudada ao longo de toda a carreira do aluno na escola. Sabemos relativa-

160   Michael Fullan

mente pouco sobre a ecologia social e cognitiva da experiência do aluno em relação ao currículo. De que modo isso varia com as origens sociais dos alunos e professores, e com os tipos de escolas onde aprendem e lecionam? Atualmente, não entendemos como o intelecto, a vontade, a cultura e a política se encontram na interseção entre materiais curriculares, arranjos de sala de aula, abordagens pedagógicas e estudantis, dentro dos quais a aprendizagem supostamente acontece por meio da experiência subjetiva. (p. 467-468)

De 1970 a 1977, estive envolvido em um projeto de pesquisa concentrado no papel dos alunos nas escolas de Ontário (ver Fullan e Eastbrook, 1973; Fullan, Eastbrook e Biss, 1977). Começamos com uma pesquisa com alunos de 46 escolas de Ontário, que representavam uma variedade de ambientes de cidades grandes e médias, além de zonas nobres e rurais. Foram coletadas informações sobre uma amostra aleatória de estudantes da quinta à décima terceira série (as escolas do ensino médio de Ontário iam até a décima terceira série naquela época). As informações foram obtidas diretamente com o uso de questionários na sala de aula. A amostra original era de 3.972 alunos, dos quais tivemos o retorno de 3.593, ou uma taxa de resposta de 90%. As questões tinham formato de escolha fixa e questões abertas que pediam comentários. Categorizamos as respostas segundo três níveis: escola fundamental (quinta e sexta séries, ou quinta a oitava em algumas escolas), séries avançadas (sétima a nona) e ensino médio (nona, ou décima a décima terceira em algumas escolas). Nossos resultados podem ser resumidos conforme a seguir:

1. Uma pequena proporção de alunos acreditava que os professores entendiam o seu ponto de vista, e a proporção diminuiu com o nível educacional – 41%, 33% e 25% do fundamental, séries avançadas e ensino médio, respectivamente.
2. Menos de um quinto dos alunos disse que os professores pediram suas opiniões e ideias sobre o que e como deviam ensinar (19%, 16%, 13%), um resultado que replicamos em trabalhos subsequentes em diversas salas de aula de outras escolas.
3. Acreditava-se que os diretores e vice-diretores não ouviam ou não eram influenciados pelos alunos.
4. Porcentagens substanciais de alunos (29, 26, 50%), incluindo um em cada dois alunos do ensino médio, disseram que "a maioria das minhas aulas ou tarefas é chata".

Os comentários escritos nas questões abertas discutiam o significado das respostas fixas. Por volta de mil alunos (de um total de quase 3.600) escreveram comentários sobre a sua escola. Desses, quase 30% refletiam atitudes positivas como:

O significado da mudança educacional　161

- Os professores são simpáticos. (fundamental)
- Esta escola é ótima. (séries avançadas)
- Acho que a escola onde eu estudo está boa do jeito que está agora. Ela não precisa de mudanças. (séries avançadas)
- Gosto da minha escola porque ela tem técnicas, métodos de ensino e instalações modernas. É uma escola limpa e atualizada. Acho que eles deviam deixar a escola do jeito que ela é. (ensino médio)

Os outros 70% dos comentários indicavam aquilo que geralmente se chama de "o tema da alienação":

- Acho que as escolas devem fazer os alunos se sentirem confortáveis, e não tensos. (ensino médio)
- Não acho que os professores se importam realmente com o que acontece com os alunos, desde que ganhem seu dinheiro. (fundamental)
- Sei que a escola é importante para mim e que eu preciso dela para chegar a algum lugar na vida. Mas estou começando a entender que essa razão não é suficiente. Não gosto da escola atualmente. É o último lugar onde eu quero estar. Se eu não fosse tão tímido, imagino que conseguiria expressar estes sentimentos para um professor, mas nunca falei com nenhum, nem mesmo para pedir ajuda extra. (ensino médio)
- Só estou na escola para poder ir para a faculdade, para ganhar mais dinheiro do que eu ganharia se largasse a escola agora. Não gosto particularmente da escola, na verdade, às vezes, eu odeio ela, mas também não quero ser pobre. (ensino médio)

Nossas questões sobre os diretores e vice-diretores estimularam muitos comentários dos alunos das séries avançadas e do ensino médio, nas seguintes linhas:

- Nunca falei com o diretor, e nem sei quem é o vice-diretor.
- É difícil falar qualquer coisa sobre o diretor. Ele está sempre se escondendo.
- Nunca o vemos, e eu acho que os únicos alunos que ele conhece são os representantes de turma. Ele parece um cara legal; mas quem saberia de verdade, se ele está sempre no escritório?

Finalmente, fizemos uma pergunta aberta sobre o que os alunos pensavam sobre o questionário e o projeto. Isso abriu uma comporta. Mais de um terço dos alunos escreveu respostas, quase todas indicando que eles estavam interessados nos temas e que tinham algo a dizer. Respostas típicas entre essas 1.200 respostas foram:

- Acho que esse projeto é muito interessante, de várias maneiras. Ele faz muitas perguntas que nunca me fizeram antes. (fundamental)
- Acho ótimo que os adultos queiram saber a nossa opinião. Acho que eles nos tratam como bebês. (fundamental)

162   Michael Fullan

- Isso me fez pensar em coisas que eu nunca tinha pensado muito, e nos mostra para a instituição, faz com que ela tome conhecimento sobre o que nós alunos pensamos sobre a escola. (séries avançadas)
- Sem comentários. Só que isso pode ajudar os professores ou o comitê de planejamento a entender como as aulas e os conteúdos que nós temos são ruins. (ensino médio)
- Acho que é um projeto excelente. Ele dá ao cara no degrau debaixo da escada uma chance de liberar seus sentimentos e dizer algo sobre essa maldita escola. (ensino médio)

Com o passar dos anos, pouca coisa mudou para a maioria dos alunos, além do fato de a vida ter se tornado mais complicada. Com base nesse estudo nacional, Goodlad (1984) afirma que "a aprendizagem parece melhorar quando os alunos entendem o que se espera deles, obtêm reconhecimento por seu trabalho, aprendem rapidamente sobre os seus erros e recebem orientação para melhorar o seu desempenho" (p. 111). Ainda assim, observou que "mais da metade dos alunos das séries avançadas do fundamental relata que muitos alunos não sabem o que devem fazer em sala de aula" (p. 112). Pelo menos 20% dos alunos do ensino médio não entendiam as instruções e os comentários dos professores. Direto ao tema deste livro, Goodlad observa:

> Em algum lugar, creio eu, lá na escola fundamental, provavelmente na quinta e sexta séries, ocorre uma mudança sutil. O currículo – conteúdos, tópicos, livros-texto, livros de exercícios e o resto – se coloca entre o professor e o aluno. Jovens humanos passam a ser vistos apenas como estudantes, valorizados principalmente por sua aptidão e habilidade acadêmica do que como pessoas individuais, preocupadas com as necessidades físicas, sociais e pessoais que são únicas das suas circunstâncias e estágio de vida. (p. 80)

À medida que os alunos avançavam ao longo das séries, Goodlad e colaboradores mostram que "havia um uso cada vez menor de elogios e apoio do professor para a aprendizagem, menos orientação corretiva, uma limitação na variedade de técnicas pedagógicas e menor participação dos alunos em determinar a condução diária de sua educação" (p. 125). Vemos, segundo Goodlad, "um declínio das séries inferiores para as avançadas no nível de apoio do professor para os alunos como pessoas e aprendizes" (p. 126).

Da mesma forma, Sarason (1982) alega que os alunos do nível fundamental não participam do processo pelo qual os padrões da sala de aula são estabelecidos. O autor realizou um estudo de observação informal para ver como as regras da sala de aula eram formadas (aquilo que ele chama de "a constituição da sala de aula"), e quais pressupostos sobre os alunos estavam implícitos no processo. Nas palavras de Sarason, "os resultados foram bastante claros". As regras eram determinadas in-

O significado da mudança educacional **163**

variavelmente pelo professor, e os professores nunca solicitavam as opiniões e sentimentos dos alunos ao desenvolverem as regras. Sarason sugere diversas premissas por trás do comportamento observado.

1. O professor sabe mais.
2. As crianças não podem participar construtivamente do desenvolvimento de regras.
3. As crianças não estão interessadas nessa discussão.
4. As regras são para as crianças, e não para o professor (as regras dizem o que as crianças podem e não podem fazer, mas não o que o professor poderia ou não fazer), e assim por diante (p. 175-176).

Sarason observou que os professores raramente, ou nunca, discutiram as suas ideias sobre o planejamento ou a aprendizagem. Nunca houve questões relacionadas com os pressupostos e teorias da aprendizagem e raciocínio por parte dos professores, se as crianças estavam interessadas nessas questões e se elas conseguiriam falar a respeito. Pelo contrário, a tarefa do aluno era entender a mensagem certa e aprender os fatos. Sarason comenta que os professores "criaram involuntariamente essas condições, que pessoalmente considerariam cansativas" (p. 182).

Contudo, a questão central está contida no trecho a seguir:

> A questão que quero enfatizar é que parece que as crianças sabem relativamente pouco sobre o que o professor pensa em relação à sala de aula, ou seja, o que ele leva em conta, as alternativas que considera, as coisas que pensa sobre as crianças e a aprendizagem, o que ele faz quando não tem certeza do que deve fazer, como ele se sente quando algo dá errado. (p. 185)

Anteriormente, falei que as vidas dos alunos estavam se tornando mais complexas. Dryden (1995) passou um ano fazendo observações em salas de aula em uma escola do ensino médio de Ontário e concluiu que "existe tanta coisa acontecendo na vida de cada criança, cada história é tão complicada" (p. 84). Os alunos muitas vezes se desconectam da sua própria aprendizagem, e é muito difícil para os professores entrarem em seu mundo. Muitos professores, relata Dryden, acabam, metaforicamente falando, lecionando "para a fila da frente", atingindo 10 ou menos alunos em uma classe de 30. Noddings (2005) capta essa frustração na relação entre o aluno e o professor.

> A maior queixa individual dos alunos na escola é que "eles não estão nem aí". Eles se sentem alienados do trabalho escolar, separados dos adultos que tentam ensinar para eles e à deriva em um mundo considerado confuso e hostil. Ao mesmo tempo, a maioria dos professores trabalha muito e expressa uma profunda preocupação por seus alunos. De um modo importante, os professores se importam sim, mas são incapazes de fazer as conexões que formariam relacionamentos solidários com seus alunos. (p. 2)

Um ponto de partida, então, é entender as razões e as consequências fundamentais para a falta de envolvimento dos alunos na aprendizagem. Em um dos primeiros estudos em que perguntaram aos alunos o que eles pensavam, Rudduck, Chaplain e Wallace (1996) fazem uma síntese abrangente das consequências da falta de envolvimento, conforme a percepção dos alunos.

1. *Percepções de si mesmos* – os alunos que não se envolvem:
- têm menos autoestima do que os colegas envolvidos;
- têm características que tendem a dificultar o desempenho acadêmico, incluindo: "desistir com facilidade do trabalho escolar" . . .;
- incomodam-se mais provavelmente com a escola de forma regular.

2. *Percepção do trabalho escolar* – os alunos que não se envolvem:
- consideram as tarefas de casa difíceis, pois costumam ter dificuldades na classe;
- não gostam de disciplinas com uma grande proporção de trabalho escrito (p.ex., inglês);
- não gostam de disciplinas que não entendem (especialmente línguas modernas);
- têm muita ansiedade sobre a sua capacidade (p.ex., perto dos exames).

3. *Relacionamento com os colegas* – os alunos que não se envolvem:
- envolvem-se mais provavelmente em incidentes de *bullying*[*];
- sentem pressão de seus amigos mais próximos quando estes apresentam um bom desempenho;
- são considerados por muitos de seus colegas mais envolvidos como um obstáculo e um incômodo para o trabalho da sala de aula.

4. *Relacionamento com os professores* – os alunos que não se envolvem:
- em geral consideram os professores injustos com os alunos, mas particularmente com eles;
- acreditam que os professores expressam comportamentos negativos para com eles, no sentido verbal e não-verbal;
- gostariam de ter um professor em quem pudessem confiar e com quem conversar;
- consideram os professores os principais responsáveis pelo seu fracasso na escola.

5. *Percepções do futuro* – os alunos que não se envolvem:
- apresentam níveis elevados de ansiedade em relação às suas chances futuras no mundo do trabalho;

---

[*] N. de RT. *Bullying* – Termo inglês utilizado para descrever atos de violência física ou psicológica, intencionais e repetidos, praticados por um indivíduo (*bully* ou "valentão") ou grupo de indivíduos com o objetivo de intimidar ou agredir outro indivíduo (ou grupo de indivíduos) incapaz(es) de se defender.

- apesar das mensagens negativas da escola, querem persistir e ter sucesso nos exames;
- enxergam uma relação direta entre ter sucesso nos exames e conseguir um emprego;
- são mais prováveis de buscar um emprego aos 15 anos (p. 111).

Infelizmente, as porcentagens dos alunos que não apresentam envolvimento são elevadas, e a proporção aumenta à medida que os alunos ficam mais velhos. Em suma, no que diz respeito à mudança, são necessárias novas abordagens para atrair todos os alunos para que se envolvam em sua própria aprendizagem e na de seus colegas. Isso se aplica a alunos que parecem estar indo bem e especialmente àqueles que estão desconectados.

O aluno e a mudança

Já comentei as duas mudanças inter-relacionadas que devem ocorrer nas culturas das salas de aula e das escolas para que *todos os alunos* considerem a educação envolvente e significativa. Existe uma linha de pesquisa e prática inovadora da última década que Thiessen (no prelo) chama de: "Como os estudantes estão envolvidos ativamente na criação de suas próprias oportunidades de aprendizagem e em melhorar o que acontece nas salas de aula e nas escolas". Os dois temas, conforme já falei, envolvem mudar a maneira como o ensino ocorre na sala de aula, e mudar a maneira como os alunos participam na criação da cultura da escola.

Reconstituindo a cultura da sala de aula

Antes de tudo, deixe-me reiterar que os alunos notam aquilo que diz respeito à maneira como eles e outras pessoas estão sendo tratadas! Especialmente afetados são aqueles que McLaughlin e Talbert (2001) chamam de "alunos não-tradicionais" (aqueles que não vêm de famílias com boa situação econômica – nos dias de hoje, a maioria dos estudantes). Mesmo os tradicionais não alcançam um entendimento profundo se usarmos indicadores mais avançados de aprendizagem (p.ex., aplicar conhecimento para resolver problemas em situações novas), mas tiram boas notas e gostam da clareza de saber o que se espera deles.

Todavia, McLaughlin e Talbert (2001) observam que os alunos não-tradicionais apresentam dificuldades nessas "salas de aula direcionadas para o professor e, às vezes, impessoais".

Por exemplo, uma aluna de origem latina na escola Valley descreveu a sua experiência com o professor de matemática, que acreditava que todos os seus alunos eram "o problema".

Oh, eu morria de medo daquela aula. Eu não ia muito bem. No final, fiquei com um B, mas não era o que esperava ... era uma aula difícil, pois ele não explicava o material. Era como se ele desse aula na faculdade ao mesmo tempo que dava aula no ensino médio. É como se ele trouxesse aquelas técnicas para o ensino médio. E nós andávamos tão rápido que não conseguíamos acompanhar ele. E era muito difícil. (p. 27)

Quando mudam essa situação, os professores fazem a diferença: "Os professores que entendem os seus alunos não-tradicionais representam uma voz para dizer que as mudanças nas práticas de sala de aula são essenciais não apenas para satisfazer as necessidades dos alunos contemporâneos, mas também para dar suporte ao sentido de eficácia dos professores". Um professor disse: "Os professores estão acostumados a falar e dar aula ... e não estão satisfeitos com o desempenho atual dos alunos, pois eles não estão com um bom desempenho. Nós também precisamos crescer e mudar e evoluir" (p. 28-29). Os professores que tinham êxito com todos os alunos, devemos lembrar, "davam aulas em escolas e departamentos com uma comunidade profissional forte envolvida em fazer inovações que amparassem a aprendizagem e o sucesso dos alunos e professores" (p. 34).

Ainda falando da sala de aula, as novas descobertas pedagógicas estão tendo um grande impacto positivo por intermédio dos novos avanços na "avaliação para a aprendizagem". A avaliação para a aprendizagem envolve os alunos em sua própria aprendizagem, usando dados diretos e indiretos sobre o desempenho estudantil para alterar a aprendizagem voltada para as necessidades e interesses do indivíduo. Um dos expoentes nesse campo nos Estados Unidos, Richard Stiggins (2005), caracterizou esses avanços como essenciais para atender os recentes 95%, contra o ensino tradicional, o qual atendia no máximo a metade dessa porcentagem.

Além disso, a avaliação para a aprendizagem muda o lugar dos alunos e, consequentemente, o papel dos professores na equação da aprendizagem. O trabalho de Paul Black e colaboradores (2003) na Inglaterra deixa isso bastante claro. A avaliação para a aprendizagem, lembra-nos Black, é "qualquer avaliação cuja principal prioridade seja servir ao propósito de promover a aprendizagem dos alunos" (p. 2). Black e seu grupo trabalharam com 36 professores de inglês e matemática em seis escolas de ensino médio da Inglaterra. O objetivo era melhorar quatro áreas de aprendizagem na sala de aula: questionamento, *feedback* por meio de tarefas de sala de aula, autoavaliação e avaliação entre colegas e o uso formativo de testes cumulativos (i.e., testes para contabilização externa). Conforme Black e colaboradores observam, "é muito difícil para os alunos alcançarem um objetivo de aprendizagem, a menos que entendam o objetivo e consigam avaliar o que precisam para alcançá-lo. Assim, a autoavaliação é essencial para a aprendizagem. Na prática, a avaliação entre colegas se mostra um complemento importante e pode ser um pré-requisito

O significado da mudança educacional   167

para a autoavaliação" (p. 49-50). Um aluno colocou a questão da seguinte maneira: "Depois que outro aluno avaliou o meu trabalho, ficou mais fácil reconhecer meus enganos. Espero que não tenha sido apenas eu que tenha aprendido com o trabalho, mas o colega que avaliou também. Da próxima vez, vou fazer minhas explicações mais claras, pois eles disseram que 'é difícil entender'... Agora, vou explicar minha equação para que fique mais clara" (p. 66). O efeito geral sobre o nexo professor-aprendiz é considerável.

> Quando os professores começaram a ouvir com mais atenção as respostas dos alunos, eles passaram a entender melhor que a aprendizagem não é um processo de recepção passiva de conhecimento, mas um processo em que os alunos criam o seu próprio entendimento ativamente... Os professores desenvolveram gradualmente ambientes de aprendizagem concentrados na melhora, e isso foi alcançado pela evolução e aprendizagem cooperativa solidária dentro das salas de aula. (p. 59)

À medida que o projeto avançou, muitos professores se afastaram da percepção de que seus alunos tinham níveis fixos de habilidade. Os professores começaram a entender (i.e., experimentar) que são os alunos que têm de aprender. Algo que os professores já sabiam se tornou mais explícito e mais acessível à ação corretiva, ou seja, que os professores não podem aprender pelos alunos. Um professor expressou esse aprendizado da seguinte maneira.

> Ficou óbvio que uma maneira de fazer mudanças *significativas e sustentáveis* era fazer com que os alunos pensassem mais. Então, comecei a procurar maneiras de tornar o processo de aprendizagem mais transparente para eles. De fato, atualmente, passo meu tempo procurando maneiras de fazer com que os alunos assumam a responsabilidade pela sua aprendizagem, ao mesmo tempo tornando a aprendizagem mais cooperativa. (p. 94-95, ênfase do autor)

Essas mudanças pedagógicas fazem a diferença no envolvimento dos alunos e, como observaram Black e colaboradores, têm um impacto positivo sobre a capacidade de desfrutar da aprendizagem e sobre o desempenho em testes externos: "Se essas práticas fossem replicadas em toda escola, elas aumentariam o desempenho de uma escola no 25° percentil para mais da metade" (p. 29). Sei que pareço um disco arranhado, mas a razão pela qual temos que fazer essas mudanças é que estamos atendendo, pela primeira vez, mais de 95% de uma população de alunos que é maior, mais diversa e mais complexa do que nunca antes. Isso significa que a cultura da sala de aula deve mudar e, se isso ocorrer, temos que ir além. Desse modo, precisamos envolver quase 100% das salas e, para tanto, precisamos mobilizar toda a comunidade profissional, um argumento defendido nos Capítulos 7 e 8.

Reconstituindo a cultura escolar

A boa nova é que existe um movimento pedagógico rumo aos tipos de experiências de aprendizagem retratadas por Bransford, Black e outros, mas a má notícia é que ele não avançou muito. A próxima fase, eu diria, exige incluir os alunos na equação, como participantes proativos. Mas por enquanto, estamos falando de professores, descobrindo o que eles devem fazer de diferente para atingir mais alunos na sala de aula – uma mudança dramática na cultura da sala de aula, com certeza. Mas e se convidássemos os alunos a irem ainda mais longe? E se a voz dos alunos contasse? Ruduck e colaboradores (1996) fazem essa sugestão.

> Aqueles com uma inclinação para a melhora nas escolas podem começar convidando os alunos a falar sobre o que torna a aprendizagem difícil para eles, o que diminui a sua motivação e envolvimento, e o que faz alguns desistirem e outros aceitarem uma posição de "risco mínimo, esforço mínimo" – embora saibam que é importante ir bem. (p. 31)

Rudduck e colaboradores também argumentam que "por trás da máscara de desinteresse que alguns alunos usam para ocultar a sua ansiedade em relação ao futuro, há uma preocupação com o sucesso e uma certa compreensão das consequências de não ter sucesso" (p. 3). Além disso:

> Os alunos entrevistados tinham uma compreensão bastante sofisticada dos aspectos do sistema escolar que obstruíram a sua aprendizagem e dos aspectos que ajudaram ... todos eles tinham suas próprias preocupações em relação à escola, mesmo aqueles que tinham um bom desempenho em todo o currículo. Seus comentários mostram que eles tinham ideias sobre como as escolas deviam ser, que estavam preparados para explicar as suas visões, e que os professores podiam aprender em conversas com eles. (p. 85)

Rudduck (no prelo) continua esse trabalho. A autora observa que "nos últimos 20 anos, as escolas mudaram menos em seus regimes e padrões de relações do que as crianças mudaram" (p. 1.036). Mesmo aqueles interessados na voz dos alunos podem não correr o risco de ir além, enxergando os "alunos principalmente como fontes de dados interessantes e utilizáveis, mas tendo provavelmente menos objetivos que sejam expressos em termos da comunidade" (p. 1.041). Os alunos logo se cansam de convites que "(a) expressem uma visão sobre questões que não consideram importantes; (b) sejam formulados com uma linguagem que considerem restritiva, alienante ou paternalista e (c) resultem raramente em ações ou diálogos que afetem a qualidade das suas vidas" (p. 1.069).

Rudduck reconhece os desafios envolvidos em se levar a sério a voz dos alunos, incluindo os riscos pessoais envolvidos na inovação, o problema de encontrar tempo em um currículo saturado, o debate sobre o desempenho e o que é valorizado, e muitas outras questões. Ainda assim, ela

O significado da mudança educacional   169

diz que quando os alunos são envolvidos por meio de uma facilitação hábil, eles conseguem abordar problemas e questões que são fundamentais para a melhora escolar. Rudduck (no prelo) realizou uma pesquisa com professores sobre o seu projeto de consultar os alunos. Na pesquisa, 84% dos professores disseram que a consulta estava tendo um impacto positivo na autoestima dos alunos, 80% pensavam que a consulta estava ajudando os alunos a desenvolver uma postura mais positiva para com as escolas e a aprendizagem e 75% acreditavam que ela ajudava os alunos a desenvolver posturas mais positivas para com os professores.

Fielding (2001) leva o argumento mais além em seu estudo dos "alunos como agentes radicais da mudança". Como todas as fontes que usei neste livro, o estudo de Fielding não é sobre ideias e conversa. Todas as fontes baseiam-se em ações, promovendo assim um debate baseado em evidências científicas (Pfeffer e Sutton, 2006). Fielding e sua equipe trabalharam na Sharnbrook Upper School em Bedfordshire, na Inglaterra, com três coortes[*] de alunos em um "projeto com estudantes como pesquisadores". Os estudantes e os professores "foram capacitados em técnicas de pesquisa e coleta de dados, além de estabelecerem uma visão compartilhada dos valores, disposições e compromissos que tornariam a parceria entre alunos e membros da equipe mais real e rigorosa" (p. 125). Nas três coortes, os alunos e professores investigaram uma série de temas: a voz dos alunos, a experiência dos alunos como professores, profissionais envolvidos em educação, o sistema de avaliação da escola, a qualidade da merenda escolar, o programa de habilidades para a vida, e um projeto de pesquisa de três anos com o Chile, que usava alunos-pesquisadores como agentes no desenvolvimento de pedagogias e materiais curriculares dedicados ao desenvolvimento de educação em e para a democracia. Vários dos projetos "tiveram um impacto substancial e imediato" sobre a escola (p. 126).

Outro programa que tem tratado os alunos com seriedade é o Manitoba School Improvement Program (MSIP) (Earl e Lee, 1999; Pekrul e Levin, no prelo). Por 15 anos, esse programa tem apoiado professores para mudarem a maneira como trabalham com seus alunos e seus colegas professores. Alunos que pareciam fechados e inatingíveis geralmente se tornam os principais defensores da mudança positiva quando se faz a conexão certa. Uma aluna falou que "algo que parecia ser um caminho impossível na vida havia sido alterado", graças aos professores que haviam trabalhado com ela. "Mas o que mais agradeço é que todos vocês me expuseram a uma atmosfera de esperança e força" (Earl e Lee, 1999, p. 33).

Por volta de 1998, o MSIP entrou na segunda fase, que se baseia principalmente em desenvolver estratégias e mecanismos para que os alunos do ensino médio participem e ajudem a criar novas direções para

---

[*] N. de R.T. Coorte em estatística é um conjunto de pessoas que têm em comum um evento que se deu no mesmo período. Por exemplo, coorte de pessoas que nasceram em 1960; coorte de mulheres casadas em 1999.

o envolvimento e a aprendizagem estudantis. Da forma como evoluiu, o MSIP aproximou-se cada vez mais da voz dos alunos em um grande número de escolas do ensino médio de Manitoba (50 das 200 escolas do ensino médio tiveram projetos do MSIP, mas nem todas sobre a voz dos alunos). Pekrul e Levin (no prelo) concluem que "combinando tarefas cooperativas e autênticas que constroem as habilidades e a confiança, e ampliando a arena de influência estudantil, os processos envolvendo a voz dos alunos dão a eles uma voz confiável, permitindo que tenham um impacto sobre uma instituição que desempenha um papel fundamental em suas vidas" (p. 1.272). Foram lançados diversos projetos de pesquisa e discussões para analisar as vidas dos alunos na escola, incluindo questões centrais para a aprendizagem, como "qual é o propósito da aprendizagem", "quais são as condições que facilitam a aprendizagem" e "quais são os processos que facilitam e dão suporte à aprendizagem" (p. 1.285). Novamente os alunos demonstram ter ideias valiosas e realistas e, é claro, se tornam mais cientes dessas questões relacionadas com a aprendizagem à medida que as analisam. Pekrul e Levin identificaram as lições aprendidas na última década desse trabalho.

- Alunos motivados e envolvidos são centrais para a continuidade da mudança escolar.
- As escolas que participaram do MSIP que eram mais abertas para a voz dos alunos observaram – às vezes para sua própria surpresa – que os estudantes podem ser grandes aliados em seu trabalho, exercendo um efeito poderoso sobre o apoio dos pais e da comunidade para a mudança.
- A voz dos alunos não diz respeito apenas a apoiar a melhora escolar, mas traz benefícios educacionais por si só ... os alunos consideraram a experiência valiosa para a sua aprendizagem e para desenvolver confiança e liderança.
- Embora a voz dos alunos tenha muitos aspectos positivos, ela não é tão disseminada quanto se gostaria.
- A voz dos alunos somente aparece quanto existe comprometimento e apoio da escola... os alunos precisam de apoio para desenvolver suas vozes efetivamente.
- Como os alunos tendem a ser ansiosos em relação ao tempo, eles precisam que haja alguma ação após a sua participação. (p. 1.294-1.297)

Conforme mencionei anteriormente neste capítulo, os alunos da escola fundamental também têm *insights* e ideias. Eles têm visões claras sobre os seus diretores, especialmente se esses diretores são líderes visíveis, como observaram Day e colaboradores (2000): "Existe um reconhecimento [por parte dos alunos] de que todos os alunos, em troca por um ambiente seguro e solidário, devem trabalhar duro, e que o trabalho duro será recompensado" (p. 123).

O significado da mudança educacional   171

As crianças, em outras palavras, são recursos muito pouco utilizados. Um exemplo significativo está no manual de campo em educação de Senge e colaboradores (2000), em um capítulo entitulado "As crianças como líderes", que descreve os esforços do Movimento das Crianças pela Paz na Colômbia, organizado por jovens de 6 a 18 anos. Contra probabilidades horríveis, eles estão tentando levantar questões sobre como melhorar aquele que é um ambiente cotidiano letal.

> Mais de 850 mil crianças colombianas foram expulsas de suas casas pela violência durante os últimos 12 anos. Pelo menos 2 mil crianças com menos de 15 anos foram recrutadas ou estão em grupos paramilitares, algumas com apenas 8 anos. Mais de 4 mil crianças foram assassinadas apenas em 1996, com o número continuando a crescer a cada ano; e a impunidade é geral. (p. 546)

Inicialmente, o Movimento das Crianças pela Paz responde, talvez, levantando mais questões do que fornecendo respostas:

> O nível em que a maioria das crianças "entende" essa situação complexa é diferente do observado para os adultos. Elas pensam menos em questões políticas e econômicas e mais em justiça e equidade. Talvez como resultado, sua definição para a busca pela paz seja bastante ampla – incluindo qualquer atividade que melhore a qualidade de vida em uma comunidade afetada pela violência. (p. 549)

Obviamente, essa é uma situação extrema, mas ilustra a questão. A sociedade é complexa, e as características e necessidades das crianças são diversas. Elas não apenas devem ser parte da solução, como, em muitos casos, acabam tendo ideias melhores. A sabedoria da multidão vence novamente! (Surowiecki, 2004).

Em sua chamada por uma mudança radical na educação, Wilson e Barsky (2006) dizem que: "Não há como exagerar a necessidade de expandir vastamente o papel das crianças no trabalho dos adultos na escola, e de garantir que esse trabalho (a) seja instrutivo para a educação de cada criança e (b) reduza drasticamente as pressões cotidianas sobre os professores, administradores escolares e outros trabalhadores remunerados da escola" (p. 10).

Para complementar o argumento deste capítulo, tratar os alunos como *pessoas* se aproxima bastante de "viver" os objetivos educacionais acadêmicos, pessoais e sociais que são declarados na maioria dos documentos das políticas públicas. Mas mais que isso, envolver os alunos na construção de seu próprio significado e aprendizagem é fundamentalmente essencial do ponto de vista pedagógico – eles aprendem mais e se motivam para ir além.

Da mesma forma que as comunidades profissionais de aprendizagem estabelecem uma forte pressão e criam condições de aprendizagem para motivar os professores desinteressados, resolver as dificuldades para conectar os alunos desinteressados é a rota para a realização cognitiva e afetiva dos alunos. Isso lembra-nos que esse trabalho deve lidar com ambas as faces do envolvimento estudantil: a cultura da sala de aula em termos da aprendizagem cotidiana e a cultura da escola e da comunidade. Um segundo lembrete: as estratégias de envolvimento estudantil devem alcançar todos os alunos, aqueles que estão indo bem mas que se sentem desmotivados com a irrelevância da escola e aqueles em situação de desvantagem econômica que consideram as escolas cada vez mais alienantes à medida que avançam de série. A ironia é que a maioria dos professores quer ter uma boa impressão junto aos alunos, e a maioria dos alunos sabe que o sucesso na escola é benéfico. Deve-se chegar ao significado em cada nível do sistema, mas, se isso não for feito no nível do aluno, *para a vasta maioria deles*, tudo estará perdido.

10

Os pais
e a comunidade

De quem é a escola, afinal?

Gold e Miles (1981)

Em *What's worth fighting for out there*, Hargreaves e eu (1998) argumentamos que esse *"out there*"* hoje significa "aqui dentro". Observamos que os limites da escola hoje são permeáveis e mais transparentes, além de que isso é *inevitável e desejável*. É inevitável porque existe uma pressão inexorável por contabilização em nossas instituições públicas e muitos meios atualmente para agir para tal propósito, incluindo a acessibilidade crescente a informações em uma sociedade baseada na tecnologia. É desejável porque, na sociedade pós-moderna, não se pode mais fazer o trabalho de educar sem combinar forças, pois ele se tornou complexo demais para qualquer grupo (como os professores) fazer sozinho. Essas novas formas de parceria são ameaçadoras e complexas. Contudo, concluímos que, como o *"out there"* vai nos alcançar de qualquer maneira, em seus próprios termos, por que não nos aproximamos do perigo para ter uma chance de fazer um pouco em nossos próprios termos? Este capítulo fala de pais e comunidades, por um lado, e administradores e professores, por outro, aproximando uns dos outros – um processo que é muito mais delicado no início (quando se está trabalhando a partir de uma base de ignorância mútua) do que quando já se está no caminho.

Se os professores e administradores que passam de 40 a 60 horas por semana imersos no mundo educacional têm dificuldade para compreender o significado da mudança educacional, imagine como é para os pais. Se os pais com mais formação educacional ficam desconcertados, o que dizer dos menos preparados, que sempre se sentem desconfortáveis ao lidar com a escola?

---

* N. de R.T. *Out there* – A tradução literal é lá fora.

A questão do envolvimento dos pais e da comunidade nas escolas tem sido tema de centenas de livros e artigos nos últimos 40 anos. À primeira vista, essa literatura parece ser uma massa de contradições, confusão e impossibilidade de se entender – e muito menos de abordar – a relação entre as comunidades e as escolas. Ainda assim, dessa pesquisa, emerge uma mensagem que é notável em sua consistência: *quanto mais perto os pais estão da educação da criança, maior o impacto sobre o desenvolvimento e as realizações educacionais daquela criança.* É claro que isso não é tão simples, pois essa declaração envolve diversas variáveis que tornam mais ou menos provável que haja proximidade. E certamente podemos imaginar situações em que a proximidade em si pode ser perigosa para o crescimento da criança. Além disso, as decisões sobre a natureza precisa do envolvimento dos pais deve levar em conta as diferenças culturais, étnicas e sociais, bem como variações relacionadas com a idade e o gênero dos alunos.

Para se determinar em que condições o envolvimento dos pais e da comunidade é mais benéfico, temos que entender as diferentes formas de participação dos pais e suas consequências para o aluno e as pessoas que trabalham na escola. Dito de outro modo, por que certas formas de envolvimento produzem resultados positivos enquanto outras parecem ser um desperdício ou pouco produtivas? Willard Waller (1932) disse há 75 anos:

> Do ponto de vista ideal, os pais e professores têm muito em comum, no sentido de que ambos, supostamente, querem que as coisas aconteçam para o bem da criança. Porém, na verdade, pais e professores geralmente vivem em condições de desconfiança mútua e inimizade. Ambos querem o bem da criança, mas é um tipo de bem tão diferente que é inevitável que ocorram conflitos em relação a ele. A verdade parece ser que os professores e pais são inimigos naturais, predestinados a destroçar um ao outro. (p. 203, citado em Hargreaves, 2000)

Estaria certo?

Será que ele ainda está certo? Creio que sim, mas somente se deixarmos as coisas seguirem suas tendências naturais. Afinal, este é um livro sobre mudanças, e não queremos que muitas coisas sejam "predestinadas". Assim, será necessário um pouco de energia e capacidade para mudar as coisas para melhor. E grande parte desse redirecionamento deve vir, pelo menos no início, dos educadores.

Começo com o papel dos pais, pois é onde reside o instrumento mais poderoso para a melhora, e também considero o papel dos conselhos escolares e comunidades.

O envolvimento dos pais nas escolas

Em nenhum lugar o caminho de duas vias da aprendizagem está em pior estado e em mais necessidade de reconstrução social do que na

O significado da mudança educacional 175

relação entre os pais, as comunidades e suas escolas. Os professores e diretores devem tentar envolver os pais e as comunidades, especialmente quando as condições iniciais não dão suporte a tais iniciativas. O estudo de Henry (1996) sobre a cooperação entre os pais e a escola em bairros pobres conclui que: "os educadores devem chegar em suas comunidades com empatia, e interagir de forma significativa com as pessoas. Ser profissional não pode mais significar permanecer isolado na escola" (p. 132)

Isso envolve mudanças no poder e na influência. Porém, o que conta não é o poder em si, mas aquilo que os arranjos de poder podem realizar.

> Buscar o poder é levantar e começar a responder a seguinte questão: buscar poder para mudar o quê? Mudar as forças do poder não garante que alguma coisa mais vá mudar. Buscar o poder sem perguntar "o que" não é questionar, mas evitar a questão e, portanto, ser conivente com mudanças cosméticas. (Sarason, 1995, p. 53)

A questão "o que" é: "O que será necessário para mobilizar mais pessoas e recursos a serviço da educação para todos os estudantes? A pesquisa é abundantemente clara sobre a resposta: os professores não podem fazer tudo sozinhos. Os pais e outros membros da comunidade são recursos cruciais e pouco utilizados, que têm (ou podem ser levados a ter) habilidades e conhecimentos essenciais para a parceria. Bem ou mal, os pais são os primeiros educadores dos seus filhos. Eles têm um conhecimento sobre seus filhos que não está disponível para mais ninguém, e têm um interesse oculto e explícito no sucesso dos seus filhos, além de também contribuírem com habilidades e conhecimentos valiosos, que provêm dos seus interesses, passatempos, ocupações e lugar na comunidade.

A pesquisa é bastante clara em relação aos benefícios, de fato, da necessidade do envolvimento parental. No estudo de Coleman (1998) sobre escolas em dois distritos, o autor chama isso de "três poderes" (a cooperação entre pais, alunos e professores). Com base em suas entrevistas e pesquisas com pais, alunos e professores, Coleman argumenta que

> O comprometimento estudantil com a escolarização (ou o envolvimento na aprendizagem) é moldado principalmente pelos pais por meio do "currículo do lar", mas esse envolvimento parental é uma variável alterável, que pode ser influenciada pelas práticas escolares e docentes. (p. 11)

O mesmo autor explica

> Quando o desenvolvimento da responsabilidade estudantil ocorre, ele é função das atitudes e práticas de todos os membros da tríade. Os elementos vitais são: (a) para os professores, crenças sobre o envolvimento parental, capacidades dos alunos e a importância do ensino deliberado de responsabilidade nas salas de aula; (b) para os alunos, comunicação com os pais em relação à escola, confiança na capacidade de fazer o trabalho, valorizar a escola por sua importância para o futuro e cooperação com os professores;

(c) para os pais, valorizar a escola, uma postura "convidativa" por parte dos professores, e comunicação com os alunos em relação à escola. (p. 14)

Coleman conclui que "o comprometimento do aluno pode, de fato, ser sustentado e fortalecido por posturas cooperativas do professor, expressas por meio das suas práticas; conexões fortes com o lar são essenciais para a tarefa" (p. 139). O autor afirma que "os professores podem facilitar e incentivar a cooperação parental por meio de algumas práticas simples, todas bem-conhecidas, *mas não implementadas de forma consistente* em nenhuma de nossas escolas (ou em muitas escolas por aí)". "A maioria dos pais", acrescenta, "está ciente de que se pode fazer muito mais para ajudar seus alunos a aprender, em salas de aula e em casa" (p. 150, ênfase no original).

Enquanto isso, a pesquisa ao longo dos anos tornou-se mais substancial em relação à necessidade de envolvimento dos pais e da comunidade. De fato, os "correlatos originais da efetividade escolar" não incluem uma referência aos pais, mas apresentam o envolvimento parental como uma característica básica. No lado da pesquisa, o grande estudo de Mortimore e colaboradores (1988) sobre a efetividade da escola mostra que as práticas de envolvimento parental representam um dos 12 fatores básicos que diferenciam as escolas mais e menos efetivas.

> Nossos estudos mostram que o envolvimento parental na vida da escola pode ser uma influência positiva sobre o progresso e o desenvolvimento dos alunos. Isso inclui ajuda na sala de aula e visitas educacionais, bem como a participação em reuniões para discutir o progresso das crianças. Também é importante que o professor regente tenha acesso aos pais. As escolas que seguem uma política informal e aberta são mais efetivas nesse sentido. O envolvimento dos pais no desenvolvimento educacional dos alunos dentro do lar também tem sido claramente benéfico. Os pais que leem para seus filhos, que os escutam ler, e que propiciam acesso a livros em casa têm um efeito positivo sobre a aprendizagem de seus filhos. (p. 255)

A pesquisa de Rosenholz (1989), com a qual somos familiarizados, encontrou diferenças importantes na maneira como os professores em escolas "ativas" *versus* escolas "estagnadas" se relacionam com os pais. Os professores das escolas estagnadas "não têm objetivos para a participação dos pais, enquanto os professores das escolas ativas "concentram seus esforços em envolver os pais no conteúdo acadêmico, fazendo assim uma ponte sobre o abismo da aprendizagem entre o lar e a escola" (p. 152). Os professores nas escolas estagnadas com maior frequência que pressupunham não poderiam fazer nada com os pais enquanto os professores nas escolas ativas enxergavam os pais como parte da solução.

Na avaliação realizada em Chicago por Bryk e colaboradores (1998), as escolas que tinham mais êxito estavam comprometidas com o

O significado da mudança educacional   177

"envolvimento dos pais e recursos humanos da comunidade". Nas palavras desses autores:

> As escolas que seguem uma agenda sistêmica têm uma "orientação para o cliente". Elas mantêm um foco em fortalecer o envolvimento dos pais com a escola e a escolarização de seus filhos. Além disso, também buscam ativamente fortalecer os laços com a comunidade local e especialmente aqueles recursos que dizem respeito ao cuidado das crianças. À medida que essas interações pessoais expandem e se tornam institucionalizadas na vida da escola, a qualidade das relações entre profissionais locais e a sua comunidade muda. Esses encontros começam a se caracterizar por mais confiança e envolvimento mútuo. Em comparação, escolas com iniciativas sem foco podem estabelecer limites mais distintos entre elas e a comunidade. Os problemas existentes nessas relações não podem ser abordados diretamente, e não há como utilizar os recursos da comunidade que poderiam ajudar nas iniciativas de melhora. Essas escolas permanecem mais isoladas dos pais e das comunidades dos seus alunos. (p. 127-128)

O trabalho de Bryk e Schneider (2002) sobre a "confiança nas escolas" persegue esse tema, mostrando novamente a sua importância crítica, e indicando também o quanto é difícil estabelecer a confiança relacional entre as escolas e as comunidades – uma mudança na cultura que envolve mudar as culturas escolares na escala da dificuldade. Conforme observado no Capítulo 7, para Bryk e Schneider, a confiança relacional consiste de quatro componentes: respeito, competência, consideração pessoal pelos outros e integridade. As escolas com muita e pouca confiança eram tão diferentes quanto a noite e o dia. Nas escolas com pouca confiança

> Os professores criticavam os pais por sua falta de interesse na educação, pela dependência de drogas na família e pelo desemprego. Reclamavam que grande parte da estrutura doméstica dos seus alunos impedia a aprendizagem, e tinham uma visão sombria da qualidade na criação dos filhos nessas famílias. (p. 48)

Nas escolas com bastante confiança (também com dificuldades econômicas, mas com culturas escolares diferentes, fomentadas pelos líderes escolares e professores)

> Os professores falavam constantemente sobre a importância de respeitar os pais, independente da sua origem ou nível educacional. Embora muitos estudantes viessem de lares problemáticos, os professores não tentavam se distanciar de seus alunos ou de suas famílias. (p. 84)

E o envolvimento ativo dos pais pelos "professores, juntamente com a consideração pessoal demonstrada pelas crianças, abriu possibilidades para os professores e pais negociarem papéis complementares na educação das crianças" (p. 86).

Conforme enfatizaram Bryk e Schneider, em condições de assimetria de poder, com pais pobres que sejam vulneráveis e inseguros em sua relação com as escolas, cabe aos diretores e professores procurar demonstrar empatia e criar possibilidades seguras de envolvimento parental. Quando fazem isso, conforme observam Bryk e Schneider, existe maior conexão entre a tríade formada pelos estudantes, os pais e a escola, e o desempenho aumenta.

Esses resultados são corroborados no estudo de James e colaboradores (2006) sobre 12 "escolas de ensino fundamental altamente efetivas" no País de Gales, que citei em outros capítulos. Tais escolas altamente efetivas em comunidades em situação de risco consideravam os pais e a comunidade como uma parte necessária da solução: "As escolas conheciam os pais e trabalhavam com eles e outros familiares dos alunos para obter o seu compromisso com o trabalho da escola e para ajudar os alunos a aprender. Elas tentavam trabalhar intimamente com os pais, promover o contato com eles e envolvê-los plenamente" (p. 112). Entre outras coisas:

- A comunicação das escolas com os pais era profissional, direta e valorizadora.
- Os pais eram respeitados.
- As escolas tentavam trabalhar com *todas* as famílias.
- Havia um nível elevado de apoio dos pais.
- Havia esquemas de aprendizagem conjunta para pais e estudantes, [como] o esquema familiar de alfabetização, o esquema familiar de matemática e o PAILS [Partnership Accelerates Learning Scheme]. (p. 113, ênfase no original)

A constelação de coisas que as escolas efetivas fazem – as características que identifiquei nos Capítulos 7 e 8 – é que proporciona esse foco sinérgico. As escolas que estão preparadas têm confiança e competência para atingir os pais, enquanto as que não têm essas características se protegem atrás da porta da sala de aula e dos muros da escola e, como resultado, a distância aumenta.

Vou falar mais sobre os tipos de comunidades na próxima seção, mas, por enquanto, deixe-me concluir que uma parte das comunidades profissionais de aprendizagem significa um envolvimento íntimo com os pais. Em termos de outros recursos, os exemplos mais sistemáticos de pesquisa e desenvolvimento nesse campo foram realizados por Epstein e colaboradores nos últimos 20 anos. Em 1988, Epstein já concluía que

> Existem fortes evidências de que o incentivo aos pais, as atividades, o interesse no lar e em sua participação na escola afetam o desempenho de seus filhos, mesmo depois de levar em conta a capacidade do aluno e o nível socioeconômico da família. Os alunos ganham em desenvolvimento

O significado da mudança educacional   179

pessoal e acadêmico quando as suas famílias enfatizam a escolarização, mostram isso para eles e o fazem constantemente ao longo dos anos. (Cap. 1)

Epstein identificou seis tipos de escola e envolvimento de pais/comunidade que, em combinação, melhoram a aprendizagem dos estudantes e o envolvimento dos adultos com a educação dos seus filhos.

Tipo 1 – Habilidades dos pais
Tipo 2 – Comunicação
Tipo 3 – Voluntariado
Tipo 4 – Aprender em casa
Tipo 5 – Decisões na escola
Tipo 6 – Cooperação com agências comunitárias (Epstein, 1995; Epstein et al., 2002)

Observe que a governança escolar (Tipo 5) representa apenas uma das seis formas, e não é a mais importante. A maioria dos pais não deseja administrar a escola, mas quer que seus filhos melhorem. Dito de outra forma, somente quando a maioria dos professores coopera com a maioria dos pais é que haverá algum impacto notável sobre a aprendizagem estudantil. E isso, é claro, faz perfeito sentido mesmo que não seja muito praticado.

Ao longo dos anos, Epstein observou que o envolvimento parental é crítico para o sucesso, mas não existem evidências de que as escolas e os pais tenham se aproximado de forma substancial (exceto para a minoria, que decidiu fazer isso deliberadamente, com treinamento e apoio externos). Em uma pesquisa de âmbito estadual, Epstein (1986) observou que 58% dos pais afirmam que raramente ou nunca receberam pedidos do professor para se envolver em atividades de aprendizagem em casa, enquanto 80% disseram que poderiam passar mais tempo ajudando as crianças em casa se lhes mostrassem como fazer certas atividades.

Em seu estudo, Epstein observa diferenças significativas no envolvimento dos pais, conforme avaliação dos líderes docentes e professores usados como comparação, embora os dois grupos fossem correspondentes em suas características e no tipo de comunidade. Por exemplo, os líderes docentes envolviam pais com diferentes formações educacionais, em comparação com os controles, que diziam que pais com pouca educação "não conseguiam ou não ajudavam em casa". Os pais de crianças nas classes dos líderes docentes observaram um uso significativamente mais frequente de nove das 12 práticas de envolvimento parental identificadas. O efeito sobre os pais foi positivo e multifacetado. Os pais tinham mais compreensão sobre a escola quando o professor usava práticas de envolvimento parental com frequência. Epstein (1986) afirma:

> O importante em nossas observações é que o uso frequente de práticas de envolvimento parental pelos pais aumentou o conhecimento dos pais sobre o programa de instrução de seus filhos, depois de considerada a série,

180 Michael Fullan

a composição racial e a composição educacional dos pais na sala de aula. (p. 288-289).

Epstein (1986) conclui:

Os pais estavam cientes e responderam positivamente às tentativas dos professores de envolvê-los em atividades em casa. Pais com filhos nas classes de professores que colocaram envolvimento parental em sua prática regular de ensino estavam mais cientes dos esforços dos professores, receberam mais ideias dos docentes, sabiam mais sobre o programa instrucional de seus filhos e avaliaram os professores como superiores em habilidades interpessoais e qualidade geral do ensino. As práticas dos professores tiveram efeitos consistentemente fortes e positivos sobre as reações dos pais ao programa escolar e sobre as avaliações dos méritos dos professores para os pais em todos os níveis educacionais. As práticas de envolvimento parental dos professores tinham relações mais positivas com as reações dos pais do que a comunicação geral da escola para o lar ou a assistência aos pais na escola. (p. 291)

Em um trabalho relacionado em oito escolas da periferia de Baltimore (cinco escolas de séries iniciais do ensino fundamental e três escolas das séries finais do ensino funamental), Epstein e Dauber (1988) concentraram-se em *posturas e práticas de envolvimento parental dos professores* e *posturas e práticas dos pais*. Ao analisarem as posturas e práticas de 171 professores, esses autores observaram que:

- Quase todos os professores expressaram posturas fortes e positivas em relação ao envolvimento parental em geral. Porém, a força dos programas escolares e da prática dos professores variou consideravelmente, sendo os programas das escolas de séries iniciais mais fortes, mais positivos e mais abrangentes do que os das séries finais do ensino fundamental.
- As práticas individuais de cada professor em certas séries e em certas disciplinas são a base para programas fortes de envolvimento parental.
- Contudo, o professor individual não é o único fator na construção de programas fortes. Análises de "escores de discrepância" mostram que as diferenças entre um professor e o diretor, um professor e os colegas, além de um professor e os pais estavam significativamente associadas à força dos programas de envolvimento parental das escolas. Os programas e práticas eram mais fortes em escolas onde os professores viam que eles, seus colegas e os pais consideravam a importância do envolvimento parental.
- Sem a assistência das escolas, o conhecimento dos pais e ações para ajudar, os filhos ficam bastante dependentes da classe social ou do nível educacional dos pais. Contudo, as escolas – mesmo as da periferia – podem desenvolver programas fortes de envolvimento

parental para ajudar mais famílias a se tornarem parceiras informadas na formação de seus filhos. (p. 11-12)

Epstein e Dauber também afirmam que os professores com atitudes mais positivas para com o envolvimento parental relatam mais sucesso em envolver "pais difíceis de atingir, incluindo pais que trabalham, pais com menos formação educacional, pais solteiros, pais de alunos maiores, pais jovens, pais novos na escola e outros adultos com quem as crianças convivem" (p. 5).

O trabalho de Epstein e colaboradores de estabelecer a National Network of Partnership Schools (NNPS) tem colaborado bastante para aumentar a base de pesquisas e as estratégias correspondentes de desenvolvimento necessárias para fortalecer a conexão entre a família e a escola. Estabelecida em 1996, a NNPS hoje inclui mais de mil escolas em 11 estados nos Estados Unidos (Epstein e Sanders, 2000; Sanders e Epstein, 2000). Os membros da rede recebem as ferramentas e estratégias de que precisam para implementar as suas iniciativas de melhora escolar, segundo os seis tipos de envolvimento. Em uma segunda edição do manual para as escolas da rede, Epstein e colaboradores (2002) mostram como

- Envolver a comunidade em parcerias entre a escola, a família e a comunidade.
- Organizar equipes mais efetivas de ação para a formação de parcerias.
- Fortalecer as parcerias em escolas das séries finais do ensino fundamental e do ensino médio.
- Implementar tarefas interativas de casa para os alunos mostrarem e compartilharem o seu trabalho com os parceiros da família.
- Organizar um programa de voluntários nas séries finais do ensino fundamental.
- Realizar atividades de liderança estadual e distrital para ajudar as escolas com programas de parceria (p. 2).

Como em todas as formas de cooperação, o processo de estabelecer parcerias entre a comunidade e a escola parece o problema do ovo e da galinha. Quando os relacionamentos são cooperativos, eles produzem resultados, que promovem a parceria. Mas se você não tem relacionamentos de qualidade, como iniciar? *O significado da mudança educacional* diz respeito a ideias e ações que interrompem ciclos negativos em favor de ciclos positivos. Isso me lembra a observação de Stephen Covey de que não podemos fugir de situações em que nossas ações nos colocaram. Devemos agir para criar novas formas de confiança e cooperação – a base para a ação reflexiva que enfatizamos no Capítulo 6.

Todavia, até o presente momento, não é suficiente a quantidade de escolas que tentaram encontrar os caminhos de envolvimento adequados para o seu ambiente. Desse modo, os três poderes – alunos, pais,

182   Michael Fullan

professores – permanecem sendo uma força descontrolada, no que tange à maioria das escolas e comunidades.

Conselhos escolares e comunidades

De um modo geral, é difícil discernir o papel dos conselhos escolares (nos Estados Unidos, formados em geral por aproximadamente sete conselheiros eleitos responsáveis por supervisionar o trabalho das escolas dentro do distrito). Danzberger e colaboradores (1987) chamam os conselhos de "os jogadores esquecidos no time da educação". Os autores fizeram um estudo nacional de conselhos escolares locais nos Estados Unidos, pesquisando 450 presidentes de conselhos em distritos urbanos e 50 de distritos rurais, e entrevistaram uma variedade de líderes locais. Observaram que os governos estaduais estavam se tornando cada vez mais diretivos, que o papel dos conselhos locais não era claro, que os membros dos conselhos tinham pouca preparação e treinamento para os seus papéis, e que apenas um terço dos presidentes estudados tinha qualquer processo para avaliar e monitorar o papel do conselho. Os autores verificaram que os conselhos podiam ser agentes cruciais para a melhora escolar e recomendaram que as reformas estaduais deveriam se preocupar em aumentar a capacidade dos conselhos locais de fazer e monitorar mudanças. Além disso, recomendaram que os conselhos deviam tentar promover melhoras neles mesmos, por meio de meios internos de treinamento e estabelecendo sistemas para avaliar a sua própria efetividade.

Dependendo de suas atividades, os conselhos escolares podem fazer a diferença. LaRocque e Coleman (1989) investigaram o papel dos conselhos escolares em distritos relativamente bem-sucedidos, comparados com 10 distritos com menos sucesso (avaliados pelo desempenho estudantil) em British Columbia. Superficialmente, muitas das políticas e iniciativas eram semelhantes entre todos os conselhos. Por meio de entrevistas e da análise de atividades específicas, LaRocque e Coleman observaram que os conselheiros nos conselhos de maior êxito

(a) eram consideravelmente mais informados sobre os programas e práticas do distrito;
(b) tinham um sentido mais claro daquilo que queriam realizar, com base em um conjunto de valores e crenças firmes;
(c) envolviam-se em atividades que proporcionavam oportunidades para articular esses valores e crenças. (p. 15)

Os conselhos bem-sucedidos também trabalham de forma mais ativa e interativa com os superintendentes e a administração distrital. Greely, em Senge e colaboradores (2000), também fala de "um conselho escolar

O significado da mudança educacional   183

que aprende". A autora observa que existem obstáculos embutidos na aprendizagem.

- O financiamento externo de fontes estaduais e federais fragmenta os programas e promove um modelo mental de "comando e controle".
- Os conselheiros específicos, eleitos por seus apoiadores, muitas vezes não votam no interesse de toda a comunidade.
- Existe uma grande rotatividade, com novas maiorias sendo estabelecidas a cada dois ou quatro anos.
- É difícil para os conselheiros escolares aprender como equipe, pois eles muitas vezes estão em ambientes públicos e políticos. (p. 432)

Greely tira diversas lições para contrapor essas forças:

- Crie um registro público de conexões privadas.
- Resista à tentação de envolver exemplos comerciais.
- Retorne sempre aos dados observáveis.
- Estabeleça reuniões com formatos alternativos.
- Acostume-se a falar sobre valores.
- Faça com que o seu comportamento seja um modelo do comportamento que espera das escolas (citado em Senge et al., 2000, p. 436-438).

O estudo de Hess (1999) sobre as políticas do distrito escolar indica que o sistema predominante provavelmente não melhorará. Conforme citado em Hill e colaboradores (2000), os conselhos escolares estão presos em uma "batedeira de políticas". Hess (1999) afirma:

> Os legisladores distritais costumam defender mudanças politicamente interessantes, produzindo quantidades prodigiosas de melhoras em um ritmo que é inimigo da implementação efetiva...
>
> Os distritos reciclam iniciativas, modificam constantemente as iniciativas anteriores e adotam a reforma inovadora A para substituir a prática B, mesmo que outro distrito esteja adotando B como uma reforma inovadora para substituir a prática A...
>
> Os distritos urbanos parecem fazer muitas coisas de um modo caótico e intermitente, que não faz parte de nenhuma estratégia clara para melhorar elementos específicos do desempenho escolar. (p. 5)

Elmore (2000) sintetiza Hess.

> Fatores políticos relativamente instáveis promovem novas "reformas" como maneiras de satisfazer o seu eleitorado, pausando apenas o suficiente para ganhar crédito por ter agido, e logo passando para novas reformas, sem atenção para a institucionalização ou implementação das reformas anteriores. As recompensas políticas na estrutura pluralista, argumenta Hess, estão nos simbolismos do início e execução de reformas, e não em sua implementação. Entre as patologias que a estrutura de incentivos cria, está uma grande rotatividade da liderança, tanto política quanto

184   Michael Fullan

administrativa. As facções são mutáveis, e os oportunismos políticos abundam. As maiorias dos conselhos se prende aos superintendentes escolares apenas o suficiente para que aprovem suas reformas de propostas e, ao primeiro sinal de oposição, passam para o próximo superintendente. (p. 19)

No lado mais otimista, McAdams (2006) apresenta um modelo e alguns dados para mostrar que a sintonia entre o conselho escolar e o superintendente está por trás de cada exemplo de sucesso em âmbito distrital. O autor fornece um modelo com exemplos de como os conselhos podem ser e são instrumentais em casos de melhora em escolas em todo o distrito. Ele também mostra como as parcerias entre conselhos e superintendentes determinaram o sucesso por meio de seu foco em

- Ideias básicas e compromissos.
- Teorias explícitas e sólidas de ação para a mudança.
- Políticas para a reforma.
- Desenvolvimento e supervisão de políticas.
- Práticas de governança para a reforma.
- Esclarecimento de papéis, responsabilidades e relacionamentos, o que promove a capacidade cívica e o planejamento da transição para aumentar as chances de continuidade em boas direções.

McAdams adota a posição de que essas capacidades podem ser identificadas e aprendidas, o que significa que os membros do conselho escolar devem receber capacitação para seus papéis. Entender a diferença entre governança e administração está no centro do sucesso, juntamente com uma parceria bidimensional entre a liderança do distrito e a liderança do conselho escolar. Desse modo, é essencial que haja capacitação e formação para os conselheiros escolares, e modelos de parceria entre conselhos escolares e distritos.

Naquelas jurisdições que possuem entidades legais no nível da escola para governar o trabalho das escolas (como a Inglaterra), os mesmos princípios se aplicam (i.e., a sintonia entre os governadores e líderes escolares é central para o sucesso). No estudo de James e colaboradores (2006) das 12 escolas das séries iniciais do ensino fundamental bem-sucedidas estudadas no País de Gales, essa sintonia é bastante evidente. Os autores afirmam que "os corpos governantes eram comprometidos, solidários e envolvidos" (p. 96). Em uma lista de atributos específicos, James e colaboradores afirmam que os corpos governantes

- Eram mantidos informados.
- Eram incentivados a receber capacitação e fazer cursos.
- Proporcionavam desafios criteriosos e validação para o trabalho das escolas – especialmente promovendo as realizações e o desempenho dos alunos.
- Não buscavam muitos interesses pessoais.

- Tinham relacionamentos sólidos com os professores.
- Geralmente se importavam bastante com suas escolas (p. 96-97).

É claro que a parceria entre as escolas, distritos e seus corpos governantes não é a norma. Alguns relacionamentos representam modelos com políticas exageradas, turbulência e impasses. Outros sofrem da inércia da superficialidade *laissez faire**. Mas existem alguns que atuam de um modo que invoca as forças complementares das escolas e dos conselhos a serviço da melhora contínua dos alunos.

Implicações

É claro que os pais e as comunidades não são homogêneos e tampouco representam situações em que existe envolvimento em tamanho único. Os dois tipos de características críticas que diferenciam as comunidades são a etnia e a pobreza/riqueza (e, para muitos grupos, existe uma grande sobreposição entre as duas).

Em *Turnaround Leadership* (2006), demonstro que a desigualdade de desempenho entre pobres e ricos na verdade está aumentando nos Estados Unidos, pelo menos desde o ano de 2000. Pedro Noguera (2003) apresenta um argumento convincente sobre as dificuldades profundas que as escolas e comunidades enfrentam nas cidades norte-americanas. Ele afirma que "até que haja um comprometimento genuíno em abordar o contexto social da escolarização – confrontar a 'condição urbana' – será impossível fazer melhoras significativas e sustentáveis nas escolas públicas urbanas" (p. 62). Noguera aborda diversos problemas fundamentais, incluindo a desigualdade racial, a redução da violência dentro e fora da escola, a motivação de jovens alienados e o aumento do capital social entre os pais e a comunidade. O autor clama por maior apoio para as escolas que se encontram nessas circunstâncias para acompanhar a pressão que elas já experimentam pela contabilização. Embora seja misturada com a etnia, também consideramos como a pobreza/riqueza influencia a questão do envolvimento dos pais.

O estudo de caso detalhado de Hubbard e colaboradores (2006) sobre San Diego também conclui que é um engano tratar as comunidades como entidades monolíticas, observando que os pais em melhores condições econômicas tinham diferentes preocupações e estratégias em relação aos pais pobres.

> Os grupos de bairros mais abastados aplicavam pressão política principalmente por meio de encontros presenciais – e obtiveram os resultados desejados, incluindo a dispensa das reformas centralizadas pelo distrito.

---

* N. de R.T. *Laissez-faire* – Expressão francesa que significa literalmente "deixai fazer, deixai ir, deixai passar".

186 Michael Fullan

> Já os grupos de bairros menos favorecidos, frustrados com a falta de resposta para seus contatos com os administradores, recorriam a táticas legais e extralegais. Mas muitas vezes não obtinham os resultados que desejavam. (p. 206)

Jeannie Oakes e colaboradores documentaram uma situação semelhante por vários anos, ou seja, que os pais mais favorecidos muitas vezes desgastam ou bloqueiam reformas que consideram fora dos seus interesses pessoais (Oakes e Lipton, 2002). Embora eu fale isso de um modo jocoso, é quase como se precisássemos de estratégias para aumentar o envolvimento dos pais pobres e *diminuir* a influência dos pais mais favorecidos. Não acredito que os interesses de ricos e pobres sejam mutuamente excludentes, mas temos que posicionar as reformas de modo que haja equidade e excelência para todos (Fullan, 2006).

Não são apenas as necessidades dos pobres que exigem atenção. De fato, existem evidências de que muitos pais mais favorecidos são desinteressados ou não se envolvem com a educação e o desenvolvimento de seus filhos. Steinberg (1999) observa que, apesar das boas intenções, quase um em cada três pais nos Estados Unidos acaba não se envolvendo com seus filhos.

> Os pais que não se envolvem, por uma ou outra razão, "abandonam" a criação dos filhos. Eles se isentam da responsabilidade de impor uma disciplina – não sabem como seus filhos estão na escola, não têm ideia de quem são os amigos dos seus filhos e não sabem como seus filhos passam seu tempo livre – mas também abandonam a ideia de aceitá-los e ampará-los. Raramente passam algum tempo em atividades com seus filhos, ou conversam com seus filhos adolescentes sobre os acontecimentos do dia. (p. 188)

Em tudo isso, existem grandes implicações para os legisladores e outros líderes que têm a oportunidade de alterar a infraestrutura mais ampla nos níveis do distrito (Capítulo 11) e do governo (Capítulo 12). Os indivíduos (e combinações de indivíduos) também podem trabalhar de seus próprios modos com uma perspectiva sistêmica, ou seja, a partir de seu próprio ponto de vista, eles podem trabalhar para desenvolver novos relacionamentos entre as comunidades e escolas. Já vimos que os caminhos e obstáculos para chegar lá envolvem resolver o desconforto da presença uns dos outros até que se estabeleçam novos padrões de relacionamento.

Também enfatizei que as escolas devem tomar a iniciativa, especialmente em comunidades pobres. Bryk e Schneider (2002) utilizam esse argumento, assim como James e colaboradores (2006), juntamente com exemplos do que essas iniciativas significam. Coleman (1998) sintetiza a questão nas seguintes palavras:

> Os professores devem (1) entender que a eficácia dos pais com relação ao envolvimento instrucional (cooperação) depende do convite dos professores; (2) legitimar a cooperação por meio de uma declaração de direitos

O significado da mudança educacional   187

e responsabilidades para os pais com relação à cooperação; (3) facilitar a cooperação, organizando diversos tipos de conversas entre pais e professores, proporcionando o conhecimento do currículo e metodologia que os pais necessitarem; (4) incentivar a cooperação, proporcionando atividades que os pais e seus filhos possam fazer juntos; ou seja, aceitar o papel de mediador instrucional entre os pais e seus filhos; e (5) reconhecer os resultados da cooperação, fornecendo informações adequadas e oportunas sobre o desempenho do aluno. (p. 61)

No que diz respeito aos pais, já destaquei que as escolas não capitalizam suficientemente o interesse e o conhecimento que muitos pais têm pela aprendizagem de seus filhos. Também é verdade que muitos pais não se envolvem o suficiente na educação dos mesmos – tanto os pais pobres quanto os pais mais favorecidos. Embora as escolas muitas vezes não facilitem o envolvimento dos pais ou até resistam a ele, muitos deles talvez também precisem agir de modo diferente. Hargreaves e eu (1998) sugerimos as quatro diretrizes seguintes para os pais:

1. Pressione os governos para criar os tipos de professores desejados. Ajude a tornar a educação uma questão eleitoral sofisticada, que vá além de *slogans* vulgarizados e aborde como podemos melhorar o ensino de modo que a aprendizagem também melhore. Exija respostas com relação aos tipos de recursos que serão dedicados para essa finalidade. Como obteremos e manteremos professores de qualidade? Como podemos ajudar e estimular os professores para manter e melhorar essa qualidade com o tempo: melhor aprendizagem envolve melhor ensino – como, exatamente, os governos podem fazer isso acontecer? Exija respostas.
2. Deixe a nostalgia para trás. Esforce-se para entender o que as escolas tentam alcançar no mundo de hoje. Tente obter conhecimento e experiência em primeira mão sobre o que a escola do seu filho está fazendo agora. Considere os conhecimentos e habilidades que seu filho precisará à medida que se tornar um cidadão e um trabalhador no futuro, e os tipos de ensino e aprendizagem que são necessários para criá-los. Não espere que o seu filho tenha exatamente o tipo de educação que você pensa que lembra ter tido, apenas porque é o que lhe parece mais familiar. A ciência da aprendizagem é profundamente diferente hoje em dia. Descubra mais sobre esses novos avanços. Aquilo que funcionava em 1965 provavelmente não será adequado para 1995 ou 2005 (Stoll e Fink, 1996). Lembre das palavras de Christopher Lasch (1991) – "a nostalgia é a abdicação da memória".
3. Pergunte o que você pode fazer pela sua escola, além do que a sua escola pode fazer por você. O que você pode oferecer e contribuir para a sua escola? O melhor lugar para começar é em casa. Se você espera que a escola desenvolva uma ética de trabalho para seu filho, você também deve insistir nessa ética em casa, certificando-se de que ele

corta a grama, limpa a neve, faz suas tarefas de casa, etc. Quanto mais você dá para a escola e os professores, mais resposta você terá quando quiser algo em retorno. Mais uma vez, os relacionamentos são a chave.
4. Use elogios antes de culpa. Se você têm críticas a fazer sobre a educação do seu filho, lembre-se de que os professores estarão tão ansiosos por encontrar você quanto você está por encontrá-los. Tente deixar os professores à vontade. Use elogios antes de fazer críticas. Sempre que puder, saiba de antemão o que a escola está fazendo, para que seus elogios tenham fundamento. Contate os professores e agradeça espontaneamente quando as coisas estiverem indo bem (o que relaxa os encontros mais difíceis e coloca-os em perspectiva). Assuma a responsabilidade por construir relacionamentos com os professores dos seus filhos antes que os problemas surjam. (p. 124-125, ênfase no original)

Enquanto isso, este capítulo tem três conclusões simples e vigorosas. Em primeiro lugar, a vasta maioria dos pais encontra sentido em atividades relacionadas com os seus próprios filhos, em vez de atividades do âmbito da escola ou do sistema. Em segundo, a reforma educacional exige os esforços conjuntos das famílias e das escolas. Os pais e professores devem reconhecer a importância crítica complementar de cada um na vida do aluno. De outra forma, estaremos colocando limitações nas perspectivas de melhora, que podem ser impossíveis de superar. Em terceiro lugar, também é hora de uma mudança sistêmica. A infraestrutura maior faz diferença. Começamos a lidar com essa infraestrutura no Capítulo 11 com o distrito, e, na Parte III, passamos para o quadro mais amplo.

11

O administrador distrital

Para tirar todo mundo da cama, dar banho,
vestir, aquecer, alimentar, acredite em mim,
Saul, custa um mundo de dor.

John Masefield, "The
Everlasting Mercy" (1911)

É possível que uma determinada escola torne-se altamente cooperativa apesar do distrito onde se encontra, mas não é provável que ela se *mantenha* cooperativa. Se o distrito não fomentar a capacitação coletiva como um projeto, acaba com ela por negligência. Hoje sabemos que as escolas não se desenvolvem se deixadas com seus próprios recursos.

Nem todos os sistemas têm distritos escolares, e uma autoridade local ou regional nos Estados Unidos não é a mesma coisa no Canadá, ou na Inglaterra, na Suécia ou na Austrália. Todavia, é abundantemente claro que, se um distrito faz parte do sistema, ele pode desempenhar um papel vital, mais uma vez, para bem ou para mal. Assim como o Capítulo 8, sobre o diretor, é uma referência rápida para a liderança escolar, este capítulo sobre o administrador distrital visa abranger a liderança distrital de um modo mais geral. Comento primeiro onde estão os administradores distritais e, depois, abordo a questão do que temos aprendido sobre o papel dos distritos – avançando do negativo para o positivo. De fato, temos aprendido muita coisa.

Onde os administradores distritais estão

Os administradores distritais na América do Norte trabalham em sistemas escolares que variam em número de menos de 100 a mais de 300 mil estudantes. Os distritos em províncias do Canadá, comparados

190 Michael Fullan

com a maioria dos estados nos Estados Unidos, tendem a ser muito maiores. Ontário, por exemplo, tem 72 distritos, enquanto Illinois e Ohio, com populações semelhantes à de Ontário, têm mais de 600 cada. Desse modo, as condições de trabalho podem variar imensamente. Na Inglaterra, é ainda mais complexo. Mesmo antes da reforma Every child matters (Department for Education and Skills, 2005), as Local education authorities (LEAs), como eram chamadas, faziam parte das autoridades municipais, e cada escola tinha uma diretoria constituída – um corpo com autoridade considerável (para contratar professores e supervisores, por exemplo). Desde a reforma em 2005, a educação e todos os serviços para as crianças (saúde, assistência social, etc.) foram colocados sob uma única entidade, chamada Local Authority (LA). O chefe executivo, chamado diretor de Serviços da Infância, dirige toda a operação, com o dever de integrar a escola e todos os serviços de apoio e desenvolvimento para as crianças. É muito complexo, mas animador.

Quando consideramos a América do Norte, nos distritos pequenos, os administradores muitas vezes executam diversas funções com poucos recursos e, nos distritos grandes, eles estão sempre lidando com conflitos e crises e grandes questões financeiras e funcionais por meio de uma elaborada burocracia de especialistas. Os superintendentes escolares são apontados (e despedidos) por conselhos escolares eleitos localmente. Embora exista uma quantidade razoável de evidências para o papel do administrador na mudança (que é o tema da próxima seção), existe pouca informação representativa sobre o que os administradores fazem e pensam em seus papéis. Goldhammer (1977) revisou as mudanças no papel do superintendente escolar americano de 1954 a 1974 e sugere que a principal mudança no período de 20 anos foi o afastamento do papel de porta-voz educacional e gerente executivo de um sistema relativamente homogêneo, para um onde predominam a negociação e o manejo de conflitos entre interesses e grupos diversos. As comunidades se tornaram mais heterogêneas. As agências governamentais e tribunais federais e estaduais nos Estados Unidos se tornaram grandes participantes na programação educacional, por meios financeiros e legislativos. O superintendente, segundo Goldhammer, tornou-se mais um negociador do que um criador de objetivos, alguém que reage e coordena interesses diversos, e uma pessoa que deve aprender a liderar e envolver equipes de especialistas.

Blumberg (1985) estudou 25 superintendentes escolares, entrevistando-os em relação a seus papéis, responsabilidades e percepções de impacto. Em sua vasta maioria, os respondentes descreveram seu papel como de "conflito" e ambiguidade, influenciados pelas tarefas cotidianas. Blumberg observa que os superintendentes enfrentam

> A necessidade de ter que viver diariamente com situações conflituosas ou potencialmente conflituosas, nas quais o superintendente desempenha

O significado da mudança educacional   191

um papel focal como tomador de decisões, mediador ou simplesmente como um para-raio humano que atrai controvérsias. Alguns dos conflitos assumem proporções grandes e sistêmicas, o que afeta todo o distrito escolar. Alguns são grandes, mas afetam apenas os indivíduos. Alguns são pequenos. Alguns estão relacionados com o superintendente como pessoa, alguns com seu trabalho e carreira, e alguns com sua família. Independente do foco ou substância, uma condição aparentemente absoluta da superintendência é que existem raros dias em que o superintendente não seja chamado para tomar uma decisão que crie algum conflito, ou que não esteja envolvido em algum tipo de conflito que ele próprio criou. Tudo isso parece ocorrer independente da pessoa envolvida: "vem com o terreno". (p. 1)

Na percepção de Blumberg, o papel do superintendente é diferente do papel de outros diretores, devido

À percepção pública do superintendente como guardião de um empreendimento público sagrado, à educação das crianças da comunidade; ao caráter político da relação entre o superintendente e o conselho escolar; ao fato de que os superintendentes já tiveram o mesmo emprego – o de professor – que as pessoas sobre as quais deve exercer autoridade; ao grande número de grupos comunitários ou governamentais com um ou outro interesse na escola; à visibilidade e acessibilidade do superintendente como propriedade pública. (p. 188)

Conforme descreveu um superintendente,

Sempre é um ato de equilíbrio, pois existem tantos grupos de pressão. Mais do que nunca antes, e o engraçado é que nós é que fizemos ser assim. Nós realmente promovemos a ideia de que todos deviam se envolver nas escolas, e agora temos tantos grupos com tantos interesses que o meu problema é tentar manter todos eles satisfeitos. (p. 67)

O mais revelador na extensiva análise de Blumberg sobre as vidas profissionais dos superintendentes é a pouca frequência com a qual questões ligadas ao currículo e ao ensino ocorreram "naturalmente" nas entrevistas. Os superintendentes falam de política, dos conselhos escolares, dos sindicatos de professores, do estresse, da exposição pública, de conflitos, e assim por diante. O currículo, o ensino e a formação profissional raramente ocorrem de forma proeminente e não aparecem em nenhuma parte do índice do livro de Blumberg. Isso não significa dizer que esses 25 superintendentes não tinham impacto sobre o currículo e o desempenho dos alunos em seus distritos, apenas que prevenir conflitos é algo que preocupa os superintendentes, a menos que eles deem passos extraordinários para ir além.

Há alguns anos, fizemos um amplo estudo sobre "oficiais de supervisão" em Ontário (aqueles acima do papel do diretor em posições superiores, incluindo o diretor-chefe ou superintendente). Mais de 200 oficiais de supervisão foram entrevistados em 26 distritos escolares da província (um quarto do total), sendo desenvolvidas três dimensões sumárias: voltados para o sistema ou voltados para a escola; reflexivos ou ativos; e generalistas ou especialistas (Fullan et al., 1987). Como se pode esperar, os diretores, em comparação com outros superintendentes do escritório central, tiveram escores consistentemente maiores em relação às dimensões sistêmica, reflexiva e generalista.

Em outra análise de nossos dados a qual enfocou 22 diretores de educação no estudo, Allison (1988) identificou três setores distintos de trabalho: o conselho (conselheiros), o sistema e a comunidade. Comparando a situação dos diretores executivos nos Estados Unidos com os de Ontário, Allison sugere que a diretoria de Ontário evoluiu a partir de uma tradição mais estável. Em comparação, afirma que a emergência do papel de superintendente nos Estados Unidos se caracteriza por uma cultura de "conflito, insegurança e incerteza" (p. 5).

Alguns aspectos específicos proporcionam amparo para a observação de Allison. Em comparação com seus colegas norte-americanos, os superintendentes de Ontário e, de forma mais ampla, do Canadá provavelmente dirigem sistemas escolares maiores e mais estáveis; são menos móveis lateralmente; são provavelmente mais apontados a partir de seus próprios sistemas; e têm mandatos maiores como diretores executivos (Allison, 1988; Fullan et al., 1987). Os superintendentes de Ontário, em nosso estudo, tinham um mandato médio de sete anos. Nos Estados Unidos, geralmente se acredita que a superintendência média dura em torno de três anos, mas Hodgkinson e Montenegro (1999) e McAdams (2006) afirmam que cinco anos seria um número mais exato. Ainda assim, a rotatividade em muitos distritos norte-americanos é muito elevada, levando um piadista a dizer que o maior grupo de trabalhadores migrantes do país é o de superintendentes escolares.

Em um estudo sobre o trabalho da superintendência, Johnson (1996) acompanhou o trabalho de 12 superintendentes recém-apontados durante os dois primeiros anos de seus mandatos. A autora fala da turbulência e da complexidade da liderança do distrito escolar. Com base em experiências passadas, os professores e diretores "estavam céticos com relação às promessas, intenções e habilidades de seu novo superintendente. Eles seguraram o seu apoio até se convencerem de que esses novos administradores mereciam. No final, consideraram alguns merecedores de apoio, e outros, não" (p. 23).

Johnson observa que três tipos de liderança ficaram evidentes no trabalho de todos os superintendentes influentes: a liderança educacional (foco na pedagogia e aprendizagem), liderança política (garantir recursos, construir coalizões) e liderança gerencial (usar estruturas para participação, supervisão, apoio e planejamento). Johnson resume:

O significado da mudança educacional   193

> Quando a liderança educacional era fraca, os professores e diretores muitas vezes consideravam que o superintendente estava preocupado e desorientado com as coisas erradas. Quando a liderança política era fraca, as escolas recebiam cortes financeiros indevidos, tornavam-se prisioneiras de interesses especiais do conselho escolar, ou se tornavam o campo de batalha para cidadãos com prioridades conflitantes. Quando a liderança gerencial era fraca, as pessoas se preocupavam com erros burocráticos, a comunicação entre os educadores falhava e líderes escolares potenciais não conseguiam agir de forma construtiva. (p. 24)

Dos 12 distritos, dois haviam procurado líderes que pudessem fazer grandes mudanças, quatro haviam procurado líderes que pudessem proporcionar continuidade e seis haviam experimentado perturbações de tal magnitude que seus comitês de busca procuraram sobretudo candidatos "que pudessem estabilizar o sistema" (p. 41). Essa variedade provavelmente não seja atípica dos distritos em geral. Quase todas essas situações envolvem mudanças em circunstâncias complexas. Mesmo os distritos que buscam a estabilidade após uma perturbação ainda devem passar por um sofisticado processo de mudança e, inevitavelmente, têm dificuldades com a melhora dos alunos, que é ainda mais difícil porque muitas vezes eles não têm a capacidade básica para avançar.

Johnson conclui que os superintendentes devem ser "professores" em todos os três domínios – educacional, político e gerencial – modelando, instruindo e capacitando os diretores, líderes de professores, membros do conselho escolar, e assim por diante. Mais uma vez, deve-se cultivar a mudança, com qualquer grau de profundidade, por meio da construção de relacionamentos, enquanto se avança. Em distritos que estavam avançando, "os superintendentes eram participantes ativos do processo de mudança – levantando questões, apresentando expectativas, fazendo perguntas, oferecendo incentivo, fazendo sugestões e insistindo que a mudança ocorra" (p. 280).

A principal mudança desde o ano 2000 é o crescimento da pressão direta por contabilização e expectativas explícitas em relação à melhora no desempenho estudantil. Nos Estados Unidos, a legislação federal No Child Left Behind, assinada no início de 2002, representa forçosamente essa mudança nas circunstâncias. Quando você acrescenta padrões estaduais e contabilização (exigidos pela lei NCLB), e os conselhos escolares encarregados de fazer melhoras exigem uma progresso anual adequado *todos os anos*, você tem a receita para a "batedeira de políticas" – um termo que Hess (1999) usou para descrever o mundo dos conselhos escolares antes dessa lei. Esse fenômeno somente pode ter se intensificado depois do estudo, embora agora, como mostro a seguir, estamos tendo visões do que pode funcionar (juntamente com a compreensão de que é muito mais difícil quebrar o núcleo instrucional do ensino para uma melhora contínua).

O administrador distrital e a mudança

Se adotarmos a abordagem quantitativa, a maioria dos distritos não é efetiva. Na verdade, estimular, coordenar e sustentar o desenvolvimento "coerente" em muitas escolas é muito difícil, pois exige equilibrar forças que atuam de cima para baixo e de baixo para cima. Analisaremos a evolução do papel dos distritos na reforma escolar usando uma linguagem informal para captar os três temas seguintes: chegando a algum lugar; não tão rápido; e o que mais?

Chegando a algum lugar

A partir de 1990, existe um corpo crescente de trabalhos que apontam para características e estratégias comuns que os distritos bem-sucedidos usam para melhorar o desempenho dos alunos. No Capítulo 7, referi-me ao estudo de Rosenholz (1989) sobre 78 escolas fundamentais, o qual as classificou como "estagnadas", "ativas" e "intermediárias". Rosenholz também observa que um número desproporcional de escolas estagnadas vinha de determinados distritos. Da mesma forma, as escolas ativas se agrupavam em outros distritos. Isso levou a autora a escrever um capítulo sobre distritos estagnados e ativos (dois dos oito distritos estavam na segunda categoria). Rosenholz comenta:

> O contraste entre os distritos estagnados e ativos, nunca tão visível quanto agora, enfatiza como os diretores podem se tornar orientadores instrucionais ou administradores ineptos de suas escolas. Ele também deixa claro que os superintendentes de distritos estagnados atribuem o baixo desempenho aos diretores, em vez de assumirem qualquer responsabilidade por ajudá-los a aprender a melhorar. Mais uma vez, isso indica a sua falta de conhecimento técnico e as ameaças à sua autoestima. Se os distritos não assumem a responsabilidade pelas necessidades dos diretores em seu trabalho, os diretores se tornam colegas menos capazes, são menos efetivos quando precisam resolver problemas, relutam mais para encaminhar os problemas da escola para o escritório central em busca de auxílio externo, sentem-se mais ameaçados pela falta de conhecimento técnico e, mais essencial, contribuem muito menos com os professores. De igual importância, com pouca ajuda, os superintendentes estagnados comunicam simbolicamente a norma de contar apenas consigo mesmos e o subsequente isolamento profissional – que a melhora pode não ser possível, ou merecer seu tempo e esforço, ou que os diretores devem resolver os problemas da sua escola por conta própria – lições lúgubres que os diretores podem passar involuntariamente para professores de baixo desempenho e, assim, dos professores para os alunos. (p. 189)

Resultados semelhantes são encontrados na análise de LaRocque e Coleman (1989) sobre o "etos distrital" e a qualidade em distritos escolares de British Columbia. Os autores compilaram dados de desempenho,

O significado da mudança educacional   195

agregando os resultados escolares em testes de desempenho em toda a província. Eles avaliaram os distritos segundo desempenho elevado, médio e baixo, e selecionaram 10 distritos para uma análise mais detalhada, levando em conta o tamanho e o tipo de comunidade escolar. LaRocque e Coleman propuseram a hipótese de que um etos distrital positivo seria caracterizado por um grau elevado de interesse e preocupação em seis "focos" de atividade e atitude.

1. Cuidar do negócio (foco na aprendizagem).
2. Monitorar o desempenho (foco na contabilização).
3. Mudar políticas/práticas (foco na mudança).
4. Consideração e cuidado pelos atores (foco no cuidado).
5. Criar valores compartilhados (foco no comprometimento).
6. Criar apoio na comunidade (foco comunitário) (p. 169).

Três dos 10 distritos foram classificados por uma presença distrital forte nas escolas, descrita nos seguintes termos:

> Os administradores distritais proporcionaram aos diretores uma variedade de dados de desempenho das escolas, discutiram esses dados com os diretores e estabeleceram expectativas para o seu uso, monitorando por meio de procedimentos reconhecidos, como e com que nível de sucesso as escolas usavam os dados...

> Os administradores distritais usaram seu tempo nas escolas para envolver os diretores em uma discussão sobre temas específicos: dados do desempenho escolar, planos de melhora e a implementação desses planos...

> Apesar da ênfase em resultados de testes escolares, a natureza das discussões era cooperativa, em vez de prescritiva. Os administradores distritais reconheciam o bom desempenho e ajudavam os diretores a interpretar os dados e identificar pontos fortes e fracos. Porém, os planos de melhora acabavam sendo deixados para o diretor e para a equipe de cada escola – essa questão foi enfatizada pelos diretores – embora o seu progresso no desenvolvimento e implementação dos planos fosse monitorado. As características de cooperação e relativa autonomia escolar provavelmente reforçaram a percepção de respeito pelo papel do diretor e o reconhecimento da importância de tratar cada escola como uma entidade única. (p. 181)

Todos os três distritos tiveram avaliações elevadas de desempenho nos testes. No outro extremo do *continuum*, três distritos foram caracterizados pela ausência de pressão para a contabilização: nenhuma informação ou poucos dados eram fornecidos para as escolas, e não foram estabelecidas estruturas ou processos para monitorar ou discutir o progresso. Esses três distritos apresentaram desempenho baixo.

À medida que entramos no novo século, acumulam-se evidências sobre o que seria necessário para que os distritos tivessem sucesso em âmbito geral, pelo menos no que diz respeito à alfabetização e matemática.

O estudo de Togneri e Anderson (2003) sobre o sucesso em cinco distritos pobres mostra o uso de estratégias claras e consistentes. Esses distritos

1. Reconheceram publicamente o desempenho fraco e procuraram soluções (construindo o desejo de reformar).
2. Concentraram-se intensivamente em melhorar o ensino e o desempenho.
3. Construíram um modelo e infraestrutura no âmbito do sistema para dar apoio ao ensino.
4. Redefiniram e distribuíram a liderança em todos os níveis do distrito.
5. Tornaram o desenvolvimento profissional relevante e proveitoso.
6. Reconheceram que não havia soluções fáceis. (p. 13)

Snipes, Doolittle e Herlihy (2002) encontraram resultados semelhantes em suas análises de quatro distritos pobres e bem-sucedidos – corroborados em seus estudos sobre estratégias de melhora efetiva (Council of Chief School Officers, 2002). Meu colega Steve Anderson (2006) revisou a pesquisa sobre a efetividade distrital e identificou 12 componentes estratégicos básicos.

1. Um sentido de eficácia em todo o distrito.
2. Um foco distrital no desempenho do aluno e na qualidade da instrução.
3. Adoção e comprometimento com padrões de desempenho para todo o distrito.
4. Desenvolvimento e adoção de currículos e abordagens de instrução para todo o distrito.
5. Alinhamento do currículo, materiais de ensino e aprendizagem e avaliação com padrões relevantes.
6. Sistemas de contabilização com medidas múltiplas e uso de dados em todo o sistema para informar a prática, responsabilizar os líderes escolares e distritais pelos resultados e monitorar o progresso.
7. Metas e focos graduais de melhora.
8. Investimento no desenvolvimento de lideranças de ensino nos níveis da escola e do distrito.
9. Desenvolvimento profissional no trabalho para os professores em todo o distrito.
10. Ênfase no trabalho de equipe e comunidade profissional nos níveis do distrito e da escola (incluindo, em vários casos, parcerias positivas com sindicatos).
11. Novas abordagens para as relações entre o conselho e o distrito e relações intradistritais.
12. Relações estratégicas com as políticas e recursos estaduais para a reforma.

Desse modo, poderíamos pensar que temos um consenso crescente e que tudo é questão apenas de fazermos o que sabemos fazer. Mas estaríamos errados.

Não tão rápido

Assim um distrito pode ter os padrões certos, alinhar seu currículo com os outros, fazer avaliações do novo alinhamento, proporcionar capacitação profissional contínua sobre o currículo e o ensino, estabelecer um sistema de dados que possa ser usado para a avaliação "para" e a avaliação "da" aprendizagem e se envolver com a comunidade local e as políticas estaduais de reforma. Talvez muitos leitores se surpreendam que esses passos em si não sejam suficientes e possam representar apenas um desperdício de recursos, ou até fazer mais mal do que bem.

A experiência do distrito escolar de San Diego é um bom local para começar com relação ao tema "não tão rápido". Saindo de uma experiência de bastante êxito no distrito 2 de Nova York em 1988-1996, Tony Alvarado foi contratado como chanceler de ensino, em 1997, para trabalhar com um novo superintendente importante, Alan Bersin, em San Diego. De certo modo, a questão era: com um bom conhecimento, e adicionando recursos e apoio político, se seria possível ter bons resultados em um grande distrito urbano em um período de quatro anos, e continuar avançando, neste caso, levando o sucesso de 45 escolas (distrito 2) para 175 escolas (San Diego). A resposta, incidentalmente, é sim, mas são necessárias boas estratégias e muita destreza.

A história da reforma em San Diego provavelmente seja a iniciativa de reforma mais estudada na história da melhora escolar urbana. Analiso a excelente narrativa de Hubbard e colaboradores (2006). A estratégia de San Diego foi bastante detalhada e explícita desde o primeiro dia, e consistia em seguir os três componentes principais:

- Melhorar a aprendizagem do aluno: fechar a lacuna do desempenho.
- Melhorar o ensino: aprendizagem docente por meio de capacitação profissional.
- Reestruturar a organização para amparar a aprendizagem do aluno e o ensino.

O foco era na alfabetização, e as estratégias, bastante específicas. Os professores tinham o apoio de instrutores de alfabetização e dos diretores, que eram posicionados como "líderes de ensino", com apoio diário e sessões mensais de trabalho com os superintendentes de área, cujos novos papéis (e novas pessoas) eram recriados como líderes instrucionais.

Não temos o espaço necessário para apresentar um relato da experiência de San Diego, mas os principais resultados e razões podem ser identificados (para uma narrativa completa, ver Hubbard et al., 2006). Para ir direto ao assunto, o desempenho em alfabetização melhorou nas séries iniciais do ensino fundamental no período 1997-2001, teve um impacto limitado nas escolas de séries finais do ensino fundamental e foi um fracasso total no ensino médio. Perdeu-se o *momentum* em 2001, Alvarado foi convidado a sair, e Bersin, após diminuir o ritmo e a natureza da reforma em 2003-2004, foi substituído pelo conselho escolar quando o seu mandato terminou em junho de 2005. O que aconteceu?

Pode-se dizer que foi um problema político – o conselho estava dividido desde o começo (3 a 2 a favor da iniciativa de reforma), e o sindicato de professores, que se opôs à reforma desde o início, acabou vencendo a disputa. Existe um pouco de verdade nisso, mas a explicação mais profunda está mais próxima do tema de nosso interesse no significado e motivação em relação ao ritmo, ao problema do "rígido demais/frouxo demais", e à profundidade da mudança no ensino e no pensamento que seria necessária para fazer a diferença. Hubbard e colaboradores (2006) colocaram o problema básico em termos de três desafios que a estratégia não conseguiu abordar: "a necessidade de realizar uma aprendizagem profunda dentro dos limites de tempo; o pouco entendimento dos diretores e instrutores sobre os conceitos que estavam tentando ensinar; e a dificuldade de se chegar a um consenso entre os líderes escolares e os professores" (p. 128).

Tudo isso ocorreu apesar da quantidade de visitas às salas de aula, visitas em todas as escolas, sessões frequentes de resolução de problemas e da ênfase na capacitação profissional no trabalho. O caso de San Diego é um exercício sobre os dilemas enfrentados por líderes com um sentido urgente de propósito moral e conhecimento considerável sobre o que aconteceria na instrução em sala de aula. Porém, também aponta para a maneira como as estratégias empregadas devem ter muito mais respeito pelo modo como as mudanças profundas acontecem. Muita coisa boa foi feita para melhorar o desempenho em alfabetização nas escolas fundamentais, mas não foi suficientemente profundo ou apropriado para ir adiante. A estratégia de San Diego fracassou porque o ritmo da mudança foi rápido demais, a estratégia era unidirecional demais desde o início, não foram construídas relações com os professores e diretores e, acima de tudo, as estratégias não proporcionavam capacitação real, que é o desenvolvimento do conhecimento e entendimentos coletivos necessários para uma melhora contínua do ensino que satisfaça as necessidades de cada criança. Isso será muito mais difícil que pensávamos (descrevemos nossas estratégias de capacitação em Fullan, 2006; Fullan et al., 2006).

San Diego também é um dos melhores exemplos de tentativa de reforma. A maioria dos distritos não concentra seus esforços em reformas de âmbito distrital e, quando o faz, encontra limites para o que pode ser feito, mesmo com muito esforço e recursos.

Outra confirmação da nossa preocupação com "não ir tão rápido" vem da Cross City Campaign for Urban School Reform (2005), que citei anteriormente e que analisa importantes iniciativas de reforma em Chicago, Milwaukee e Seattle. Todos os três sistemas escolares tinham a atenção de líderes políticos em todos os níveis do sistema e concentravam-se nas "coisas certas", como alfabetização e matemática. Todos os sistemas usavam estratégias atuais, como foco em dados de "avaliação para aprendizagem", investiram muito em formação profissional, desenvolveram novas lideranças e concentraram-se em mudanças no âmbito do sistema.

E eles tinham dinheiro – Seattle tinha 35 milhões de dólares em fundos externos, Milwaukee tinha recursos extras e flexibilidade e Chicago era multimilionária. Havia muita pressão, mas não se esperava que o sucesso viesse da noite para o dia. Os tomadores de decisões e o público gostariam de ver um sucesso crescente em um período de 5 ou até 10 anos. A conclusão clara dos avaliadores do estudo de caso, conforme mencionei, foi que, para muitos dos diretores e professores entrevistados, "os distritos não conseguiram mudar e melhorar a prática em uma escala ampla" (Cross City Campaign for Urban School Reform, 2005, p. 4).

As questões observadas nas reformas de Chicago, Milwaukee e Seattle ajudam a identificar o ingrediente que faltou, embora esses distritos pareçam ter acertado na maioria dos componentes. Chicago, por exemplo, parecia ter uma ótima estratégia: padrões acadêmicos e modelos instrucionais, sistemas de avaliação e contabilização e capacitação profissional para a instrução baseada em padrões estão entre as ferramentas de reforma sistêmica usadas para mudar o ensino na sala de aula (Cross City Campaign for Urban School Reform, 2005, p. 23).

Eis uma reforma "baseada em padrões" no âmbito do sistema que parece que funcionaria. O fracasso, creio, é que a estratégia não tem um foco no quê deve mudar na prática de ensino. Em Chicago, os professores não se concentraram em padrões, mas em entrevistas, "não articularam nenhuma mudança profunda que pudesse estar ocorrendo na prática de ensino" (p. 23). Além disso, "os objetivos instrucionais foram mais articulados em termos de resultados ou níveis de desempenho dos alunos do que da qualidade do ensino, ou seja, *o que as escolas fazem* para melhorar o desempenho dos alunos" (p. 29, ênfase no original).

Milwaukee apresenta problemas semelhantes na realização de melhoras no ensino, usando maior descentralização no contexto de apoio sistêmico e escolha competitiva. O foco era na alfabetização. Um instrutor de alfabetização foi colocado em cada escola do distrito, com serviços consideráveis de capacitação profissional e apoio técnico. Os planos educacionais de cada escola deveriam se concentrar em padrões de alfabetização, por meio de (1) análise de dados e avaliação e (2) metas de desempenho por área disciplinar, incluindo alfabetização em todo o currículo. Essa parece uma estratégia convincente. Porém, o que falta, mais uma vez, é a caixa preta da prática de ensino na sala de aula. Os autores do estudo observam que: "colocamos o Plano Educacional na categoria indireta devido à sua falta de especificidade em relação ao conteúdo e práticas de ensino regulares ou desejadas" (Cross City Campaign for Urban School Reform, 2005, p. 49).

200   Michael Fullan

De um modo mais geral, a narrativa conclui que, embora essas iniciativas sérias de reforma distrital "parecessem" priorizar a instrução, elas o faziam de forma indireta (por meio de padrões, avaliação, responsabilidades da liderança). Todavia, na experiência dos diretores e professores, o efeito líquido foi que "as políticas e sinais não eram específicos em relação aos efeitos pretendidos para o ensino e a aprendizagem na sala de aula" (p. 65).

Nosso terceiro caso, Seattle, é uma variação sobre o mesmo tema. O plano parece bom. Os padrões definiram a direção, enquanto o Processo de Planejamento Transformacional para o Desempenho Acadêmico "foi criado como um veículo para ajudar as escolas a desenvolver a sua própria estratégia para (1) ajudar todos os alunos a cumprir os padrões e (2) eliminar a diferença em desempenho entre alunos brancos e de outras origens raciais" (p. 66). Como Milwaukee, o distrito reorganizou-se para dar apoio à gestão local, incluindo a alocação de recursos consideráveis para as escolas. Os autores observam:

> O esforço recente para se tornar um distrito baseado em padrões foi um dos primeiros esforços instrucionais com atenção direta para o ensino e a aprendizagem. Contudo, as conversas que os líderes distritais tiveram sobre os padrões raramente estavam conectadas com mudanças na instrução. (Cross City Campaign for Urban School Reform, 2005, p. 69, ênfase do autor)

O relato continua: "Na escola, foi difícil encontrar professores que entendessem as implicações dos padrões para o seu ensino" (p. 72).

Vou citar mais um caso, que, de um certo modo, é mais animador, mas ainda prova a minha principal conclusão de que a mudança no ensino exigirá estratégias diferentes que ajudem a desenvolver e a moldar a capacidade coletiva e o comprometimento compartilhado com uma melhora contínua. Conforme mencionado, Supovitz (2006) fez um excelente estudo de caso da iniciativa de reforma de Duval County, na Flórida. O título de seu livro capta a ênfase da sua análise – *The case for district-based reform*. Supovitz discutiu a iniciativa de reforma no âmbito do distrito de 1999 a 2005. Duval County tem 142 escolas, e a estratégia de reforma hoje nos é familiar.

1. Desenvolver uma visão específica sobre como deveria ser a instrução de qualidade.
2. Construir o comprometimento e a capacidade dos trabalhadores do sistema de executar e amparar a visão instrucional.
3. Criar mecanismos para obter dados em todos os níveis do sistema, que possam ser usados para fornecer informações às pessoas para informar suas práticas e monitorar a implementação da visão instrucional.
4. Desenvolver meios para ajudar as pessoas a aprofundar a sua implementação e auxiliar o distrito a refinar essa visão, entendendo as suas implicações.

O significado da mudança educacional   201

Com um foco de cinco anos nos quatro componentes estratégicos, o distrito teve ganhos significativos em termos do desempenho dos alunos. Por exemplo, o número de escolas que ficou com nota C ou melhor no sistema de avaliação estadual passou de 87 (de 142), em 1999, para 121 em 2003. Além disso, pela primeira vez em um período de sete anos, em 2005, nenhuma escola no distrito recebeu nota F no sistema estadual.

A estratégia foi dirigida por um superintendente forte que ajudou a orquestrar o desenvolvimento de capacidades em todo o distrito conforme os quatro componentes citados, e foi executada com muita ação e foco. Conforme observa Supovitz, "os líderes de Duval County afirmavam repetidamente a sua visão e as estratégias para realizá-la em situações públicas" (p. 43). Supovitz argumenta que a disseminação e o aprofundamento do sucesso envolve tanto "cultivo" quanto "engenharia" (p. 63). E que o equilíbrio exige "representação sem mandato" (p. 66), "promoção da urgência" (p. 68) e "construção das provas existentes" do sucesso (p. 69). Vemos uma variedade semelhante de estratégias como as de San Diego, mas com menos autoritarismo: a capacitação direta dos professores, instrutores para os padrões escolares, instrutores para os padrões distritais, desenvolvimento da liderança dos diretores e desenvolvimento da liderança distrital.

Com seis anos de esforço consistente e com uma ênfase explícita em comunidades profissionais de aprendizagem como estratégia, Supovitz comenta: "As possibilidades de comunidades profissionais de aprendizagem – a investigação rigorosa dos problemas e desafios da prática de ensino e o apoio a essa prática – pareciam estar ocorrendo apenas em partes do distrito" (p. 174). Muita coisa foi realizada em Duval County, mas não era profundo ou durável depois de seis anos, de modo que a nossa observação de "não ir tão rápido" é uma preocupação pertinente. Mesmo com estratégias amplas e um foco incansável ao longo de um período de cinco ou seis anos, ainda não estávamos acertando.

E o que mais?

Já vimos que mesmo as iniciativas mais ambiciosas deixam a desejar e envolvem apenas um pequeno número de distritos. A maioria não é tão ativa. Acredito que estejamos no caminho certo, mas a abordagem precisa de muito aperfeiçoamento. Para dizer o que é necessário, precisamos de um foco no ensino, em padrões, avaliação e *feedback* contínuo e uso de dados, além de liderança de ensino nos níveis do distrito e da escola. Todavia, também precisamos de um processo de capacitação interativa e construção de comprometimento dentro e entre as escolas, e entre as escolas e o distrito. Acima de tudo, isso deve desprivatizar o ensino cada vez mais, de modo que possa haver aprendizagem em contexto, e o distrito deve "manter o rumo" por um período de 10 anos ou mais. Esse trabalho não exige necessariamente o mesmo superintenden-

202   Michael Fullan

te por dois ou mais mandatos, mas exige continuidade na direção certa por duas ou três superintendências. Cito aqui três exemplos, de três países diferentes, do que isso significa na prática.

O distrito escolar da região de York, perto de Toronto, Ontário, é um distrito multicultural com uma população diversificada e crescente, e com mais de 100 línguas diferentes faladas nas escolas. Existem 140 escolas fundamentais e 27 escolas de ensino médio. Temos trabalhado em parceria com York nos últimos cinco anos, com o monitoramento dos processos e resultados à medida que avançamos (ver, por exemplo, Sharratt e Fullan, 2006). O foco é em alfabetização em uma iniciativa chamada de Literacy Collaborative (LC). A abordagem básica é voltada para criar e recriar melhoras contínuas no âmbito do distrito, o que chamo de *capacitação com foco em resultados*. As características básicas da abordagem são

- Uma visão claramente articulada e comprometimento com a alfabetização para todos os alunos, que é o tema constante da comunicação no distrito.
- Um plano no âmbito do sistema e uma estrutura para a continuidade da melhora.
- O uso de dados de pesquisa para informar o ensino e determinar recursos.
- Capacitação de administradores e professores para alfabetizar todos os alunos.
- Estabelecimento de comunidades profissionais de aprendizagem em todos os níveis do sistema e além do distrito.

Todas as escolas, incluindo todas as de ensino médio, juntaram-se ao LC de forma gradual, com equipes escolares como ponto focal para a capacitação. No nível fundamental, as equipes consistiam do diretor (sempre o diretor), o professor de alfabetização (um papel de liderança dentro da escola, com um professor liberado em meio expediente ou horário integral para trabalhar com os diretores e professores) e o professor de educação especial. As equipes do ensino médio eram um pouco maiores e se concentravam em alfabetização, especialmente na nona[*] e décima[**] série. O modelo do LC evoluiu para 13 parâmetros, que não serão listados aqui, mas que incluíam professores de alfabetização, blocos de alfabetização com tempo determinado, uma abordagem de manejo de caso voltada para cada aluno, conexões transcurriculares com a alfabetização, e assim por diante (ver Sharratt e Fullan, 2006). Existe interação constante, pesquisa-ação e capacitação por meio de sessões formais mensais, além de muitas interações de aprendizagem contextualizada conduzidas diariamente pelos líderes escolares e distritais dentro e entre as escolas.

---

[*] N. de R.T. A 9ª série corresponde ao 1º ano do ensino médio brasileiro.
[**] N. de R.T. A 10ª série corresponde ao 2º ano do ensino médio brasileiro.

O significado da mudança educacional   203

Os resultados, segundo avaliações no âmbito da província, foram significativos após um período de três anos (2001-2004), mas não tão substanciais quanto desejavam os líderes distritais. Em uma análise mais rigorosa da amostra inicial de 17 escolas, observou-se que nove das escolas tinham implementado os 13 parâmetros de forma mais profunda, em comparação com as outras oito. Quando estas escolas foram separadas, os resultados mostraram que as nove escolas, apesar de começarem abaixo da média da região de York e da província de Ontário em 2001, estavam acima de ambas as médias em 2004. Enquanto isso, o distrito estava trabalhando com todas as 167 escolas. Os resultados para a província em 2005 mostram que a região de York havia melhorado 5%, em média, em alfabetização em suas 140 escolas fundamentais. As escolas do ensino médio também se saíram bem pela primeira vez no teste de alfabetização do 1º ano do ensino médio. Refletindo uma teoria de ação que descreverei em seguida, em 2006, o distrito identificou 27 escolas fundamentais e seis escolas do ensino médio que ainda apresentavam desempenho baixo e criou uma interação intensiva visando à capacitação para o ano escolar de 2005-2006 (enquanto continuava o trabalho com todas as escolas).

Em termos do que há de novo, podemos considerar a teoria de ação refletida na abordagem da região de York. Em primeiro lugar, temos muitos dos elementos que já tínhamos visto antes – padrões, avaliação de e para a aprendizagem, liderança de ensino, e assim por diante – mas também vemos duas novas ênfases significativas. Uma é que os líderes adotaram uma perspectiva de longa duração. Eles entendem que a mudança demora um tempo para se instalar, e seguidamente falam em "manter o curso" e "persistência mas flexibilidade". O ritmo é estável, até rápido, mas nada excessivo. Eles esperam resultados, não da noite para o dia, mas também não ilimitados. O outro aspecto novo é que os líderes tomam cuidado para não julgar o progresso lento ou limitado em certas escolas. Eles assumem uma postura que chamo de "capacitação primeiro, julgamento depois" como haviam adotado com as 33 escolas de desempenho inferior. A mudança de grande escala envolve avançar todo o sistema, de modo que cada vez mais líderes permeiem o sistema e façam ações diárias para promover a capacitação e a apropriação.

Este distrito representa um distrito que está avançando como um todo. Houve um diretor (superintendente), Bill Hogarth, durante os oito anos do processo, e uma forte sintonia entre o conselho e a liderança distrital. Como foi construída uma forte cultura de cooperação, as chances de continuar nessa direção quando ele sair (em algum momento nos próximos dois anos) são muito maiores. Como já falei, não se precisa do mesmo superintendente por 8 a 12 anos, mas é preciso ter continuidade e aprofundamento na direção "certa".

Um segundo exemplo bom é a iniciativa de reforma de 10 anos com os 58 mil estudantes das escolas públicas de Boston, sob liderança do

204   Michael Fullan

superintendente Tom Payzant. McLaughlin e Talbert (2006) descrevem o plano básico como seis elementos essenciais: ensino efetivo como o elemento principal, trabalho e dados dos alunos, formação profissional, liderança compartilhada, recursos, famílias e comunidades. Mais uma vez, as palavras são familiares, mas é a teoria da ação e o cultivo cuidadoso ao longo de uma década que representam a verdadeira história. A capacitação profissional, por exemplo, acontece no nível da escola e representa uma estratégia que envolve grupos docentes cooperativos. Nessa instrução cooperativa, os professores aprendem analisando o trabalho uns dos outros sob orientação de instrutores hábeis. A ideia não é apenas assistir aos outros lecionando e dividir ideias, mas criticar aulas de um modo voltado para a melhora da aprendizagem do aluno. Como na região de York, um banco de dados bem feito e fácil de acessar sobre a aprendizagem do aluno é usado para ajudar os professores a analisarem o seu trabalho à luz dos resultados, integrando os dados à aprendizagem profissional. O envolvimento substancial dos pais e da comunidade é um componente importante de todo o trabalho dos professores e escolas.

A *Education Week* publicou um perfil das escolas públicas de Boston e de Payzant na ocasião do anúncio da sua aposentadoria em 2007, após 11 anos como superintendente ("Time on His Side", 2006). Além de publicar a respeito das atividades e abordagens recém-descritas, a *Education Week* analisa a estratégia.

> O Sr. Payzant não levou as escolas de Boston a esse ponto da noite para o dia. Ele não executou todas as iniciativas ao mesmo tempo, mas apenas quando faziam sentido. A ideia era começar pequeno, testar coisas e reformulá-las. E ele se concentrou em construir um consenso. Todas essas noções eram radicais, em uma era de líderes rígidos e alta rotatividade. (p. 31)

O impacto da estratégia de Boston trouxe resultados significativos para o desempenho dos alunos. Nas aulas de inglês e de matemática do 1º ano do ensino médio, os resultados melhoraram constantemente desde 1999 para quatro grupos raciais e étnicos (negros, brancos, asiáticos e hispânicos), com alguns estabilizando em 2004 e 2005 (uma questão à qual retornarei em seguida). McLaughlin e Talbert (2006) sintetizam o impacto positivo nas seguintes palavras.

> Diversas avaliações mostram que a abordagem de Boston para o ensino e a aprendizagem cooperativa está beneficiando alunos e professores. Os resultados melhoraram para os alunos, assim como a relação entre os professores e os alunos e entre os professores. Boston enxerga outras consequências positivas da sua estratégia no nível do sistema – maior coerência, maior contabilização em todos os níveis e maior aceitação por parte dos educadores do distrito. (p. 126-127)

Mais uma vez enxergamos uma teoria de ação mais sofisticada em andamento. Não é que estejamos vendo estratégias perfeitas, o ritmo da mudança provavelmente não foi rápido o suficiente em Boston. Dito de outro modo, poucos superintendentes poderiam levar todo esse tempo em 2007. Mas meu argumento permanece, ir rápido demais seria mais provavelmente um cenário negativo. É necessário equilibrar o ritmo – pressionar pela melhora com uma capacitação correspondente – avaliando-o cuidadosamente à medida que se avança. As próprias lições reflexivas de Payzant são reveladoras. Ele diz que deixou algumas áreas trabalharem "demais ao acaso", e que deveria ter permitido menos programas para o ensino da alfabetização. Da mesma forma, disse que foi um erro deixar as escolas do ensino médio fazerem seus próprios planos para criar ambientes de aprendizagem mais personalizados para os alunos ("Time on His Side", 2006).

O desempenho em Boston, juntamente com melhoras substanciais, também apresenta um efeito de platô nos últimos dois anos, um fenômeno que é normal, que não deve ser lamentado, mas que exige estratégias novas e mais profundas. Elmore (2004) e eu (Fullan, 2006) comentamos sobre o efeito de platô como uma oportunidade natural e (dependendo do que você fizer depois) valiosa para consolidar e ir mais fundo. Além disso, enquanto todos os quatro grupos raciais e étnicos ganharam, a desigualdade não diminuiu e, em alguns casos, até aumentou. A próxima questão crítica para Boston é quem será o sucessor de Payzant. Já falei que, nesses casos de estar no caminho certo, é crucial que os distritos contratem alguém em busca de continuidade e aprofundamento das boas direções. Veremos o que acontecerá.

Vamos à Inglaterra para nosso terceiro exemplo, que mostra a continuidade de uma boa direção com dois diretores de educação. A Knowsley Local Education Authority (desde 2005, chamada de Local Authority) é um distrito metropolitano a leste de Liverpool. Ela é definida como a sexta autoridade com mais dificuldades no país. Em 1999, Knowsley consistia de 59 escolas do primeiro segmento do ensino fundamental (1º ao 5º ano), 11 escolas dos anos seguintes do ensino fundamental e ensino médio e sete escolas especiais. O distrito foi submetido a uma auditoria naquele ano, como parte do esquema de inspeção nacional realizado pelo Office of Standards in Education (OFSTED). A avaliação encontrou falhas sérias na maioria das dimensões básicas: desempenho do aluno, capacidade de melhorar, relações entre o distrito e as escolas, além de conexões com a comunidade. Um novo diretor de educação, Steve Munby, foi apontado em 1999. Uma segunda inspeção foi realizada em 2003, que encontrou grandes melhoras. O que aconteceu em quatro anos para transformar um sistema com desempenho muito baixo, com dificuldades econômicas e desestimulado, em um sistema imensamente melhor e pronto para fazer mais?

206   Michael Fullan

Podemos começar com as observações do OFSTED em 2003.

Os avanços recentes e a implementação de iniciativas bem-pensadas fizeram o distrito de Knowsley se estabelecer como uma Local Education Authority importante. O distrito melhorou nos últimos três anos e mostrou como a visão e a liderança, juntamente com relações excelentes com as escolas, podem revitalizar um serviço educacional. (p. 2)

Conforme observou o OFSTED, os escores de alfabetização e matemática cresceram em uma época em que as médias nacionais estavam estagnadas. O OFSTED também observa que "a nova administração formou parcerias e cooperações de trabalho em um nível inusitadamente elevado". E os "professores das escolas se consideram parte de uma equipe maior, com responsabilidade pelo serviço educacional da região" (p. 2).

Steve Munby (2003) afirma que as forças motrizes da mudança são o desempenho do aluno, novas lideranças, verbas externas e um compromisso moral com a redução da desigualdade entre as escolas de maior e menor desempenho. Munby lista o que chama de "prioridades para a sustentabilidade":

- O estabelecimento de uma estrutura inovadora, coerente e abrangente de políticas públicas, que proporcione direcionamento para o ensino e a aprendizagem profissional.
- O treinamento de "líderes aprendizes" para dar suporte à aprendizagem escolar.
- O uso dos líderes aprendizes para trabalhar com grupos de escolas de maneira a incluir as novas práticas.
- O trabalho em grupo – aprendizagem ativa, observar e compartilhar o aprendizado, promover pesquisa-ação de pequena escala para proporcionar evidências do impacto sobre a motivação dos alunos, e envolvimento com o processo de aprendizagem.
- O incentivo e o apoio para o desenvolvimento e inclusão de uma cultura de planejamento conjunto, ensino conjunto, revisão conjunta e instrução conjunta nas escolas, com todos atuando como líderes da aprendizagem (p. 2).

Em janeiro de 2005, Munby foi apontado como diretor-chefe do National College of School Leadership (ver o Capítulo 14). Tempo de continuidade e boa direção. O novo diretor, Damian Allen, foi apontado a partir de Knowsley, onde era membro da direção. Como Munby havia empregado uma estratégia de desenvolvimento conjunto de lideranças, Allen já estava imerso na estratégia e, de fato, havia ajudado a criá-la. Quando foi apontado em janeiro de 2005, a agenda Every Child Matters já havia se tornado realidade, com todos os serviços infantis, incluindo as escolas, subordinados à Local Authority (LA). Allen se tornou o pri-

O significado da mudança educacional   207

meiro diretor executivo dos Serviços da Infância. Knowsley continuou com a estratégia direcional de manter uma agenda ambiciosa para as crianças, mas avançando com a liderança compartilhada e a capacitação. O distrito introduziu uma reforma notável no ensino médio, que envolveu fechar todas as 11 escolas e reabri-las como oito escolas novas, completas e com prédios modernos, chamados de "centros de aprendizagem". Knowsley fez isso sem nenhum rancor e, de fato, com um entusiasmo considerável, em parte por causa da estratégia de liderança compartilhada, e, em parte, porque havia verbas federais para os novos prédios, e, em parte também, porque já estava experimentando sucesso (por exemplo, a porcentagem de alunos de 15 anos que passou em cinco ou mais GCSEs – uma referência para as vagas na educação superior – havia dobrado, de 22% em 1998 para 45% em 2005, enquanto a média nacional aumentou de 47 para 57%).

Sempre ciente da teoria da ação que os havia levado até lá, Allen (2006) fez uma apresentação em um encontro nacional, na qual comparou a estratégia de Knowsley à estratégia embutida no recente documento do governo (Department for Education and Skills, 2005). Após apontar as incongruências no documento, ele fez as seguintes comparações (Knowsley à esquerda; documento à direita):

Liderança compartilhada entre LA e escolas	Especialismos independentes individuais
Cooperação e federação como padrão	Cooperação e federação como resposta a falhas
Desempenho do sistema	Desempenho de cada escola
Fracasso eliminado por desafio e apoio	Fracasso eliminado por intervenção precoce e fechamento
Desenvolvimento de liderança compartilhada	Necessidade de autonomia nas escolas
Bastante apoio e envolvimento com escolas	Monitoramento leve

Bem, dá para entender o quadro. O que há de novo, em minha opinião, é a criação de parcerias de envolvimento que mobilizam todo o sistema (ver Fullan, 2006). Knowsley ainda está no início da jornada, mas pode-se ver uma estratégia consistente e adaptável, na qual líderes sucessivos seguem a direção certa, interagindo com contextos internos e externos. Vemos isso em nosso próprio trabalho em Ontário, com o qual estamos ajudando os distritos a desenvolver estratégias efetivas para fazer uma reforma no âmbito do sistema – uma estratégia que descrevo no Capítulo 12 (ver também Campbell e Fullan, 2006; Fullan, 2006).

208 Michael Fullan

Implicações

Qualquer pessoa que se encontre perto da cena de ação pode testemunhar o fato de que o papel dos distritos locais está sujeito a debates acalorados e grandes reviravoltas. Os distritos mudam de uma prescrição rigidamente focada a uma descentralização de peso em todas as variações intermediárias. Neste capítulo, tentei revelar o que é e o que não é efetivo, e por que, no que tange ao papel do distrito, não é a centralização nem a descentralização, mas ambas. A forte presença do centro é necessária para estabelecer as condições para um foco e comprometimento coletivos, em que os educadores sintam e ajam com responsabilidade pelo sistema escolar, e não apenas pelo seu canto de ação. Podemos criar algumas diretrizes.

1. *Escolha um distrito em que haja uma chance de ocorrer mudanças ou que não espere muita mudança.* Algumas comunidades são dominadas por uma estrutura de poder que está mais interessada no *status quo*; outras comunidades são tão turbulentas que o superintendente é a vítima inevitável; outras ainda esperam que os administradores liderem a mudança. Embora a classificação seja simplificada demais, a mensagem principal é clara – deve haver pelo menos o mínimo interesse na mudança ou no poder de mudar no distrito. Sem isso, o diretor é tão impotente quanto qualquer outra pessoa e, de fato, provavelmente se tornará um conveniente bode expiatório. Outros administradores distritais (abaixo do nível do diretor-chefe) deverão fazer escolhas semelhantes e também deverão determinar se o superintendente com quem irão trabalhar é bem informado e defende as mudanças – de maneira ideal, alguém que possa lhes ensinar algo sobre como implementar efetivamente mudanças.

2. *Quando no distrito, desenvolva as capacidades gerenciais dos administradores – outros administradores distritais e diretores – para liderar a mudança.* Usando uma combinação de critérios de promoção, capacitação no trabalho enfatizando o desenvolvimento e o crescimento e a substituição de administradores por desgaste ou renúncia forçada (em casos extremos), o objetivo é desenvolver gradualmente a capacidade administrativa do distrito para liderar e facilitar a melhora. Entre outras coisas, o administrador distrital deve exigir dos diretores e ajudá-los a trabalhar com os professores, o que significa que ele deve ter a capacidade e a disposição para trabalhar estreitamente com os diretores. A liderança compartilhada (codeterminação) nos níveis da escola e do distrito é fundamental.

3. *Invista na formação docente ao longo da carreira, do recrutamento ao desenvolvimento profissional, com uma forte ênfase em "aprender no contexto"* (ver Capítulos 13 e 14).

4. *Concentre-se na instrução, no ensino e na aprendizagem, e nas mudanças na cultura das escolas.* Devem-se usar estratégias de curto e longo prazos

O significado da mudança educacional 209

de forma consistente e persistente para estabelecer normas e a capacidade de colaboração e melhora contínua nos ambientes de aprendizagem de estudantes e educadores. Isso significa uma mudança cultural profunda, envolvendo a desprivatização do ensino de um modo que motive os professores a melhorar como parte da ação coletiva dentro das escolas e entre as escolas.

5. *Monitore o processo de melhora*. A necessidade de monitorar é eterna. O sistema de coleta de informações para avaliar e abordar dificuldades com a implementação deve ser institucionalizado. Quanto maior a comunicação bidirecional horizontal e vertical, mais conhecimento haverá sobre o estado da mudança. Referências, informações transparentes e intervenção em escolas com dificuldades persistentes são elementos que fazem parte do processo de monitoramento. É indispensável que se faça pesquisa-ação com relação ao ensino e sobre a eficácia das estratégias de mudança.

6. *Promova a identificação com o distrito*. Quando os diretores e professores se interessam apenas por suas próprias escolas e não pelas outras escolas do distrito, eles não encontrarão situações de apoio a longo prazo. Os superintendentes podem mudar isso, desenvolvendo uma identidade distrital a serviço do desenvolvimento de cada escola. A coerência ocorre no distrito quando os colegas (p.ex., diretores de várias escolas) têm identificação mútua, e mantêm uma parceria verdadeira com a liderança do distrito.

7. *Arrisque-se a formar seletivamente parcerias externas* com a comunidade, o município e outras agências para promover o trabalho das escolas no distrito.

8. *Acima de tudo, trabalhe para conceituar continuamente o propósito, o formato e o processo de reforma distrital contínua*. Os melhores líderes evoluem, articulam e refletem sobre suas teorias de ação/mudança. Por exemplo, a maioria dos distritos deve se reorganizar para funcionar na nova maneira, mas o superintendente estaria perdido no oceano sem uma concepção de quais princípios devem guiar a nova orientação, e quais teorias de ação provavelmente aprofundariam e sustentariam o foco e a busca pela melhora.

Em síntese, gostaria de enfatizar o quanto são fundamentais as mudanças de que estamos falando em relação às culturas das escolas e distritos. A maioria dos sistemas escolares ainda está "frouxamente unida", apesar dos esforços no sentido contrário. Quando as coisas apertam, como em São Diego, as boas iniciativas podem sair pela culatra. O necessário, conforme também argumenta Elmore (2000), é uma mudança na própria organização – em sua própria cultura.

210   Michael Fullan

> A melhora em grande escala basicamente é uma *propriedade das organizações*, e não dos traços preexistentes dos indivíduos que trabalham nelas. As organizações que melhoram o fazem porque criam e promovem o entendimento sobre o que vale a pena tentar alcançar, e dão início aos processos internos pelos quais as pessoas aprendem progressivamente a fazer o que necessitam para alcançar o que vale a pena. (p. 25, ênfase no original)

E

> Parece claro que os administradores distritais que estão melhorando evitam argumentos inúteis e distrações em relação à centralização e descentralização. Ao invés disso, eles dedicam seu tempo para construir um sentido de urgência e apoio em determinadas escolas e comunidade, em torno de questões ligadas a padrões e ao desempenho. Também parece claro que se comunicarem essa urgência para os diretores e professores, bem como para as escolas coletivamente, eles terão que aceitar um grau elevado de responsabilidade pelas decisões citadas. (p. 33)

Elmore (2004, 2006) continua a insistir que os administradores nos níveis da escola e do distrito são responsáveis por criar e fomentar, por promover as condições necessárias para o apoio e o envolvimento individual e coletivo nas iniciativas de melhora. Da mesma forma que os diretores efetivos "fazem" o trabalho dos professores melhorar, os superintendentes efetivos, como já vimos, afetam o trabalho das escolas por meio das estratégias que usam e dos mecanismos específicos associados a essas estratégias. É possível obter resultados rápidos por meio de métodos autoritários, mas esses são ganhos superficiais, e são obtidos a um preço elevado. Além disso, "por que ganhar em um jogo ruim?" (Block, 1987, p. 9). Por que não mudar o jogo? Resumindo, o papel do superintendente é ajudar a mostrar o caminho para mudar o jogo para melhor.

PARTE III

Mudança educacional
nos níveis regional e nacional

12
Governos

O Estado é um instrumento incrivelmente insensível; ele toma uma ideia básica e a impõe sem a menor sensibilidade pelo contexto local. E há ainda o desejo desesperado dos políticos por uma solução mágica.

Micklethwait e Wooldridge (1996, p. 294)

Um político que declarasse que a capacitação é mais importante que a contabilização seria sensato e corajoso (assim como seria sensato e corajoso um dirigente de um sindicado de professores que declarasse que as comunidades profissionais de aprendizagem têm precedência sobre a autonomia dos professores individuais; ver o Capítulo 14). Há uma década, Andy Hargreaves e eu escrevemos a trilogia *What's worth fighting for*, com base na ideia de que, em um dado dia, o "sistema" talvez não saiba o que está fazendo. Assim, tentamos capacitar os professores e diretores com ideias e diretrizes de ação para que pudessem avançar apesar do sistema. Esses conselhos ainda são valiosos, mas e se o sistema souber o que está fazendo, criando significado, compromisso e impacto em grande escala? Este capítulo explora os meandros dessa questão.

Quando o sistema não ajuda, apenas melhoras efêmeras e de pequena escala podem ocorrer. Minha trilogia *Change forces* concentra-se no sistema, usando a teoria do caos, aquela que hoje se chama de teoria da complexidade. Argumento que as forças não-lineares complexas em sistemas dinâmicos podem ser melhor compreendidas e influenciadas se as pessoas, em todos os níveis, trabalharem para construir organizações aprendentes. Isso levou à conclusão, apresentada inicialmente em *Change forces with a vengeance* (Fullan, 2003), de que precisamos basear nosso futuro em tentar realizar reformas em três níveis, ou seja, o que deve acontecer (1) nos níveis da escola e da comunidade, (2) no nível do distrito como a parte intermediária dos três e (3) no nível do estado ou da nação. O objetivo não é buscar um alinhamento, mas estabelecer uma *conectividade permeável*. Isso significa que deve haver bastante interação bidirecional e influência mútua dentro e entre os três níveis. Grande parte do nosso trabalho recente concentra-se nesse objetivo ambicioso, mas crucial.

Os governos enfrentam um dilema, conforme Micklethwait e Wooldridge apontaram antes. Seu mundo deseja soluções rápidas para problemas urgentes. Ainda assim, fazer mudanças em grande escala é imensamente complexo. Se já é difícil administrar mudanças em uma sala de aula, uma escola, um distrito escolar, imagine a escala dos problemas que um estado, província ou país enfrentam, onde existem inúmeras agências e níveis e dezenas ou centenas de milhares de pessoas envolvidas. É infinitamente mais difícil para o governo se as pessoas não buscarem entender a cultura e os problemas do pessoal da escola local.

Os governos são essenciais para que possamos fazer reformas em grande escala. Eles têm o potencial de ser uma importante força de transformação. Contudo, as evidências históricas reunidas, por enquanto, sugerem que poucos governos entendem isso. Neste capítulo, abordo o papel dos governos de três maneiras. Em primeiro lugar, discuto o que sabemos a respeito do seu efeito sobre a implementação local. Em segundo, uso a National Literacy and Numeracy Strategy da Inglaterra como exemplo para ilustrar muitas das questões que exigem atenção, e o caso mais recente de Ontário, no Canadá, para mostrar o que a tentativa de acertar acarreta. Em terceiro lugar, identifico as implicações para aquilo que os governos devem fazer se estiverem interessados em melhoras maiores em todas ou na maioria das escolas. As questões em jogo são o que os governos estão fazendo e o que eles podem fazer para mudar.

O papel dos governos

Quando falo em "governos", estou falando dos governos federal e estadual nos Estados Unidos, das províncias do Canadá (pois praticamente não existem políticas federais em educação) e de governos nacionais em países que são administrados como um sistema. Quero apresentar uma noção prévia. Os governos podem exigir *contabilização*, proporcionar *incentivos* (pressão e apoio) e/ou promover a *capacitação*. Veremos que, se eles fizerem apenas o primeiro e o segundo, podem obter alguns resultados de curto prazo que serão reais, mas não serão particularmente profundos ou duradouros. Se fizerem todos os três, eles terão uma chance de avançar bastante. Muitos governos põem todos os seus ovos no ninho da contabilização, alguns são bons em integrar a pressão e o apoio, e nenhum lidou seriamente com a capacitação, embora vários estejam trabalhando nisso.

Nos Estados Unidos, a começar pela publicação de A Nation at risk (National Comission on Excellence in Education, 1983), a atenção vol-

O significado da mudança educacional   215

tou-se para o que os governos fazem para levar às tão necessárias reformas de grande escala. De um modo geral, as iniciativas da década após 1983 concentraram-se em aumentar as expectativas e requisitos da contabilização. Essas iniciativas políticas, concentradas apenas na contabilização, fizeram mais mal do que bem. Elas colocaram uma pressão tremenda sobre os sistemas locais, enquanto prestavam pouca ajuda, e na verdade aumentavam a carga e a fragmentação dos esforços.

Firestone, Rosenblum e Bader (1992) estudaram a evolução da reforma em seis estados – Arizona, Califórnia, Flórida, Geórgia, Minnesota e Pensilvânia – em um período de sete anos entre 1983 e 1990, e fazem uma observação semelhante.

> A fragmentação governamental parte das agências centrais para as periféricas – ou seja, dos governos federais e estaduais para os distritos, escolas e finalmente para as salas de aula. O estudo da implementação de políticas desde a década de 1960 tem um histórico de tentativas de identificar maneiras em que as agências em um nível possam influenciar aquelas no próximo nível inferior; as instruções competentes e a adesão responsória mostraram ser exceções. O melhor que se pode esperar das iniciativas para que os distritos implementem políticas estaduais e federais é uma adaptação mútua, por meio da qual as expectativas centrais se adaptam a preferências locais, no mínimo no mesmo grau em que o oposto ocorre. A implementação de qualidade é a exceção. (p. 256)

Além da fragmentação nessas relações verticais, também existem grandes desconexões horizontais. Uma quantidade incontável de agências, muitas das quais envolvem entidades governamentais ou grupos patrocinados pelo governo, não coordena o seu trabalho, de modo que muitas iniciativas entram em conflitos acidentais. Não podemos esquecer que os governos também vivem no mundo da "adoção", e não da implementação – a linha do tempo para a implementação sempre passa da próxima eleição. Relacionado com isso, é mais fácil adotar mudanças *estruturais* do que se envolver no difícil trabalho das mudanças *culturais* em relacionamentos, capacidade e motivação. A maioria das políticas (p.ex., vales, escolas *charters*[*] e gestão local), segundo Elmore, "basicamente envolve mudanças estruturais, no sentido de que não têm absolutamente nenhuma implicação sobre o conteúdo ou a qualidade do ensino" (p. 10).

Os estudos de caso detalhados de Lusi (1997) sobre o papel do Departamento Estadual de Educação de Kentucky e Vermont confirmam que as estratégias de contabilização, em si, nunca funcionam porque não se pode "mudar a prática de um grande número de profissionais sobre os quais se tem pouco controle e nenhuma proximidade" (p. 11). Retornarei mais adiante ao trabalho que alguns estados começaram a fazer para

---

[*] N. de R.T. Ver nota na página 15.

aumentar a probabilidade de uma reforma ampla no nível local. De qualquer modo, em sistemas complexos, os esquemas de contabilização autoritários nunca funcionam, pois não conseguem produzir as crenças e comportamentos necessários para o sucesso. O próximo passo lógico, então, é adicionar incentivos (um amálgama de pressão e apoio). A história das políticas públicas na última década, no que diz respeito à qualidade dos professores, é bastante instrutiva.

Darling-Hammond proporciona um bom sumário a partir do trabalho da National Commission on Teaching and America's Future.

> Nos 50 estados norte-americanos, a Carolina do Norte e Connecticut realizaram os investimentos mais substanciais e sistemáticos no ensino durante a metade da década de 1950. Ambos, que têm populações relativamente grandes de alunos pobres, uniram aumentos nos salários dos professores, e melhoras na igualdade de salário entre os professores, a iniciativas de recrutamento e iniciativas para melhorar a formação pré-profissional dos docentes, além da certificação, do uso de mentores para professores iniciantes e formação profissional contínua. Desde então, a Carolina do Norte tem apresentado os maiores ganhos em desempenho estudantil em matemática e leitura em relação a qualquer estado da nação, com escores bastante acima da média nacional em leitura e matemática para a quarta série, embora tenha iniciado a década de 1990 como o último na classificação dos estados. Connecticut também teve ganhos significativos, tornando-se um dos estados com maiores escores do país em matemática e leitura (classificado em primeiro lugar no nível da quarta série em matemática e leitura, e entre os cinco primeiros no nível da oitava série), apesar do aumento, naquela época, na proporção de alunos de baixa renda e com pouca proficiência em inglês. (Darling-Hammond, 2000b, p. 13)

Ainda mais reveladora é a comparação de Darling-Hammond entre estados que apenas empregam estratégias de contabilização e aqueles que combinam a contabilização com incentivos (treinamento em habilidades, gratificações, etc.).

> As estratégias estaduais de reforma durante a década de 1980 que não incluíram esforços substanciais para melhorar a natureza e a qualidade do trabalho em sala de aula tiveram pouco êxito em melhorar o desempenho, especialmente quando as reformas baseavam-se principalmente na testagem dos alunos, e não em investimentos no ensino. Por exemplo, os dois estados que reorganizaram as suas reformas em torno de sistemas de testagem de novos alunos foram a Geórgia e a Carolina do Sul. Esses estados desenvolveram sistemas amplos de testagem, juntamente com gratificações e sanções para alunos, professores e escolas. Embora ambos os estados tenham exigido testes para os professores, eles não relacionaram essas avaliações com o conhecimento emergente sobre o ensino ou com novos padrões de aprendizagem, e não investiram em melhorar as

O significado da mudança educacional   217

faculdades de educação ou no desenvolvimento profissional contínuo. (2000a, p. 14-15)

Ao comparar o desempenho estudantil em estados com proximidade geográfica que usaram estratégias diferentes (Connecticut *versus* Nova Jersey; Carolina do Norte *versus* Geórgia; e West Virginia *versus* Virginia), Darling-Hammond concluiu:

> Embora os estados que buscaram agressivamente investir na formação de professores tenham níveis iguais ou maiores de pobreza entre os alunos do que estados próximos que buscaram outras estratégias diferentes, seus alunos atualmente têm níveis maiores de desempenho. (2000a, p. 15)

Parece que os estados mais bem-sucedidos realmente investiram em *capacitação*, mas devo concluir que isso na verdade representa passos de criança, mais parecido com o que os incentivos produzem – um certo grau de compromisso e realização, mas não muito profundo. Todavia, já é um começo. Um diretor do Kentucky no estudo de Goertz (2000) sobre a contabilização local em nove estados coloca da seguinte maneira.

> [O programa de avaliação estadual] provavelmente motivou tudo que temos feito. Pode-se dizer que estamos elevando o desempenho dos alunos. Para ser honesto, estamos conseguindo isso por causa da contabilização e da avaliação. Não se toda a parte da contabilização com gratificações e sanções ainda é o negócio, como era no início. Atualmente, tudo é questão de orgulho. Antes, não tínhamos os escores; hoje é autoanálise. Sem a avaliação estadual, acho que isso não aconteceria. Talvez tivéssemos conseguido fazer algumas mudanças, talvez começar umas coisas boas, mas o grau e a velocidade com que mudamos nunca teriam acontecido. (p. 12)

Nos Estados Unidos, a contabilização teve um novo ímpeto em 2002 com a aprovação da lei No Child Left Behind. Essa lei exigiu que todos os estados estabelecessem, até no máximo 2005-2006, testes anuais de leitura e matemática para todos os alunos da terceira à oitava série, e testes de leitura e matemática na primeira, segunda ou terceira série do ensino médio. Os testes devem ser administrados a pelo menos 95% dos alunos matriculados em uma dada série. As avaliações e testes específicos ficam a cargo dos estados, mas devem ser padronizados em todo o estado – todos os alunos devem fazer os mesmos testes e da mesma forma.

A lei também exige que cada escola do estado apresente progresso anual adequado. Em 2013-2014, cada criança deve alcançar o nível de "proficiência" em todos os testes. As escolas e os distritos estabelecem metas de progresso anual adequado em seu caminho para os 100% de proficiência. Desde o primeiro dia, se uma escola não cumpre suas metas por dois anos consecutivos, ela é designada como "em necessidade de melhora". Os pais de alunos dessas escolas têm o direito de transferir seus filhos

218 Michael Fullan

para outras escolas mais bem-sucedidas no distrito. As escolas que não satisfazem o progresso anual adequado por quatro anos seguidos são identificadas como "em necessidade de ação corretiva", e aquelas que fracassam por cinco anos são colocadas em uma categoria de "reestruturação" e podem ser assumidas pelo estado, operadas por uma firma de administração, ou convertidas em escolas *charter*.

Outras ações e requisitos acompanham essa lei ou partem dela. A lei determina que, em 2005-2006, todas as salas de aula do país deverão ter um "professor qualificado" (ver Capítulo 13 para uma revisão das políticas de formação de professores). Além de atraírem a atenção pública para cada escola, os distritos logo são implicados. Distritos com uma quantidade excessiva de "escolas fracassadas" são controlados pelos municípios ou pelos estados – o que não é uma exigência da lei federal, mas uma consequência natural da disseminação do progresso anual adequado.

A lei No Child Left Behind certamente trouxe as questões do desempenho e do progresso para o primeiro plano. Ela é benéfica, por concentrar a atenção nos problemas que temos discutido neste livro. Porém, em sua forma atual, não há como a lei ter êxito. James Popham (2004) escreveu um capítulo devastador com uma crítica da lei, mostrando que ela é prática e politicamente impossível, e que a maioria das escolas será rotulada como fracassada segundo os critérios apresentados, com pouca oportunidade e tempo para lidar com os problemas. Richard Elmore (2004) traz o argumento definitivo de que nenhum esquema externo de contabilização pode ter sucesso na ausência de contabilização interna (na escola/distrito), que define como a capacidade (conhecimento, habilidades, recursos) da entidade para responsabilidade individual e coletiva na execução de práticas cotidianas de melhora. Em outras palavras, os sistemas de contabilização autoritários omitem ou subestimam seriamente a capacitação. Sem igual atenção a ela, tudo é perdido. É por isso, por exemplo, que o governador do Maine, em janeiro de 2006, declarou uma moratória nas avaliações locais. O estado ainda satisfaz os requisitos federais, mas levou a lei a sério e estabeleceu, em cooperação com os distritos, um sistema elaborado e abrangente de avaliações locais da aprendizagem em praticamente todas as disciplinas e em todas as séries. O resultado foi que distritos inteiros estavam se esgotando por causa da dificuldade para conduzir avaliações tão amplas. Dito de outra forma, estavam gastando todos os seus recursos e energias com as avaliações, sobrando pouco para o verdadeiro trabalho da melhora.

Não é que essa lei esteja totalmente errada, mas ela fatalmente fracassará, por não se concentrar na capacitação. Para explicar o meu ponto de vista, a capacitação é mais importante que a contabilização, pois o primeiro é a rota para a segunda. De forma clara, ambas são necessárias, e o truque é encontrar a combinação certa e a integração entre as duas. O dilema para os governos bem-intencionados é considerável. Se eles espe-

O significado da mudança educacional   219

rarem que as entidades locais levem as políticas a sério, para aproveitar os recursos, poucas o farão de maneira sistemática. Se forçarem a questão, aumentando a contabilização, na melhor das hipóteses, conseguirão fazer mudanças menores e superficiais. E certamente, nos Estados Unidos, o abismo entre o desempenho baixo e alto se ampliou desde 2000, exatamente o oposto do que a lei pretendia (Fullan, 2006). Voltemo-nos agora para dois casos de âmbito estadual, onde os governos levaram a capacitação mais a sério – Inglaterra e Ontário, no Canadá.

O caso da National Literacy and Numeracy Strategy

Em 1997, um novo governo assumiu o poder na Inglaterra, e o secretário de Estado declarou que suas três prioridades eram "educação, educação e educação". Já ouvimos essa antes, mas esse governo foi mais além. Ele disse que o objetivo básico inicial era melhorar o desempenho em alfabetização e matemática até a idade de 11 anos. Para realizar seus ambiciosos objetivos, ele estabeleceu a National Literacy and Numeracy Strategy, mencionada no Capítulo 1. O governo estabeleceu metas específicas, observando que a porcentagem basal de crianças de 11 anos com 4 ou 5 no teste de alfabetização era de 63% em 1997 (o nível 4 é o nível em que se satisfazem os padrões de proficiência) e, para a matemática, a medida basal era de 62%. O ministro anunciou que as metas para 2002 eram de 80% para alfabetização e 75% para matemática, e se comprometeu em renunciar se essas metas não fossem cumpridas – um compromisso que implicava 20 mil escolas de ensino fundamental e sete milhões de alunos.

Os líderes da iniciativa começaram a "usar a base de conhecimento da mudança" para projetar um conjunto de estratégias de apoio e pressão para cumprir esse feito notável. Finalmente, eles sabiam que seriam analisados com cuidado à medida que essa iniciativa altamente política e altamente explícita se desenvolvesse, e acrescentaram um componente de avaliação externa. Uma equipe nossa da Universidade de Toronto foi contratada para monitorar e avaliar toda a estratégia durante o período de 1998-2002.

Este não é o lugar para contar toda a história (ver Barber, 2000; Earl et al., 2003), mas a sua essência pode ser contada em dois estágios breves: a estratégia e seu impacto, naquela que chamarei de fase 1 (1997-2002), e na fase 2 (2003-2006).

A estratégia da fase 1

Os principais elementos da estratégia de implementação na fase 1 são sumarizados por Michael Berber (2000), o chefe da iniciativa governamental.

- Um plano nacional para alfabetização e matemática, estabelecendo ações, responsabilidades e prazos até 2002.
- Um investimento substancial por pelo menos seis anos, voltado para aquelas escolas que mais precisassem de ajuda.
- Uma infraestrutura de projeto, envolvendo direcionamento nacional da Unidade de Padrões e Efetividade, 15 diretores regionais e mais de 300 consultores especializados no nível local para cada uma das duas estratégias.
- A expectativa de que cada classe tenha uma lição diária de matemática e uma hora diária de alfabetização.
- Um programa de ensino detalhado, cobrindo todo o ano escolar para crianças de 5 a 11 anos.
- Ênfase em intervenção precoce e reforço para alunos que não acompanhem o programa.
- Um programa de capacitação profissional, projetado para proporcionar a cada professor da escola fundamental aprender a entender e usar a melhor prática comprovada em ambas as áreas curriculares.
- A contratação de mais de 2 mil professores de matemática e centenas de professores de alfabetização, que tenham o tempo e habilidade para atuar como modelos das melhores práticas para seus colegas.
- A prestação de "apoio intensivo" para aproximadamente a metade das escolas onde se necessita de mais progresso.
- Um grande investimento em livros para as escolas (mais de 23 milhões de livros novos no sistema desde maio de 1997).
- A remoção das barreiras à implementação (especialmente uma grande redução no conteúdo curricular prescrito fora das disciplinas regulares).
- Monitoramento regular e avaliação ampla por nossa agência nacional de inspeção, o OFSTED.
- Um currículo nacional para capacitação docente inicial, exigindo que se preparem novos professores para ensinar a lição de matemática e a hora de alfabetização diárias.
- Uma filosofia de resolução de problemas, envolvendo a identificação precoce das dificuldades que surgirem e a aplicação de soluções ou intervenções rápidas quando necessárias.
- Aulas de reforço após a escola, nos finais de semana ou férias, para aqueles que precisam de ajuda extra para alcançar o padrão (p. 8-9).

Barber (2001) caracteriza a teoria de ação por trás da estratégia como de alto desafio e alto apoio em relação a seus elementos básicos: padrões ambiciosos, bons dados e metas claras, responsabilidade devolvida, acesso a melhores práticas e formação profissional de qualidade, contabilização, e intervenção inversamente proporcional ao sucesso (escolas com pouca melhora recebem atenção extra).

O significado da mudança educacional 221

O impacto da fase 1

De várias maneiras, o impacto das estratégias sobre o desempenho, como porcentagem dos alunos que alcançam os níveis 4 ou 5, é surpreendente (lembre-se de que existem 20 mil escolas envolvidas). A Tabela 12.1 mostra os resultados até 2002. Duas coisas se destacam em especial. Primeiramente, é possível tomar um sistema muito grande e obter resultados substanciais ao longo de um período razoavelmente curto (dentro de um período eleitoral, como dizemos). Em segundo lugar, os resultados atingem um platô ou se estabilizam por volta do quarto ano. A formação de um platô é um problema interessante e complicado. Voltarei a essa questão na seção seguinte, mas um dos principais argumentos é que ela é, em parte, função de não aprofundar o suficientemente nas mentes e corações dos diretores e professores, que é um dos resultados da nossa avaliação (Earl et al., 2003). Mais complicada é a observação de Elmore (2004) de que platôs periódicos são normais, e não algo ruim, pois representam períodos em que novas práticas estão sendo consolidadas e devem ser desenvolvidas novas estratégias para se chegar ao novo estágio. Vamos considerar isso como uma questão de debate e perguntar: "O que deve ser feito para ir além?"

Tabela 12.1. Porcentagem de crianças de 11 anos com desempenho no nível 4 ou 5 nos testes nacionais de alfabetização e matemática

	Alfabetização*	Matemática
1997	63	62
1998	65	59**
1999	70	69
2000	75	72
2001	75	71
2002	75	73

* A leitura melhorou substancialmente, enquanto a escrita melhorou marginalmente.
** Foi adicionado um novo componente de aritmética mental.

Fase 2

David Hopkins (2006), que atuou como conselheiro-chefe sobre padrões escolares para o secretário de estado, recentemente atualizou as estratégias empregadas na Inglaterra no começo de 2003. Ele apresenta os resultados além de 2002 (Tabela 12.1). A alfabetização saiu do platô, de 75% (2003) para 77% (2004) e 79% (2005). De maneira semelhante, a matemática avançou levemente, de 73% para 74% e 75%, respectivamente. De fato, o desafio de ir além dos platôs envolve usar estratégias baseadas na motivação e capacidade de comprometimento de grupos coletivos (ver o Capítulo 3). Deixe-me ser específico. Quando se tem um bom foco e quando as pessoas em um grande sistema começam a fazer melhoras, é necessário ter estratégias que se baseiem na "sabedoria da multidão" (Surowiecki, 2004). Chamamos essa estratégia de "capacitação lateral", que é qualquer estratégia que, deliberadamente, proporcione (exija) que as escolas e/ou distritos aprendam uns com os outros. Por exemplo, a Inglaterra introduziu um novo componente estratégico em 2004, como parte da estratégia primária, que financiava e amparava 1.500 grupos de seis escolas cada. Elas ficaram encarregadas de aprender melhores práticas umas com as outras (e fora do grupo) para melhorar a alfabetização. Em minha opinião, são estratégias como essa que levarão a Inglaterra para além do platô.

Hopkins, de fato, identifica quatro "forças motrizes". Uma está nas redes e na colaboração, como recém-descrito. A segunda é o propósito moral, juntamente com a aprendizagem e avaliação personalizadas para satisfazer as necessidades de cada aprendiz. O terceiro foco está em melhorar o ensino, e o quarto está naquilo que o autor chama de *contabilização inteligente*, na qual a contabilização externa torna-se menos onerosa (mas ainda explícita e presente), enquanto aumenta a contabilização interna. Essas são mudanças significativas na tentativa de chegar ao equilíbrio entre o rígido demais/frouxo demais, por meio de parcerias bidirecionais com escolas e autoridades locais.

A situação na Inglaterra, atualmente, é muito mais complicada do que podemos discutir aqui. Conforme observei no Capítulo 11, existe a agenda Every Child Matters, que é incrivelmente ambiciosa e que se baseia em integrar todos os serviços da infância em um distrito, sob um único diretor (Department of Skills and Education, 2003). Em segundo lugar, depois de muito debate e modificações, um documento agressivo e controverso se transformou em legislação (Department of Education and Skills, 2005), repleto de contradições e ambiguidade. Contendo muitas e boas ideias para realizar as prioridades da agenda, ele também defende propostas comerciais competitivas de federações e grupos de escolas, juntamente com a cooperação. Ele tem uma visão mais do tipo vai-ou-racha (melhore ou feche) do que uma ênfase em capacitação. No Capítulo 11, vimos um diretor dos Serviços da Infância que identificou as contradições que experimentava no nível local (Allen, 2006). A reforma da escola de ensino médio continua sendo uma grande prioridade por ser concluída. E temos uma instabilidade política crescente dentro do governo trabalhista, à medida que o primeiro-ministro Tony Blair, em seu terceiro mandato, enfrenta falta de popularidade dentro de seu próprio partido. Em setembro de 2006, ele anunciou que renunciaria dentro de um ano. De qualquer maneira, minha ideia principal neste capítulo é começar a

O significado da mudança educacional   223

identificar como seriam as estratégias de reforma em grande escala quando se tenta combinar a contabilização e a capacitação. Um segundo exemplo, baseado nas lições aprendidas com a Inglaterra, dá-nos outra oportunidade para examinar explicitamente as questões que vínhamos discutindo. Passemos agora para Ontário, Canadá.

A Ontario Literacy and Numeracy Strategy

Devemos agradecer à Inglaterra por nos colocar no caminho da reforma no âmbito do sistema, usando uma estratégia deliberada baseada no conhecimento. Em Ontário, temos a chance de aprender com a experiência inglesa, para criar e executar nossa própria reforma sistêmica. Em abril de 2004, fui apontado pelo *premier* de Ontário, Dalton McGuinty, como consultor especial para ele e para o ministro da Educação. Meu trabalho é criar uma estratégia que melhore substancialmente o nível de alfabetização e matemática, durante um mandato eletivo e para todos os 72 distritos escolares e as 4 mil escolas fundamentais da província. Estamos tentando fazer exatamente isso em todos os distritos: 12 distritos francófonos, 28 católicos e 32 públicos, todos completamente sustentados com verbas públicas.

Existem três diferenças principais em relação à estratégia inglesa. Em primeiro lugar, a estratégia inglesa concentra-se em metas. O sistema deveria avançar de 62% em alfabetização em 1997 para 80% em 2002 (lembre-se de que eles alcançaram 75%). Em segundo, a Inglaterra tem uma agência de inspeção chamada Office for Standards in Education (OFSTED), que, nos estágios iniciais, manteve um regime de identificar publicamente as escolas em situação difícil para uma intervenção intrusiva imediata (o OFSTED atualmente tem uma abordagem mais equilibrada). Em terceiro lugar, especificava o currículo de alfabetização e matemática e as práticas de ensino a serem seguidas, ao passo que, em Ontário, permitimos uma variedade maior de práticas de ensino.

Meu objetivo aqui não é tanto julgar as limitações da estratégia inglesa quanto enfatizar as diferenças em relação à estratégia de Ontário. O que discuto nesta seção é a nossa estratégia específica e os resultados que temos obtido por enquanto. Apresento o caso de Ontário não como um exemplo a ser copiado, mas como um caso concreto de uma estratégia completa na prática real. Essa estratégia baseia-se nas teorias de ação que discuti no Capítulo 3. De forma breve, a abordagem baseia-se em "capacitação com foco em resultados", usando políticas e estratégias para motivar todo o sistema a participar de ações deliberadas visando à melhora.

Existem oito estratégias inter-relacionadas que estamos aplicando. Enquanto as descrevo brevemente, lembre-se, do Capítulo 3, de que a principal medida de uma estratégia geral é se ela é *motivadora* – mobilizando um grande número de pessoas para gastarem sua energia e investirem naquilo que será necessário para obter e manter grandes melhoras. A chave na reforma de grande escala é se a estratégia pode conseguir que um grande número de líderes (agentes de mudança) dentro e entre os três níveis – escola, distrito e estado – aproprie-se conjuntamente da iniciativa. A estratégia geral tem oito componentes.

1. Estabelecer uma coalizão orientadora que se mantenha em comunicação constante.
2. Desenvolver paz e estabilidade com os sindicatos e lidar com outras "distrações".
3. Criar um secretariado de alfabetização e matemática.
4. Negociar metas.
5. Capacitar em relação às metas.
6. Aumentar o investimento financeiro.
7. Fazer pressão positiva.
8. Conectar os pontos com componentes complementares básicos.

Abordarei todas essas estratégias nas páginas a seguir, mostrando como construir cada uma com base nas outras.

Estabelecendo uma coalizão orientadora

Uma coalizão orientadora diz respeito a se o pequeno número de líderes essenciais comunica-se constantemente entre si e com todos os outros atores, bem como se eles têm a mesma mensagem, que é a da capacitação com foco em resultados por meio de todos os oito elementos estratégicos. No caso de Ontário, participam da coalizão orientadora o *premier*, o ministro, o vice-ministro, o chefe-executivo do secretariado (ver a seguir) e eu, como consultor especial, juntamente com consultores importantes em políticas públicas. Todos deviam se reunir com frequência suficiente (em subgrupos e como um todo) para chegar a um consenso contínuo sobre a natureza da estratégia e para abordar problemas encontrados, o progresso feito e outras ações necessárias. Eles também deviam se reunir com os grupos formados – pais, sindicatos de professores, associações de administradores, membros do conselho escolar, e outros – o que fazemos formalmente por meio de parcerias e informalmente pelas muitas oportunidades criadas no trabalho com as escolas e distritos no decorrer da implementação das outras sete estratégias. A coalizão orientadora deve escutar e promulgar a estratégia.

Um bom teste hipotético de se a coalizão está funcionando é imaginar que cinco repórteres de jornal fizeram a mesma pergunta a cinco membros da coalizão (como: "Qual é o papel das metas na sua estratégia?") no mesmo dia e ao mesmo tempo. As respostas devem ser essencialmente coerentes e específicas entre os cinco indivíduos. Eles não teriam a

O significado da mudança educacional   225

chance de conferir uns com os outros, e não lhes ocorreria que isso poderia ser necessário. Isso não é pensamento de grupo em ação, a estratégia é entendida profundamente (e em detalhes finos) e é implementada e refinada.

Lidando com "distrações"

A paz e a estabilidade com os sindicatos de professores são o segundo elemento. Uma parte deliberada da nossa estratégia é lidar com as distrações – qualquer coisa que afaste você do foco contínuo no ensino e na aprendizagem e no desempenho dos alunos. Uma grande distração antes de 2003 era a disputa trabalhista constante entre os sindicatos e distritos ou o governo. Foram perdidos dias incontáveis para greves e operações padrão no período de 1997-2002. Acabar com a disparidade é um problema sistêmico que necessita de uma solução sistêmica, que não se pode alcançar se as pessoas estiverem constantemente se agredindo.

Para encurtar uma história política intensa, o ministro da Educação, em parceria com os sindicatos e distritos, criou um modelo para orientar o estabelecimento de novos acordos coletivos e levar a "manada" a assinar acordos dentro de um tempo especificado. O resultado disso foi que, em junho de 2005, 122 acordos de quatro anos haviam sido assinados nos 72 distritos – proporcionando um período significativo de estabilidade trabalhista potencial, que, devo acrescentar, não deve ser considerado algo fácil, mas cuja implementação foi buscada com esmero. Para a reforma no âmbito do sistema, as energias de todas as partes devem se dedicar a abordar a tarefa fundamental de melhorar o ensino, a aprendizagem e o desempenho. As distrações relacionadas com o trabalho são especialmente debilitantes. É importante observar que, quando se decide pelo modelo de acordos coletivos, é necessário monitorar a sua implementação, pois novas ideias e interpretações surgem no calor da ação cotidiana. Desse modo, estabelecemos uma comissão de estabilidade para a província, cujo trabalho é proporcionar um arcabouço normativo e um mecanismo para resolver qualquer problema entre os sindicatos e a administração que ocorra no decorrer do trabalho diário. Nos primeiros quatro meses de operação, a comissão reduziu o número de disputas potenciais de 815 para 50.

Na estratégia de Ontário, continuamos a trabalhar para reduzir ou eliminar outras distrações que tomam tempo e energia às custas da aprendizagem dos alunos. Em nosso caso, elas incluem reduzir a quantidade de burocracia e papelada desnecessária que os distritos e escolas enfrentam; simplificar o esquema de avaliação do professor, o que consome uma grande quantidade de tempo por parte dos diretores, sem produzir resultados positivos; e determinar o que pode ser feito para ajudar os diretores a lidar com o lado gerencial (orçamento, instalações e pessoal) do seu papel, de modo que possam dedicar o tempo ao trabalho básico de construir culturas que se concentrem em aprendizagem e resultados. Em suma, se você é sério em relação a reduzir a disparidade, você deve tornar isso possível. Lidar com as distrações é mais uma daquelas questões que envolvem acabar com as desculpas.

Criar um secretariado de alfabetização e matemática

O terceiro elemento da estratégia foi a criação de um secretariado de alfabetização e matemática. Ontário escolheu concentrar-se em alfabetização e matemática para estabelecer alfabetizações básicas. Existem trabalhos nos quais me refiro ao terceiro aspecto básico, o bem-estar, mas será necessário um foco muito maior no futuro próximo em relação a esse componente. No domínio cognitivo, não é que outras partes do currículo sejam desimportantes, mas a alfabetização e a matemática são uma prioridade especial. Elas são perseguidas por si só, e em relação ao resto do currículo. Como a capacitação (o conhecimento, os recursos e a motivação necessários para melhorar em alfabetização e matemática) é uma parte fundamental da nossa estratégia geral, criamos uma unidade nova dentro do ministério da educação, chamada de secretariado de alfabetização e matemática. A chefe executiva foi contratada de um dos 72 distritos, onde trabalhava como diretora (superintendente) de educação. O secretariado foi estabelecido em 2004 e estava plenamente formado em 2005, com aproximadamente 80 indivíduos. A maioria foi contratada "do campo", onde os profissionais eram superintendentes de alfabetização e matemática, consultores ou outros administradores. O objetivo era criar uma unidade nova e inovadora, que as escolas e distritos respeitassem por suas qualidades e que trabalhasse de forma interativa com os distritos para obter resultados, especialmente em relação às estratégias quatro (metas) e cinco (capacitação). O secretariado é organizado em sete equipes regionais (seis indivíduos por equipe), que são responsáveis por trabalhar com os distritos (geralmente 10-12 distritos em uma dada região). Além das sete equipes regionais, existe uma equipe de pesquisa, uma equipe de equidade, uma equipe de coordenação de capacitação e uma equipe de apoio administrativo.

Os objetivos do secretariado são estimular e manter o envolvimento em toda a província, responder quando necessário e dar início a iniciativas mais profundas para a reforma. O secretariado deve ser uma força proativa para promover o desenvolvimento bidirecional entre os distritos e o governo e estimular a interação lateral entre os distritos na busca de práticas mais efetivas.

Negociar metas

Em quarto lugar, as metas foram introduzidas pela primeira vez. As metas podem ser controversas, e as da Inglaterra certamente eram. Como parte da plataforma eleitoral, o premiê McGuinty, observando que os alunos

O significado da mudança educacional 227

de 12 anos de Ontário estavam apresentando escores de aproximadamente 54% em alfabetização e matemática em 2002 e haviam estabilizado nos anos anteriores, anunciou uma meta de 75% para alfabetização e matemática até 2008. De maneira incidental, os escores absolutos não devem ser comparados entre países (exceto como parte do mesmo regime de teste, como com o Programa de Avaliação Estudantil Internacional da Organização para Cooperação e Desenvolvimento Econômico [OCDE]), pois os padrões e pontos de corte variam. Ontário tem uma agência independente de avaliação (Education Quality and Accountability Office, ou EQAO) que realiza avaliações anuais de alfabetização e matemática na terceira e sexta séries. O padrão de proficiência de Ontário dentro do seu próprio sistema de avaliação é elevado, exigindo um nível substancial de compreensão e desempenho em alfabetização e matemática.

De qualquer maneira, começamos na estratégia com uma meta geral estabelecida em 75%. Meus colegas Hargreaves e Fink (2000) são contra metas impostas de fora, argumentando que não existe apropriação, o que causa ações superficiais e desconfiança. Seu argumento parece envolver as condições de as metas serem experimentadas como imposições externas, dizendo que: "As pessoas podem e às vezes devem estabelecer metas conjuntas como parte de um comprometimento compartilhado" (p. 48).

Nossa prática em Ontário é negociar alvos com cada um dos 72 distritos, discutindo pontos de partida e negociando a meta do próximo ano como parte da reforma. Observamos que, como essas discussões ocorrem no contexto dos outros sete componentes da estratégia, elas não são problemáticas. A maioria dos educadores pensa que 75%, como objetivo de cinco anos, é uma aspiração razoável para a província. A maioria pensa em aumentar a porcentagem em cinco pontos, digamos, de 61 para 66%, é um avanço desejável e possível para o próximo ano, devido aos recursos adicionais embutidos em muitos dos elementos da estratégia. Embora eu creia que esses objetivos direcionais e a estratégia como um todo pareçam estar recebendo apoio amplo dos educadores, estou ciente de que estamos nos estágios iniciais da iniciativa e que ainda não temos uma compreensão total das experiências do professor na sala de aula. À medida que avançamos, a estratégia precisa (e se beneficiará com isso) de uma infusão mais forte de perspectivas docentes. Uma premissa básica da estratégia geral é basear-se em evidências científicas, para que se aprenda à medida que se avança. O comprometimento com a pesquisa e a investigação, e a ação e correção no momento oportuno são cruciais para qualquer iniciativa de reforma de grande escala.

As metas anuais, de qualquer maneira, são negociadas em interação com o secretariado. As primeiras foram para o final do ano escolar de 2004, e assim por diante. Temos que ter o cuidado de não separar as metas de outros componentes como a capacitação. Atualmente, existe envolvimento por parte dos distritos e escolas em trabalhar em estratégias em relação à alfabetização e à matemática e motivação para ver como eles se sairão quando os resultados do EQAO forem publicados anualmente. Se fôssemos perguntar aos 72 diretores de educação e aos 4 mil diretores se eles sentem que existe apropriação das metas, acredito que a vasta maioria diria que sim.

Capacitação

O quinto componente, a capacitação, é multifacetado, pois envolve tudo que se faz que afeta novos conhecimentos, habilidades e competências, melhores recursos e compromissos mais fortes. Esses são os principais componentes da capacitação em nosso caso.

● Começar o desenvolvimento profissional contínuo para a equipe do secretariado. Se irão ajudar na capacitação, eles devem se envolver.

● Interagir com os distritos para fortalecer os planos de melhora para a capacitação em cada distrito, em relação às metas propostas. A ênfase é em manter a papelada ao mínimo, com o propósito de aumentar a ação reflexiva – mais estrategização que estratégia.

● Identificar e compartilhar práticas efetivas em relação ao conteúdo (o ensino da matemática e a alfabetização) e estratégia (estratégias de mudança que aumentem a qualidade e o nível da implementação). Cada área regional recebe dinheiro para se envolver na aprendizagem lateral e capacitação.

● Desenvolver materiais para as questões identificadas, como a alfabetização de garotos, inglês como segunda língua, educação especial e estudantes aborígines.

● Realizar estudos de caso sobre distritos que (1) pareçam ter boas estratégias e (2) tenham bons resultados (ver Campbell e Fullan, 2006). O braço de pesquisa do secretariado, em parceria com distritos selecionados, acaba de concluir estudos de caso em oito distritos que representam toda a faixa de circunstâncias existentes na província (um grande distrito urbano multicultural no sul; uma grande propagação geográfica dispersa com uma elevada proporção aborígine no norte; um distrito francófono no leste; um distrito católico no oeste; e assim por diante). Esses estudos de caso são apresentados aos distritos para que todos possam aprender e geram visitas interdistritais e interações de aprendizagem. Os resultados condizem com a conclusão a que chegamos no Capítulo 11. Para usar a linguagem do nosso artigo, os distritos que se saem melhor têm um viés para a ação, que se baseia em quatro temas estratégicos inter-relacionados, a saber: (1) liderar com propósito e focar a direção; (2) projetar uma estratégia coerente e coordenar a implementação e revisar os resultados à medida que ocorrem; (3) desenvolver precisão no conhecimento, habilidades e práticas cotidianas para melhorar a aprendizagem e (4) compartilhar a responsabilidade por meio da construção de parcerias (Campbell e Fullan, 2006).

O significado da mudança educacional   229

- Capacitar para a "alfabetização em avaliação", que é a nossa expressão para abranger a avaliação e a avaliação da alfabetização. Temos investido bastante no desenvolvimento de capacidades produtivas para aprender nos níveis da escola e do distrito.
- Criar um sistema de professores líderes em alfabetização e professores líderes em matemática em todas as 4 mil escolas. Nossas pesquisas mostraram que os "agentes secundários de mudança" (além do diretor) são cruciais. Eles trabalham dentro da escola com outros professores para demonstrar novas técnicas, oferecer recursos instrucionais e conectar com as salas de aula de outros professores e em outras escolas. Nas escolas em pior situação, os professores-líderes de alfabetização são liberados em horário integral para trabalharem em toda a escola.
- Estabelecer o desenvolvimento profissional contínuo nas férias de verão e à noite para atualizar os professores constantemente, com ênfase crescente no trabalho em equipes, e prestando apoio para que os professores possam aprender no contexto à medida que aplicam as ideias em suas próprias escolas.
- Incorporar um programa de mudança escolar. Essa é uma parte pequena mas importante da estratégia geral, na qual as escolas com desempenho inferior e em circunstâncias muito difíceis participam *voluntariamente* de um programa intensivo de apoio e desenvolvimento, administrado pelo ministério da Educação, com o uso de especialistas externos para trabalhar com escolas selecionadas ao longo de um período de três anos. Como o programa é voluntário, existe menos estigma ligado a ele (todas as escolas na província são implicadas de algum modo na estratégia geral). O programa de mudança foi introduzido pelo governo anterior, mas era uma iniciativa única e separada. Atualmente, conseguimos incorporá-lo ao trabalho do distrito, no contexto de uma estratégia integrada. Estabelecemos uma estratégia mais abrangente, chamada Ontario Focused Intervention Partnership, na qual 800 escolas de desempenho inferior são programadas para receberem apoio adicional para a capacitação. O secretariado trabalha com os distritos para desenvolver atividades específicas voltadas para as necessidades das escolas.
- Reduzir o tamanho da classe nos primeiros anos (até a terceira série) a um limite de 20 (muitas salas chegam a ter mais de 30 alunos). Temos tido o cuidado de não tornar isso um fim em si, mas uma parte da estratégia para melhorar a instrução: reduzir o tamanho da classe e ensinar de forma diferente para aumentar a efetividade.

O simples uso da palavra *capacitação* já faz uma grande diferença. Hoje em dia, todos têm facilidade para usar essa palavra, desde o premiê da província até os professores. A capacitação significa algo importante, pois existem muitos exemplos concretos dela na prática. As pessoas a conhecem e valorizam porque a experimentam.

Aumentar o investimento financeiro

O sexto elemento é aumentar o investimento financeiro. O dinheiro em si não é a resposta, mas o artigo do *Education trust* (2005) sobre a disparidade de verbas acertou em sua conclusão: "É uma pena que o debate sobre as verbas para a educação seja dominado por visões extremas – com alguns alegando que o dinheiro não é importante e outros dizendo que as reformas são impossíveis sem verbas extras. Nenhum dos dois argumentos faz sentido, mas postergam o dia em que daremos aos alunos pobres e de etnias diversas a educação que merecem e da qual necessitam" (p. 9). Embora Ontário estivesse com sérios problemas orçamentários quando o novo governo assumiu o poder, o premiê deixou claro que a educação e os gastos com a educação eram uma prioridade. Para exemplificar, ele seguidamente diz que "se tivesse a opção de gastar meu próximo dólar em saúde ou em educação, eu sempre escolheria a educação". As verbas, direcionadas especialmente para a capacitação, aumentaram substancialmente.

Em 2002-2003 (ou seja, antes da nova estratégia), o orçamento de educação em Ontário era de 14,8 bilhões de dólares (todas as cifras são em dólares canadenses). Nos três primeiros anos das novas iniciativas, o orçamento aumentou para 18,4 bilhões. Os novos gastos cumulativos representam um aumento de 8,3 bilhões ao longo desse período, ou, expressados como um aumento a partir do ponto basal, um crescimento de 22% ou um aumento de 12% em dólares após descontar a inflação. Grande parte dessa nova verba é dedicada à capacitação, e todos os indivíduos em circunstâncias difíceis recebem recursos específicos extras. Tudo isso enquanto o governo trabalha para reduzir o déficit orçamentário geral.

A lógica e a estratégia de aumentar o investimento financeiro é mais ou menos a seguinte: invista substancialmente no começo para dar início ao processo e demonstre boa-vontade e seriedade no comprometimento. Faça uma proposta de compensação. Enquanto o governo faz a sua parte, ele pede que o setor faça a sua (em parceria, como já enfatizei) usando o dinheiro para enfocar prioridades e transformando-o em novos investimentos de energia, desenvolvimento de habilidades e comprometimento. À medida que os resultados melhoram, use o *momentum* como alavanca para obter mais dólares do tesouro e de outras fontes. Os ganhos deste ano justificam as verbas adicionais para o próximo. Não faça avaliações literais ano por ano, pois as tendências demoram para se confirmar e devem ser avaliadas em ciclos de três anos. Conforme afirma Kanter (2004), "os ciclos de vitória atraem investimentos" (p. 341).

A premissa básica da estratégia geral é elevar as apostas e acabar com a disparidade. Se bem feitos, esses investimentos são financeiramente lucrativos para a sociedade. Eles produzem desenvolvimento e benefícios econômicos diretos, economizam dinheiro reduzindo a conta da educação com relação aos custos posteriores para remediação de alunos com desempenho inferior e afetando os custos relacionados com o crime, a saúde e outros aspectos do bem-estar (ver Fullan, 2006).

Fazer pressão positiva

Chamo o sétimo componente de fazer pressão positiva. A princípio, a pressão positiva não é pejorativa, trata as pessoas com respeito e dignidade, entende e demonstra empatia em circunstâncias difíceis, proporciona assistência e apoio na forma de recursos e capacitação e ajuda a acabar com todas as desculpas. Depois, ela fica feia, por assim dizer, em casos de desempenho baixo persistente. É claro que existem situações notoriamente tão erradas nas quais se deve agir de modo firme e decisivo logo em seguida. Porém, para que um sistema em grande escala mude, deve-se motivar um grande número de pessoas. A pressão positiva visa a fazer isso. Se houver recursos e as desculpas forem eliminadas uma por uma, o bom desempenho persistente será visto sob outra luz. Assim são as situações em que as coisas não melhoram mesmo com novos investimentos. Os colegas provavelmente são capazes de pensar que talvez seja o mau ensino e a má liderança, atitudes ruins, expectativas baixas, falta de interesse e coisas do gênero. Os líderes consideram mais fácil ter discussões pontuais que a maioria considere justas e razoáveis. No final das contas, a pressão positiva é inevitável e irresistível.

Deixe-me dar um exemplo de avaliação para e da aprendizagem, lidando com o banco de dados virtual que estamos estabelecendo. Usando dados da Statistics Canada, agrupamos as aproximadamente 4 mil escolas fundamentais em quatro classes, segundo a porcentagem de alunos que vive em lares de baixa renda, as quais chamamos de ponto de corte de baixa renda (PCBR). Existem 1.552 escolas na categoria do PCBR 0-5%, 1.393 escolas no grupo do PCBR 6-15%, 612 no PCBR 16-24% e 497 escolas com mais de 25% dos alunos em lares de baixa renda. Todas as 4 mil escolas, identificadas pelo nome (e uma variedade de indicadores), juntamente com seus escores em leitura, escrita e matemática para a terceira e sexta séries, estão no banco de dados. O sistema logo estará *online* e disponível para acesso público.

Além disso, as escolas também são classificadas conforme a distância em que se encontram da meta da província, se estão extremamente longe, longe, perto ou acima da meta. O banco de dados acompanha a melhora ou a falta dela, que consideramos em ciclos de três anos, em diversas categorias de escolas, expressadas conforme o desempenho alto ou baixo, bem como se está decaindo, estagnada ou melhorando (em relação à tendência de três anos). Pode-se ver que estamos usando pressão positiva. Os líderes do sistema, por exemplo, podem olhar as 1.552 escolas com poucos lares abaixo da linha da pobreza (sem desculpas visíveis) e perguntar por que 200 escolas naquela categoria estão "extremamente longe" ou "longe" da meta da província. E se várias dessas escolas estão agrupadas em certos distritos? Quando se fazem comparações justas, maçãs com maçãs, as pessoas podem aprender com as outras que vivem em circunstâncias semelhantes, e se não se fizer nada para melhorar a situação, a pressão aumenta.

Essa análise nos levou a identificar as escolas de desempenho baixo conforme as comparações do PCBR. Conforme falei antes, estamos trabalhando com mais de 800 escolas para proporcionar maior apoio à capacitação, juntamente com pressão para obter ganhos no desempenho estudantil, segundo seus próprios pontos de partida e o desempenho das escolas comparáveis.

Pelo que eu saiba, somos os primeiros a colocar o holofote sobre as escolas perdidas como grupo – aquelas escolas que não enfrentam circunstâncias difíceis, mas que também não avançam. Isso nos leva a enfocar as escolas em situação vantajosa que estão indo especialmente bem, em comparação com suas correlatas, para aprender lições valiosas com elas, e inevitavelmente as escolas que, apesar de sua vantagem inicial, não estão apresentando um desempenho mensurável. Depois analisamos por que elas não estão avançando e o que se pode fazer para agitar as situações estagnadas. Reeves (2006) capta a variedade de situações quando identifica escolas que têm circunstâncias favoráveis, mas que não conseguem aproveitar essas circunstâncias, e as que enfrentam desafios e estão tentando fazer algo a respeito. O autor chama o primeiro grupo (vantagem inicial) de "afortunadas". Essas escolas podem aproveitar as suas boas circunstâncias iniciais ou podem relaxar com os louros dos alunos que herdaram – parecido com uma pessoa que nasceu dentro da goleira e achava que tinha feito um golaço.

Além do uso sistêmico do perfil de dados, estamos disponibilizando o banco de dados para cada escola. Uma determinada escola, por exemplo, pode usar a opção Escolas como a minha e encontrar o nome de (digamos) 168 escolas com perfis semelhantes – por exemplo, a mesma categoria de PCBR, se é urbana ou não, mesmo tamanho – e ver onde ela se encaixa em termos de desempenho, na expectativa de aprender com aquelas que estão em situação melhor.

Nada disso é literal. Você deve conhecer o seu material. Você precisa entender a dinâmica de todas as outras estratégias em ação. Em Ontário, como uma questão de política pública, temos três regras motivacionais muito importantes (ou, melhor, três meios de reduzir a desmotivação). Em primeiro lugar, rejeitamos explicitamente e categoricamente o uso de tabelas avaliando todas as escolas, independentemente das circunstâncias contextuais. As tabelas representam pressão negativa e improdutiva. Deve-se começar comparando maçãs com maçãs e depois avançar para acabar com a disparidade. Em segundo lugar, adotamos a política de que interpretar os resultados de um único ano seria ilusório (existem falhas nas probabilidades, o impacto das estratégias é demorado, e as tendências muitas vezes podem não ser identificadas). Assim, tratamos apenas as tendências de três anos como legítimas. Em terceiro lugar, quando vemos um desempenho baixo, adotamos uma postura de capacitação, e

O significado da mudança educacional   233

depois fazemos uma avaliação, novamente porque é a melhor maneira de aumentar a motivação.

Em tudo isso, o objetivo final é estabelecer as condições para discussões sobre o desempenho que seriam razoáveis e justas – poder ter discussões esclarecedoras e reveladoras com certo diretores, supervisores educacionais e outras pessoas. Se a estratégia geral não produzir uma melhora ampla, essas discussões esclarecedoras se voltam para o ministro e para o consultor especial, e do público para o premiê. A pressão positiva ao longo do caminho é como deveria ser em uma agenda tão crucial para a sociedade.

Finalmente, outra face da pressão positiva é comparar o próprio progresso continuamente, segundo padrões nacionais e internacionais. Conforme discutido antes, a OCDE realiza avaliações excelentes em alfabetização, matemática e ciências, com instrumentos e protocolos cuidadosamente desenvolvidos. À medida que avança, Ontário poderá se comparar com o desempenho de Alberta, a melhor província do Canadá, e a Finlândia, que recentemente tem liderado os 32 países da OCDE.

Conectar componentes complementares

Ao oitavo e último aspecto da estratégia, chamamos de ligar os pontos com componentes complementares fundamentais. Não se pode fazer tudo de uma só vez, que é a razão por que priorizamos a alfabetização e a matemática como a primeira ordem do negócio. Contudo, à medida que se avança, é necessário começar a trabalhar para conectar os outros componentes básicos que envolvem a alfabetização e a matemática. Já mencionei o bem-estar como um elemento essencial dos três elementos básicos iniciais. Outros componentes complementares são a reforma do ensino médio, programas de educação infantil, formação docente e desenvolvimento de lideranças.

A reforma do ensino médio obviamente é importante por si só, mas também porque se quer construir com base nos novos progressos em alfabetização e matemática no nível fundamental. Nesse terceiro ano da estratégia de alfabetização e matemática, outras estratégias estão sendo adicionadas ao trabalho com a reforma do ensino médio. No nível da província, foi estabelecido o objetivo de cortar a taxa de evasão do ensino médio pela metade, de 30 para 15%. Cada distrito recebeu verbas para apontar um educador para o "sucesso estudantil", que trabalha no distrito para proporcionar mais apoio específico para alunos que estão a ponto de abandonar a escola. Alguns programas estão sendo remodelados para oferecer mais opções para alunos que estejam menos interessados em uma carreira universitária. Nos países desenvolvidos, a reforma do ensino médio ficou estagnada e agora está recebendo a atenção que merece da parte do pacote de reformas.

Os programas de educação infantil são um aliado natural para os nossos três princípios básicos da alfabetização, matemática e bem-estar.

234　Michael Fullan

Estão sendo criados programas diagnósticos e de intervenção, por exemplo, para avaliar crianças de 4 anos antes de entrarem para a escola. A educação infantil finalmente está recebendo atenção, mas a atenção deve ser maior, mais proeminente, mais forte e mais específica, como uma conexão articulada com o sucesso no nível fundamental.

A formação docente é outra parte subdesenvolvida do quadro da reforma (ver o Capítulo 13). Na Inglaterra, a Teacher Training Agency tem conseguido aumentar o foco em alfabetização e matemática na educação inicial, e atrair novas pessoas para a docência, por meio de incentivos relacionados com a profissão como um todo e com relação ao suprimento de professores para certas áreas disciplinares, bem como certas regiões geográficas do país. Ontário está voltando a sua atenção para a formação docente, por meio de novos requisitos e recursos para apoiar os professores no período de indução.

O desenvolvimento de lideranças obviamente é a chave. Muitas de nossas estratégias baseiam-se no fato de os líderes desenvolverem outros líderes, de modo que haja uma massa crítica maior de líderes distribuídos e uma via construída para a disseminação de líderes futuros. Deve-se fazer algo diretamente em relação ao papel do diretor, pois as expectativas aumentaram para o diretor como um líder de líderes para melhorar a aprendizagem e acabar com a disparidade, *sem* reduzir ou aumentar o apoio para o aspecto do papel que envolve as relações gerenciais e comunitárias. Em Ontário, acabamos de publicar um artigo que traz uma discussão com as associações de diretores, visando concentrar nas tarefas de reduzir as distrações, aumentar o apoio para as tarefas administrativas e aumentar o foco no desenvolvimento de culturas escolares cooperativas, além de aumentar a expectativa e os meios para que os diretores sejam líderes sistêmicos, ou seja, aprender e contribuir com outras escolas, e contribuir e influenciar as prioridades do sistema. Outros avanços semelhantes podem ser encontrados no novo plano corporativo do National College for School Leadership da Inglaterra (NCSL, 2005).

Sintetizando

Atualmente, os oito componentes estratégicos estão sendo coordenados e implementados em Ontário, e os resultados preliminares são promissores. Após apenas dois anos, existe muita força de vontade, comprometimento e animação em todos os níveis do sistema. Em termos do desempenho dos alunos, se tomarmos a leitura na sexta série, por exemplo (o padrão é essencialmente o mesmo para a escrita e a matemática na sexta série, e para leitura, escrita e matemática na terceira), após estabilizar em 54% de proficiência por cinco anos antes de 2003-2004, houve um aumento de 3% em 2004-2005 e de outros 5% ainda em 2004-2005. De fato, passamos de 54 para 62% em dois anos (com o aumento de 2004-2005 sendo o maior salto individual desde que o EQAO começou suas avaliações em 1997). As subanálises também confirmam que as disparidades relevantes estão diminuindo lentamente – como as disparidades entre distritos com desempenho alto e baixo, escolas com desempenho alto e baixo, e meninos e meninas – à medida que todos avançam. Os resultados de 2005-2006 mostram um aumento de 1 a 2% em todas as categorias da terceira e sexta séries (leitura, escrita e matemática), refletindo um progresso contínuo, mas também a necessidade de manter e aprofundar a estratégia.

Este não é o momento de comemorar o sucesso. Estamos cientes da lei de Kanter (2004) de que tudo pode parecer um fracasso, ou seu corolário: "o sucesso precoce é frágil". Pequenas vitórias ainda não representam uma tendência, restando muito trabalho a fazer, e não seriam necessários muitos passos errados para que a boa-vontade se dissipasse. Será que as pessoas conseguiriam manter o curso e desenvolver maior confiança quando os problemas piorassem? A confiança externa dos pais, da comunidade, dos líderes empresariais e da mídia pode ter aumentado um pouco, mas ainda permanece experimental. Os sindicatos de professores ainda estão cautelosos, após anos de conflito com o governo anterior, e apoiam provisoriamente a direção (enquanto avançar mais exigirá uma forte liderança no sindicato). Também precisamos procurar outras jurisdições onde existam parcerias fortes com os sindicatos de professores. Os sindicatos, bem como os governos, têm seu trabalho preparado para obter a confiança do público, e acredito que é do seu interesse participar da agenda proposta neste livro.

Conforme observa Kanter, toda a arena da confiança pública é essencial para manter o ciclo de vitória. Existem poucos ciclos de vitória tão cruciais para a sociedade quanto estabelecer o *momentum* para as pessoas investirem suas energias e recursos para elevar os padrões e reduzir as disparidades em renda e educação na sociedade.

Ontário é um trabalho em andamento, mas representa um bom exemplo de como estamos tentando combinar todo o nosso conhecimento sobre a mudança para fazer reformas no sistema como um todo – elevar os padrões e acabar com a disparidade em alfabetização e matemática. Esse é um exemplo de como se pode tentar aprender com os outros à medida que contribuímos com nossas lições aprendidas para a comunidade global de reformadores do sistema.

Implicações

Atualmente, experimentos radicais surgem em muitos locais, pois os legisladores sabem que praticamente todas as estratégias no decorrer das últimas décadas não conseguiram fazer as mudanças necessárias. Os grandes esquemas centralizados de contabilização não conseguiram produzir apropriação, assim como a gestão local descentralizada.

A solução, em minha opinião, é desenvolver estratégias que integrem as forças de baixo para cima e de cima para baixo de um modo dinâmico e contínuo, alcançando o que chamo de "conectividade permeável". Vimos uma versão disso no caso recém-apresentado de Ontário. A conectividade permeável exige que todos os três níveis – escola-comunidade, distrito e estado – interajam regularmente entre e dentro dos níveis. Não queremos que as inadequações da centralização rígida sejam substituídas por falhas iguais em autonomia escolar e comunitária. A resposta é que os interesses do estado estejam presentes em cenários locais, enquanto os interesses locais refletem no pensamento e ação do estado. Em vez de autonomia local, precisamos de grupos de escolas envolvidos na capacitação lateral e incorporando agendas estaduais e locais. O agrupamento de redes de escolas é essencial para o futuro, pois elas compensam os perigos da autonomia isolada sem sucumbirem à administração das escolas de cima para baixo. O caso de Ontário representa alguns aspectos desse modelo, embora provavelmente não mostre a solução total que deve evoluir nos próximos estágios da reforma.

O conselho claro deste capítulo, e de fato do livro, é que os governos devem ir além dos padrões e da contabilização e se concentrar na capacitação relacionada com os resultados, envolvendo todos os três níveis do sistema. O argumento de Elmore (2000) em favor da construção de uma nova estrutura para a liderança escolar é semelhante. Em sistemas complexos, segundo o autor, são necessários padrões: um conjunto de expectativas sobre o que os alunos devem saber e ser capazes de fazer, e uma força docente responsabilizada por sua contribuição para a aprendizagem dos alunos. *Porém*, diz Elmore, assim como venho dizendo, não se resolvem problemas em sistemas complexos por meio de padrões elevados. Em vez disso, os problemas devem ser abordados todos os dias, como uma proposta de aprendizagem contínua.

> A melhora educacional exige aprendizagem contínua. A aprendizagem é uma atividade individual e social. Portanto, a aprendizagem coletiva exige um ambiente que oriente e direcione a aquisição de novo conhecimento sobre o ensino. (p. 20)

A capacitação, em seu âmago, é um sistema para orientar e direcionar o trabalho das pessoas, que é realizado em um ambiente altamente interativo de aprendizagem profissional. Todo o resto é figuração. As políticas devem ser alinhadas de maneira a reduzir as distrações e mobilizar recursos para a melhora contínua. Isso obviamente é difícil, mas não fazer isso significa que continuaremos a ter pequenos sucessos que, mesmo nos melhores casos, terão pouca probabilidade de durar. Uma parte importante disso é descobrir como atrair, preparar e alimentar uma força docente que possa trabalhar desse novo modo. Os capítulos anteriores abriram um caminho que nos possibilitará abordar essa questão de forma mais produtiva – o tema dos Capítulos 13 e 14.

13

A preparação
profissional de professores

*O fato é que o nosso principal valor diz respeito à nossa
necessidade de nos ajudarmos a mudar e aprender, para que
sintamos que estamos crescendo em nossa compreensão de onde estivemos,
onde estamos e o que significamos, e que gostamos daquilo que fazemos.
Ajudar os outros a mudar, sem que isso seja precedido e acompanhado por uma
consciência apurada do processo em nós mesmos é "entregar um produto
ou serviço" que na verdade tem pouca ou nenhuma significância para
o nosso crescimento pessoal e intelectual.*

Sarason (1982, p. 122)

Lembre-se do Capítulo 6 no qual o sucesso está associado a um viés de ação. A reforma da formação docente mostrou ter um viés de inércia! É por isso que, neste capítulo, quero me concentrar não apenas em atrair boas pessoas para a profissão, mas também em proporcionar-lhes a melhor preparação básica possível. Isso não seria pouca coisa, pois os programas sólidos de preparação de professores são uma minoria. Desse modo, no Capítulo 14, abordo a próxima parte da mudança educacional – garantir que os professores tenham um lugar para trabalhar que lhes possibilite aprender e se desenvolver no trabalho. A maioria das estratégias macro para melhorar a profissão são *individualistas,* no sentido de que tentam gerar cada vez mais pessoas com as habilidades, conhecimentos e disposições para fazer as coisas de que temos falado neste livro. Essas estratégias, por si só, jamais funcionarão.

O clamor por uma reforma na formação docente costuma cair em ouvidos moucos, embora atualmente haja alguns bolsões de ação que representam excelentes exemplos do que é necessário. Porém, já estivemos lá antes. Vamos começar com as cinco estratégias para legisladores estabelecidas pela Education Commission of the States (ECS) em seu relatório *In pursuit of quality teaching* (2000).

Estratégia 1: Garantir uma abordagem diversa e de qualidade para a preparação de professores, a qual envolva sólidas parcerias da educação infantil ao ensino médio, uma forte experiência de campo e apoio para novos professores.

Estratégia 2: Garantir que as políticas de recrutamento e retenção de professores sejam voltadas para as áreas de maior necessidade e que os professores tenham provavelmente mais sucesso em seu trabalho nessas áreas a longo prazo.

Estratégia 3: Garantir que todos os professores consigam ter um desenvolvimento profissional de qualidade, para que possam melhorar a sua prática e a aprendizagem do aluno.

Estratégia 4: Reprojetar sistemas de contabilização para professores, para garantir que todos os professores tenham as habilidades e o conhecimento de que necessitam para melhorar a aprendizagem do aluno.

Estratégia 5: Desenvolver e amparar uma forte liderança escolar e distrital em âmbito estadual, concentrada em melhorar a qualidade do ensino e da aprendizagem do aluno.

Esses objetivos são louváveis, mas não serão alcançados porque as estratégias não produzirão o que pretendiam. Não é que as estratégias sejam desorientadas, mas são pouco orientadas. Todas as cinco estratégias concentram-se em melhorar as habilidades, o conhecimento e as disposições dos indivíduos – professores e líderes. O que elas não fazem é abordar o centro da capacidade escolar – a reculturação que vimos em uma pequena proporção das escolas nos Capítulos 7 e 8. Elmore (2000) identifica a falha fatal nessas estratégias.

> Muitos reformadores bem-intencionados argumentam que se pode alcançar uma melhora em grande escala nas escolas recrutando, gratificando e retendo as pessoas boas, e liberando-as dos deveres da burocracia para que possam fazer aquilo que sabem fazer. . . . O que falta nessa visão é o reconhecimento de que a melhora é mais função de aprender a fazer a coisa certa no ambiente onde se trabalha. (p. 25)

Essa é uma visão muito profunda, e precisamos ser claros em relação ao que ela significa. A lógica é mais ou menos assim:

1. Estamos tentando obter uma aprendizagem mais profunda nas novas pedagogias do construtivismo.
2. A motivação dos alunos e de outras pessoas depende da qualidade do contexto local.
3. Os problemas são tão complexos e dependem tanto do contexto para se resolver que devem ser abordados todo o tempo – isso é fundamentalmente o que quero dizer com organização aprendente (mas não é compreendido, exceto como um clichê). A aprendizagem no trabalho é a condição *sine qua non* da melhora.

O significado da mudança educacional   239

4. Estratégias melhores de recrutamento e de desenvolvimento profissional contínuo aumentam a motivação *temporariamente*, mas logo se dissipam frente a comunidades aprendentes subdesenvolvidas.
5. Quanto mais as pessoas compreenderem a estratégia de número quatro, menos elas se sentirão prioritariamente atraídas, mesmo que novas políticas ofereçam incentivos para se tornar professor.

Avançando até o presente, temos o relatório final da The Teaching Commission (2006), chamado de *Teaching at risk: progress and potholes*. Essa comissão clama por uma reforma em quatro domínios: mudar a compensação para o professor, reinventar a preparação docente, reformular o licenciamento e a certificação e fortalecer a liderança e o apoio. A comissão conclui principalmente que os resultados ficaram muito aquém do que é necessário. Eles citam alguns exemplos promissores, e comentarei alguns deles no próximo capítulo. Ainda assim, a minha conclusão geral é que não é suficiente concentrar-se em recrutar e reter *indivíduos*. Não estou dizendo para não se perseguirem as cinco estratégias da ECS ou as quatro recomendações da Teaching Commission, mas que elas apenas representam uma parte da solução, e o trabalho mais difícil é transformar as escolas em *organizações* aprendentes. Ou seja, as considerações políticas neste capítulo e no próximo devem ser integradas às estratégias contidas nos capítulos anteriores, especialmente os Capítulos 7 a 11. Tendo isso em mente, podemos agora abordar o problema e a recente promessa da preparação, contratação e indução de professores.

A formação de professores

Fizemos uma revisão, para a Ford Foundation, do Holmes Group e de um modo mais amplo de formação docente, cobrindo a década de 1986-1996. Chamamos nosso relatório, mas não de maneira jocosa, de *The rise and stall of teacher education reform* (Fullan et al., 1998). A década de 1986-1996 começou com muita fanfarra. Em 1986, o Holmes Group – uma aliança de 100 grandes universidades de pesquisa com o objetivo de se unirem a escolas e produzir melhoras profundas na formação de professores – lançou seu primeiro livro, *Tomorrow's teachers*. O Carnegie Forum publicou seu relatório na mesma época – *A nation prepared: teachers for the 21st century* (1986). Além disso, naquele ano, Sarason e colaboradores publicaram uma edição revisada do seu livro de 1962, *The preparation of teachers: an unstudied problem in education* (Sarason, Davidson e Blatt, 1986), observando que a relação entre a preparação de professores e as realidades que eles experimentam em suas carreiras é uma "questão tão pouco estudada hoje em dia – discutida de forma tão superficial atualmente – quanto em décadas passadas" (p. xiv).

Especialmente para o Holmes Group, os cinco anos após 1986 foram um período de grandes promessas, consideráveis debates e muita atividade em relação à reforma da educação docente. Esse período envolveu a publicação de *Tomorrow's schools* (Holmes Group, 1990), a segunda parte da trilogia do Holmes Group. Todavia, nos quatro ou cinco anos seguintes, a intensidade do debate começou a diminuir. A energia e o entusiasmo daqueles que trabalhavam com problemas complexos relacionados com a implementação da reforma em nome do grupo haviam se esgotado completamente. Durante esses anos, o coletivo do Holmes Group entrou em uma fase de questionamento, entendendo que estava perdendo espaço. Particularmente, testemunhamos a perda do *momentum* no período de 1993 a 1995, quando o Holmes Group enfrentou a questão do que precisava ser feito para recuperar e revitalizar uma agenda que mal havia começado. Quando a sua terceira monografia – *Tomorrow's schools of education* – foi publicada em 1995, o *momentum* inicial para a reforma havia se tornado mais difuso.

Por que mesmo as melhores iniciativas fracassam? Esse é um grande problema, relacionado principalmente com o fato de que a maioria das sociedades não trata a formação de professores como uma questão séria. Como dissemos em *Rise and stall*, a sociedade fracassou em dois sentidos com seus professores: ela atribuiu notas ruins aos professores por não produzirem resultados melhores e, ao mesmo tempo, não ajudou a melhorar as condições que possibilitariam melhorar.

Apesar da retórica sobre a formação docente na sociedade atual, não parece haver uma crença ou confiança real de que investir na formação de professores traria resultados. Talvez muitos líderes acreditem que ensinar não é tão difícil. Afinal, a maioria dos líderes passou milhares de horas na sala de aula, e são especialistas, pelo menos teoricamente. E sabem que milhares de professores sem qualificação são colocados a cada ano nas salas de aula, devendo aprender no decorrer do trabalho. Além disso, investir na formação de professores não é uma estratégia de curto prazo. Com todos os problemas que enfrentamos e que exigem soluções imediatas, é fácil omitir uma estratégia preventiva que levaria anos para ter algum impacto. Quando ocorre uma crise, deve-se lidar com ela. Uma linha de ação que vise a prevenir uma crise, apesar de ser muito mais cara de médio a longo prazo, é muito mais difícil de ser usada.

Críticas de programas de formação de professores

O problema começa com os programas de formação de professores. Os estudos de caso, detalhados de Howey e Zimpher (1989), de seis universidades nos Estados Unidos possibilitaram que eles gerassem atributos básicos que seriam necessários para a coerência dos programas, que eles acreditam estarem faltando nos programas existentes, como:

O significado da mudança educacional   241

- Programas baseados em concepções claras do ensino e da escolarização.
- Programas com qualidades temáticas claras.
- Corpo docente unindo-se em torno de programas experimentais ou alternativos com qualidades características.
- Formação de grupos estudantis.
- Materiais curriculares adequados e um componente laboratorial bem-concebido.
- Articulação entre a programação no *campus* e o ensino no campo.
- Uma ligação direta com bases de conhecimento de pesquisa e desenvolvimento.
- Avaliação regular dos programas.

Goodlad (1990) é ainda mais condenatório em sua investigação ampla de 29 universidades. Entre suas observações, estão:

1. Os programas de formação em nossa amostra faziam relativamente pouco uso do processo de socialização com os colegas em relação a outros campos de formação profissional. Existem poucas tentativas de organizar os novos candidatos em grupos ou de fazê-lo em um estágio mais avançado. Consequentemente, as interações dos estudantes em relação às suas experiências se confinam, na maior parte, a classes formais (onde o ensino é bastante diretivo). O isolamento social, intelectual e profissional dos professores, adequadamente descrito por Dan Lortie, começa na formação docente. Esse individualismo relativamente isolado na preparação parece adequado para desenvolver o sentimento de coleguismo que será necessário mais adiante na renovação escolar local.

2. A rápida expansão da educação superior, juntamente com mudanças sem precedentes na vida acadêmica, tem deixado os professores universitários confusos em relação à missão da educação superior e incertos do seu papel nela. Embora os efeitos dessas mudanças na via acadêmica transcendam as escolas e departamentos, o declínio do ensino em favor da pesquisa na maioria das instituições de educação superior ajudou a reduzir o *status* da formação de professores. Em universidades públicas regionais, uma vez escolas e faculdades de educação normais, a situação está tão ruim que cobrir o seu foco histórico na formação docente é praticamente um rito de passagem institucional. O ensino nas escolas e a formação docente parecem incapazes de modificar a sua condição de pouco *status*.

3. Existem disjunções sérias nos programas de formação docente: entre a parte de artes e ciências e a realizada na escola ou departamento de educação, de componente para componente da chamada sequência profissional, e entre a parte do *campus* e a parte da escola. Também

está claro a partir dos nossos dados que a preparação nos programas que estudamos concentra-se nas salas de aula, mas quase nada nas *escolas*.

4. Os cursos sobre a história, filosofia e fundamentos sociais da educação . . . foram seriamente erodidos. (p. 700-701, ênfase no original)

À medida que o *momentum* para a reforma na formação de professores passou em meados da década de 1990, veio a National Commission on Teaching and America's Future (NCTAF, 1996), que observou que:

- Nos últimos anos, mais de 50 mil pessoas que não tinham a formação necessária para seus empregos tornaram-se professores anualmente em situações de emergência ou licenças abaixo dos padrões. [Em 1990, 27,4% de todos os professores contratados no país não tinham certificação ou atuavam em licenças de emergência abaixo dos padrões].
- Quase um quarto (23%) de todos os professores do ensino médio não tem sequer uma licenciatura curta em seu principal campo de ensino. Isso é verdadeiro para mais de 30% dos professores de matemática.
- Entre os professores que lecionam uma segunda disciplina, 36% não são formados na área e 50% não têm sequer uma licenciatura curta.
- Dentre os alunos do ensino médio que cursam física, 56% têm aulas com professores de outra área, assim como 27% dos que cursam matemática e 21% dos que cursam inglês. As proporções são muito maiores em escolas pobres e em classes atrasadas.
- Em escolas com mais matrículas de minorias, os alunos têm menos de 50% de chance de ter um professor de ciências ou matemática que tenha uma licença e um diploma na área em que leciona. (p. 15-16)

A ladainha de problemas, ainda que familiar, é dramaticamente perturbadora.

1. Poucas expectativas para o desempenho do aluno.
2. Padrões livres para os professores.
3. Falhas importantes na preparação de professores.
4. Recrutamento de professores sem o devido cuidado.
5. Indução inadequada para professores iniciantes.
6. Falta de desenvolvimento profissional e gratificações para conhecimento e habilidades.
7. Escolas que são estruturadas para o fracasso, em vez do sucesso (NCTAF, 1996, p. 24).

Tudo isso vem de uma comissão que é solidária com os professores! Quando John Goodlad leu o rascunho de *The rise and stall*, ele estava ciente do novo *momentum* da NCTAF e de sua própria National Network of Educational Renewal. Ele pensava que o título talvez devesse ser alterado para *The rise, stall and re-rise of teacher education reform*. Existe um pouco de verdade nisso, mas, em 2006, o júri ainda está em aberto para essa questão. A sociedade jamais demonstrou interesse pela reforma da formação docente e, até que o faça, não haverá chance de uma melhora educacional significativa.

Mas onde estamos no ano de 2006? Lembre-se do ponto de partida. A maioria dos programas de formação docente não apresenta coerência dentro do campus universitário, muito menos entre a universidade e a escola. Mesmo em relação ao conteúdo, a formação de professores contém disparidades imensas nas coisas necessárias para funcionar em comunidades profissionais de aprendizagem – como trabalho com os pais, avaliação da alfabetização frente ao movimento pelos padrões, as pedagogias dos construtivistas, entendimento da diversidade, aprendizado da cooperação.

A base de conhecimento da pesquisa

Recentemente, as pesquisas e o desenvolvimento de programas (ainda em uma pequena proporção dos casos), e mais significativamente, *novas ações* por meio da iniciativa *Teachers for a new era* da Carnegie Foundation (2001, 2006) estão proporcionando pressão e modelos de papéis positivos para o futuro. Vamos primeiro considerar a base de conhecimento da pesquisa e depois a ação. Começo com o argumento em favor do conhecimento do professor.

> O conhecimento do professor – aquilo que os professores sabem e podem fazer – afeta todas as tarefas básicas da docência. O que os professores entendem sobre o conteúdo e os alunos, por exemplo, dá forma ao modo como eles selecionam textos e outros materiais, bem como o seu grau de efetividade na apresentação desse material na classe. A habilidade dos professores para avaliar o progresso dos seus alunos também depende do quanto eles conhecem o conteúdo e do quanto eles entendem e interpretam o trabalho dos alunos. Nada pode compensar totalmente a fraqueza de um professor que não possui as habilidades e os conhecimentos necessários para ajudar os alunos a aprender o currículo. (Darling-Hammond e Ball, 1999, p. 1-2)

A NCTAF revisou todos os estudos que encontrou sobre a relação entre a qualificação dos professores e a aprendizagem do aluno. Dois estudos em particular proporcionam um bom sumário desses resultados. Em primeiro lugar, Ferguson (1991) observa que o conhecimento dos professores (mensurado pela formação docente, licenciamento, escores em exames e experiência) explicava uma grande variação no desempenho do aluno (mais de 40%). Em segundo lugar, Greenwald, Hedges e Laine (1996) revisaram mais de 60 estudos e observaram que a formação docente e a capacidade dos professores, juntamente com escolas pequenas e proporções baixas de alunos por professor, são associadas a aumentos significativos no desempenho do aluno. Em termos de investimento, os autores apresentam ganhos em desempenho segundo o tipo de investimento, observando que "aumentar a formação docente" é um componente importante.

Indo mais além, Darling-Hammond e Ball (1999) observaram que "o conhecimento do professor sobre o conteúdo, a aprendizagem e o desenvolvimento do aluno, assim como métodos de ensino, são elementos importantes para a efetividade do professor" (p. 3) e que "os professores que são plenamente preparados e certificados em sua disciplina e em educação têm melhor avaliação e são mais bem-sucedidos com os alunos do que professores sem preparação, e aqueles com mais formação são mais efetivos do que os que têm menos" (p. 3-4). Com relação a essa questão, a revisão da NCTAF observou que "os graduados de programas de cinco ou seis anos que incluem um estágio prolongado ligado ao trabalho das disciplinas são mais bem-sucedidos e provavelmente entram e permanecem mais na docência do que graduados de programas tradicionais de graduação" (p. 4).

Como deveria ser um bom programa de formação docente? Darling-Hammond e colaboradores identificaram e fizeram estudos de caso com sete programas exemplares de formação docente – definidos como programas que apresentam uma reputação elevada entre aqueles que contratam seus egressos (Darling-Hammond, 2000a, 2000b, 2000c). As seguintes citações captam essa reputação:

> Quando contrato um graduado de Trinity, sei que se tornará um líder da escola. Essas pessoas entendem do currículo, e são inovadoras. Elas carregam a tocha (diretor).

> Eu contrataria todos os graduados de Trinity se pudesse. Eles têm uma profundidade de conhecimento curricular e a capacidade de continuar aprendendo (superintendente).

> Integrar novos professores à equipe de Alverno é tão mais fácil, por causa da sua capacidade de autorreflexão, suas experiências pessoais com a avaliação do desempenho ... e sua capacidade de aplicar pesquisas críticas em suas experiências na sala de aula (diretor).

> Eles demonstram muito coleguismo, não têm medo de buscar tudo que precisam para aprender com seus mentores e as pessoas ao seu redor (diretor).

> Tive uma classe bastante difícil, com muitas necessidades diversas em meu primeiro ano de ensino. Sinto que, por causa da minha formação em Wheelock, consegui ter êxito (graduado).

Darling-Hammond (2000a) concluiu que todos os sete programas, embora projetados de maneiras diferentes, tinham seis aspectos comuns.

O significado da mudança educacional   245

- Uma visão comum e clara do bom ensino, que é visível em todo o trabalho disciplinar e experiências clínicas.
- Padrões bem-definidos de prática e desempenho, que são usados para orientar e avaliar o trabalho disciplinar e o trabalho clínico.
- Um currículo baseado em um conhecimento substancial sobre o desenvolvimento infantil e adolescente, a teoria da aprendizagem, a cognição, a motivação e a pedagogia disciplinar e ensinado no contexto da prática.
- Experiências clínicas amplas (de pelo menos 30 semanas) que são cuidadosamente selecionadas para dar suporte às ideias e práticas apresentadas em disciplinas simultâneas e intimamente entremeadas.
- Relações fortes, conhecimento comum e crenças compartilhadas entre os professores da escola e a universidade.
- Um uso amplo de métodos de estudo de caso, pesquisa docente, avaliações de desempenho e avaliação de portfólios para garantir que a aprendizagem seja aplicada a problemas da prática real. (p. x)

Em uma linha mais definitiva, a National Academy of Education patrocinou a publicação de um grande compêndio sobre o currículo necessário para a formação docente (Darling-Hammond e Bransford, 2005; National Academy of Education, 2005). Em 28 capítulos detalhados, Darling-Hammond, Bransford e colaboradores identificaram o que os professores atuais precisam saber e fazer com relação ao conhecimento dos aprendizes, o conhecimento do conteúdo e do currículo e o conhecimento do ensino. A National Academy of Education publicou uma versão breve desse trabalho.

Temos o conjunto usual de recomendações para fortalecer sistematicamente a formação docente. Como parte das reformas necessárias, resta muito trabalho a fazer para conectar as artes e ciências com a formação docente (Goodlad, 1994) e para formar parcerias com as escolas.

Iniciativas baseadas na ação

A iniciativa TNE da Carnegie Foundation é o mais promissor trabalho baseado na ação nos Estados Unidos. Juntamente com a Annenberg Foundation e a Ford Foundation, a Carnegie Foundation forneceu uma quantidade substancial de verbas para universidades selecionadas, para que desenvolvessem e disseminassem programas excelentes de formação docente que produzissem professores interessados, competentes e efetivos. O objetivo final da iniciativa TNE, conforme declarado no prospecto, é:

> Na conclusão do projeto, cada uma dessas instituições deve ser considerada pela nação como o lugar de um dos melhores programas possíveis para a melhor rota para o emprego como professor iniciante. Os graduados desses programas serão competentes, interessados e qualificados, serão

246   Michael Fullan

muito procurados pelos distritos escolares e escolas e serão conhecidos pelos ganhos que seus alunos terão em sua aprendizagem. (Carnegie Foundation, 2001, p. 1)

Os princípios apresentados no prospecto clamavam por propostas que tivessem três características fundamentais: (1) um programa de formação docente orientado pelo respeito pelas evidências, (2) professores em disciplinas das artes e ciências que se envolvessem totalmente na formação de futuros professores e (3) uma compreensão de que a educação é uma profissão clínico-prática, que é ensinada de forma acadêmica.

No decorrer da iniciativa TNE, 11 instituições receberam 5 milhões de dólares cada por um período de cinco anos. As primeiras quatro – o Bank Street College of Education de Nova York; a California State University, em Northridge; a Michigan State University e a University of Virginia – receberam suas verbas em 2002. Outras sete instituições foram adicionadas em uma segunda rodada, o Boston College, a Florida A&M University, Stanford, a University of Connecticut, a University of Texas em El paso, a University of Washington e a University of Wisconsin, em Milwaukee. Como condição para a verba, todas as instituições deveriam receber apoio técnico da Academy of Education Development, uma agência independente de apoio técnico. Além das 11 instituições que receberam verbas completas, a TNE estabeleceu a TNE Learning Network, na qual 30 instituições foram convidadas a participar de toda a rede de recursos e ter acesso pleno a ela. O projeto como um todo está sendo avaliado pela Rand Corporation. Podemos ver boas ideias partindo da iniciativa TNE, mas ela ainda é uma gota no oceano (embora uma boa gota), devido aos milhares de programas de formação docente aprovados nos Estados Unidos.

Embora a iniciativa TNE seja promissora, a formação docente básica, como um todo, permanece muito problemática. A Teaching Commission (2006) deu nota D para a seção sobre "Reinventar a Preparação de Professores". A comissão conclui que existem poucos incentivos para melhorar a formação docente básica. Existe pouco incentivo político para lidar com o problema seriamente: as universidades, de um modo geral, não conseguiram mobilizar seus recursos institucionais para melhorar a formação docente, os graduados ainda são contratados e assim por diante. "Se as instituições de formação docente estão fracassando", diz a comissão, "elas estão fracassando silenciosamente". (p. 40)

A exigência da lei No Child Left Behind de ter um professor qualificado em cada sala de aula em 2005-2006 está longe de se cumprir em termos de quantidade, e mesmo sem discutir as definições do que representa qualidade. Não tratei da proliferação de programas alternativos de certificação, que hoje representam 20% de todas as novas contratações nos Estados Unidos (The Teaching Commission, 2006, p. 50). As evidências mostram que eles não são melhores ou piores que os programas tradi-

O significado da mudança educacional 247

cionais. Colocado de forma positiva, precisamos de padrões e experiências evolutivas fortes para professores em todos os tipos de programas. O problema é especialmente agudo nos Estados Unidos, devido ao simples tamanho da força docente e ao fato de que os seus professores, em média, são menos qualificados do que é o caso em muitos dos países da OCDE.

Essas questões são reforçadas pelo recente relatório de Arthur Levine, Educating School Teachers (Education School Project, 2006). Levine conclui que muitos graduados de programas de formação docente estão pouco preparados para satisfazer as demandas da sala de aula de hoje, pois os professores, o currículo e a pesquisa estão desconectados da prática escolar. Levine afirma que: "Existem amplas variações na qualidade dos programas, com a maioria dos professores preparada em programas de baixa qualidade" (p. 1). A American Association of Colleges for Teacher Education responde que as conclusões eram excessivas e que, de fato, as questões que Levine levanta são as mesmas com as quais a AACTE e seus membros têm trabalhado (AACTE, 2006). Ainda assim, quase todos concordam que grande parte do trabalho de reforma na formação docente nos Estados Unidos permanece por fazer.

Devo dizer que, no que tange ao Canadá, a formação docente básica não parece estar na tela de nenhum radar. Ela avança silenciosamente, apenas com tentativas periódicas de elevar o perfil, mas sem um esforço sustentado para fazer melhoras. Existem bons programas aqui e ali, como um que conheço bem, o OISE, Universidade de Toronto (OISE/UT, 2005; Rolsheiser e Evans, 2006). Estamos especialmente interessados em integrar o trabalho universitário com o trabalho escolar. Até onde for possível, preferimos trabalhar com coortes de alunos (de 30 a 60), equipes de instrutores (líderes universitários e escolares) e grupos de escolas parceiras. Como ocorrem em todos os programas fortes, as parcerias entre as escolas e distritos e a universidade são cruciais. A melhor maneira de caracterizar as parcerias entre escola e universidade é dizer que, nesses arranjos, as escolas estão tão comprometidas com a formação docente quanto com a melhora escolar, e as universidades estão tão comprometidas com a melhora escolar quanto com a formação docente. Se um distrito inteiro estiver usando a formação docente como estratégia de mudança, ele poderá fazer uma grande diferença.

A Inglaterra está tendo grande êxito com a sua Teacher Training Agency (TTA, 2005), pois ela fez da formação docente básica e do desenvolvimento contínuo de professores uma prioridade, como parte integral da estratégia nacional de reforma escolar. Para começar, o mandato da agência é abrangente, envolvendo como objetivos estratégicos: (1) garantir que as escolas tenham um suprimento adequado de bons professores recém-formados, (2) proporcionar que as escolas desenvolvam a efetividade de sua equipe de apoio, (3) proporcionar que as escolas de-

senvolvam a efetividade de seus professores e mantenham seu conhecimento e habilidades atualizados e (4) ajudar as escolas a serem efetivas
na administração do treinamento, desenvolvimento e remodelação da
sua força de trabalho. Somente o primeiro nos diz respeito aqui, mas
observe a abrangência da síntese da TTA (que recentemente foi rebatizada
como Training and Development Agency).

A TTA trabalhou diretamente com instituições de formação dos professores para revisar o currículo de formação docente de maneira a refletir,
por exemplo, novos avanços na reforma da alfabetização e matemática nas
escolas. A agência também usou diversos incentivos financeiros para atrair
novos candidatos para a profissão, incluindo áreas que enfrentam deficiências,
como a matemática, ciências e assim por diante. Elas hoje têm um número
recorde de candidatos procurando programas de formação docente no país.
A TTA também monitora a qualidade dos programas e mantém um padrão
de que pelo menos 85% dos professores recém-qualificados avaliem a qualidade da sua formação como boa ou excelente.

Padrões

Precisamos avançar um pouco para mostrar para onde esta análise se
dirige. Já mencionei que é difícil formular e fiscalizar padrões na formação
docente básica, embora a área avance nessa direção. Dois outros conjuntos
de padrões também evoluíram, um relacionado com o licenciamento e
certificação de novos professores, e o outro relacionado com o desenvolvimento contínuo de professores. Nos Estados Unidos, a National Board for
Professional Teaching Standards (NBPTS), que discutiremos no Capítulo
14, foi o catalisador para concentrar no desenvolvimento profissional contínuo, formando milhares de professores certificados pelo conselho nacional. O NBPTS também estimulou uma revisão pretérita para identificar os
requisitos para os professores iniciantes e para programas de formação
docente. A avaliação do "que os professores devem saber e fazer" envolve
uma variedade de métodos para perfilar o trabalho dos professores com os
alunos, o conhecimento do conteúdo, a experiência em avaliação do aluno
e o seu próprio desenvolvimento profissional (ver especialmente Darling-
Hammond e Bransford, 2005). A NCTAF argumenta que

> Os padrões de ensino são a chave para transformar os atuais sistemas de
> formação, licenciamento, certificação e desenvolvimento contínuo, para
> que deem maior suporte à aprendizagem estudantil. Esses padrões po-
> dem trazer clareza e foco a um conjunto de atividades que atualmente
> são pouco conectadas e muitas vezes são desorganizadas. De um modo
> claro, para que os alunos alcancem padrões elevados, não podemos espe-
> rar menos de seus professores e de outros educadores. A maior prioridade
> é chegar a um consenso sobre o que os professores devem saber e fazer
> para ensinar segundo padrões elevados. (p. 67)

O NBPTS (1993) organizou a sua avaliação em torno de cinco propostas principais.

1. Os professores estão comprometidos com os alunos e sua aprendizagem.
2. Os professores conhecem o conteúdo que lecionam e sabem como ensinar esse conteúdo para os alunos.
3. Os professores são responsáveis por administrar e monitorar a aprendizagem dos alunos.
4. Os professores pensam sistematicamente em sua prática e aprendem com suas experiências.
5. Os professores são membros de comunidades de aprendizagem.

É claro que são apenas palavras, e chegaremos à importância da sua implementação no Capítulo 14. Enquanto isso, existe uma pressão política nas faculdades de educação e modelos melhores de avaliação para orientar o seu trabalho. Não posso dizer que haja muita *capacitação* além da pequena proporção de universidades que adotou iniciativas especiais (mais ou menos o mesmo problema, conforme observei anteriormente, ocorre quando apenas uma pequena proporção das escolas e distritos está envolvida em reformas substanciais).

Entender os temas dos capítulos anteriores significa entender que a reformulação da formação docente básica faz parte de qualquer solução. Não se podem desenvolver comunidades profissionais de aprendizagem partindo de uma base fraca. É fácil enxergar por que é possível se sentir tentado a desistir da formação docente. As culturas das universidades representam barreiras imensas para a reforma (para exemplos positivos, ver Carnegie Foundation, 2001, 2006; Thiessen e Howey, 1998), e a maioria das escolas representa agentes socializantes poderosos mas *negativos* nessa equação.

Entretanto, o maior obstáculo é que a questão da formação docente básica sempre é uma reflexão tardia em qualquer iniciativa de reforma. A falta crítica de professores e a crescente base de pesquisas que diz que ter "três bons professores seguidos" pode determinar o rumo da vida de um aluno estão fazendo com que se preste uma nova (e nervosa) atenção a toda a área da reforma da formação docente. Com a TNE da Carnegie Foundation e a TTA da Inglaterra, pode-se dizer que estamos testemunhando um fenômeno de "ascensão, estagnação e nova ascensão". Contudo, ele não levará a lugar nenhum desta vez, a menos que haja muito trabalho de desenvolvimento, e a menos que seja intimamente integrado e congruente com outras partes da solução, como a maneira de contratar e amparar os professores iniciantes. Ainda considero que a formação docente é simultaneamente "o pior problema e a melhor solução em educação" (Fullan, 1993, p. 105).

Contratação e indução

Em 2003, a National Commission on Teaching and America's Future publicou o seu segundo grande relatório intitulado *No dream denied*. Nele, ao contrário do relatório de 1996, a NCTAF concluiu que não temos um problema de recrutamento na educação, tanto quanto temos um *problema de retenção*. Na verdade, temos ambos, mas a retenção é mais séria. É aqui que estabelecemos uma ponte entre a universidade e a escola. De fato, em seu relatório de 1993, a NCTAF identificou cinco áreas de recomendações, cuja última foi "melhorar as condições de trabalho dos professores". Ninguém jamais tocou nessa recomendação. Deixe-me colocar a questão de forma mais dramática: nos Estados Unidos, 46% dos professores recém-contratados abandonam a carreira nos primeiros cinco anos de docência, 33% após três anos (The Teaching Commission, 2006). Você conhece a velha canção: "Como vamos mantê-los na fazenda quando virem Paree?" Bem, agora é: "como vamos mantê-los na fazenda quando virem *a fazenda?*" Precisamos de fazendas melhores. Conforme discutirei mais adiante, mudar a fazenda – melhorando as condições de trabalho dos professores – pode ser a rota mais efetiva para reformar a formação docente básica – um tipo de fenômeno retroativo. Mudar as fazendas, para os iniciantes, significa mudar as práticas de contratação e indução.

Neste ponto, já deve estar abundantemente claro que aprender a lecionar de forma efetiva é algo que demora, e a maneira como se inicia no trabalho afeta dramaticamente o resto da carreira, podendo afastar professores potencialmente bons já nos primeiros anos. As próprias práticas de contratação, combinadas com a presença ou ausência de programas de indução, são uma indicação, geralmente negativa, de se a docência será uma profissão evolutiva, que vale a pena. É aqui que alguns avanços positivos aconteceram nos últimos cinco anos. Pense da seguinte maneira: se os distritos estabelecessem práticas eficientes e efetivas de contratação, juntamente com programas sólidos de indução/tutoria, eles poderiam cortar a taxa de atrito de 33 ou 46% pela metade, e ter melhores professores ao longo de suas carreiras. Podemos tomar como exemplo o que aconteceu na cidade de Nova York nos últimos cinco anos.

Nova York é o maior distrito urbano dos Estados Unidos, e onde as práticas de contratação tradicionalmente atraem uma elevada proporção de professores sem qualificação para o sistema. Em 1992, apenas um terço dos novos professores contratados tinha qualificação plena. Ainda assim, o problema tinha menos a ver com a falta de candidatos e mais com problemas nos procedimentos de contratação. Um estudo feito pelo New York Education Priorities Panel descobriu que um número substancial de novos professores bem-qualificados foi dissuadido de procurar trabalho em Nova York pelos procedimentos excessivamente burocráticos, pela incapacidade de obter informações, pela impossibilidade de falar com os responsáveis pela contratação e pelos longos atrasos no processo.

Nova York ouviu essas críticas com seriedade e mudou os processos de contratação. Darling-Hammond (1999) conta que o município adotou as seguintes iniciativas para melhorar as práticas de contratação:

- Levar os recrutadores do município diretamente aos alunos em programas locais de formação a cada primavera.
- Oferecer entrevistas e testes nas próprias universidades.
- Recrutar professores em áreas mais necessitadas, como educação bilíngue e educação especial por meio de bolsas, empréstimos a fundo perdido e feiras de recrutamento em locais estratégicos.
- Trabalhar com as universidades e distritos locais para trazer candidatos com boa formação, para escolas com dificuldades de pessoal, para atuar como professores, estagiários ou visitantes.
- Fazer ofertas para candidatos qualificados mais cedo no ano.
- Aperfeiçoar a troca de informações e o processamento das propostas.

O resultado dessas iniciativas foi que, em 1997, dois terços dos novos professores tinham qualificações plenas quando foram contratados. Em termos absolutos, esse ainda é um histórico negativo, mas a melhora desde 1992 é significativa. Com base nisso, em 2004, Nova York ampliou o seu apoio para os novos professores com um programa de mentores de 36 milhões de dólares, que proporcionou 300 mentores para os aproximadamente 5 mil professores contratados todos os anos (The Teaching Commission, 2006). O modelo de mentores apresenta uma taxa de atrito de 12% após seis anos de ensino, comparada com a taxa nacional, como já vimos, de 46% abandonando a carreira nos primeiros cinco anos. O novo modelo de indução de Nova York baseia-se em seis princípios básicos:

1. Construa a vontade política para a reforma dos sistemas de indução.
2. Garanta que todos os programas de mentores desenvolvam e mantenham um processo de seleção de qualidade.
3. Identifique e apoie os padrões de programas bem-sucedidos.
4. Alinhe os programas de mentores e as atividades gerais de indução com os programas distritais e regionais relacionados com o desenvolvimento de professores.
5. Aborde as questões sistêmicas e infraestruturais que afetam os novos professores (p.ex., a carga de trabalho dos novos professores, sistemas de dados dos alunos).
6. Sistematize para promover a mudança, com base em habilidades, conhecimentos e experiências dos mentores. (New Teacher Center, 2006)

O valor de melhorar as práticas de contratação e apoio também é evidente em New Haven, Connecticut, um distrito escolar que fez uma reviravolta notável nas últimas duas décadas. O distrito fez melhoras

252   Michael Fullan

dramáticas, concentrando-se em melhorar a qualidade de seus professores, por meio de uma combinação de recrutamento, padrões, desenvolvimento e organização escolar. Um elemento fundamental dessa estratégia foi o desenvolvimento de estratégias de recrutamento voltadas para os bons professores que usassem um processo de apoio e avaliação para trabalhar com os professores novatos nos dois primeiros anos de suas carreiras, de modo a facilitar o seu início na profissão e proporcionar apoio para o seu desenvolvimento. A estratégia de recrutamento do distrito é aumentar o interesse de professores excepcionais e investir nos recursos necessários para contratar e manter essas pessoas no sistema.

> New Haven não tem grandes crises anuais de recrutamento por causa da baixa taxa de atrito entre seus professores novos e experientes. De forma clara, uma das principais iniciativas de recrutamento é o programa de estágios do distrito; 38 dos 80 professores recém-contratados haviam trabalhado como estagiários no programa de estágios do distrito. (Snyder, 1999, p. 13)

Em todos esses casos, as jurisdições estão desenvolvendo padrões de prática para os professores iniciantes. O NBPTS citado foi "mapeado retroativamente" para orientar o trabalho do Interstate New Teacher Assessment and Support Consortium (INTASC).

> O [INTASC] é um consórcio de 33 estados que trabalham em conjunto em padrões e avaliações "compatíveis com o conselho nacional" para o licenciamento de professores novatos antes de começarem a lecionar e durante os dois primeiros anos no trabalho. Com o tempo, essa iniciativa informou o trabalho do National Council for Accreditation of Teacher Education (NCATE), que recentemente incorporou os padrões de desempenho desenvolvidos pelo INTASC para avaliar programas pré-ocupacionais de formação docente. (Darling-Hammond, 2000a, p. 10)

Tudo isso é muito promissor, mas pode-se ver facilmente o quanto ainda temos que andar. Se as escolas e distritos não são boas organizações aprendentes (ou boas comunidades profissionais de aprendizagem), isso significa que não são bons empregadores, especialmente para professores que desejam mudar as coisas. Em termos quantitativos, não faz muito sentido em termos administrativos ter uma taxa de atrito de 40% ou mais nos primeiros cinco anos, quando, mudando as práticas, se poderia reduzir para menos da metade. Já em termos de qualidade, se você deseja melhoras, deverá atrair pessoas talentosas e promover o seu desenvolvimento coletivo desde o primeiro dia de trabalho. De fato, se fizer isso, será mais provável que você atraia pessoas boas.

Outro aspecto básico do desenvolvimento docente envolve atrair professores para atuar nas escolas mais difíceis. O atual sistema de in-

O significado da mudança educacional 253

centivos, como veremos no próximo capítulo, faz exatamente o oposto (Fullan, 2006). Conforme dizem Berry e Ferriter (2006) em seu trabalho com professores certificados pelo conselho nacional: "Os incentivos financeiros, sozinhos, não atrairão esses professores competentes para escolas de desempenho baixo. Outros fatores, como uma forte liderança do diretor, uma equipe com uma filosofia de ensino compartilhada, recursos adequados para ensinar e uma comunidade de pais solidária e ativa foram determinantes muito mais importantes" (p. 4).

Pode-se ver que demos a volta toda. Práticas melhores de formação docente, contratação e indução não representam um conjunto de reformas estruturais. Estamos falando de recarturar a profissão do docente como um todo. E estamos falando mais uma vez de condições melhores. Não importa o trabalho que você faz com a formação docente básica e a indução, nada valerá se não melhorar as condições de trabalho para os professores. Em seu grande estudo sobre professores, Johnson e Kardos (2005) fizeram a importante descoberta de que "apenas ter um mentor não tem relação estatística com a satisfação no trabalho, ao passo que trabalhar em uma escola com uma cultura profissional integrada tem uma forte relação positiva com a satisfação no trabalho" (p. 12; Johnson, 2003, Cap. 9). Desse modo, as ideias apresentadas neste capítulo não se sustentam sozinhas. Elas devem acompanhar o desenvolvimento profissional contínuo, e este, por sua vez, envolve mais que *workshops* e padrões de qualidade – uma questão que abordaremos agora.

14
A aprendizagem
profissional de educadores

*Não se cria uma profissão com certificados e censuras, mas pela
existência de um* corpus *substantivo de conhecimento profissional,
bem como um mecanismo para aperfeiçoá-lo, e pelo desejo genuíno
dos membros da profissão de melhorar a sua prática.*

Stigler e Hiebert (1999, p. 146)

Já percorremos um longo caminho desde a época em que, há alguns
anos, ouvimos um professor em Baton Rouge, na Louisiana, fazer uma
apresentação para a Blue Ribbon Commission on the Teaching Profession,
dizendo: "Quando eu morrer, espero que seja durante uma sessão de desenvolvimento profissional, pois a transição da vida para a morte seria
impecável". Veja também o título deste capítulo. Refiro-me deliberadamente
à *aprendizagem* profissional, e não ao desenvolvimento profissional.

A aprendizagem profissional não diz respeito a *workshops* e cursos,
ou mesmo a satisfazer padrões elevados e modelos de qualificação. Se
bem feitas, todas essas contribuições serão importantes, mas representam apenas uma parte da solução, digamos, 30%. Os outros 70% dizem
respeito a se os professores têm aprendido a cada dia, se aperfeiçoam o seu
trabalho contínua e coletivamente. O desenvolvimento de hábitos de aprendizagem só pode ocorrer se eles aparecerem dia após dia.

Dito de outra forma, a agenda da transformação da aprendizagem
profissional de educadores consiste de duas partes fundamentais e inter-
relacionadas: reformular os padrões, incentivos e sistemas de qualificação (que considero 30% da solução), além de remodelar as condições de
trabalho dos professores (os 70%).

Para definir o problema, precisamos retornar aos temas que
enfocamos nos capítulos anteriores. Em suas observações sobre as escolas públicas de Chicago, Smylie, Bay e Tozer (1999) lembram-nos que:

> Somente por volta de um terço dos professores do sistema se envolvem em um diálogo regular sobre o ensino. Um quarto deles trabalha em escolas onde os professores e administradores discordam sobre os objetivos da escola e as normas da prática. A metade não enxerga qualquer coerência real e continuidade entre os programas de suas escolas. A maioria acredita que suas escolas têm tantos programas indo e vindo que não consegue sequer acompanhar todos eles.
>
> Devido a essas situações, não é de surpreender que as abordagens de melhora em muitas escolas careçam de coerência. No início da década de 1990, entre 31 e 39% das escolas fundamentais públicas de Chicago tinham abordagens desencontradas de melhora escolar. Outros 20 a 35% tinham abordagens mais coerentes, mas não podiam ser consideradas sistêmicas. Evidências mais recentes de fragmentação foram encontradas em um estudo do Chicago Annenberg Challenge. Entre os principais desafios para a melhora escolar, segundo diretores e parceiros externos, havia falta de coerência entre os diversos programas e inovações em suas escolas. Esses dados indicam que diversos programas competem pelo tempo e atenção dos professores, forçam os professores para direções diferentes e limitam sua capacidade de participar integralmente de qualquer programa. (p. 39)

A questão, então, é quais políticas e práticas têm chance de mudar essa cultura disfuncional profundamente arraigada. A resposta é que será necessário um conjunto de políticas baseadas em padrões para a nova prática, combinadas com oportunidades de aprender novas maneiras de trabalhar em conjunto. Elmore (2000) faz esta observação fundamental.

> As pessoas fazem essas transições fundamentais para ter muitas oportunidades de expor novas ideias, discuti-las em seus próprios sistemas de crenças normativas, praticar os comportamentos que acompanham esses valores, observar outras pessoas praticando esses comportamentos e, de maneira mais importante, ter êxito em sua prática na presença de outras pessoas (ou seja, ser considerado bem-sucedido). Na panóplia de gratificações e sanções ligadas aos sistemas de contabilização, os incentivos mais poderosos estão nas relações presenciais entre as pessoas da organização, e não em sistemas externos. (p. 31, ênfase no original)

Também devemos entender que não é a cooperação em si que conta. A cooperação é poderosa, o que significa que as pessoas podem fazer coisas poderosamente erradas juntas. McLaughlin e Talbert (2001), conforme mencionado, observaram que certas comunidades fortes do ensino médio reforçavam o ensino tradicional e acabavam fracassando com uma grande proporção de alunos. A cooperação somente tem um efeito positivo quando se concentra no desempenho estudantil para todos e nas práticas inovadoras associadas que podem fazer a melhora acontecer para alunos antes desinteressados.

Em termos de necessidades, o relatório final da The Teaching Commission (2006) afirma diretamente que, nos Estados Unidos, "a avaliação docente e o treinamento no local de trabalho são misteriosos e bastante ineficientes. Os professores novatos geralmente são deixados para nadar ou se afogar, e muitos simplesmente se afogam" (p. 16). Vamos começar com os padrões e as estruturas de qualificação.

Padrões da prática

A maioria das experiências de desenvolvimento profissional para professores não tem nenhum impacto. Quase 30 anos atrás, realizei uma revisão do treinamento "no local de trabalho", como se chamava na época, e concluí que os *workshops* individuais eram ineficientes, que os temas eram selecionados por pessoas diferentes das que recebiam o treinamento, e que era raro haver acompanhamento para a implementação (Fullan, 1979). Quase 15 anos depois, Little (1993) tirou a mesma conclusão, acrescentando que "o modelo de treinamento dominante para o desenvolvimento profissional docente – um modelo [na melhor hipótese] voltado para expandir o repertório individual de habilidades – não é adequado para as visões ambiciosas do ensino e da escolarização embutidas nas atuais iniciativas de reforma" (p. 129). As iniciativas de reforma, conforme eu já havia concluído, são ainda mais ambiciosas hoje em dia, tanto em profundidade quanto em termos da sua grande escala.

Hoje existem novos padrões de prática, também mais ambiciosos. No capítulo anterior, mencionei o trabalho feito nos Estados Unidos pelo National Board of Professional Teacher Standards. O NBPTS desenvolveu padrões e procedimentos de avaliação em 30 disciplinas temáticas, organizadas em torno de cinco propostas principais. Os cinco domínios, apresentados integralmente aqui, são:

1. *Os professores se comprometem com os alunos e seu aprendizado.* Os professores certificados pelo conselho nacional dedicam-se a tornar o conhecimento acessível para todos os alunos. Eles tratam os alunos de forma igualitária, reconhecendo as diferenças individuais. Adaptam suas práticas com base em observações e conhecimento sobre os interesses, habilidades, conhecimento, circunstâncias familiares e relacionamentos dos seus alunos com os colegas. Entendem como os alunos se desenvolvem e aprendem. Estão cientes da influência do contexto e da cultura sobre o comportamento, e desenvolvem a capacidade cognitiva dos alunos e seu respeito pela aprendizagem. Igualmente importante, eles promovem a autoestima, a motivação, o caráter, a responsabilidade cívica dos alunos e seu respeito pelas diferenças individuais, culturais, religiosas e raciais.

2. *Os professores conhecem o conteúdo que ensinam e sabem como ensinar esses conteúdos aos alunos.* Os professores certificados pelo conselho nacional

O significado da mudança educacional 257

têm uma compreensão rica dos conteúdos que ensinam e entendem como o conhecimento em sua disciplina é criado, organizado, relacionado com outras disciplinas e aplicado ao mundo real. Os professores talentosos têm domínio do conhecimento especializado sobre como transmitir e revelar o conteúdo para os alunos. Eles têm consciência das concepções e dos conhecimentos prévios que os alunos geralmente trazem para cada disciplina e de estratégias e materiais instrucionais que podem ajudar. Seu repertório de ensino permite-lhes criar diversas tarefas com conhecimento, e sabem como ensinar alguns a criar e resolver seus próprios problemas.

3. *Os professores são responsáveis por administrar e monitorar a aprendizagem dos* alunos. Os professores certificados pelo conselho nacional criam ambientes instrucionais para captar e manter o interesse de seus alunos e para fazer um uso mais efetivo do tempo. Os professores talentosos têm domínio de uma variedade de técnicas de ensino, sabem quando cada uma é adequada e conseguem implementá-las quando necessário. Eles sabem como motivar e envolver grupos de alunos para garantir um ambiente de aprendizagem significativo, e como organizar o ensino de maneira a possibilitar que os objetivos da escola para os alunos sejam satisfeitos. Eles entendem como podem motivar os alunos para aprender e como manter seus interesses, mesmo frente ao fracasso temporário. Os professores certificados pelo conselho regularmente avaliam o progresso de cada aluno, bem como o da classe como um todo. Eles empregam métodos múltiplos para avaliar e entender o crescimento estudantil e podem explicar o desempenho dos alunos de forma clara para os pais.

4. *Os professores pensam de maneira sistemática sobre a sua prática e aprendem com a experiência.* Os professores certificados pelo conselho nacional exemplificam as virtudes que buscam inspirar nos alunos – curiosidade, tolerância, honestidade, justiça, respeito pela diversidade e entendimento de diferenças culturais – e as capacidades que são pré-requisitos para o crescimento intelectual: a capacidade de raciocinar e assumir perspectivas múltiplas, de ser criativo e correr riscos, e de adotar uma orientação experimental e de resolução de problemas. Trabalhando para fortalecer a sua prática de ensino, os professores certificados pelo conselho analisam a sua prática de maneira crítica, buscam a orientação de outras pessoas, e baseiam-se em pesquisas educacionais e no conhecimento erudito para expandir o seu repertório, aprofundar o seu conhecimento, afiar a sua capacidade de análise e adaptar o seu ensino a novas descobertas, ideias e teorias.

5. *Os professores participam como membros de comunidades de aprendizagem.* Os professores certificados pelo conselho nacional contribuem para a efetividade da escola, trabalhando de forma cooperativa com outros

profissionais em políticas de ensino, desenvolvimento curricular e desenvolvimento da equipe. Eles podem avaliar o progresso escolar e a alocação dos recursos da escola à luz de seu conhecimento sobre os objetivos educacionais estaduais e locais. Eles têm conhecimento sobre recursos escolares e comunitários especializados que podem ser mobilizados para o benefício dos seus estudantes, e conseguem empregar esses recursos quando necessário. Os professores talentosos encontram maneiras de trabalhar de forma cooperativa e criativa com os pais, envolvendo-os produtivamente no trabalho da escola. (NBPTS, 1993, pp. 1-3)

Ao final de 2000, o NBPTS havia certificado mais de 5 mil professores e, em 2006, esse número saltou para 47.500 certificados em aproximadamente 25 áreas de ensino. Gradualmente, acumulam-se pesquisas sobre o impacto dos professores certificados pelo NBPTS. Os resultados publicados são animadores: "Os professores afirmam que o processo de analisar o seu próprio trabalho e o trabalho dos seus alunos à luz dos padrões aumenta a sua capacidade de avaliar a aprendizagem dos alunos e de avaliar os efeitos das suas próprias ações". (Darling-Hammon, 2001, p. 15)

Em um estudo-piloto sobre o uso de portfólios no Stanford Teacher Assessment Project, os "professores afirmam que melhoraram a sua prática quando se forçaram a satisfazer certos padrões que antes tinham pouco espaço em seu ensino". (Darling-Hammond, 2001, p. 15) Em um estudo mais detalhado, Bond e colaboradores (2000) observaram que os professores certificados pelo NBPTS eram mais especializados do que professores não-certificados e estavam "produzindo alunos que diferiam de maneiras profundas e importantes daqueles que tinham professores menos proficientes [e não eram certificados pelo conselho]". (p. x)

Os padrões do NBPTS estão sendo usados em cada vez mais estados. Todos os 50 estados oferecem algum tipo de endosso para a credencial, e 30 estados proporcionam incentivos financeiros, incluindo salários maiores para todos os professores certificados que satisfazem a qualificação. Diversos estados usam a certificação do NBPTS como critério para apontar professores como mentores e outras posições de liderança docente. Um artigo recente questionou se os professores certificados eram mais capazes de melhorar o desempenho dos alunos, mas o valor das qualificações mais rígidas do NBPTS ainda é considerado essencial para o foco na qualidade do professor ao longo da carreira. (NBPTS Upgrades Profession, 2006)

O National Staff Development Council (NSDC) tem feito um bom trabalho em elevar os padrões do desenvolvimento profissional, abordando diretamente as experiências do professor da Louisiana citado no início deste capítulo. Os Standards of Practice for Professional Development (2005) do NSDC se dividem em três categorias – contexto, processo e padrões de conteúdo que melhoram a aprendizagem de todos os alunos:

Padrões de contexto:

- Organizam os adultos em comunidades de aprendizagem, cujos objetivos são alinhados aos da escola e do distrito.
- Exigem líderes escolares e distritais hábeis que orientem a melhora contínua do ensino.
- Exigem recursos para amparar a aprendizagem e a cooperação entre adultos.

Padrões de processo:

- Usam dados dos alunos para determinar as prioridades da aprendizagem para os adultos, monitorar o progresso e manter a melhora contínua.
- Usam diversas fontes de informações para orientar a melhora e demonstrar o seu impacto.
- Usam estratégias de aprendizagem adequadas aos objetivos pretendidos.
- Aplicam conhecimento sobre a aprendizagem e a mudança humanas.
- Proporcionam conhecimento e habilidades para que os educadores trabalhem em cooperação.

Padrões de conteúdo:

- Preparam os educadores para entender e apreciar todos os alunos (equidade).
- Aprofundam o conhecimento dos educadores sobre o conteúdo, proporcionando-lhes estratégias de ensino baseadas na pesquisa para ajudar os alunos a satisfazer padrões acadêmicos rigorosos, e preparando-os para usar diversos tipos de avaliações de sala de aula da maneira adequada.
- Proporcionam conhecimento e habilidades aos educadores para envolver as famílias e outros atores. (p. 1-2)

Tratam-se de padrões louváveis e efetivos para aumentar a consciência da prática de desenvolvimento profissional, para expor más práticas e para melhorar o desenvolvimento profissional, mas certamente não mudam as culturas, uma questão à qual retornaremos em breve.

Estratégias semelhantes para melhorar as práticas de desenvolvimento profissional estão em andamento na Inglaterra, no Canadá e em outras jurisdições. Um dos principais objetivos estratégicos da Teacher Training Agency da Inglaterra (2005) concentra-se diretamente em melhorar o desenvolvimento profissional. O objetivo estratégico 3 é: "Proporcionar às escolas o desenvolvimento da efetividade de seus professores e a manutenção de seu conhecimento e suas habilidades atualizados". Os ingleses se referem ao desenvolvimento profissional ao longo da carreira como desenvolvimento profissional contínuo. A TTA diz: "Nosso novo papel significará assumir a liderança em parcerias nacionais, regionais e locais, para aumentar a coerência do desenvolvimento profissional contínuo dos professores e moldar estratégias e prioridades futuras" (p. 8).

Tudo isso leva à espinhosa área da recertificação, compensação baseada no desempenho e coisas do gênero. Certamente, o pagamento por mérito individual, os planos de carreira e esquemas semelhantes já fracassaram de forma notável. Odden (1996) cita pesquisas de uma ampla variedade de fontes norte-americanas, descrevendo iniciativas fracassadas ao longo do século XX para implementar esses mecanismos. Ele conclui que essas tentativas, criadas para fábricas, são inadequadas para um sistema que não cria produtos discretos. O autor recomenda que se crie um novo sistema de gratificações e carreira, estabelecendo um modelo de compensação docente concentrado em "ferramentas para avaliar o conhecimento e as habilidades" de: (1) professores iniciantes, (2) professores em meio de carreira e (3) professores experientes, com formas correspondentes de compensação (Odden, 2000).

De fato, em 2006, havia várias iniciativas em andamento. Já citei a ambiciosa agenda da TTA na Inglaterra. Nos Estados Unidos, as iniciativas são mais desiguais, dependendo do estado. A The Teaching Commission (2006) cita diversos exemplos, como o plano Quality Compensation de Minnesota. Cada distrito deve preparar planos com cinco componentes básicos: "(1) Um plano de carreira para professores; (2) capacitação contínua, ligada à melhora da qualidade do trabalho que os professores fazem diariamente; (3) observações e avaliações do ensino com base em padrões; (4) medidas para determinar o crescimento dos alunos; e (5) compensação alternativa e pagamento pelo desempenho, ligados a essas observações e avaliações". (p. 29)

Embora falemos mais sobre os sindicatos na última parte deste capítulo, existem casos de grandes obstáculos, juntamente com exemplos de novas parcerias significativas entre os sindicatos e distritos com o objetivo de melhorar os padrões. Com relação aos obstáculos à melhora, podemos citar o estudo de Levin, Mulhern e Schunck (2005) sobre contratos sindicais em cinco distritos escolares. Os autores identificaram três fatores – (1) políticas de vagas, (2) regras de preenchimento favorecendo indivíduos com mais idade, e (3) planos orçamentários tardios – que tiveram quatro consequências negativas.

1. "As escolas urbanas são forçadas a contratar grande número de professores de que não precisam e que podem não se encaixar na vaga e na escola" (p. 5). Em seu estudo, 40% das vagas em escolas foram preenchidas por transferências voluntárias ou por professores excedentes, e as escolas tiveram pouca opção ou nenhuma chance de decidir.
2. "Os professores com desempenho fraco são transferidos de escola para escola, em vez de serem despedidos" (p. 5).

O significado da mudança educacional 261

3. "Os novos candidatos, incluindo os melhores, são perdidos por causa da demora na contratação" (p. 6), à medida que as transferências e outros ajustes ocorrem antes.
4. "Os professores novatos são tratados como dispensáveis, independente da sua contribuição para a escola". (p. 6)

Existem exceções positivas a essas práticas prejudiciais. A The Teaching Commission (2006), embora observe que existe "um excesso de proteções contraproducentes para professores em todo o país" (p. 61), cita novos contratos em Nova York, Chicago e Filadélfia que têm maior flexibilidade na contratação. E a Teacher Union Reform Network, que consiste de 21 distritos urbanos nos Estados Unidos, já atua há uma década (Urbanski e Erskine, 2000). "Seu principal objetivo" – dizem Urbanski e Erskine – "é promover novos modelos sindicais que possam assumir a dianteira na construção e manutenção de escolas de desempenho alto, melhorando a qualidade do ensino" (p. 367-368). Os autores continuam:

> A cultura das relações de trabalho/gestão na comunidade educacional deve mudar para uma cultura de responsabilidade compartilhada, caracterizada pela cooperação para melhorar o ensino, em vez de uma cultura de papéis polarizados tradicionais e relações antagônicas. (p. 368)

Reunindo todos esses acontecimentos, novos padrões de prática e políticas relacionadas têm proporcionado vias melhores para o desenvolvimento profissional de professores. Fora esses problemas de implementação, e existem muitos, mesmo as melhores soluções são incompletas, pois baseiam-se na premissa de que devemos melhorar os *indivíduos*. *O significado da mudança educacional* argumenta que também devemos, simultaneamente e de forma mais fundamental, mudar as *culturas ou condições de trabalho* dentro das quais os educadores trabalham.

Mudanças na cultura e nas condições de trabalho

Para ser efetivo, mesmo o melhor conjunto de "padrões de prática" deve estar evidente na organização e na cultura cotidianas das escolas. Parece óbvio dizer isso, mas devemos ser explícitos aqui. Em nosso livro *Breakthrough*, Hill, Crévola e eu (2006) argumentamos que o novo objetivo da educação pública no século XXI deve ser atender adequadamente mais de 95% da população estudantil. Para tanto, afirmamos que seria necessário construir um sistema de ensino baseado na personalização (conectando as necessidades singulares de cada aluno) e na precisão (conectando-as de um modo que seja especificamente voltado para as necessidades dos alunos no momento oportuno). Existe um terceiro fator, que chamamos de "aprendizagem profissional". Acreditamos que os dois primeiros elementos podem não ocorrer, a menos que *cada professor esteja aprendendo praticamente todos os dias juntamente com outros professores.* Elmore (2000) fez uma afirmação semelhante. Quando se estabelece uma cultura de aprendizagem em contexto:

> É possível usar a experimentação e a descoberta para a aprendizagem social, conectando pessoas com novas ideias em um ambiente onde as ideias sejam submetidas ao escrutínio, comparadas com os propósitos coletivos da organização e testadas pela história daquilo que se aprendeu e se sabe. (p. 25)

Na ausência dessas culturas, nenhum esquema de incentivo ou qualificação pode resolver tudo sozinho. Muita coisa discutida nos primeiros capítulos deste livro envolve mudar as culturas e as condições de trabalho dos educadores. Colocado de forma positiva, quando os padrões de prática e mudança cultural atuam juntos, criamos forças de mudança poderosas e mutuamente conectadas.

A mudança nas condições de trabalho, em comum com toda mudança organizacional bem-sucedida, envolve dois componentes, a estrutura e a cultura. O primeiro é importante, mas também o mais fácil dos dois. Desse modo, proporcionar mais tempo para que os professores trabalhem juntos ao longo do dia, como muitas jurisdições estão fazendo, é necessário mas não suficiente. Se a capacidade (a cultura) não for evidente nessas situações, na maioria das vezes, o novo tempo será desperdiçado. Vimos exemplos bem-sucedidos de mudança cultural nos capítulos anteriores, como nos distritos escolares de Knowsley, em Boston, e da região de York, mas eles claramente são a minoria e não estão necessariamente estabelecidos.

Na Inglaterra, o projeto-piloto National Remodelling é um exemplo do tipo de experimento que satisfaz muitos dos objetivos que citei, embora seja um terreno tão novo, complexo e fundamental que levará muitos anos para fazer progressos substanciais. Partindo de um acordo da força de trabalho nacional em 2003 entre o governo e o sindicato de professores, um projeto-piloto foi estabelecido sob a direção de uma National Remodelling Team (NRT). O diretor executivo descreve o foco.

> A remodelação no nível da escola visa melhorar o *status* e o equilíbrio entre a vida e o trabalho para todos que trabalham em nossas escolas. Ela proporciona a concentração mais efetiva dos professores em seu ensino e propicia uma chance para que cada aluno tenha maior sucesso. Ela apresenta novas oportunidades para a nossa equipe de apoio... A remodelação incentiva a cooperação dentro e entre as escolas. (Colarbone, 2005, p. 5, ênfase no original)

Começando com 1.550 escolas em 2003-2004, o número aumentou para 14 mil em 2004-2005. Não acredito que essa iniciativa específica

O significado da mudança educacional   263

venha a mudar as condições de trabalho em todo o país. A mudança necessária é profunda demais, e existem muitas outras coisas acontecendo na Inglaterra neste momento – algumas compatíveis com a NRT, outras não – mas ela representa um exemplo excelente de como se concentrar diretamente em melhorar as condições de trabalho e as culturas das escolas.

Em suma, as novas políticas que promulgam padrões elevados de prática para todos os professores convidam à possibilidade de uma reforma em grande escala. É necessário um conjunto correspondente de políticas para criar muitas oportunidades, de fato, requisitos para que as pessoas analisem juntas a sua prática cotidiana. É por meio da resolução de problemas em âmbito local, com horizontes expandidos, que novas soluções podem ser identificadas e implementadas. Isso representa uma enorme mudança cultural para as escolas e, desse modo, exigirá uma nova liderança sofisticada.

O papel da liderança

Um artigo de primeira página na edição de 12 de janeiro de 2000 da *Education Week* tinha a manchete "Foco das políticas converge para a liderança". Eis os dois primeiros parágrafos:

> Depois de anos de trabalho em mudanças estruturais – padrões e testes e maneiras de responsabilizar os estudantes e as escolas – o mundo da política educacional voltou a sua atenção para as pessoas encarregadas de fazer o sistema funcionar.
> Em nenhum lugar, o foco no elemento humano é mais predominante que no reconhecimento recente da importância de lideranças fortes e efetivas. (p. 1)

De fato, considero o ano 2000 como um ponto de virada no ressurgimento da liderança: "O que os padrões eram para o século XX, a liderança é para o XXI" (Fullan, 2003, p. 91). Posso repetir em detalhe aqui a mesma análise que fiz para a aprendizagem profissional de professores, ou seja, o sistema de padrões e certificação de líderes exige atenção, pois faz aquilo que chamamos de "aprendizagem no contexto". Em vez disso, citarei apenas os pontos principais.

Nos Estados Unidos, o Interstate Leaders Licensure Consortium (ISLLC) estabeleceu um conjunto amplo de padrões para os diretores, e aproximadamente 200 indicadores que ajudam a definir os padrões. Seus seis padrões são os seguintes (2000):

1. Um administrador escolar é um líder educacional que promove o sucesso de todos os alunos, facilitando o desenvolvimento, a articulação, a implementação e a administração de uma visão da aprendizagem que seja compartilhada e tenha o apoio da comunidade escolar.
2. Um administrador escolar é um líder educacional que promove o sucesso de todos os alunos, defendendo, estimulando e apoiando uma

cultura escolar e um programa de ensino que conduzam à aprendizagem dos alunos e ao crescimento profissional da equipe.

3. Um administrador escolar é um líder educacional que promove o sucesso de todos os alunos, garantindo a gestão da organização, das operações e dos recursos para um ambiente de aprendizagem seguro, eficiente e efetivo.

4. Um administrador escolar é um líder educacional que promove o sucesso de todos os alunos, trabalhando em conjunto com as famílias e membros da comunidade, respondendo a diversos interesses e necessidades da comunidade e mobilizando os seus recursos.

5. Um administrador escolar é um líder educacional que promove o sucesso de todos os alunos, agindo com integridade, justiça e de maneira ética.

6. Um administrador escolar é um líder educacional que promove o sucesso de todos os alunos, entendendo, respondendo e influenciando o contexto político, social, econômico, legal e cultural mais amplo. (Murphy, Yff e Shipman, 2000, p. 7-8)

O consórcio relacionou esses padrões com o desenvolvimento e a capacitação profissional, o licenciamento e a avaliação de líderes escolares. Os padrões do ISLLC foram adotados em muitos estados, seja em parte ou como um todo.

Esses avanços positivos foram obscurecidos pela devastadora crítica de Arthur Levine (2005) sobre o modo como os líderes escolares são formados nos Estados Unidos. Talvez um pouco exagerado, Levine afirma que a qualidade da preparação dos líderes escolares da nação varia de "inadequada a chocante" e que os programas são marcados por "padrões baixos, docentes fracos e currículos irrelevantes". De maneira incidental, Mintzberg (2004) fez uma crítica semelhante dos programas de MBA, concluindo que eles produzem generalistas superficiais que não sabem nada sobre os contextos onde trabalham. A direção proposta na sua solução, que discuto a seguir, é semelhante ao meu próprio argumento.

Levine (2005) identifica o trabalho do National College of School Leadership (NCSL) na Inglaterra, como "um modelo promissor". Eu concordo com isso. Quando a missão do NCSL foi estabelecida na sua fundação em 2000, um dos principais estrategistas do governo, Michael Barber (2000), disse: "Nossas tarefas como governo são atrair e desenvolver uma nova geração de líderes escolares e proporcionar que a atual geração se adapte a este mundo radicalmente novo e difícil" (p. 1). Para tal, segundo Barber, o governo:

- criou uma nova qualificação para aspirantes a diretor (a National Professional Qualification for Headship), que estabelece novos padrões e combina a aprendizagem no local de trabalho com conhecimento erudito;

O significado da mudança educacional   265

- forneceu um vale de 2.000 libras a todos os professores regentes recém-apontados para gastar em desenvolvimento profissional, convidando-os a cada ano para uma conferência espetacular em Londres e conectou-os com uma comunidade virtual de aprendizagem, onde podem debater entre si e com especialistas de renome internacional em educação;
- estabeleceu uma nova qualificação para diretores em meio de carreira (o Leadership Programme for Serving Heads), que requer que façam uma autoavaliação vigorosa e com validação externa;
- anunciou a intenção de estabelecer um novo National College for School Leadership, que se tornaria operacional ainda naquele ano, com um novo prédio moderno em um *campus* universitário, desenvolvendo uma presença virtual e tradicional, para conectar os diretores escolares com líderes em outros setores e seus colegas em outros países;
- trabalhou com empresários para proporcionar mentores empresariais para milhares de diretores;
- melhorou o salário dos diretores e a sua capacidade de ganhar bônus por desempenho;
- criou um novo elemento de liderança em cada escola;
- estabeleceu um fundo de 50 milhões de libras para possibilitar a remoção ou aposentadoria de diretores que não estivessem prontos para o novo desafio. (p. 3)

Atualmente, em seu sétimo ano de operação, o NCSL, com um novo diretor apontado em 2005, Steve Munby (que apresentei anteriormente como diretor do distrito de Knowsley), revisou o seu trabalho e fortaleceu o seu foco. Em *Charting a course*, o NCSL (2005) identifica quatro objetivos principais. O NCSL está comprometido com

1) transformar o desempenho e o bem-estar por meio de lideranças escolares excelentes;
2) desenvolver lideranças dentro e além da escola;
3) identificar e formar os líderes de amanhã;
4) criar uma faculdade nacional "adequada para os fins" (certificando-se de que estamos prontos para dar o que os líderes escolares querem de nós). {p. 15}

Entre outras coisas, o NCSL está trabalhando no National Programme for Qualifications of Heads, que, em seguida, será obrigatório para todos os novos diretores escolares, para criar práticas de sucessão que garantam o cultivo e fluxo contínuos de novos líderes e para promover hábitos e práticas que enxerguem os diretores como "líderes do sistema", um argumento que utilizei em relação ao estabelecimento de condições para a sustentabilidade (Fullan, 2005).

Retorno novamente à importância de tudo isso. A solução está em combinar padrões de qualificação mais fortes, *juntamente com* experiências em que líderes aspirantes e existentes se desenvolvam e desenvolvam novas culturas simultaneamente. Essa não é uma proposta abstrata. Já citei Elmore diversas vezes, quando este diz que devemos aprender coisas novas no contexto em que trabalhamos. Perkins (2003) constrói um argumento semelhante: "A visão e as políticas públicas, bem como o treinamento formal, podem ajudar a promover uma transformação progressiva. Eles podem ser essenciais para dar o primeiro passo, mas não fazer o trabalho verdadeiro da transformação. *Isso é feito pelos líderes do desenvolvimento* [no trabalho]". (p. 224, ênfase no original)

Mintzberg (2004) chega à mesma conclusão em relação ao desenvolvimento de líderes empresariais. Para se tornar um líder efetivo, é necessário "tanto fazer para pensar quando pensar para fazer" (p. 10). E "a gestão bem-sucedida não significa o próprio sucesso, mas promover o sucesso nos outros" (p. 16). Assim, Mintzberg acerta em cheio quando diz que precisamos de "programas projetados para educar os gestores no contexto. Essa liderança deve ser aprendida, não apenas no fazer, mas sendo capaz de adquirir um entendimento conceitual enquanto faz" (p. 200). O objetivo, segundo Mintzberg, não é apenas desenvolver líderes melhores, mas também desenvolver a organização e melhorar o sistema mais amplo. Essa é a questão. Mudar e desenvolver indivíduos, e mudar e desenvolver culturas adequadas ao século XXI *é a mesma coisa*. Precisamos criar políticas e práticas relativas à aprendizagem profissional em educação, com base nesse pressuposto absolutamente crucial.

Para recriar uma profissão

Se você ler este livro com cuidado, a maior revolução de que estou falando é *mudar a profissão docente*, incluindo padrões, qualificações e as condições e culturas em que os educadores trabalham. Se você analisar a mensagem subjacente, mesmo das comissões governamentais de educação mais favoráveis, será levado a concluir que a docência, como profissão, ainda não amadureceu. Ela necessita de reforma no recrutamento, seleção, *status* e gratificação; de reformulação na formação básica do professor e na indução na profissão; de desenvolvimento profissional contínuo; de padrões e incentivos para o trabalho profissional; e, acima de tudo, de mudanças nas condições de trabalho cotidianas dos professores. Ainda assim, parece haver pouca vontade política para lançar reformas prolongadas no desenvolvimento docente e na organização da docência de forma mais ampla. Mudar a profissão do professor, obviamente, não é um fim em si. Cada professor aprender, todos os dias, individual e coletivamente, é a condição *sine qua non* para a transformação das escolas, para educar a todos e para manter a sociedade (Fullan, 2006; Fullan et al., 2006).

À medida que os professores trabalham cada vez mais com as pessoas além de suas próprias escolas, toda uma gama de novas habilidades, relações e orientações mudará fundamentalmente a essência da sua profissão. Esse novo profissionalismo é cooperativo, e não autônomo; aberto em vez de fechado; extrovertido em vez de insular; e autoritário, mas não controlador.

Os professores de hoje e de amanhã precisam aprender muito mais no seu trabalho, ou paralelamente a ele – onde possam constantemente testar, refinar e obter *feedback* em relação às melhoras que fazem. Eles precisam ter acesso a outros colegas para aprender com eles. As escolas não são projetadas para integrar a aprendizagem e o ensino no trabalho. A profissão que ensina deve melhorar e ser uma profissão que aprende.

Finalmente, espero que esteja óbvio que a liderança deva vir de muitas fontes. O professor em uma cultura cooperativa que contribui para o sucesso dos colegas é um líder. O mentor, o coordenador de série, o chefe de departamento, o representante sindical, todos serão líderes se estiverem trabalhando em uma comunidade profissional de aprendizagem. Nossa sexta e última diretriz para os professores em *What's worth fighting for out there* é "ajude a recriar a sua profissão" (Hargreaves e Fullan, 1998, p. 102). Recriar a profissão, como já falei, exigirá liderança em todos os níveis do sistema – uma liderança que promova a capacitação com um foco em resultados.

Ascensão, estagnação, ascensão, estagnação – esse é um ciclo perpétuo, ou existe algo qualitativamente diferente desta vez?

15
O futuro
da mudança educacional

*O futuro não é mais
o que costumava ser.*

Anônimo

Existe algo diferente nesta quarta edição de *O significado da mudança educacional*. Tornou-se mais óbvio que as abordagens utilizadas para levar à mudança educacional não estão funcionando e não poderiam funcionar. Os esquemas voltados para a contabilização não conseguem avançar, assim como a gestão local baseada no fortalecimento, e todas as variações intermediárias. Mas a necessidade nem sempre é a mãe da invenção, por que então seria diferente agora? Duas razões: uma é que temos uma visão mais clara das teorias de ação que serão necessárias, aquilo que chamo amplamente de "capacitação com foco em resultados". A outra razão é que a maioria dos elementos necessários para o sucesso já foi desenvolvida e está sendo usada em algum lugar. Assim como Senge (1990) observou que, após a primeira tentativa de voar, foram necessárias muitas intervenções mais específicas ao longo de várias décadas antes que fosse possível voar em jatos modernos, as forças envolvidas na reforma educacional hoje parecem estar em nosso meio (ver também Wilson e Barsky, 2006).

O que sabemos, antes de tudo, é que será muito mais difícil do que pensávamos e, em segundo lugar, que serão necessários experimentos corajosos que gerem novas forças poderosas, incluindo, por exemplo, as energias e os compromissos dos professores, liberados por mudanças nas condições de trabalho e novas capacidades coletivas, e pelo trabalho intelectual dos alunos em cooperação com outros alunos para fazer o trabalho da aprendizagem. As soluções deverão ser eficientes, pois a ener-

O significado da mudança educacional 269

gia necessária para os resultados que aspiramos é enorme. Desse modo, devemos simultaneamente parar de desperdiçar as nossas energias em tentativas fracassadas de mudança e encontrar e criar novas fontes de energia. Nas seguintes palavras, Mintzberg (2004) capta perfeitamente o que tenho em mente.

> A liderança não significa tomar decisões inteligentes. . . Ela envolve energizar outras pessoas para que tomem boas decisões e façam coisas melhores. Em outras palavras, ela envolve ajudar as pessoas a liberar a energia positiva que existe naturalmente dentro das pessoas. A liderança efetiva mais inspira que fortalece; ela conecta mais que controla; demonstra mais que decide. E faz tudo isso envolvendo – a si mesmo, acima de tudo e, consequentemente, os outros. (p. 143, ênfase no original)

Assim, não se lance ao futuro da mudança educacional, a menos que você tenha um plano para localizar e liberar novas formas de energia. Temos usado as fontes de energia existentes até o limite, de modo que a única solução é encontrar outras formas diferentes de energia, que sejam potencialmente abundantes, renováveis e de baixo custo. Essa energia somente pode ser o capital humano e social. Precisamos de teorias de ação que tenham acesso a esse reservatório de significado – nenhuma outra forma de energia pode fazer o trabalho da mudança.

As ideias necessárias para mobilizar o significado estão contidas em cada capítulo deste livro, mas acredito que essas ideias representem etapas de início ou preparação anteriores a transformações mais radicais. Muitas outras pessoas devem se familiarizar com essas ideias antes que possamos esperar mudanças, que podem ocorrer rapidamente depois que alcançarmos uma massa crítica. Assim, a mensagem não é mergulhar até o fundo, mas trabalhar com o significado e a capacitação. O convite inicial para cada leitor tem três elementos:

1. Forme uma compreensão maior do seu próprio papel, e liberte-se com as ideias e possibilidades de crescimento que enxerga nos exemplos de maior êxito; não se limite.
2. Dedique-se a entender a situação de outros papéis com os quais tem mais contato, e altere sua relação com eles de acordo com o novo entendimento. Empatia não significa aquiescência, mas é um componente essencial de qualquer estratégia que dependa de desenvolver os novos relacionamentos necessários para o sucesso.
3. Por mais difícil que pareça, procure ter uma visão do "quadro mais amplo".

> Contextualize o seu trabalho na sociedade. Se existe uma função na sociedade que tem consequências globais para a humanidade, é a educação para todos nós. (Fullan, 2006)

Há 25 anos, *O significado da mudança educacional* trazia uma mensagem única: se as pessoas não encontrarem significado na reforma, ela nunca terá impacto. Essa postura hoje é amplamente confirmada. Os cientistas cognitivos mostram claramente que aprendizagem é criar significado, exigindo uma maneira radicalmente nova de abordar a aprendizagem – que orienta o desenvolvimento de mentes individuais quando muitas mentes trabalham juntas.

Assim como a aprendizagem não irá a nenhum lugar se os educadores não tiverem uma compreensão teórica profunda dos princípios básicos da pedagogia, a melhora não acontecerá se os líderes e outras pessoas não tiverem um entendimento teórico profundo dos princípios básicos da mudança – que chamo de teorias da ação. As teorias da pedagogia e as teorias da ação devem ser integradas repetidamente em cada ambiente de ação.

As estratégias existentes não nos levarão aonde precisamos ir, se desejamos reformas duradouras e de grande escala. Nesse sentido, a pesquisa pode ser ilusória. Se a pesquisa mostra, por exemplo, que as escolas bem-sucedidas têm diretores com "visão", seria errado pensar que a resposta é conseguir mais diretores com visão (ou, se preferir, seria errado pensar que é possível multiplicar os seus números). A resposta para a reforma em grande escala não é tentar emular as características da minoria que está chegando a algum lugar *nas atuais condições*, pois, se as condições permanecerem as mesmas, sempre teremos apenas uma minoria que consegue persistir (por curtos períodos) contra muitas probabilidades. Em vez disso, devemos mudar as condições existentes para que avançar seja normal e possível para a maioria das pessoas.

A "organização aprendente" é mais que um clichê. A expressão "organização aprendente" é uma das mais usadas e entendida de forma mais superficial no tema da mudança. Quantos de nós já leram um livro ou artigo sobre organizações aprendentes, concordamos com tudo que lemos, e depois não tínhamos sequer noção do que fazer? Creio que é aí que as novas visões dos cientistas cognitivos e dos teóricos organizacionais convergem. Assim como aqueles descobriram que os aprendizes devem aprender no contexto (por causa da sua individualidade e da singularidade de suas condições), estes concluíram que a melhora somente ocorre quando se muda o contexto.

Então, qual é a verdadeira razão para a necessidade de organizações aprendentes? A resposta está na declaração de Elmore (2004b): "A melhora é ... função de aprender a fazer a coisa certa *no ambiente onde trabalhamos*" (p. 73, ênfase do autor). Quando uma quantidade suficiente de pessoas começa a fazer a coisa certa no ambiente em que trabalham, elas acabam por mudar o seu próprio contexto. Quando fazem isso envolvendo-se com outros ambientes, conforme já defendi para a capacitação lateral, muitos contextos mudam.

Os defensores da reforma escolar não podem ser culpados por serem impacientes com o ritmo excruciantemente lento da reforma. Para alguns, a alternativa para levar à ação é um modelo de mercado, no qual se fornece dinheiro público diretamente para os consumidores, que podem comprar educação conforme as suas preferências. Esse modelo tem um certo mérito: ele é eficiente, permite escolhas e gera concorrência. Contudo, ele simplesmente ignora uma questão fundamental, que um sistema escolar público forte e o desenvolvimento da sociedade estão intimamente conectados (Fullan, 2006). Existem profundas razões teóricas e evolutivas para crer que a sociedade será mais forte se a educação propiciar o trabalho conjunto das pessoas para alcançar propósitos nobres, que sirvam ao bem individual e coletivo. Em síntese, existem duas forças sociais que causam melhoras contínuas. Uma diz respeito à produção e ao uso contínuos do conhecimento, e a outra envolve ampliar e aprofundar o propósito e o compromisso morais. Ambas as forças, para frutificar, exigem um forte sistema escolar público.

O aperfeiçoamento pessoal e o aperfeiçoamento social estão intimamente interconectados, conforme a seguinte linha de pensamento:

1. A mudança de grande escala não pode ser alcançada se os professores se identificarem apenas com as suas próprias salas de aula e não se preocuparem no mesmo nível com o sucesso de outros professores e da escola como um todo.
2. A mudança de grande escala não pode ser alcançada se os diretores se identificarem apenas com a sua própria escola e não se preocuparem no mesmo nível com o sucesso de outros diretores e escolas do distrito.
3. A mudança de grande escala não pode ser alcançada se os distritos escolares se identificarem apenas com o seu próprio distrito e não se preocuparem no mesmo nível com o sucesso de outros distritos.
4. A mudança de grande escala não pode ser alcançada se os estados se identificarem apenas com os seus próprios estados e não se preocuparem no mesmo nível com o sucesso de outros estados e do país como um todo. E assim por diante.

Colocado em termos de responsabilidade, os professores individuais não podem se excluir da reforma escolar; as escolas individuais não podem se excluir da reforma distrital; os distritos individuais não podem se excluir da reforma do estado; e os estados individuais não podem se excluir da reforma global. A melhora em pequena escala não durará se não nos identificarmos com o sistema que nos rodeia e não ajudarmos a melhorá-lo. Assim, temos razões egoístas e altruístas para querer ver o sistema como um todo melhorar.

Este livro foi uma longa jornada em um espaço complexo. Vimos que existe uma profunda reciprocidade entre o significado pessoal e o social (compartilhado). Um contribui para o outro, e ambos se enfraquecem na ausência do outro. O objetivo final da mudança é que as pessoas se enxerguem como atores com interesse no sucesso do sistema como um todo, e a busca de significado é a chave para isso. Significado é motivação; motivação é energia; energia é envolvimento; envolvimento é vida.

Referências

Abrahamson, E. (2004). *Change without pain.* Boston: Harvard Business School Press.

Allen, D. (2006, Janeiro). *A new role for local authorities from direct provider to strategic commissioner.* Artigo apresentado na conferência da Capita White Paper, London.

Allison, D. J. (1988). *Ontario directors and American superintendents: A study of contrasting cultures and contexts.* London, Ontario: Division of Educational Policy Studies, University of Western Ontario.

American Association of Colleges for Teacher Education. (2006). *Response to* Educating school teachers. Washington, DC: Author.

American Institutes of Research. (1999). *An educators' guide to school-wide reform.* Washington, DC: Author.

Anderson, S. (2006). The school district's role in educational change. *International Journal of Educational Reform, 15(1),* 13-37.

Ashton, P., & Webb, R. (1986). *Making a difference: Teachers' sense of efficacy and student achievement.* New York: Longman.

Ball, D., & Cohen, D. (1999). Developing practice, developing practitioners: Towards a practice-based theory of professional education. In L. Darling-Hammond & G. Sykes (Eds.), *Teaching as the learning profession* (pp. 3-32). San Francisco: Jossey-Bass,

Barber, M. (2000). *High expectations and standards.* Unpublished paper, Department for Education and Further Employment, London.

Barber, M. (2001). *Large scale reform in England.* Artigo preparado para a conferência de desenvolvimento escolar, Tartu University, Estonia.

Barber, M., & Fullan, M. (2005, 2 de Março). Tri-level development: It's the system. *Education Week,* pp. 15-16.

Bate, P., Bevan, H., & Robert, G. (2005). *Toward a million change agents: A review of the social movements literature.* London: National Health System.

Bender Sebring, P., & Bryk, A. (2000, Fevereiro). School leadership and the bottom line in Chicago. *Phi Delta Kappan, 81(6),* 440-443.

Berends, M., Bodilly, S., & Kirby, S. (2002). *Facing the challenges of whole school reform.* Santa Monica, CA: Rand Corporation.

Berends, M., Chun, J., Schulyer, G., Stockly, S., & Briggs, R. (2002). *Challenges of conflicting school reforms.* Santa Monica, CA: Rand Corporation.

Berger, P., & Luckmann, T. (1967). *The social construction of reality.* New York: Anchor Books.

Berliner, D. (2005). Our impoverished view of education reform. *Teachers College Record, 107(3),* 1-36.

Berman, P. (1980). Thinking about programmed and adaptive implementation: Matching strategies to situations. In H. Ingram & D. Mann (Eds.), *Why policies succeed or fail* (pp. 205-227). Beverly Hills, CA: Sage.

Berman, P., & McLaughlin, M. (1977). *Federal programs supporting educational change: Vol. 7. Factors affecting implementation and continuation.* Santa Monica, CA: Rand Corporation.

Berman, P., & McLaughlin, M. (com Pincus, J., Weiler, D., & Williams, R.) (1979). *An exploratory study of school district adaptations.* Santa Monica, CA: Rand Corporation.

Berry, B., & Ferriter, B. (2006). *Every child deserves our best: Lessons from North Carolina's National Board Certified Teachers on how to support and staff high-needs schools.* Chapel Hill, NC: Center for Teacher Quality.

Black, P., Harrison, C., Lee, C., Marshall, B., & Wiliam, D. (2003). *Assessment for learning.* Philadelphia: Open University Press.

Block, P. (1987). *The empowered manager.* San Francisco: Jossey-Bass.

Blumberg, A. (1985). *The school superintendent: Living with conflict.* New York: Teachers College Press.

Bodilly, S. (1998). *Lessons from New American Schools' scale-up phase.* Santa Monica, CA: Rand Corporation.

Bodilly, S., & Berends, M. (1999). *Necessary district support for comprehensive school reform.* Cambridge, MA: Harvard Civil Rights Project.

Bond, L., Smith, T., Baker, W., & Hattie, J. (2000). *The certification system of the National Board for Professional Teaching Standards.* Greensboro: Center for Educational Research and Evaluation, University of North Carolina at Greensboro.

Bowles, S., & Gintis, H. (1976). *Schooling in capitalist America.* New York: Basic Books.

Boyd, W. (1978). The changing politics of curriculum policy making for American schools. *Review of Educational Research, 48(4),* 577-628.

Bransford, T., Brown, A., & Cocking, K. (Eds.). (1999). How *people learn: Bridging research and practice.* Washington, DC: National Academy Press.

Bridge, G. (1976). Parent participation in school innovations. *Teachers College Record, 77(3),* 366-384.

Brown, S., & Eisenhardt, K. (1998). *Competing on the edge.* Boston: Harvard Business School Press.

Bryk, A., & Schneider, B. (2002). *Trust in schools.* New York: Russell Sage.

Bryk, A., Sebring, P., Kerbow, D., Rollow, S., & Easton, J. (1998). *Charting Chicago school reform.* Boulder, CO: Westview Press.

Bussis, A., Chittenden, E., & Amarel, M. (1976). *Beyond surface curriculum.* Boulder, CO: Westview Press.

Campbell, C., & Fullan, M. (2006). *Unlocking the potential for district-wide reform.* Artigo inédito, Ontario Literacy Numeracy Secretariat, Toronto.

Campbell, E. (2005). Challenges in fostering ethical knowledge as professionalism within schools as teaching communities. *Journal of Educational Change, 6(3),* 207-226.

Carnegie Forum on Education and the Economy. (1986). *A nation prepared: Teachers for the 21st century.* Report of the Task Force on Teaching as a Profession. New York: Author.

Carnegie Foundation of New York. (2001). *Teachers for a new era.* New York: Author.

Carnegie Foundation of New York (2006). *Teachers for a new era: Technical support and capacity building.* New York: Author.

Charters, W., & Jones, J. (1973). *On the neglect of the independent variable in program evaluation.* Artigo inédito, University of Oregon, Eugene.

Clark, D., Lotto, S., & Astuto, T. (1984). Effective schools and school improvement. *Educational Administration Quarterly, 20(3),* 41-68.

Cohen, D., & Hill, H. (2001). *Learning policy.* New Haven, CT: Yale University Press.

Coleman, P. (1998). *Parent, student and teacher collaboration: The power of three.* Thousand Oaks, CA: Corwin Press.

Collarbone, P. (2005, Janeiro). Remodelling leadership. Presented at the North of England Conference, Belfast.

Consortium of Educational Change. (2000). *Annual report.* Oakbrook Terrace, CA: Author.

Cross City Campaign for Urban School Reform. (2005). *A delicate balance: District policies and classroom practice.* Chicago: Author.

Council of Chief School Officers. (2002). *Expecting success: A study of five high performing, high poverty schools.* Washington, DC: Author.

Cowden, P., & Cohen, D. (1979). *Divergent worlds in practice.* Cambridge, MA: Huron Institute.

Daft, R., & Becker, S. (1978). *The innovative organization.* New York: ElsevierNorth-Holland.

Danzberger, P., Carol, L., Cunningham, L., Kirst, M., McCloud, B., & Usdan, M. (1987). School boards: The forgotten players on the education team. *Phi Delta Kappan, 68(1),* 53-59.

Darling-Hammond, L. (1999). *Solving the dilemmas of teacher supply, demand, and standards.* New York: Columbia University, National Commission on Teaching and America's Future.

Darling-Hammond, L. (Ed.). (2000a). *Studies of excellence in teacher education: Preparation in undergraduate years.* Washington, DC: American Association of Colleges of Teacher Education.

Darling-Hammond, L. (Ed.). (2000b). *Studies of excellence in teacher education: Preparation in a five-year program.* Washington, DC: American Association of Colleges of Teacher Education.

Darling-Hammond, L. (Ed.). (2000c). *Studies of excellence in teacher education: Preparation at the graduate level.* Washington, DC: American Association of Colleges of Teacher Education.

Darling-Hammond, L. (2001). *Reshaping teaching policy, preparation and practice.* Washington, DC: Accountability on Teaching.

Darling-Hammond, L., & Ball, D. (1999). *Teaching for high standards: What policymakers need to know and be able to do.* Philadelphia: CPRE, National Commission on Teaching for America's Future.

Darling-Hammond, L, & Bransford, J. (Eds.). (2005). *Preparing teachers for a changing world.* San Francisco: Jossey-Bass.

Datnow, A. (2000). Implementing an externally developed school restructuring design. *Teaching and Change, 7(2),* 147-171.

Datnow, A., Hubbard, L., & Mehan, H. (2002). *Extending educational reform: From one school to many.* London: RoutledgeFalmer Press.

Datnow, A., & Kemper, E. (2003, Abril). *Connections between federal, state and local levels in the implementation of comprehensive school reform.* Artigo apresentado na reunião anual da American Educational Research Association, Chicago.

Datnow, A., & Stringfield, S. (2000). Working together for reliable school reform. *Journal of Education for Students Placed at Risk, 5(1-2),* 183-204.

Day, C., Harris, A., Hadfield, M., Toley, H., & Beresford, J. (2000). *Leading schools in times of change.* Buckingham, UK: Open University Press.

276   Michael Fullan

Department for Education and *Skills*. (2003). *Every child matters*. London: Author.

Department for Education and Skills. (2005). *High standards for all: More choice for parents and pupils*. London: Author.

Deutschman, A. (2005, Maio). Change or die. *Fast Company, 94*, 53-57.

Donovan, M. S., Bransford, J. D., & Pellegrino, W. (Eds.). (1999). *How people learn: Bridging research and practice*. Washington, DC: National Academy Press.

Drucker, P. (1985). *Innovation and entrepreneurship*. New York: Harper & Row.

Dryden, K. (1995). *In school*. Toronto: McClelland.

Duke, D. L. (1988). Why principals consider quitting. *Phi Delta Kappan, 70(4)*, 308-313.

Dufour, R., Dufour, R., Eaker, R., & Many, T. (2006). *Learning by doing: A handbook for professional learning communities at work*. Bloomington, IN: Solution Tree.

Dufour, R., Eaker, R., & Dufour, R. (Eds.). (2005). *On common ground*. Bloomington, IN: National Education Services.

Earl, L., Fullan, M., Leithwood, K., & Watson, N. (2003). *Watching & learning: OISE/ UT evaluation of the national literacy and numeracy strategies*. London: Department for Education and Skills.

Earl, L., & Lee, L. (1999). Learning for change: School improvement as capacity building. *Improving Schools, 3(1)*, 30-38.

Education Commission of the States. (2000). *In pursuit of quality teaching*. Denver: Author.

The Education Schools Project. (2006). *Educating school teachers*. Washington, DC: Author.

Education Trust. (2005). *The funding gap 2005: Low income students short changed in most states*. Washington, DC: Author.

Elmore, R. (1995). Getting to scale with good educational practice. *Harvard Educational Review, 66(1)*, 1-26.

Elmore, R. (2000). *Building a new structure for school leadership*. Washington, DC: Albert Shanker Institute.

Elmore, R. (2004a). The hollow core of leadership in practice. Unpublished paper. Cambridge, MA: Harvard University Graduate School of Education.

Elmore, R. F. (2004b). *School reform from the inside out: Policy, practice, and performance*. Cambridge, MA: Harvard University Press.

Elmore, R. (2006). *Leadership as the practice of improvement*. Paper presented at the OECD Conference on Improving Leadership, London.

Elmore, R, & Burney, D. (1999). Investing in teacher learning. In L. Darling-Hammond & G. Sykes (Eds.), *Teaching as the learning profession* (pp. 236-291). San Francisco: Jossey-Bass.

Epstein, J. L. (1986). Parents' reactions to teacher practices of parent involvement. *Elementary School journal, 86(3)*, 277-294.

Epstein, J. L. (1988). Effects on student achievement of teachers' practices for parent involvement. In S. Silvern (Ed.), *Literacy through family, community, and school interaction* (pp. 73-88). Greenwich, CT: JAI Press.

Epstein, J. (1995). School/family/community partnerships. *Phi Delta Kappan, 76*, 701-712.

Epstein, J. L., & Dauber. S. L. (1988, Abril). *Teacher attitudes and practices of parent involvement in inner-city elementary and middle schools*. Artigo apresentado na reunião anual da American Sociological Association, San Francisco.

Epstein, J., & Sanders, M. (2000). Connecting home, school and community. In M. Hallinan (Ed.), *Handbook of the sociology of education* (pp. 285-306). New York: Kluwer/ Plenum.

O significado da mudança educacional 277

Epstein, J., Sanders, M., Simon, B., Salinas, K., Jansorn, N., & Van Voorhis, F. (2002). *School, family and community partnerships: Your handbook for action* (2nd ed.). Thousand Oaks, CA: Corwin Press.

Erickson, F., & Shultz, J. (1992). Students' experience of curriculum. In P. W. Jackson (Ed.), *Handbook of research on curriculum* (pp. 465-485). New York: Macmillan.

Evans, C. (1995, Junho). Leaders wanted. *Education Week,* p. 1.

Ferguson, R. (1991, Verão). Paying for public education: New evidence on how and why money matters. *Harvard journal on Legislation, 28,* 465-498.

Fielding, M. (2001). Students as radical agents of change. *Journal of Educational Change, 2(2),* 123-141.

Firestone, W., Rosenblum, S., & Bader, B. (1992). Recent trends in state educational reform. *Teachers College Record, 94(2),* 254-277.

Fullan, M. (1979). *School focused in-service education in Canada.* Artigo preparado para o Centre for Educational Research and Innovation (OECD), Paris.

Fullan, M. (1985). Change process and strategies at the local level. *The Elementary School journal, 84(3),* 391-420.

Fullan, M. (1991). *The new meaning of educational change* (2nd ed.). New York: Teachers College Press.

Fullan, M. (1993). *Change forces: Probing the depths of educational reform.* London: Falmer Press.

Fullan, M. (1997). *What's worth fighting for in the principalship?* (2nd ed.). Toronto: Elementary Teachers Federation of Ontario; New York: Teachers College Press.

Fullan, M. (1999). *Change forces: The sequel.* Philadelphia: Falmer Press/ Taylor & Francis.

Fullan, M. (2000). The return of large scale reform. *The Journal of Educational Change, 1(1),* 1-23.

Fullan, M. (2001). *Leading in a culture of change.* San Francisco: JosseyBass.

Fullan, M. (2003). *Change forces with a vengeance.* London: Falmer Press.

Fullan, M. (2005). *Leadership and sustainability.* Thousand Oaks, CA: Corwin Press.

Fullan, M. (2006) *Turnaround leadership.* San Francisco: Jossey-Bass.

Fullan, M., Bertani, A., & Quinn, J. (2004) Lessons from district-wide reform. *Educational Leadership, 61(6),* 42-46.

Fullan, M., & Eastabrook, G. (1973). *School change project.* Artigo inédito, Ontario Institute for Studies in Education, Toronto.

Fullan, M., Eastabrook, G., & Biss, J. (1977). The effects of Ontario teachers' strikes on the attitudes and perceptions of grade 12 and 13 students. In D. Brison (Ed.), *Three studies of the effects of teachers' strikes* (pp. 1-170). Toronto: Ontario Ministry of Education.

Fullan, M., Galluzzo, G., Morris, P., & Watson, N. (1998). *The rise & stall of teacher education reform.* Washington, DC: American Association of Colleges for Teacher Education.

Fullan, M., & Hargreaves, A. (1992). *What's worth fighting for? Working together for your school.* Toronto: Elementary Teachers Federation of Ontario; New York: Teachers College Press.

Fullan, M., Hill, P., & Crévola, C. (2006). *Breakthrough.* Thousand Oaks, CA: Corwin Press; Toronto: Ontario Principals' Council.

Fullan, M., Park, P., Williams, T., Allison, P., Walker, L., & Watson, N. (1987). *Supervisory officers in Ontario: Current practice and recommendations for the future.* Toronto: Ontario Ministry of Education.

Fullan, M., & Pomfret, A. (1977). Research on curriculum and instruction implementation. *Review of Educational Research, 47(1)*, 335-397.

Fullan, M., & St. Germain, C. (2006). *Learning places.* Thousand Oaks, CA: Corwin Press, Toronto: Ontario Principals' Council.

Gardner, H. (1999). *The disciplined mind.* New York: Simon & Schuster.

Gardner, H. (2004). *Changing minds.* Boston: Harvard Business School Press.

Gaynor, A. (1977). A study of change in educational organizations. In L. Cunningham (Ed.), *Educational administration* (pp. 28-40). Berkeley, CA: McCutchan.

Gilligan, J. (1996). *Violence: Our deadly epidemic and its causes.* New York: Putnam.

Gitlin, A., & Margonis, F. (1995). The political aspect of reform. *The American Journal of Education, 103,* 377-405.

Goertz, M. (2000, Abril). *Local accountability: The role of the district and school in monitoring policy, practice and achievement.* Artigo apresentado na reunião anual da American Educational Research Association, New Orleans.

Gold, B., & Miles, M. (1981). *Whose school is it anyway? Parent-teacher conflict over an innovative school.* New York: Praeger.

Goldhammer, K. (1977). Role of the American school superintendent. In L. Cunningham et al. (Eds.), *Educational administration* (pp. 147-164). Berkeley, CA: McCutchan.

Goleman, D. (1995). *Emotional intelligence.* New York: Bantam Books.

Goleman, D. (1998). *Working with emotional intelligence.* New York: Bantam Books.

Good, R. H., & Kaminski, R. A. (Eds.). (2002). *Dynamic indicators of basic early literacy skills* (6th ed.). Eugene, OR: Institute for the Development of Educational Achievement.

Goodlad, J. (1984). A *place called school: Prospects for the future.* New York: McGraw-Hill.

Goodlad, J. L (1990). *Teachers for our nation's schools.* San Francisco: Jossey-Bass.

Goodlad, J. (1994). *Educational renewal: Better teachers, better schools.* San Francisco: Jossey-Bass.

Goodlad, J., Klein, M., & Associates. (1970). *Behind the classroom door.* Worthington, OH: Charles Jones.

Gordon, M. (2005). *Roots of empathy. Changing the world child by child.* Toronto: Thomas Allen.

Greenwald, R, Hedges, L., & Laine, R. (1996, Outono). Interpreting research on school resources and student achievement: A rejoinder to Hanushek. *Review of Educational Research, 66(3),* 411-416.

Gross, N., Giacquinta, J., & Bernstein, M. (1971). *Implementing organizational innovations: A sociological analysis of planned educational change.* New York: Basic Books.

Grove, A. (1996). *Only the paranoid survive.* New York: Doubleday.

Hargreaves, A. (1994). *Changing teachers, changing times.* New York: Teachers College Press.

Hargreaves, A. (2000). Professionals and parents: Personal adversaries or public allies? Prospects, V.XXX(2), 201-213.

Hargreaves, A. (2003). *Teaching and the knowledge society.* New York: Teachers College Press.

Hargreaves, A., & Fink, D. (2006). *Sustainable leadership.* San Francisco: Jossey-Bass.

Hargreaves, A., & Fullan, M. (1998). *What's worth fighting for out there.* New York: Teachers College Press; Toronto: Elementary School Teachers' Federation; Buckingham, UK Open University Press.

O significado da mudança educacional   279

Hatch, T. (2000). *What happens when multiple improvement initiatives collide.* Menlo Park, CA: Carnegie Foundation for the Advancement of Teaching.

Heifetz, R. (1994). *Leadership without easy answers.* Cambridge, MA: Harvard University Press.

Heifetz, R., & Linsky, M. (2002). *Leadership on the line.* Boston: Harvard Business School Press.

Henry, M. (1996). *Parent-school collaboration.* Albany: State University of New York Press.

Hess, F. M. (1999). *Spinning wheels: The politics of urban school reform.* Washington, DC: Brookings Institute.

Hill, P., Campbell, C., & Harvey, J. (2000). *It takes a city.* Washington, DC: Brookings Institute.

Hill, P., & Celio, M. (1998). *Fixing urban schools.* Washington, DC: Brookings Institute.

Hill, P., & Crevola, C. (1999). The role of standards in educational reform for the 21st century. In D. Marsh (Ed.), *Preparing our schools for the 21st* century (pp. 117-142). Washington, DC: Association for Supervision and Curriculum Development.

Hodgkinson, H., & Montenegro, Y. (1999). *The U.S. school superintendent.* Washington, DC: Institute for Educational Leadership.

The Holmes Group. (1986). *Tomorrow's teachers.* East Lansing, MI: Author.

The Holmes Group. (1990). *Tomorrow's schools.* East Lansing, MI: Author.

The Holmes Group. (1995). *Tomorrow's schools of education.* East Lansing, MI: Author.

Hopkins, D. (2006). Every *school a great school.* Paper presented at the meeting of the London Centre for Leadership and Learning, London.

House, E. (1974). *The politics of educational innovation.* Berkeley, CA: McCutchan.

Howey, K. R., & Zimpher, N. L. (1989). *Profiles of preservice teacher education, inquiry into the nature of programs.* Albany: State University of New York Press.

Hubbard, L., Mehan, H., & Stein, M. K. (2006). *Reform as learning.* London: Routledge.

Huberman, M. (1983). Recipes for busy kitchens. *Knowledge. Creation, Diffusion, Utilization, 4,* 478-510.

Huberman, M. (1988). Teacher careers and school improvement. *Journal of Curriculum Studies, 20(2),* 119-132.

Huberman, M., & Miles, M. (1984). *Innovation up close.* New York: Plenum.

James, C., Connolly, M., Dunning, G., & Elliot, T. (2006). How *very effective primary schools work.* London: Paul Chapman.

Jeffery, B., & Wood, P. (1999). Feeling deprofessionalized. *The Cambridge Journal of Education, 23,* 325-343.

Jellison, J. (2006). *Managing the dynamics of change.* New York: McGrawHill.

Johnson, S. M. (1996). *Leading to change: The challenge of the new superintendency.* San Francisco: Jossey-Bass.

Johnson, S. M. (2004). *Finders and keepers: Helping new teachers thrive and survive in our schools.* San Francisco: Jossey-Bass.

Johnson, S. M., & Kardos, S. (2005). Bridging the generation gap. *Educational Leadership, 62(8),* 8-14.

Kanter, R. M. (2004). *Confidence: How winning and losing streaks begin and end.* New York: Crown Business.

Katz, E., Lewin, M., & Hamilton, H. (1963). Traditions of research on the diffusion of innovation. *American Sociological Review, 28(2),* 237-252.

Kearns, D., & Harvey, D. (2000). *A legacy of learning.* Washington, DC: Brookings Institute.

280 Michael Fullan

Kruse, S., Louis, K., & Bryk, A. (1995). *Building professional learning in schools.* Madison, WE Center on Organization and Restructuring of Schools.

LaRocque, L., & Coleman, P. (1989). Quality control: School accountability and district ethos. In M. Holmes, K. Leithwood, & D. Musella (Eds.), *Educational policy for effective schools* (pp. 168-191). Toronto: OISE Press.

Lasch, C. (1991). *The true and only heaven: Progress and its critics.* New York: W.W. Norton.

Leithwood, K. (2005). *Teacher working conditions that matter.* Toronto: Elementary Teachers Federation of Ontario.

Leithwood, K., Bauer, S., & Riedlinger, B. (2006). Developing and sustaining school principals. In B. Davies (Ed.), *Sustaining and developing leaders* (pp. 120-145). London: Sage.

Leithwood, K., Louis, K., Anderson, S., & Wahlstrom, K. (2004). *How leadership influences student learning.* New York: Wallace Foundation.

Levin, J., Mulhern, J., & Schunck, J. (2005). *Unintended consequences: The race for reforming the staffing rules in urban teachers union contracts.* New York: New Teacher Project.

Levine, A. (2005). *Educating school leaders.* Washington, DC : Education Schools Project.

Lighthall, F. (1973, Fevereiro). Multiple realities and organizational nonsolutions: An essay on anatomy of educational innovation. *School Review,* pp. 255-287.

Lindblom, C. (1959). The science of muddling through. Public *Administration Review, 19,* 155-169.

Little, J. W. (1981). The power of organizational setting. Paper adapted from final report, *School success and staff development.* Washington, DC: National Institute of Education.

Little, J. W. (1990). The persistence of privacy: Autonomy and initiative in teachers' professional relations. *Teachers College Record, 91(4),* 509-536.

Little, J. W. (1993). Teachers' professional development in a climate of education reform. *Educational Evaluation and Policy Analysis, 15,* 129-151.

Lortie, D. (1975). *School teacher: A sociological study.* Chicago: University of Chicago Press.

Lusi, S. (1997). *The role of the State Department of Education in complex school reform.* New York: Teachers College Press.

Marris, P. (1975). *Loss and change.* New York. Anchor Press/Doubleday.

Marzano, R, Waters, T., & McNulty, B. (2005). *School leadership that works.* Alexandria, VA: Association for Supervision and Curriculum Development.

Maurer, R. (1996). *Beyond the wall of resistance.* Austin, TX: Bard Books.

McAdams, D. (2006). *What school boards can do.* New York: Teachers College Press.

McLaughlin, M., & Mitra, D. (2000). *Theory-based change and change-based theory: Going deeper, going broader.* Artigo inédito, Stanford University, Stanford, CA.

McLaughlin, M., & Talbert, J. (2001). *Professional communities and the work of high school teaching.* Chicago: University of Chicago Press.

McLaughlin, M., & Talbert, J. (2006). *Building school-based teacher learning communities.* New York: Teachers College Press.

McNeil, L. (2000). *Contradictions of school reform.* London: Routledge.

Micklethwait, J., & Wooldridge, A. (1996). *The witch doctors: Making sense of management gurus.* New York: Random House.

O significado da mudança educacional   281

Miles, M. (1993). Forty years of change in schools: Some personal reflections. *Educational Administration Quarterly, 29,* 213-248.

Minthrop, H. (2004). *Schools on probation.* New York: Teachers College Press.

Mintzberg, H. (1994). *The rise and fall of strategic planning.* New York: Free Press.

Mintzberg, H. (2004). *Managers not MBAs.* San Francisco: Berret-Koehler.

Mintzberg, H., Ahlstrand, B., & Lampei, J. (1998). *Strategy safari. A guided tour through the wilds of strategic management.* New York: Free Press.

Morgan, G. (1989). *Riding the waves of change.* San Francisco: Jossey-Bass.

Mortimore, P., Sammons, P., Stoll, L., Lewis, D., & Ecob, R. (1988). School *matters: The junior years.* Somerset, UK: Open Books.

Munby, S. (2003). *Broad and deep: A whole authority approach to motivation and learning.* Mersey, UK: Knowsley Local Education Authority.

Murphy, J., & Datnow, A. (Eds.). (2003). *Leadership lessons from comprehensive school reforms.* Thousand Oaks, CA: Corwin Press.

Murphy, J., Yff, J., & Shipman, N. (2000). Implementation of the inter*state* school leaders licensure consortium standards. *International Journal of Leadership in Education.*

National Academy of Education. (2005). A *good teacher in every classroom.* Washington, DC: Author.

National Board for Professional Teaching Standards. (1993). *What should teachers know and be able to do?* Detroit, MI: Author.

National College for School Leadership. (2005). *Charting a course.* Nottingham, UK: Author.

National Commission on Excellence in Education. (1983). A *nation at risk.* Washington, DC: Author.

National Commission on Teaching and America's Future. (1996). *What matters most: Teaching for America's future.* Washington, DC: Author.

National Commission on Teaching and America's Future. (2003). No *dream denied.* Washington, DC: Author.

National Research Council. (1999). *Improving student learning.* Washing*ton,* DC: National Academy Press.

National Staff Development Council. (2005). *Standards of practice for professional development.* Oxford, OH: Author.

NBPTS upgrades profession, most agree, despite test-score letdown. (2006, 14 de Junho). *Education Week,* p. 1.

New Teacher Center. (2006). *Understanding New York's groundbreaking induction initiative.* New York: Author.

Newmann, F., King, B., & Youngs, P. (2000, Abril). *Professional development that addresses school capacity.* Artigo apresentado na reunião anual da American Educational Research Association, New Orleans.

Newmann, F., & Wehlage, G. (1995). *Successful school restructuring.* Madi*son, WE* Center on Organization and Restructuring of Schools.

Noddings, N. (2005). *The challenge to care in schools* (2nd ed.). New York: Teachers College Press.

Noguera, P. (2003). *City schools and the American dream.* New York: Teachers College Press.

Nonaka, I., & Takeuchi, H. (1995). *The knowledge-creating company.* Ox*ford, UK: Oxford University Press.

282   Michael Fullan

Nye, B., Konstantopoulos, S., & Hedges, L. (2004). How large are teacher effects? *Educational Evaluation and Policy Analysis, 26,* 237-257.

Oakes, J., & Lipton, J. (2002). Struggling for educational equity in diverse communities. *Journal of Educational Change, 26,* 383-406.

Oakes, J., Quartz, K., Ryan, S., & Lipton, M. (1999). *Becoming good American schools.* San Francisco: Jossey-Bass.

Odden, A. (1996). Incentives, school organization, and teacher compensation. In S. Fuhrman & J. O'Day (Eds.), *Rewards and reform: Creating educational incentives that work (pp.* 226-256). San Francisco: JosseyBass.

Odden, A. (2000). New and better forms of teacher compensation are possible. *Phi Delta Kappan, 8(5),* 361-366.

Office for Standards in Education (OFSTED). (2003). *Inspector report: Knowsley LEA. London:* Author.

Ontario Institute for Studies in Education, University of Toronto. (2005). *Initial teacher education programs.* Toronto: Author.

Pekrul, S., & Levin, B. (in press). Building student voice for school improvement. In D. Thiessen (Ed.), *International handbook of student experience in elementary and secondary schools.* Dordrecht, The Netherlands: Springer.

Perkins, D. (2003) *King Arthur's roundtable.* New York: Wiley.

Peters, T. (1987). *Thriving on chaos: Handbook for a management revolution.* New York: Knopf.

Pfeffer, J., & Sutton, R. (2000). *The knowing-doing gap.* Boston: Harvard Business School Press.

Pfeffer, J., & Sutton, R. (2006). *Hard facts, dangerous half-truths and total nonsense.* Boston: Harvard Business School Press.

Pincus, J. (1974). Incentives for *innovation* in public schools. *Review of Educational Research, 44,* 113-144.

Policy focus converges on leadership. (2000, 12 de Janeiro). *Education Week,* pp. 3-4.

Popham, J. (2004). *America's "failing" schools.* London: Routledge.

Pressure drives heads to drink. (2000, 14 de Julho). *Times Education Supplement,* p. 5.

Reeves, D. (2006). *The learning leader.* Alexandria, VA: Association for Supervision and Curriculum Development.

Rohlen, T. (1999). Social software for a learning society. In D. Keating & C. Hertzman (Eds.), *Developmental health and the with of nations* (pp. 251-273). New York: Guilford Press.

Rolheiser, C., & Evans, M. (2006). *Creative connections: School university partnerships.* Toronto: Ontario Institute for Studies in Education.

Rosenblum, S., & Louis, K. (1979). *Stability and change: Innovation in an educational context.* Cambridge, MA: ABT Associates.

Rosenholtz, S. J. (1989). *Teachers' workplace: The social organization of schools.* New York: Longman.

Ross, S., Wang, L., Sanders, W., Wright, P., & Stringfield, S. (1999). *Two and three-year achievement results on the Tennessee value-added assessment system for restructuring schools in Memphis.* Original inédito, University of Memphis, Memphis, TN.

Rudduck, J. (no prelo). Student voice, student engagement, and school reform. In D. Thiessen (Ed.), *International handbook of student experience in elementary and secondary schools.* Dordrecht, The Netherlands: Springer.

O significado da mudança educacional 283

Rudduck, J., Chaplain, R., & Wallace, G. (1996). *School improvement: What can pupils tell us?* London: David Fulton.

Sammons, P. (1999). *School effectiveness.* Lisse, The Netherlands: Swetz & Zeitlinger.

Sanders, M., & Epstein, J. (2000). The national network of partnership schools: How research influences educational practice. *Journal of Education for Students Placed at Risk, 5(1-2)*, 61-76.

Sarason, S. (1971). *The culture of the school and the problem of change.* Boston: Allyn & Bacon.

Sarason, S. (1982). *The culture of the school and the problem of change* (2nd ed.). Boston: Allyn & Bacon.

Sarason, S. (1995). *Parent involvement and the political principle.* San Francisco: Jossey-Bass.

Sarason, S. B., Davidson, K. S., & Blatt, B. (1986). *The preparation of teachers: An unstudied problem in education* (Rev. ed.). Cambridge, MA: Brookline Books.

Schön, D. (1971). *Beyond the stable state.* New York: Norton.

Scott, C., Stone, B., & Dinham, S. (2000, Abril). *International patterns of teacher discontent.* Artigo apresentado na reunião anual da American Educational Research Association, New Orleans.

Senge, P. (1990). *The fifth discipline.* New York: Doubleday.

Senge, P., Cambron-McCabe, N., Lucas, T., Smith, B., Dutton, J., & Kleiner, A. (2000). *Schools that learn.* New York: Doubleday.

Senge, P., Kleiner, A., Roberts, C., Ross, R., Roth, G., & Smith, B. (1999). *The dance of change.* New York: Doubleday.

Shanker, A. (1990). Staff development and the restructured school. In B. Joyce (Ed.), *Changing school culture through staff development* (pp. 91-103). Alexandria, VA: Association for Supervision and Curriculum Development.

Sharratt, L., & Fullan, M. (2006). Accomplishing district-wide reform. *Journal of School Leadership, 16(5)*, 583-595.

Simms, J. (1978). *The implementation of curriculum* innovation. Dissertação de doutorado inédita, University of Alberta, Edmonton, Canada.

Slavin, R., & Madden, N. (1998). *Disseminating success for all.* Baltimore: Johns Hopkins University.

Smith, L., & Keith, P. (1971). *Anatomy of educational innovation: An organizational analysis of an elementary school.* New York: Wiley.

Smylie, M., Bay, M., & Tozer, S. (1999). Preparing teachers as agents of change. In G. Griffen (Ed.), *The education of teachers* (pp. 29-62). Chicago: University of Chicago Press.

Snipes, J., Doolittle, F., & Herlihy, P. (2002). *Foundations for success.* Washington, DC: Council of the Great City Schools.

Snyder, J. (1999). *New Haven unified school district: A teaching quality system for excellence and equity.* New York: Teachers College, Columbia University, National Commission on Teaching and America's Future.

Spillane, J. (1999, Abril). *The change theories of local change agents: The pedagogy of district policies and programs.* Artigo apresentado na reunião anual da American Educational Research Association, Boston.

Spillane, J. (2004). *Standards deviation.* Cambridge, MA: Harvard University Press.

Stacey, R. (1996a). *Complexity and creativity in organizations.* San Francisco: Berrett-Koehler.

Stacey, R. (1996b). *Strategic management and organizational dynamics* (2nd ed.). London: Pitman.

284   Michael Fullan

Steinberg, L. (1996). *Beyond the classroom: Why school reform has failed and what parents need to do.* New York: Simon & Schuster.

Stiggins, R. (2005). New assessment beliefs for a new school mission. *Phi Delta Kappan, 86(1),* 22-27.

Stigler, J., & Hiebert, J. (1999). *The teaching gap.* New York: Free Press.

Stoll, L., Bolam, R. McMahon, A., Thomas, S., Wallace, M., Greenwood, A., & Hawkley, K. (2006). *Professional learning communities: Source materials for school leaders and other leaders of professional learning.* Nottingham, UK: National College for School Leadership.

Stoll, L., & Fink, D. (1996). *Changing our schools.* Buckingham, UK: Open University Press.

Storr, A. (1997). *Feet of clay: A study of gurus.* London: HarperCollins.

Supovitz, J. (2006). *The case for district-based reform.* Cambridge: Harvard Education Press.

Surowiecki, J. (2004). *The wisdom of crowds.* New York: Doubleday.

The Teacher Training Agency. (2005). *The teacher training agency corporate plan 2005-2008.* London: Author.

The Teaching Commission. (2006). *Teaching at risk: Progress and potholes.* Washington, DC : Author.

Thiessen, D. (Ed.). (no prelo). International *handbook of student experience in elementary and secondary schools.* Dordrecht, The Netherlands: Springer.

Thiessen, D., & Howey, K. (Eds.). (1998). *Agents provocateur.* Washington, DC: American Association of Colleges of Teacher Education.

Time on his side. (2006, 7 de Junho). *Education Week,* pp. 30-32.

Times Education Supplement. (1997). Times Education Supplement survey. London: Author.

Timperley, H., & Parr, J. (2005). Theory competition and the process of change. *Journal of Educational Change, 6(3),* 227-251.

Togneri, W., & Anderson, S. (2003). How poverty districts improve. *Educational Leadership, 33(1),* 12-17.

Tomlinson, C. (1998). *The differentiated classroom.* Alexandria, VA: Association for Supervision and Curriculum Development.

Urbanski, A., & Erskine, R (2000). School reform, TURN, and teacher compensation. *Phi Delta Kappan, 81(5),* 367-370.

Waller, W. (1932). *The sociology of teaching.* New York: Russell and Russell.

Werner, W. (1980). *Implementation: The role of belief.* Artigo inédito, Center for Curriculum Studies, University of British Columbia, Vancouver, Canada.

Wigginton, E. (1986). *Sometimes a shining moment: The Foxfire experience.* New York: Doubleday.

Wilkinson, R. (2005). *The impact of inequality.* London: New Press.

Wilson, K., & Barsky, C. (2006). *Education fiction: A new scenario for education.* Artigo inédito, Ohio State University, Department of Physics.

Wise, A. (1977). Why educational policies often fail: The hyperrationalization hypothesis. *Curriculum Studies, 9(1),* 43-57.

Wise, A. (1988). The two conflicting trends in school reform: Legislative learning revisited. *Phi Delta Kappan, 69(5),* 328-333.

Índice

A

Abordagem de reculturação para a mudança, 25-26, 34-37

Abordagem de fidelidade à mudança, 39-40

Abordagem de reestruturação para a mudança, 34-35
  abordagem de padronização *versus*, 73-75

Abordagem hiper-racional à mudança, 105-108

Abordagem metacognitiva à mudança educacional, 43

Abordagem voltada para o professor, 165-166

Abordagens de ensino
  definição, 39
  na realidade objetiva da mudança educacional, 39-45, 86

Abrahamson, E., 31

Academy of Education Development, 245-246

Ação disciplinar formal, 56

Ação reflexiva, 48-49

Ação, viés, 23-24, 48-49

Acesso à informação, na fase inicial da mudança educacional, 75-76

Administradores. *Ver* Administradores distritais; Diretores; Administradores escolares; Conselhos escolares; Distritos escolares

Administradores centrais. *Ver* Administradores distritais

Administradores distritais, 189-210
  desafios para, 201-208
  desempenho estudantil e, 194-197, 204-205
  dilemas para, 196-202, 209-210
  diretrizes para, 207-210

fatores de sucesso para, 195-197
  na fase de implementação da mudança educacional, 93-94
  na fase de início da mudança educacional, 75-77, 82-83
  na Inglaterra, 190, 205-208
  no Canadá, 189-193, 194-196, 201-204
  nos Estados Unidos, 190, 193-194, 196-202, 203-205, 209-210
  onde os administradores distritais estão, 189-194
  papel de, 190-194
  processo de mudança e, 192-208
  rotatividade entre, 192-193
  sindicatos de professores e, 190-192
  sintonia do conselho escolar com, 183-185
  tipos de liderança e, 192-194

Administradores escolares. *Ver também* Diretores na fase de início da mudança educacional, 75-77, 82-83

Administrando a mudança, 113-116

Agenda Turning Points, 35-37

Agentes de mudança
  conselhos escolares como, 181-183
  estudantes como, 169
  estudo dos agentes da mudança da Rand Corporation, 76-77, 87-89
  externa, 78-79
  humildade dos, 47
  na capacitação, 228-229
  na fase de início da mudança, 78-79
  natureza dos, 20-21

Agentes da mudança moral, 158-159

Ahlstrand, B., 119

Alberta, Canadá, interação entre professores, 131-132

Alemanha, educação em matemática na, 35-36

286 Michael Fullan

Alfabetização
avaliação, 134, 228-229
avaliações da OCDE, 232-233
foco em, como elemento da mudança, 51-55
iniciativa da Nova Zelândia, 37
Literacy and Numeracy Secretariat, Canadá, 226-227
metas para, 226-228
National Literacy and Numeracy Strategy (NLNS), 20-22, 92, 214, 219-223
natureza da, 52-53
reformas no âmbito da província no Canadá, 62, 222-235
reformas no âmbito do distrito, 36-37, 59-61, 104, 198-204
Alienação
dos estudantes, 160-162, 163-165, 168-169, 171-172
dos pais em relação aos filhos, 186
dos professores, 123, 124-125
Allen, Damian, 206-207, 222-223
Allison, D. J., 191-193
Allison, P., 191-193
Alvarado, Tony, 196-198
Amarel, M., 41-42, 90-91
Ambientes de trabalho pobres em aprendizagem (Rosenholtz), 96-97, 129-130, 132-134
Ambientes de trabalho ricos em aprendizagem (Rosenholtz), 96-97, 131-134
American Association of Colleges of Teacher Education (AACTE), 246-247
American Institutes of Research, 74-75
Anderson, Steve, 95-96, 149, 195-197
Annenberg Foundation, 245-247
Aprendizagem ao longo da carreira, em ambientes de trabalhos ricos em aprendizagem, 132-133
Aprendizagem para toda a vida, por professores, 138-139
Aprendizagem profissional. *Ver* Desenvolvimento profissional
Apropriação, mudança e, 48-49, 83
Áreas curriculares, mudanças em, 23
Arizona, evolução da mudança educacional no, 214-215
Ashton, P., 132-134
Astuto, T., 68-69
Atmosfera de aquário, 125-126
Autoavaliação, 166-167
Austrália
estudos sobre o local de trabalho dos

professores na, 129-130
reforma baseada em padrões em Victoria, 75
Autonomia dos professores, 126-131, 137-139, 141, 213, 266-267
Avaliação
alfabetização de professores em, 134, 228-229
autoavaliação, 166-167
EQAO, 226-227, 234-235
metas e, 226-228
moratória no Maine, 218
na análise do "etos distrital" em British Columbia, 195-196
No Child Left Behind (NCLB) e. *Ver* No Child Left Behind (NCLB)
para e da aprendizagem, 165-167, 230-233
pelos colegas, 166-167
Avaliação crítica da mudança, 114-116
Avaliação pelos colegas, 166-167
rotatividade entre, 101-102

B

Bader, B., 214-215
Bader, S., 153-155
Baker, W., 257-259
Ball, D., 32-36, 42, 44-45, 243-244
Baltimore, Maryland, envolvimento dos pais na escola, 179-181
Bank Street College of Education (Nova York), 245-246
Barber, Michael, 28-29, 92, 112-113, 219, 219-221, 264-265
Barsky, C., 170-172, 268
Bate, P., 63
Bay, M., 255
Becker, S., 79-80
Behind the classroom door (Goodlad et al.), 16-17
Bem-estar dos estudantes
Every Child Matters (ECM; Inglaterra), 21-22, 53-54, 190, 206-207, 222-223
foco, como elemento do sucesso da mudança, 51-55, 158-159
inteligência emocional e, 158-159
natureza do, 52-53
programa Roots of Empathy (Canadá), 52-54
Bender Sebring, P., 150
Berends, M., 21-22, 74-75, 87-90, 100-102

O significado da mudança educacional   287

Beresford, J., 148-149, 151-152, 170-171
Berger, P., 31, 39
Berliner, D., 17-18
Berman, P., 68-69, 76-77, 79-80, 80-81, 87-89, 91, 94-96, 99-100
Bernstein, M., 16-17, 37, 89-90
Berry, B., 252-253
Bersin, Alan, 196-197
Bertani, A., 76-77, 93-94
Bevan, H., 63
Biss, J., 159-160
Blade, Paul, 64-65, 134, 166-168
Blair, Tony, 222-223
Blatt, B., 239-240
Block, P., 210
Blue Ribbon on the Teaching Profession, 254
Blumberg, A., 190-192
Bodilly, S., 21-22, 74-75, 87-90, 100-102
Bolam, R., 131-132, 140-141, 142-143
Bond, L., 257-259
Boston College, 245-246
Boston, Massachusetts
  condições do local de trabalho dos professores em, 125-128
  reformas no âmbito do distrito, 203-205
Bowlers, S., 157
Boyd, W., 79-80
Bransford, J. D., 42-43, 245, 248-249
Bransford, T., 42, 90-91, 158, 167-168
Breakthrough (Fullan et al.), 35-36, 61-62, 143-144, 261
Bridge, G., 79-80
Briggs, R., 21-22, 74-75
British Columbia, Canadá
  análise do "etos distrital" em, 194-196
  papel do conselho escolar em, 182-183
Brown, A., 42, 90-91, 158
Brown, S., 31
Bryk, A., 56, 81, 133-135, 139-141, 145, 149-150, 176-178, 186
BSCC Biology, 16-17
Burney, D., 76-77
Bussis, A., 41-42, 90-91

C
Califórnia
  atitudes da comunidade para com a mudança educacional em São Francisco, 79-80
  diversidade da comunidade em San Diego, 185-186
  evolução da mudança educacional na, 214-215
  matemática na, 34-36
  melhoras no âmbito do distrito em San Diego, 196-199, 209-210
  papel de comunidades profissionais de aprendizagem no ensino médio, 144-148 estudo de diretores em San Diego, 144-156
California State University, Northridge, 245-246
Cambron-McCabe, N., 112-113,182-183
Campbell, C., 62, 93-94, 109-110, 116, 183-184, 207-208, 228-229
Campbell, Elizabeth, 54-56, 59-61
Canadá
  acabando com a disparidade educacional em Ontário, 51-52, 57-58
  administradores distritais em, 189-190, 191-193, 194-196, 201-204
  análise do "etos distrital" em British Columbia, 194-196
  diretrizes curriculares novas/revisadas para províncias, 89-91
  estudo de diretores em Toronto, 146-147
  interação entre professores em Alberta, 131-132
  Literacy and Numeracy Secretariat, 226-227
  Manitoba School Improvement Program (MSIP), 169-170
  papel do conselho escolar em British Columbia, 182-183
  preparação de professores, 233-235, 246-248
  programa Roots of Empathy em Toronto, 52-54
  Provincial Stability Commission em Ontário, 225
  reforma do currículo de línguas, 40-42
  reforma em três níveis em Ontário, 28-29
  reformas no âmbito do distrito no conselho escolar da região de York em Toronto, Ontário, 201-204
Capacidade inovadora, inovação *versus*, 22
Capacidade escolar. *Ver também* Capacitação
  componentes da, 152-153
  conceito de, 152-154
  papel do diretor na, 152-154
Capacitação. *Ver também* Planejamento para a mudança; Comunidades profissionais de aprendizagem

288 Michael Fullan

com foco em resultados (Fullan et al.), 22, 25-26
como foco inicial, 63-64
componentes da, 227-230
contabilização *versus*, 213, 214-215
envolvimento do estado em, 216-218, 223-224, 226, 227-230, 235-236
importância da, 218-219
natureza da capacidade escolar, 152-154
no âmbito da escola, 83
no futuro da mudança educacional, 268
papel do diretor na capacidade escolar, 151-154
para o programa de alfabetização e matemática de Ontário, Canadá, 223-224, 226, 227-230
preparação de professores, 249
Capacitação no trabalho. *Ver* Desenvolvimento profissional
Carnegie Forum, 239-240
Carnegie Foundation de Nova York, 243, 245-247, 249
Carol, L., 181-182
Carolina do Norte, investimentos em educação, 215-217
Carolina do Sul, estratégias de reforma estadual, 216-217
Case for district-based reform, The (Supovitz), 200-202
Celio, M., 109-110
Change Forces, trilogia (Fullan), 86-87, 213
Change Forces with a Vengeance (Fullan), 213-214
Chaplain, R., 163-165, 167-169
Charters, W., 39-40, 86
Charting a course (NCSL), 265-266
Chicago
confiança nas escolas, 135
desenvolvimento profissional de professores, 255
envolvimento da comunidade nas escolas, 176-178
envolvimento dos pais em escolas, 176-178
evolução da reforma escolar em, 134-135, 149-150
reformas em âmbito distrital, 36-37, 59-61, 155, 198-200
Chittenden, E., 41-42, 90-91
Chun, J.,10, 74-75
Cidadania. *Ver*
Clareza
falsa, 37-38, 89-91

do processo de inovação, 89-91
Clark, D., 68-69
Coalizão orientadora
definição, 224-225
estabelecendo, 224-225
Cocking, K, 42, 90-91, 158
Coerência do programa
comunidades profissionais de aprendizagem e, 152-153
significado compartilhado e, 44-47
Cohere, D., 32-33, 34-36, 42, 44-45, 98
Coleman, P., 76-77, 95-96, 174-176, 182-183, 186-187, 194-195
Collarbone, P., 262-263
Colômbia, Movimento das Crianças pela Paz, 170-171
Complexidade
da liderança, 155-156
das inovações, 70-72, 85, 90-91
no planejamento para a mudança, 108-109, 110-113, 119
Compromissos morais, dos professores, 45-47, 54-56
Comunidade, 173-175, 181-188. *Ver também* Administradores distritais; Conselhos escolares; Distritos escolares
diversidade e, 185-186, 190
escolas efetivas e, 175-177
na fase de implementação da mudança educacional, 93-95
na fase de início da mudança educacional, 78-80
nas escolas de Chicago, 176-178
no processo de mudança, 26-27, 173-174
Comunidades profissionais de aprendizagem, 54-60. *Ver também* Cooperação entre professores
apoio do professor para a mudança e, 77-79, 82-83, 97
aprendizagem do professor, 133-134
aprendizagem profissional no contexto e, 143-144
autonomia do professor *versus*, 213
crescimento de, 129-131
desafios, 140-142
desempenho dos alunos e, 133-134
desenvolvendo, 139-143
elementos críticos de, 139-142
em ambientes de trabalho ricos em aprendizagem, 131-134
em escolas fundamentais, 142
envolvimento com os pais, 178-180
fracas *versus* fortes, 138-140

O significado da mudança educacional   289

importância da liderança do diretor, 150-152
interação entre professores, 130-140
na Inglaterra, 142-143
no distrito escolar de Duval County (Flórida), 141-142
no ensino médio, 135-140, 142
Conectividade permeável (Fullan), 213-214, 235-236
Confiança
  componentes da, 177-178
  importância da, 135, 177-178
  promovendo, 56, 177-178
  pública, construção, 65-67
  recuperando, 58-59
Confiança externa (Kanter), 65-67
Connecticut
  investimentos no ensino, 215-217
  práticas de contratação e apoio em New Haven, 251-252
Connolly, M., 135-136, 149, 153-154, 178, 184-185, 186-187
Conseil des Écoles Catholique de Langue Française du Centre-Est (CECLEFCE), 62
Conselho escolar da região de York (Toronto, Ontário), reformas no âmbito do distrito, 201-204
Conselhos escolares. *Ver também* Administradores distritais; Distritos escolares
  bem-sucedidos, 182-183
  como agentes críticos para a mudança escolar, 181-183
  como jogadores esquecidos no time da educação (Danzberger et al.), 181-182
  maior atividade dos, 190
  na fase de implementação da mudança educacional, 93-95
  obstáculos à aprendizagem, 182-183
  papel dos, 181-183
  sintonia com o superintendente, 183-185
Consortium of Educational Change, 77-78
Contabilização
  administradores distritais e, 193-194
  capacitação *versus*, 213, 214-215
  com incentivos, 216-217
  desempenho cognitivo e, 158-159, 194-197, 204-205
  estudo da, 216-218
  externa, 64-65, 98-99, 124-126, 218, 226-227
  inteligente, 221-222
  interna, 64-65, 218

na década de 1980, 17-18, 20-21
no futuro da mudança educacional, 268
problemas de, 215-217
Contabilização externa, 98-99, 124-126, 218, 226-227
  definição, 64-65
  relacionada com a contabilização interna, 65-66
Contabilização inteligente, 221-222
Contabilização interna, 218
  definição, 64-65
  relacionada com contabilização externa, 64-65
Cooperação entre professores. *Ver também* Comunidades profissionais de aprendizagem
  autonomia *versus*, 266-267
  entre escolas e distritos, 35-36, 61-62
  evolução da pressão positiva, 64-66
  necessidade de, 18-19
  valor de, 45-46
Council of Chief School Officers, 195-196
Covey, Stephen, 181-182
Cowden, P., 98
Credibilidade, dos líderes de escolas públicas com autoridades eleitas, 66-67
Crenças
  definição, 39
  na realidade objetiva da mudança educacional, 39-45, 86
Crévola, Cármen, 22, 29, 35-36, 52-53, 61-62, 75, 90-91, 110-111, 112-113, 134, 198-199, 261, 266-267
Crianças em situação de risco
  definição, 98
  escolas efetivas para, 135-136, 178
  satisfazendo necessidades de, 98
Crise, como motivadora da mudança, 49-50
Cross City Campaign for Urban School Reform, 34-35, 36-37, 59-61, 155, 198-200
Cultura de aprendizagem, 262
Cultura escolar
  mudando, 18-21, 262-263
  reconstituindo, 167-172
Culturas de trabalho cooperativas. *Ver* Pais; Comunidades profissionais de aprendizagem; Cooperação entre professores
Cultura do distrito, mudando, 18-19, 20-21
Culture of the school and the problem of change, The (Samson), 16-17

290 Michael Fullan

Cunningham, L.,181-182
Currículo de ciências
  avaliações da OCDE, 232-233
  reformas no âmbito do distrito, 36-37, 59-61, 155, 198-200
Currículo de matemática. *Ver também* Matemática
  abordagem de reculturação à mudança, 34-36
  avaliações da OCDE no, 232-233
  padrões para, 35-36
  papel das comunidades profissionais de aprendizagem no ensino médio, 138-139
  reformas no âmbito do distrito, 36-37, 59-61, 155, 198-200
Currículo de estudos sociais em Alberta, Canadá, 131-132
  papel das comunidades profissionais de aprendizagem no ensino médio, 136-138
Currículo de línguas no Canadá, 40-42
  papel das comunidades profissionais de aprendizagem no ensino médio, 136-138
Currículo nacional, 16-17
Currículo superficial, 41-42

D

Dade County, Flórida, condições de trabalho do professor em, 125-128
Daft, R., 79-80
Danzberger, P., 181-182
Darling-Hammond, L., 215-217, 243-245, 248-249, 250-251, 257-258
Datnow, A., 21-22, 70-72, 74-75, 82-83, 87-89, 100-101, 101-102, 103
Dauber, S. L., 179-181
Davidson, K. S., 239-240
Day, C., 148-149, 149, 151-152, 170-171
Department for Skills and Education (Inglaterra), 206-207, 222-223
Dependência, fenômeno do guru e, 108-110
Desenvolvimento profissional, 25-28, 129, 254-267. *Ver também* Comunidades profissionais de aprendizagem; Cooperação entre professores
  aprendizagem para toda a vida e, 138-139
  importância de, 131-132
  investimento em, 208-209
  mudando a profissão docente, 266-267
  mudando culturas e condições de trabalho, 261-263

na capacitação, 227-230
natureza do, 152-153
obstáculos à melhora, 260-261
padrões de prática, 255-261
papel da liderança no, 262-267
Desigualdade social, papel do sistema educacional em reduzir, 17-18
Deutschman, A., 48-50, 58-59
Dewey, John, 16-17, 48-49
Dignidade, mobilizando, para a mudança educacional, 54-57
Dilema rígido demais/frouxo demais, 22, 50
Dinham, S., 129-130
Diretores, 145-156
  capacidade escolar e, 151-154
  centralidade da liderança, 150
  como facilitadores da mudança, 25-26, 76-77, 145-146, 202-203
  como guardiões, 25-26, 76-77, 146
  complexidade da liderança e, 155-156
  crítica de programas educacionais, 263-265
  desafios dos, 155-156
  efetivos, 146-149, 210
  em ambientes de trabalho ricos em aprendizagem, 132-133
  envolvimento dos pais e, 174-176
  estresse de, 146-147
  impacto sobre desempenho dos alunos, 154-155
  na fase de implementação da mudança educacional, 94-97
  National School Leaders, 56-57
  onde os diretores estão, 146-149
  percepções de efetividade, 146-149
  processo de mudança e, 25-26, 76-77, 145-146, 148-155
  rotatividade entre, 146-149
  testando os limites do papel do diretor, 153-155
  trabalhando com professores, 96-97
  visões dos estudantes sobre, 160-161, 161-162
Diretores de educação. *Ver* Administradores distritais
Diretores efetivos, 146-149, 210
Disparidade econômica
  ampliação da, 17-18, 185-187
  assimetria de poder em escolas e, 177-178
  melhoras no âmbito do distrito e, 195-197
  ponto de corte de baixa renda (PCBR) e, 230-232
Disparidade educacional

O significado da mudança educacional 291

acabando, como objetivo para a mudança, 50-52, 56-58, 225
ampliação da, 17-18,158-159, 219
Distritos escolares. *Ver também* Administradores distritais; Conselhos escolares
batedeira de políticas, 183-185
estudo de reformas no âmbito do distrito, 36-37, 59-61, 155, 198-200
fracassados, 15-16
mudando a cultura dos, 18-21
na fase de implementação da mudança educacional, 92-94
orientação para resolução de problemas, 80-82
reforma em três níveis, 28-29
representação da mudança, 75-77, 82-83
tempo necessário para a mudança educacional, 28-29
Diversidade
comunidade, 185-186, 190
pais, 185-186
Documentarianismo (Reeves), 62
Donovan, M. S., 42-43
Doolittle, F., 195-196
Drucker, Peter, 108-110
Dryden, K., 163
Dufour, R., 57-59, 97, 131-132, 140-142
Duke, D. L., 146-149
Dunning, G., 135-136, 149, 153-154, 178, 184-185, 186-187
Dutton, J., 112-113, 182-183
Duval County, Flórida
comunidades profissionais de aprendizagem em, 141-142
estudo de diretores em, 155-156
reformas no âmbito do distrito, 200-202

E

Eaker, R., 57-59, 97, 131-132, 140-141, 142
Earl, L., 20-22, 92,169, 219, 220-222
Eastabrook, G., 159-160
Easton, J., 81, 134-135, 145, 149, 176-178
Ecob, R., 175-177
Educação aberta, analisando, 41-42
Educação do caráter. *Ver* Bem-estar dos estudantes
Educação dos docentes. *Ver* Preparação de professores
Educação pré-ocupacional. *Ver* Formação docente
Educating school teachers (Education School Project), 246-247

Education Commission of the States, 143-144, 237-239
Education Quality and Accountability (EQAO), 226-227, 234-235
Education School Project, 246-247
Education Trust, 17-18, 229-230
Education week, 204-205, 262-263
Efeito de platô, 205, 220-222, 226-227
Eisenhardt, K., 31
Elementos do sucesso da mudança, 50-67
abordando os três elementos básicos, 51-55
acabar com a disparidade educacional como objetivo, 50-52
construindo a confiança pública, 65-67
construindo contabilização interna/externa, 64-65
diretor como, 149
estabelecendo estratégias de base social e voltadas para a ação, 57-62
estabelecer condições para a evolução da pressão positiva, 64-66
garantir que as melhores pessoas estão trabalhando no problema, 56-58
lista, 50-51
mantendo o rumo pela continuidade da direção certa, 63-64
mobilizando a dignidade e o respeito das pessoas, 54-57
planejamento para a mudança e, 112-114, 116-119
pressupondo que falta de capacidade é o problema inicial, 63-64
Elliot, T., 135-136, 149, 153-154, 178, 184-185, 186-187
Elmore, Richard F., 16-18, 60-61, 64-65, 108-109, 143-144, 152-154, 183-184, 205, 209-210, 215-216, 218, 220-222, 235-236, 237-238, 255-256, 261-262, 265-266, 270-271
Ensino em equipe, 16-17
Epstein, J. L., 90-91, 94-95, 178-182
EQAO (Education Quality and Accountability), 226-227, 234-235
Erickson, F., 158-160
Erskine, R., 261
Escolas
efetivas, 20-21, 56-57, 123, 135-136, 149, 175-177, 178
estagnadas *versus* ativas *versus* intermediárias (Rosenholtz), 129-130, 176-177, 194
fracassadas, 15-16, 29, 56-57, 124-126, 217-218

292 Michael Fullan

relações com os colegas nas, 17-18, 174-176, 1771-78, 207-208
relações de poder em, 17-18, 174-176, 177-178, 207-208
Escolas ativas (Rosenholtz), 176-177, 194
Escolas *charter*, 15-16
Escolas com plano aberto, 16-17
Escolas de ensino médio
avaliação para a aprendizagem na Inglaterra, 166-168
condições do local de trabalho dos professores, 124-125, 125-128
desenvolvendo comunidades profissionais de aprendizagem, 135-140, 142,
papel do diretor na evolução da reforma, 150-151
estudantes como agentes da mudança na Sharnbrook Upper School, Bedfordshire, Inglaterra, 169
estudos sobre estudantes em Ontário, Canadá, 159-164, 233-234
papel das comunidades profissionais de aprendizagem em, 135-140
tempo necessário para a mudança educacional, 28-29
Escolas de nível intermediário, envolvimento dos pais e, 179-181
Escolas efetivas, 20-21, 56-57, 123, 135-136, 149, 175-177, 178
Escolas estagnadas (Rosenholtz), 129-130, 176-177, 194
Escolas fundamentais
conceito aberto, 105-107
condições do local de trabalho para professores em, 124-125, 125-128
desenvolvendo comunidades profissionais de aprendizagem em, 142
envolvimento dos pais e, 179-181
escolas efetivas para estudantes em situação de risco, 135-136, 178
estudos sobre alunos em Ontário, Canadá, 159-163, 170-171, 222-235
melhorando a reforma em, 35-36, 61-62
National Literacy and Numeracy Strategy (Inglaterra), 20-22, 92, 214, 219-223
Ontario Literacy and Numeracy Strategy, 62, 222-235
papel do diretor na evolução da reforma, 149-150
tempo necessário para a mudança educacional, 28-29
Escolas fundamentais de conceito aberto, 105-107

Escolas inovadoras, 20-21
Escolas intermediárias (Rosenholtz), 194
Escolas municipais de San Diego
dilemas da mudança no âmbito do distrito em, 196-199, 209-210
diversidade de comunidades, 185-186
estudos sobre diretores em, 155-156
Escolas primárias. *Ver* Escolas fundamentais
Escolas secundaristas. *Ver* Ensino médio
Escolas seguras. *Ver* Bem-estar dos estudantes
Escolas/distritos fracassados, 15-16, 29, 56-57, 124-126, 217-218
Estratégias de base social, 57-62
Estratégias de comando e controle, 50
Estresse
de diretores, 146-147
de professores, 123-125
Stringfield, S., 74-75, 82-83, 100-101, 103
Estrutura de tempo
falta de tempo, 33-35
para processo de mudança, 28-29, 71-72
Estrutura profunda do currículo, 42-43
Estudantes, 170-187. *Ver também* Alfabetização, Matemática; Bem-estar dos alunos
alienação e, 160-165, 168-169, 171-172
aprendizagem dos, 166-168
como agentes da mudança, 169
como participantes do processo de mudança, 25-26, 157
condições que facilitam a aprendizagem, 169-170
contabilização baseada no desempenho cognitivo, 158-159, 194-197, 204-205
cultura da sala de aula, 162-163, 164-168
cultura escolar e, 167-172
disparidade econômica e, 17-18, 177-178, 185-187, 195-197, 230-232
disparidade educacional, 17-18, 50-52, 56-58, 158-159, 219, 225
em situação de risco, 98, 135-136, 178
ensino médio, 159-162
ensino fundamental, 159-162
expectativas para, 135-138, 162-163
falta de envolvimento dos pais e, 186
impacto das comunidades profissionais de aprendizagem em, 133-134
nas escolas de Ontário, 159-164
onde os estudantes estão, 158-165
processo de mudança e, 164-172
voz dos, 168-169

O significado da mudança educacional   293

Ética, dos professores, 54-56
Evans, C., 148-149
Evans, M., 247-248
Every Child Matters (ECM; Inglaterra), 21-22, 53-54, 190, 206-207, 222-223
Evidence-based management (Pfeffer & Sutton), 110-111,116-117
Experimental Schools, projeto, 87-89

F

Falsa certeza, 108-110
Falsa clareza
  do processo de inovação, 89-91
  natureza da, 37-38
Falta de envolvimento. *Ver* Alienação
Fase de continuação da mudança educacional, 69-70, 70-72
  desafios da, 100-102
  fatores que afetam, 98-102
  implicações amplas da, 102-103
  prolongada, 99-101
Fase de implementação da mudança educacional, 16-17, 69-71, 85-99
  características da mudança, 87-92
  desafios da, 100-102
  fatores externos, 87-88, 97-99
  fatores locais, 87-88, 92-97
  fatores que afetam, 86-99
  implementação fracassada, 16-19,118-119
  implementação, definição, 85
  implicações amplas da, 102-103
  planejamento para a mudança, 105-111, 116-119
Fase de início da mudança educacional,
  acesso a informações na, 75-76
  agentes de mudança externos na, 78-79
  apoio do professor, 77-79, 82-83
  apoio dos administradores escolares e/ou centrais, 75-77, 82-83
  atitudes da comunidade, 78-80
  dilemas da, 81-84
  existência e qualidade de inovações, 73-75
  fatores que afetam, 72-82
  no processo de mudança, 69-73
  novas políticas e verbas, 80
  orientações burocrática e de resolução de problemas, 80-82
Fatores externos, na fase de implementação da mudança educacional, 97-99
Fatores locais. *Ver também* Comunidade; Administradores distritais; Pais; Dire-

tores; Conselhos escolares; Alunos; Professor(es) na fase de implementação da mudança educacional, 87-88, 92-97
  no planejamento para a mudança, 107-109
Fenômeno do guru, 108-110
Fenomenologia da mudança, 19-20
Ferguson, R., 243
Ferriter, B., 252-253
Fielding, M., 169
Fink, D., 50-51, 63-64, 113-114, 187-188, 226-227
Finlândia, 232-233
Firestone, W., 214-215
Flórida
  comunidades profissionais de aprendizagem em Duval County, 141-142
  condições do local de trabalho dos professores em Dade County, 125-128
  estudos sobre diretores em Duval County, 155-156
  evolução da mudança educacional na, 214-215
  reformas no âmbito do distrito em Duval County, 200-202
Florida A&M University, 245-246
Focused Intervention Partnership (Ontário, Canadá), 230-233
Ford Foundation, 245-247
Formação docente. *Ver* Preparação de professores
Fullan, Michael, 16-18, 20-22, 25-29, 34-36, 45-46, 50, 52-53, 56, 61-64, 68, 75, 76-77, 77-78, 83, 86-87, 89-94, 107-109, 110-111, 112-113, 113-114, 116, 125-126, 131-132, 134-136, 144, 146-147, 159-160, 173, 186-188, 191-193, 198-199, 201-203, 205, 207-208, 213-214, 219, 220-222, 228-229, 230-231, 239-240, 249, 252-253, 255-256, 261, 262-264, 265-267, 269-270
Futuro da mudança educacional, 268-272

G

Galluzzo, G., 239-240
Gardner, Howard, 50, 158
Gaynor, A., 104
Geórgia
  estratégias de reforma estadual, 216-217
  evolução da mudança educacional na, 214-215

294 Michael Fullan

Giacquinta, J., 16-17, 37, 89-90
Gilligan, J., 54-55
Gintis, H., 157
Gitlin, A., 107-108
Goertz, M., 216-218
Gold, B., 93-95, 173
Goldhammer, K., 190
Goleman, D., 158-159
Good, R. H., 75
Goodlad, John I., 16-17, 124-125, 128-130, 162, 241-243, 245
Gordon, M., 52-54, 158-159
Governos e agências governamentais, 213-236. *Ver também nomes de cidades, províncias, estados e países específicos*
  dilema de, 213-214
  diretivos, 181-182
  estabelecendo conectividade permeável (Fullan) e, 213-214, 235-236
  implicações do envolvimento na educação, 235-236
  na fase de implementação da mudança educacional, 98-99
  no processo de mudança, 26-28
  papel na educação, 214-219
  participantes da programação educacional, 190
Greenwald, R., 243-244
Greenwood, A., 131-132, 140-141, 142-143
Gross, N., 5, 37, 89-90
Grove, A., 31

H

Hadfield, M., 148-149, 151-152, 170-171
Hamilton, H., 75
Hargreaves, A., 45-46, 50-51, 63-64, 77-78, 91, 107-109, 113-114, 129-132, 134, 140-141, 173, 174, 186-188, 213, 226-227, 267
Harris, A., 148-149, 151-152, 170-171
Harrison, C., 64-65, 134, 166-168
Harvey, D., 92
Harvey, J., 109-110, 183-184
Hatch, Tom, 78-79, 83
Hattie, J., 257-259
Hawkley, K., 131-132, 140-141, 142-143
Hedges, L., 58-59, 243-244
Heifetz, R., 31, 107-109
Henry, M., 174-175
Herlihy, P., 195-196
Hess, F. M., 94-95, 183-184, 193-194
Hiebert, J., 32-36, 42, 44-45, 90-91, 136-137, 254

Hill, H., 32-36, 42
Hill, Peter, 22, 29, 35-36, 52-53, 61-62, 75, 90-91, 109-110, 110-111, 112-113, 134, 183-184, 198-199, 261, 266-267
Hodgkinson, H., 192-193
Hogarth, Bill, 203-204
Holmes Group, 239-240
Hopkins, David, 221-222
Horários flexíveis, 16-17
House, E., 37, 75
Howey, K. R., 240-241, 249
Hubbard, L., 21-22, 70-72, 74-75, 155, 185-186, 197-199
Hubenman, M., 32-35, 37, 68, 69, 76-77, 89-90, 95-96, 100-102

I

Illinois. *Ver* Chicago
Implementing Organizational Innovations (Gross et al.), 16-17
In Pursuit of Quality Teaching (Education Commission of the States), 237-238
Inglaterra
  administração do trabalho escolar no nível da escola, 184-185
  administradores distritais na, 190, 205-208
  agentes de mudança, 20-22
  avaliação para a aprendizagem e, 166-168
  comunidades profissionais de aprendizagem, 142-143
  contabilização de alto nível, 124-126
  estudantes como agentes de mudança na Sharnbrook Upper School, Bedfordshire, 169
  Local Education Authorities (LEA)/Local Authorities (LA), 190
  National College for School Leadership, 56-57, 206, 234-235, 264-266
  National Literacy and Numeracy Strategy (NLNS), 20-22, 92, 214, 219-223
  National Programme for Qualification of Heads, 265-266
  National Remodelling, projeto-piloto, 262-263
  papel de liderança dos diretores, 151-152
  reformas no âmbito do distrito na Knowsley Local Education Authority, 205-208 Every Child Matters (ECM), 21-22, 53-54, 190, 206-207, 222-223
  Teacher Training Agency (TTA), 233-235, 247-249, 259-261

O significado da mudança educacional 295

Iniciativas baseadas na ação, preparação do professor, 245-248

Inovação, 87-92. *Ver também* Mudança educacional; Processo de mudança educacional
capacidade inovadora *versus*, 22
clareza em relação a objetivos e meios para, 89-91
complexidade, 70-72, 85, 90-91
multidimensional, 38, 39-45, 71-73, 102-103
necessidade de, 87-90
perspectiva de inovação única, 71-72, 103
qualidade e praticidade, 91-92

Inteligência emocional. *Ver* Bem-estar dos estudantes

International handbook of student experience in elementary and secondary schools (Thiessen), 158-160

Interstate Leaders Licensure Consortium (ISLLC), 263-264

Interstate New Teacher Assessment and Support Consortium (INTASC), 251-253

Investigação baseada na prática (Ball & Cohen), 35-36

Investimento financeiro, na capacitação, 229-231

Isolacionismo, de sistemas educacionais, 18-19

Isolamento de professores
autonomia e, 126-128, 129-131, 137-139, 141, 213, 266-267
efeitos debilitantes do, 45-46, 126-127, 129-131

J

James, C., 135-136,149,153-154,178, 184-185, 186-187
Jansorn, N., 90-91, 94-95, 179, 180-182
Japão, educação em matemática no, 35-36
Jeffrey, B., 124-125
Jellison, J., 48-49
Johns Hopkins University Hospital, 49
Johnson, S. M., 192-194, 252-253
Jones, J., 39-40, 85

K

Kaminski, R. A., 75
Kanter, R M., 56-59, 63-67, 230, 235
Kardos, S., 252-253
Katz, E., 75
Kearns, D., 92

Keith, P., 93-95, 105-106
Kemper, E., 21-22, 74-75
Kensington School, planejamento para a mudança e,105-107
Kentucky
estudo sobre contabilização local, 216-218
papel do Departamento Estadual de Educação, 215-216
Kerbow, D., 81, 134-135, 145, 149, 176-178
King, B., 149, 151-153
Kirby, S., 21-22, 74-75, 100-102
Kirst, M., 181-182
Klein, M., 16-17
Kleiner, A., 107-108, 112-113, 182-183
Knots (Laing), 115-116
Knowing-Doing Gap, The (Pfeffer & Sutton), 109-111
Knowsley Local Education Authority (Inglaterra), 205-208
Konstantopoulos, S., 58-59
Kotter, John, 49-50
Kruse, S., 133-134, 139-141

L

Laine, R, 243-244
Laing, Ronald D., 115-116
Lampei, J.,119
LaRocque, L., 76-77, 94-95, 182-183, 194-195
Lasch, Christopher, 187-188
Learning places (Fullan e St. Germain), 144
Lee, C., 64-65, 134, 166-168
Lee, L., 169
Leithwood, Ken, 20-22, 66-67, 77-78, 92, 95-96, 149, 153-155, 219, 220-222
Levin, B., 169-170
Levin, J., 56-57, 260-261
Levine, Arthur, 246-247, 263-265
Lewin, M., 75
Lewis, D., 175-177
Liderança
complexidade da, 155-156
desenvolvimento de, 234-235
dilema na fase inicial da mudança educacional, 82-83
distrital. *Ver* Administradores distritais
escolar. *Ver* Diretores
modelo da aprendizagem para a liderança (Reeves), 116
National School Leaders, 56-57
no desenvolvimento profissional de professores, 262-267

296 Michael Fullan

práticas básicas de líderes bem-sucedidos, 154-155
sustentável (Hargreaves e Fink), 63-64
tipos de, 192-193
Liderança educacional, 192-193
Liderança gerencial, 192-193
Liderança política, 192-193
Liderança sustentável (Hargreaves e Fink), 63-64
 Sutton, R., 31, 48-49, 63-64, 91, 105, 109-111, 116-117, 118-119, 169
Lighthall, F., 105-107
Lindblom, C., 103
Linsky, M., 31
Lipton, J., 17-18, 186
Lipton, M., 17-18, 34-35, 35-37, 45-46, 102, 158, 158-159
Literacy Collaborative (LC; Toronto, Ontário), 201-204
Little, J. W., 96-97, 138-139, 143-144, 255-256
Local Education Authorities (LEA)/Local Authorities (LA), 190
Lortie, Dan, 32-33, 125-128, 241-242
Lotto, S., 68-69
Louis, K, 87-89, 95-96, 133-134, 139-141, 149
Louisiana, estudo sobre diretores em Nova Orleans, 153-155
Lucas, T., 112-113, 182-183
Luckmann, T., 31, 39
Lusi, S., 215-216

M

MACOS Social Sciences, 16-17
Madden, N., 92
Maine, moratória em avaliações locais, 218
Manitoba School Improvement Program (MSIP), 169-170
Many, T., 57-59, 97, 131-132, 140-141, 142
Margonis, F., 107-108
Marris, P., 31-33
Marshall, B., 64-65, 134, 166-168
Maryland, envolvimento dos pais nas escolas de Baltimore, 179-181
Marzano, R., 76-77, 95-96, 149, 154-155
Masetield, John, 189
Massachusetts
 condições do local de trabalho dos professores em Boston, 125-128
 reformas no âmbito do distrito em Boston, 203-205

Matemática. *Ver também* Currículo de matemática
foco, como elemento da mudança, 51-55
Literacy and Numeracy Secretariat (Canadá), 226-227
metas para, 226-228
National Literacy and Numeracy Strategy (NLNS; Inglaterra), 20-22, 92, 214, 219-223
natureza da, 52-53
reformas no âmbito da província no Canadá, 62, 222-235
Materiais
definição, 39
na realidade objetiva da mudança educacional, 39-45, 86
Materiais de aprendizagem. *Ver* Materiais
Maurer, R., 107-108
McAdams, D., 94-95, 183-185, 192-193
McCloud, B., 181-182
McGuinty, Dalton, 222-223, 226-227
McLaughlin, M., 43-45, 68-69, 76-81, 87-89, 91, 94-96, 99-100, 135-141, 149-151, 164-166, 203-205, 255-256
McMahon, A., 131-132, 140-141, 142-143
McNeil, L., 38, 73-75
McNulty, B., 76-77, 95-96, 149, 154-155
Medo
como motivação para mudar, 49-50
prevenindo a ação conforme o conhecimento, 110
Mehan, H., 21-22, 70-72, 74-75, 101-102, 155, 185-186, 197-199
Melhora contínua
e ambientes de trabalho riscos em aprendizagem, 132-133
em programas de reforma distrital, 209-210
papel do diretor, 153-154
Michigan State University, 245-246
Michigan, papel das comunidades profissionais de aprendizagem no ensino médio, 135-140
Micklethwait, J., 107-108, 213-214
Miles, M., 16, 37, 68-69, 76-77, 89-90, 93-95, 100-101, 173
Miller, Edward, 49
Milwaukee, reformas no âmbito do distrito, 36-37, 59-61, 155, 198-200
Minnesotta
evolução da mudança educacional, 214-215
Quality Compensation Plan, 260-261

O significado da mudança educacional   297

Minthrop, H., 56-57, 63-64, 125-126
Mintzberg, H., 48-49, 104, 119, 264-269
Mitra, D., 43-45
Montenegro, Y., 192-193
Morgan, G., 31
Morris, P., 239-240
Mortimore, P., 175-177
Motivação
  apropriação da mudança e, 48-49, 83
  crise de, 49-50
  dos professores para investir no sucesso, 66-67
  elementos do sucesso da mudança, 50-67
  medo na, 49-50
  para a mudança educacional, 48-50, 158
  propósito moral na, 50
  significado da mudança educacional e, 46-50
Movimento das Crianças pela Paz (Colômbia), 170-171
Movimento dos direitos civis, 17-18
Mudança, processo de. *Ver* Processo de mudança educacional
Mudança. *Ver* Mudança educacional; Processo de mudança educacional
Mudança de baixo para cima
  desafios, 22
  integração com mudança de cima para baixo, 235-236
Mudança de cima para baixo
  condições que permitem, 83
  desafios da, 22
  integração com a mudança de baixo para cima, 235-236
Mudança educacional
  como experiência de aprendizagem para adultos, 86
  como melhora em relacionamentos, 16
  como processo sociopolítico, 19-21
  consequências do fracasso, 18-19
  de baixo para cima *versus* de cima para baixo, 22, 83, 235-236
  dinâmica da, 47
  futuro da, 268-272
  mudanças estruturais *versus* mudanças culturais, 214-216
  na década de 1950, 16-17
  na década de 1960, 16-18, 20-21
  na década de 1970, 16-17, 20-21
  na década de 1980, 17-18, 20-21
  na década de 1990, 18-22
  perspectivas de reforma, 28-29

problema do significado na, 22
significado da. *Ver* Significado da mudança educacional
tempo necessário para, 28-29
tumulto em relação a, 15-16
Mudança individual na sociedade, 30-33
  ambivalência, 31-33
  conservadorismo dinâmico, 31-33
  livros a respeito, 31
  voluntária *versus* imposta, 31-33
Mudança institucionalizada, 23-24
Mudança na infraestrutura, 118-119
  definição, 118-119
Mudando a cultura da sala de aula, 18-19
  reconstituindo, 164-168
Mulhem, J., 56-57, 260-261
Munby, Steve, 205-207, 264-266
Murphy, J., 70-72, 75, 263-264

N

Nation at Risk, A (National Commission on Excellence in Education), 214-215
Nation Prepared, A, 239-240
National Academy of Education, 245
National Academy Press, 42-43
National Board Certified Teachers, 248-249, 252-253
National Board for Professional Teaching Standards (NBPTS), 248-249, 251-253, 255-260
National College of School Leadership (Inglaterra), 56-57, 206, 234-235, 264-266
National Commission on Excellence in Education, 214-215
National Commission on Teaching and America's Future (NCTAF), 215-217, 241-244, 248-250
National Council of Teachers of Mathematics (NCTM), *Professional Standards for Teaching Mathematics,* 35-36
National Literacy and Numeracy Strategy (NLNS; Inglaterra), 20-22, 92, 214, 219-223
  fase dois, 221-223
  fase um, 219-221
  impacto da fase um, 220-222
National Network of Educational Renewal, 242-243
National Network of Partnership Schools (NNPS), 180-182
National Programme for Qualification of Heads (Inglaterra), 265-266

298 Michael Fullan

National Research Council, 44-45, 158
National School Leaders, 56-57
National Staff Development Council, 258-260
National Training Laboratories (NTL), 16
New American Schools (NAS), 21-22, 74-75, 87-90, 92
New Haven, Connecticut, programas para professores iniciantes, 251-252
New Teacher Center, 250-252
New York Education Priorities Panel, 250-251
Newmann, F., 77-78, 133-134, 149, 151-153
No Child Left Behind (NCLB), 21-22, 74-75, 217-219
  avaliação e, 217-218
  crítica de, 218
  efeitos nocivos da, 38, 50
  exigência de professores qualificados, 217-218, 246-247, 250-252
  progresso anual adequado e, 50, 193-194, 217-218
No Dream Denied (National Commission on Teaching and America's Future), 250
Noddings, N., 163-164
Noguera, Pedro, 185-186
Nonaka, I., 45-46
Nova Orleans, estudo de diretores, 153-155
Nova York, contratação e indução de novos professores, 250-252
Nova Zelândia
  estudos sobre local de trabalho dos professores na, 129-130
  iniciativa nacional de alfabetização, 37
Novos professores. *Ver* Professores iniciantes
Nye, B., 58-59

O

Oakes, Jeanne, 17-18, 34-37, 45-46, 102, 158, 158-159, 186
OCDE (Organização para Cooperação e Desenvolvimento Econômico), 226-227, 232-233
Odden, A., 259-260
Office for Standards in Education (OFSTED; Canadá), 205-208, 223-224
Ontário, Canadá
  acabando com a disparidade educacional em, 51-52, 57-58
  administradores distritais em, 190, 191-193

estudos sobre diretores em Toronto, 146-147
estudos sobre estudantes, 159-164, 170-171, 222-235
Focused Intervention Partnership, 230-233
melhoras no âmbito da província em alfabetização e matemática, 62, 222-235
reforma em três níveis em, 28-29
reformas no âmbito do distrito na região de York, Toronto, 201-204
Organização para Cooperação e Desenvolvimento Econômico (OCDE), avaliações em alfabetização, matemática e ciências, 232-233
Organizações "árvore de Natal", 81, 150
Organizações aprendentes, 112-113, 252-253, 270-271
Orientação burocrática, de distritos escolares, 80-82

P

Pais, 173-182, 185-188
  comunidades profissionais de aprendizagem e, 178-180
  desconexão dos filhos, 186
  diretrizes para, 186-188
  diversidade de, 185-186
  envolvimento em escolas, 174-182
  escolas efetivas e, 175-177, 178
  nas escolas de Chicago, 176-178
  no processo de mudança, 26-27, 173-174
  relações de poder em escolas e, 174-176, 177-178
  tipos de envolvimento de, 180-182
País de Gales
  escolas primárias efetivas no, 135-136, 178
  gestão do trabalho escolar no nível da escola, 184-185
Parcerias entre escola e universidade, 247-248
Parcerias entre escolas e distritos, 247-248
Park, P., 191-193
Parr, J., 34-35, 37
Payzant, Tom, 203-205
Pedagogia
  abordagem voltada para o professor, 165-166
  descobertas, 165-168
  entendendo princípios, 270
Pekrul, S., 169-170
Pellegrino, W., 42-43

O significado da mudança educacional 299

Pensilvânia, evolução da mudança educacional, 214-215
Período progressista, 16-17
Perkins, D., 265-266
Perspectiva da adaptação mútua, 39-40
Perspectiva evolutiva, 39-40
Peters, T., 31
Petronius, Gaius, 104
Pfeffer, J., 31, 48-49, 63-64, 91, 105, 109-111, 116-117, 118-119, 169
Pincus, J., 76-77, 79-80, 81-82, 94-96
Planejamento desconectado, 110-111
Planejamento para a mudança, 104-119
  abordagem separada, 110-111
  administração da mudança e, 113-116
  complexidade e, 108-109, 110-113, 119
  ênfase excessiva, 109-111
  fenômeno do guru, 108-110
  fracasso, razões para, 104-113
  gestão baseada em evidências e, 110-111, 116-117
  implementando mudanças e, 105-111, 116-119
  natureza sedutora, 108-110
  papel do, 104
  premissas, 105-111
  racionalização excessiva, 105-108
  resistentes e, 107-109
  sucesso e, 112-114, 116-119
  tamanho do documento de planejamento, 61-62
Poder
  no planejamento para a mudança, 106-107
  relações em escolas, 17-18, 174-176, 177-178, 207-208
Pomfret, A., 16-17
Popham, James, 38, 218
Posições de autoridade, lidando com a mudança e, 114-116
Prática de sala de aula, 60-62
Preparação de professores, 27-28, 237-249
  base de pesquisa, 243-245
  características de programas fortes, 244-245
  clamor por reformas na, 237-238
  críticas de programas, 40-41, 240-243
  efetividade da, 240-241
  iniciativas baseadas na ação, 245-249
  na Inglaterra, 233-235, 247-249, 259-261
  no Canadá, 233-235, 246-248
  nos Estados Unidos, 237-247
  padrões para, 248-249

problemas da, 125-126
relatos de, 237-241
Preparação profissional para professores. *Ver* Preparação de professores
preparation of teachers, The (Sarason et al.), 239-240
Pressão da sala de aula (Huberman), 33-35
Pressão positiva
  evolução da, 64-66
  na capacitação, 230-233
  natureza da, 125-126
Privacidade
  comunidades profissionais de aprendizagem *versus*, 139-141
  dos sistemas educacionais, 18-19
Problema das vias da mudança, 23-25
Processo de desenvolvimento de grupo, 16
Processo de mudança. *Ver* Processo de mudança educacional
Processo de mudança educacional, 17-19, 48-103
  ação reflexiva e, 48-49
  administradores distritais e, 192-208
  alunos e, 164-172
  âmbito da mudança, 70-71
  complexidades do, 70-72, 85, 90-91
  dilema rígido demais/frouxo demais, 22, 50
  dimensões múltiplas da, 38, 39-45, 71-73, 86-87, 102-103
  diretores e, 25-26, 76-77, 145-146, 148-155
  elementos do sucesso da mudança, 50-67
  fase de continuação, 69-70, 70-72, 98-102
  fase de implementação, 16-17, 69-71, 85-99
  fase de início, 69-82
  governos e agências governamentais no, 213-236. *Ver também nomes de cidades, províncias, estados e países específicos*
  mistérios da mudança, 49-51
  modelo temporal para a mudança, 71-72
  motivação para mudar, 48-49, 49-50
  perspectivas, 102-103
  professores e, 77-79, 82-83, 130-143
  resultados, 69-71
  síntese do, 69-73
Produção de conhecimento, importância crítica, 45-46
Professor(es), 123-144
  "qualificados," 217-218, 246-247, 250-252

300 Michael Fullan

alienação dos, 123-125
apoio à mudança, 77-79, 82-83
autonomia/isolamento de, 126-128, 129-131, 137-139, 141, 213, 266-267
avaliando a alfabetização de, 134, 228-229
comportamento antiético entre, 54-56
condições do local de trabalho, 45-46, 123, 124-131, 250, 262
contabilização de alto nível e, 124-126
custos pessoais de experimentar inovações, 37-38
educação contínua de. *Ver* Desenvolvimento profissional; Comunidades profissionais de aprendizagem
efetivos, 58-60, 126-128
ensino médio, 124-125, 125-128, 135-140, 142
envolvimento dos pais, 174-176, 186-187
escola fundamental, 124-128, 135-136, 142
estresse e alienação, 123-125
exigência de "vender" o produto, 82-83
expectativas para estudantes, 135-138, 162-163
formação de. *Ver* Preparação de professores
interação entre, 130-143
motivação para investir no sucesso, 66-67
na fase de implementação da mudança educacional, 95-97
onde os professores estão, 124-131
processo de mudança e, 77-79, 82-83, 130-143
profissionalismo na encruzilhada, 143-144
realidade objetiva da mudança educacional para, 30, 38-45
rotatividade, 101-102, 250, 252-253
significado subjetivo da mudança educacional e, 30, 32-38
trabalhando com os diretores, 96-97
vidas escolares de, 124-131
visões dos alunos sobre, 160-163
Professores efetivos, 58-60, 126-128
Professores iniciantes. *Ver também* Formação
contratação e indução de, 250-253
New Haven, Connecticut, programas para, 251-252
Nova York, programas para, 250-252
programas de mentores, 250-251
Professores líderes, envolvimento dos

pais e, 179-180
Professores qualificados, 217-218, 246-247, 250-252
Programa de desenvolvimento escolar da Coalition of Essential Schools, 74-75
Programa Roots of Empathy (Canadá), 52-54
Programas de educação infantil
em Ontário, Canadá, 233-234
importância, 57-58
Programas de mentores, 250-251
Programas de mudança escolar, 229-230
Programas educacionais comerciais, 15-16
Programme for International Student Assessment (PISA), 226-227
Progresso anual adequado, 50, 193-194, 217-218
Propósito moral, como motivação para mudança, 50
PSSC Physics, 16-17

Q

Qualidade, das inovações, 91-92
Quartz, K., 17-18, 34-37, 45-46, 102, 158-159
Quinn, J., 76-77, 93-94

R

Rand Corporation, 21-22, 74-75, 245-246
estudo dos agentes da mudança, 76-77, 87-89
Razões de alunos por professor, 243-244
Realidade objetiva da mudança educacional, 30, 38-45
abordagens de ensino, 39-42, 43-45
ambiguidade, 41-42
ciência cognitiva e, 42-43, 158-159, 270
conceito de, 39
crenças, 39-42, 43-45, 86
educação aberta e, 41-42
línguas e, 40-42
materiais, 39-42, 43-45, 86
reforma "profunda", 43-45
Reeves, Doug, 48-49, 61-64, 110-111, 116, 231-232
Reforma baseada em padrões. *Ver também* Avaliação
clareza do processo de inovação e, 90-91
em Victoria, Austrália, 75
na Inglaterra, 205-208
no âmbito do sistema, 199
para o desenvolvimento profissional

de professores, 255-261
preparação de professores, 248-249
reestruturação *versus*, 73-75
Reforma em três níveis, 28-29
em Ontário, Canadá, 28-29
natureza da, 28-29
Reforma educacional. *Ver* Mudança educacional
Reforma escolar abrangente, 21-22, 74-75
Reforma no âmbito da escola, 21-22
avaliação pela Rand Corporation, 21-22, 74-75
desafios, 100-102
Reforma no âmbito do sistema, 28-29
Reforma "profunda", 43-45
Reformulando a mudança (Deutschman), 50
Regras da sala de aula, 162-163
Regras da sala de aula, 162-163
Reino Unido. *Ver* Inglaterra; País de Gales
Relacionamentos, mudança educacional e, 158-159
Resistentes
no planejamento para a mudança 107-109
Ontario Literacy and Numeracy Strategy e, 225-226
Resolução de problemas
como orientação dos distritos escolares, 81-82
significado da mudança educacional e, 46-47
Respeito, mobilizando, para a mudança educacional, 54-57
Resultados, da mudança educação, 69-71
Riedlinger, B.,153-155
rise e stall of teacher education reform, The (Fullan et al.), 239-241, 242-243
Robert, G., 63
Roberts, C., 107-108
Rohlen, T., 18-19
Rolheiser, C., 247-248
Rollow, S., 81, 134-135, 145, 149, 176-178
Rosenblum, S., 87-89, 214-215
Rosenholtz, S. J., 32-33, 45-46, 77-78, 96-97, 129-130, 131-134, 176-177, 194
Ross, R., 107-108
Ross, S., 74-75
Rotatividade
como desafio na fase de implementação da mudança educacional, 101-102
entre administradores distritais, 192-193
entre diretores, 146-149
entre professores, 101-102, 250, 252-253

Roth, G., 107-108
Rudduck, Jean, 55-56, 163-165, 167-169
Ryan, S., 17-18, 34-37, 45-46, 102, 158-159

S

Sabedoria
definição, 118-119
sabedoria da multidão (Surowiecki), 221-222
Salas de aula efetivas, 123
Salinas, K., 90-91, 94-95, 179-182
Sammons, P., 90-91, 149, 175-177
Sanders, M., 90-91, 94-95, 179, 180-182
Sanders, W., 74-75
São Francisco, atitudes da comunidade para com a mudança educacional, 79-80
Sarason, S. B., 16-17, 106-107, 130-131, 162-163, 174-175, 237, 239-240
Schneider, B., 56, 135, 149-150, 177-178, 186
Schön, D., 31-32
School leadership that works (Marzano et al.), 154-155
School Teacher (Lortie), 125-128
Schools Like Me, 232-233
Schunck, J., 56-57, 260-261
Schuyler, G., 21-22, 74-75
Scott, C., 129-130
Seattle, reformas no âmbito do distrito, 36-37, 59-61, 155, 198-200
Sebring, P., 81, 134-135, 145, 149, 176-178
Senge, P., 31, 107-108, 112-113, 170-171, 182-183, 268
Série *How people learn*, 42-43
Shanker, A., 77-78
Sharnbrook Upper School, Bedfordshire, Inglaterra, estudantes como agentes da mudança, 169
Sharratt, L., 76-77, 93-94, 116, 201-203
Shaw, George Bernard, 106-107
Shipman, N., 263-264
Shultz, J., 158-160
Significado compartilhado
coerência do programa e, 44-47
na mudança educacional, 20-21
Significado da mudança educacional, 19-21, 30-47
desafios contínuos do, 46-47
mobilização do, 269-270
motivação e, 46-47, 48-50
mudança individual na sociedade mais ampla, 30, 31-33
realidade objetiva do, 30, 38-45

302 Michael Fullan

significado compartilhado e coerência do programa, 44-47
subjetivo, 30, 32-38, 48-49
Significado subjetivo da mudança educacional, 30, 32-38, 48-49
abordagem de reculturação, 34-37
abordagem de reestruturação, 34-35
desafios da mudança para os professores, 37-38
falta de tempo, 33-35
livros a respeito, 30-34
pressão da sala de aula (Huberman) e, 33-35
Simms, J., 40-42
Simon, B., 90-91, 94-95,179, 180-182
Sindicatos de professores, 77-78, 190-192
como distrações da reforma educacional, 225-226
confiança pública e, 235
Slavin, R., 92
Smith, B., 107-108, 112-113, 182-183
Smith, L., 93-95, 105-106
Smith, T., 257-259
Smylie, M., 255
Snipes, J., 195-196
Snyder, J., 251-252
Sociedade de aprendizagem, 18-19
Sociedade global, 17-19, 20-21
Software social para uma sociedade de aprendizagem (Rohlen), 18-19
Spillane, J., 32-33, 42
St. Germain, C., 144
Stacey, R., 108-112
Stanford Teacher Assessment Project, 257-259
Stanford University, 245-246
Stein, M. K., 155, 185-186, 197-199
Steinberg, L., 186
Stiggins, Richard, 64-65, 134, 165-167
Stigler, J., 32-36, 42, 44-45, 90-91, 136-137, 254
Stockly, S., 21-22, 74-75
Stoll, L., 131-132, 140-143, 175-177, 187-188
Stone, B., 129-130
Storr, Anthony, 108-109
Success for All, 74-75, 92
Superintendentes escolares. *Ver* Administradores distritais
Supovitz, J., 76-77, 93-94, 140-142, 155-156, 200-202
Surowiecki, J.,170-171, 221-222

T
Takeuchi, H., 45-46
Talbert, J., 77-78, 135-141, 149-151, 164-166, 203-205, 255-256
Tamanho da classe, 229-230, 243-244
Teacher Training Agency (TTA; Inglaterra), 233-235, 247-249, 259-261
Teacher Union Reform Network, 260-261
Teachers for a New Era (TNE; Carnegie Foundation), 243, 245-247, 249
Teaching at Risk (Teaching Commission), 238-239
Teaching Commission, 238-239, 246-247, 250-251, 255-256, 259-261
teaching gap, The (Stigler & Hiebert), 35-36
Tennessee, estudo sobre local de trabalho dos professores no, 45-46, 129-130
Teoria do caos, 110-111. *Ver também* Complexidade
Teorias da mudança de fator único, 71-72, 103
Testes padronizados, impacto, 38, 50
Texas, impacto da testagem padronizada no, 38
THE Learning Network, 245-246
Thiessen, Dennis, 158-159, 164-165, 249
Thomas, S., 131-132, 140-143
Times education supplement, 123, 146-147
Timpeney, H., 34-35, 37
TNE (Teachers for a New Era; Carnegie Foundation), 243, 245-247, 249
Togneri, W., 195-196
Toley, H., 148-149, 151-152, 170-171
Tomlinson, C., 75
Tomorrow's Schools (Holmes Group), 239-240
Tomorrow's Schools of Education (Holmes Group), 239-240
Tomorrow's Teachers, 239-240
Toronto, Ontário, Canadá
estudo sobre diretores, 146-147
programa Roots of Empathy, 52-54
reformas no âmbito do distrito na região de York, 201-204
Tozer, S., 255
Training and Development Agency (Inglaterra), 247-249
Três poderes (Coleman), 175-176
Três poderes (Coleman), 175-176
Trilogia *What's worth fighting for,* 77-78, 107-108, 146-147, 213

O significado da mudança educacional   303

Trust in schools (Bryk e Schneider), 56
TTA (Teacher Training Agency, Inglaterra), 233-235, 247-249, 259-261
Turnaround leadership (Fullan), 29, 185-186

U

Universidade da Virginia, 245-246
Universidade de Connecticut, 245-246
Universidade de Toronto (OISE/UT), 247-248
Universidade de Washington, 245-246
Universidade de Wisconsin-Milwaukee, 245-246
Universidade do Texas, El Paso, 245-246
Urbanski, A., 261
Usdan, M., 181-182

V

Van Voorhis, F., 90-91, 95-96, 179-182
Vermont
    estudo sobre diretores, 146-149
    papel do Departamento Estadual de Educação, 215-216
Vice-diretores visões dos estudantes sobre, 160-162
Viés de ação, 23-24, 48-49
Violência, respeito e, 54-55
Visão compartilhada, mudança e, 48-49
Visão, mudança e, 48-49, 105

W

Wahlstrom, K., 95-96, 149
Walker, L., 191-193

Wallace Foundation, 154-155
Wallace, G., 163-165, 167-169
Wallace, M., 131-132, 140-143
Waller, Willard, 174
Wang, L., 74-75
Waters, T., 76-77, 95-96, 149, 154-155
Watson, N., 20-22, 92, 191-193, 219-222, 239-240
Webb, R., 132-134
Wehlage, G., 77-78, 133-134
Weiler, D., 76-77, 79-80, 94-96
Werner, W., 131-132
What's worth fighting for in the principalship? (Fullan), 146-147
What's worth fighting for out there (Hargreaves & Fullan), 107-109, 173, 267
Wigginton, E., 124-125
Wilkinson, R., 54-55, 57-58
William, D., 64-65, 134, 166-168
Williams, R., 76-77, 79-80, 94-96
Williams, T., 191-193
Wilson, K., 170-172, 268
Wise, A., 73-75, 105, 106-108
Wood, P., 124-125
Wooldridge, A., 107-108, 213, 214
Wright, P., 74-75

Y

Yff, J., 263-264
Youngs, P., 149, 151-153

Z

Zimpher, N. L., 240-241
Zonas de ilusão (Hill & Celio), 109-110

IMPRESSÃO:

Santa Maria - RS | Fone: (55) 3220.4500
www.graficapallotti.com.br